Keywords in
Chinese Cultural
Semiotics

祝
东
著

符号学关键词

社会科学文献出版社
SOCIAL SCIENCES ACADEMIC PRESS (CHINA)

　　本书得到暨南大学中华文化港澳台及海外传承传播协同创新中心项目资助，为"中国文化符号学关键词研究"（项目编号：JNXT2022008）阶段性成果。

内容简介

　　符号学是集中处理意义生产、传播、反馈诸环节的学科，从这个意义上来讲，符号学即传播学。本书在网络传播中符号泛滥与意义断裂的时代背景下，以西方符号学作为参照，在中西文化交相互视下，从中国古代学术思想文献史料出发，钩沉、抽绎其中包蕴的，或先民在文化实践中业已展开的符号学思想与方法，从关键概念礼、道、名、法、易、文六个维度的比较阐释入手，进入先民的文化实践与理论思辨活动之中，探析中国的文化符号传统，进而从意义的生产、表达机制中探析中华民族的思维方式、文化特征与传播思想。研究发现，如果将礼视作先秦符号学思想的元语言，那么道便是符号的终极意义，名是可以操作的通达意义的符号形式，法则在礼崩乐坏语境下提供了重建秩序的可能，易的视觉符号机制为我们提供了先民的意义生产与传播实践的具体形式，文的演进深刻打上了伦理烙印，儒道两家对文与意的不同态度开启了中国文化符号传播的不同模式。本书对中华文化典籍中蕴藏的符号学思想进行现代解读，在促进中华优秀传统文化创造性转化的同时，以中国的符号学实践及这种实践中产生的新理论形态与独特价值来改造和丰富国际符号学研究，并在一定程度上拓展了中国的文化符号学与传播思想史研究。

"礼乐崩坏"之前

——读祝东《中国文化符号学关键词》

赵毅衡

四川大学符号学-传媒学研究所

读祝东此书，感慨油然：感慨此书所写中华民族成长经验富厚，很是不易；更感慨人类作为地球的主人，"少年期"不易，或许至今未树规矩。地球生物圈能进入"人类世"（Anthropocene）并且发展到今天能对自己的历史做一个批判的回顾，这是一个奇迹中的奇迹。茫茫宇宙中有此奇迹，若不能仔细保护，妥善经营，那真是暴殄天物。而人类若不能深入地理解自己，如祝东在本书中做得那么透彻而犀利，那么文明的秩序可能真的会天下大溃，归入野蛮。

孔子因为目睹种种"礼乐崩坏"，而试图挽救世道人心，全心克己复礼（祝东指出礼仪是文化的根基"元语言"），他只是痛悟到礼乐对人类的重要性而已。先秦那一代的哲人思者，在中国上演了雅斯贝尔斯所谓人类超越观念觉醒的"轴心时代"。由此人类取得伟大进步：对自身存在的意义有所觉悟。至今我们还未找到另一个星球，有生命存在的确凿证据，不用说有心智的生命，更不用说对自身的意义活动有所反思的生命。

三万至四万年前，地球上存在几个人种，智人能胜出，很多专家认为靠的是比较成熟的符号表意能力。只是那个时代留下的痕迹太少，只有某些岩画手印。五千年前出现的文字，才让我们看到"初民"的意义活动如何创造文明的秩序，以至于人类的集群获得了组织和集合从家到国家的文明秩序的符号意义方式。

那么，孔子和先秦诸子都生存于那个伟大的时代，为什么他一再悲叹"礼乐崩坏"？他是假定有个三皇五帝的礼乐黄金时代，他有意或无意地把乌托邦理想置入前世，实际上是在警告"礼乐未立"。未立，或尚未取得彻底遵从，这是他们那一代，甚至是全世界轴心时代的思想家面临的共同境遇，是他们自觉要完成的任务，是人类进步到此阶段需要做的重要一步，即社会道德秩序按照神圣的逻辑依名而立。人类的精神性成长，少不了经过这个"而立之礼"。

这一步走得好，就是文明自觉，就有发展前途，不然要依靠后世补课。祝东所明白描绘的，正是我们这个民族在符号秩序的建立上所下的细致功夫。的确，这是人类文明史上一段辉煌的功业，使我们至今受益匪浅。

这个工作不容易，但一旦抓住中心——意义秩序的建立——杂乱的历史就会顺理成章，而这，就是祝东这本书的成绩。对中国文明史感兴趣的人，都要感谢祝东坚持不懈的努力。为什么是祝东而不是他人，完成了这个整理工作？我在这里想说，符号学与中国古典文化的相遇，本来就是必然的：中国一直是个符号学大国。

但是为什么是祝东，而不是别人把这种必然写成一本扎实的著作，为"中国符号思想史"这门学科打下基础，成为中国传统符号思想研究的权威学者？

相当多的人认为符号学"太难"，主要是概念和范畴太多，似乎一定要专门学习才能弄懂，就是说要经过科班训练，不像其他许多学科材料性较强，读多了自然就入门，无须弄懂一些道理。这个误会让许多人望而却步。祝东是新出的一代符号学者中成绩优异、成就不凡者，偏偏他没有经过如此的"专门训练"，而是自学成为一个符号学者。他并不认为符号学概念与范畴太多，相反，他在这本书中总结了中国文化特有的范畴与概念，结合其中关于礼仪、象征、秩序、名言等涉及符号与意义关系的问题展开思辨，坚持文献原则与历史原则，旁征博引、上下求索、中西互参，以关键词的形式来阐释中国的符号学遗产，建构中国的符号学传统。

这点完全可以证明：一切所谓的行业之术语隔墙，不是难以跨越的，恰恰相反，术语假定存在，也是为有志向的学者提供了一个工作方向。稍微多看多想多思考一下，术语的隔墙一推即倒，眼前就豁然开朗，绿野广袤任驰骋。成就，只在等待敢于推一推的勇者。

目　录

绪　论

　　人类生活在用各种符号建构的意义世界中，这在东西方文化中是一致的。符号学家卡西尔（Ernst Cassirer）指出，符号化的思维和符号化的行为是人类生活中最富于代表性的特征，并且人类文化的全部发展都依赖于这些条件，这一点是无可争辩的。① 人是追求意义的动物，而意义反过来又会影响人类社会的发展，意义要借助符号来表达，因此卡西尔提出了他的那个著名论断，即人是符号的动物（animal symbolicum）。中国先哲用其特有的符号形式建构了我们民族的意义世界，并对符号与意义之间的关系进行了深刻的思辨，留下了丰富的文献材料。梳理中国符号学遗产，建构能与传统及时代相适应的符号学思想已经被视为迫切的任务，② 这对理解中华民族的思维方式和文化精神、传播思想史等皆有启示意义。

　　伴随着国际符号学研究的发展，中国学界的符号学研究也持续升温。中国符号学研究一方面要积极投入国际符号学前沿理论探讨之中，另一方面也亟须深度挖掘中华民族的符号学思想遗产，促进其向现代转化。任何一门学科的建立，必不可少的是结构精密、体式宏大的理论建构，但同时也必须要有其基本概念作为学科的知识基础，中国符号学学科的建立亦当如是。因此，要进入中国符号学思想领域，对关键概念的梳理阐释就显得尤为必要。

　　赵毅衡先生在其新著《哲学符号学：意义世界的形成》中指出，符号学是集中处理意义产生、传送、解释、反馈各环节与各种形态的学科，建议用"意义理论"（The Theory of Meaning）来讨论广义的符号意义问题。③ 这给本

---

① 〔德〕恩斯特·卡西尔：《人论》，甘阳译，上海：上海译文出版社，1985 年版，第 35 页。
② 王铭玉、王双燕：《〈符号学思想论〉之说论》，《当代修辞学》，2019 年第 1 期。
③ 赵毅衡：《哲学符号学：意义世界的形成》，成都：四川大学出版社，2017 年版，第 1 页。

书很大的启迪。中国的先哲，特别是轴心时代（Axial Age）的智者，在礼崩乐坏的历史文化语境中，对礼、法、名、道诸符号形式与意义实践、表征等关系进行了深刻思辨。这本身就属于广义符号学领域。这也是从自发运用符号到自觉思考意义表征的过渡阶段，也即符号学自觉的阶段，这一阶段正是中国意义理论的创生期，提出了中国意义理论的一些元范畴，对中国思想文化影响尤为深远。因此，梳理中国意义理论的关键概念，亦可提纲挈领地把握中国符号学思想史。

一　符号学及中国的意义理论

论及中国传统符号学思想，总免不了做一番"正名"的工作。因为中国自古以来就有"名不正则言不顺"（《论语·子路》）的立论规则，而现代符号学理论又是从西方而来的，并非中国固有的学术概念，所以用外来的学术概念讨论中国传统学术文化，就难免有生搬硬套的嫌疑，不得不辨析一下。

众所周知，西方现代符号学的主要源头有二：其一是源自索绪尔（Ferdinand de Saussure）的语言符号学；其二是源自皮尔斯（Charles Sanders Peirce）的哲学符号学。此二者经过数十年的推演发展，至20世纪80年代，作为一门学科的符号学终于呼之而出，因为其跨学科的方法论特征，以及强大的实践性和可操作性特征，迅速为世界多国学术界所接受，并逐渐形成一种国际性的学术热潮。

具体到"符号学"这个中文词，最早出自赵元任1926年的一篇题为《符号学大纲》的文章。据赵毅衡先生考证，赵元任是独立于索绪尔及皮尔斯提出这门学科的，是符号学的独立提出者。[①] 但是由于历史文化方面的原因，在赵元任提出符号学后的很长一段时间，中文学术界的符号学研究却是相当沉寂的。直到20世纪80年代中后期，随着中国国内文化热的升温，符号学在国内受到的关注开始迅速上升，并很快呈现出跨学科的特征。至21世纪初，符号学在中国已然成为一门显学。

从历史的纵向发展来看，中国自古也是一个符号学思想资源的大国。20世纪80年代，金克木在一篇《谈符号学》的文章中曾指出，符号学有狭义

---

① 赵毅衡：《中国符号学六十年》，《四川大学学报》，2012年第1期。

与广义之分，狭义的符号学主要是指语言符号学，广义的符号学则指有符号意义和作用的一切，例如传统礼仪，"我国古代重视制礼作乐；原始社会中节日必有舞蹈和音乐；跳什么舞，唱什么歌，也都是维护社会传统秩序的传递信息的符号。"① 以此而论，中国传统学术思想中的言意论、名实论、指物论等主要属于狭义的符号学论域，而贯穿中国数千年的礼乐文化、五行八卦等则属于广义的符号学论域。无论如何，中国传统学术文化中确实包含着大量的符号学思想传统。如果说中华民族没有固有的相关文化思想资源，符号学也很难为中国学者普遍接受并迅速应用到对传统哲学、文化、艺术诸领域的研究之中。如赵毅衡言，"符号学的基本概念，无关乎中西，是文化的人类共享的表意方式。"② 在先秦，特别是东周以降，礼崩乐坏，"旧的习俗频遭抛弃，新的方式则不断被引入"③，意义及其形式皆在剧烈变动之中，这才引起了先哲对文化象征符号与意义关系的普遍关注，对此，先秦诸子皆有所阐述。先圣还创制了一个包蕴万有的易学符号系统，对先秦诸子而言，这个"符号学传统"也是渊源有自。总而言之，尽管中国先哲们并没有提出一门类似现代符号学的学术概念，但是他们很早就开始关注符号与意义的关系问题，并进行了卓有成效的思考。实际上，中国先哲的意义理论思想形态表现有两类：一类是融入表意实践中的意义理论形态，是一种隐性的意义理论思想；另一类是关于意义理论的直接论辩、思考，如诸子百家对名、道等形式与意义关系的思考等，属于显在的意义理论，因此我们在研究过程中要兼及此两种理论思想的表现形态，通过现代符号学理论方法的观照，进行深度探析。

转型期的社会背景是符号学在当今中国广为传播的社会文化语境。笔者曾在相关研究中指出，当代中国符号学飞速发展，并非偶然的学术现象，而是与当代中国社会的经济、文化急剧转型密切相关。中国经济文化社会正处于高速转型之中，特别是信息时代的到来、新媒介的发展、人们每天接触海量的信息资源，新的思想与文化价值观念也随之而来，而五千年的文明古国又承载着丰厚的历史文化遗产，固有的文化传统、价值观念与新

① 金克木：《谈符号学》，《读书》，1983 年第 5 期。
② 赵毅衡：《符号学：原理与推演》（修订本），南京：南京大学出版社，2016 年版，第 130 页。
③ 〔美〕赫伯特·芬格莱特：《孔子：即凡而圣》，彭国翔、张华译，南京：江苏人民出版社，2010 年版，第 52 页。

的社会思想、文化观念不能有效衔接，文化传统与现实生活之间的意义裂隙使得人们迫切需要有一种理论上的深度观照、人文层面的深切关怀，这些又与符号学以及国际上正在崛起的伦理符号学密切相关。① 可见，在转型期的中国社会，符号学多维度延伸及迅速发展是有其相关的文化背景的。借法国符号学家罗兰·巴尔特（Roland Barthes）的话来讲，当今符号学发展势头正劲，"就不再是几个学者的异想天开，而是现代社会的历史要求"。②

二 本书主要内容与学术旨趣

本书以中国意义理论中的关键词为核心，以核心概念范畴为研究重心进行比较研究（如名、礼、道、指等），并以此为基础，集中探讨中国先哲在文化、象征、礼仪、名言、秩序等领域中涉及的符号与意义关系的议题，及其在不断诠释中的发展演进情况。中国符号学研究的发展，一个重要动力即对传统意义理论关键概念、范畴的推演和发展。而理解和把握中国意义理论关键概念有利于理解中国思想文化与文学艺术，有利于促进中国传统符号学思想理论的现代转换，推动中外符号学理论的对话与交流。

理解中国的意义理论关键概念主要是为了探讨先民在符号与意义问题上的核心概念范畴，并结合其特定的文化历史语境，用现代符号学的理论视角进行思考诠释。我们非常赞同陈来先生的一个观点，即轻易断言中国哲学的某一范畴就是西方哲学的某一范畴，或外国哲学的某一范畴就是中国哲学的某一范畴，是理论轻浮的表现，但并不能因此反对将中外哲学范畴进行比较研究，而"所谓解释中国哲学的范畴，实际上无非是要求把古代哲学的范畴转换为当代哲学的语言来了解"，③ 进而探讨其潜在的理论意义与当代价值。本书进行中国意义理论关键概念的比较诠释，用意也是如此，即力图将中国先哲关于意义理论的思考、实践而产生的相关核心概念用当代的符号学语言予以诠释，探讨这些概念在具体历史语境中的意义，以及潜在的可供阐发的理论价值。在研究中，我们努力坚持文献原则和历史原则相结合。文献原则即言必有据，有前贤或今人的文献考据作为理论

① 祝东：《先秦符号思想研究》，成都：四川大学出版社，2014 年版，第 7 页。
② 〔法〕罗兰·巴尔特：《符号学原理》，王东亮等译，北京：生活·读书·新知三联书店，1999 年版，第 2 页。
③ 陈来：《魏晋玄学的"有""无"范畴新探》，《哲学研究》，1986 年第 9 期，第 51—57 页。

阐发的基础；历史原则即阐释要紧扣当时的思想文化背景，不脱离历史实际而任意发挥。

本书并不赞成一味否定西方学术概念，过分夸大移用西方学术概念带来的弊病。在现代学术背景之下，盲目反对或排斥外来学术理论与思想资源是不可取的。本书论及的"范畴""概念"也是舶来的名词。汉语的"范畴"源于日文意译英文的"category"或德文的"Kategorie"一词，[①]"概念"一词源于日语中意译英文"conception"。[②] 这中间存在着格义、翻译等多方面的问题，最终才逐渐成为相互对接并广为接受的语词。在中国传统学术系统中，它们称为"名"（先秦）、"字"（宋代以后），当然其侧重点还是有区别的，"'名'和'字'是从其表达形式来讲的；'概念''范畴'是从其思想内容来讲的"。[③] 在比较中见出各自的特征，进而达成相互的理解，努力超越隔阂，在交相互视中建设新的跨文化的学术思想理论，促进人类学术思想与文化艺术的繁荣才应是现代学术的追求，自然也是我们所极力追求的学术目标。

中国现代学术与学科体系的建立基本上都是立足本土，借鉴西方近现代学术理论、学科概念的思想与方法而来的。自现代学术学科建立以来，大量的西方学术话语、概念范式不断涌入中国学界及日常生活之中，成为汉语的一部分，如"代数""法学""文学"等皆是。从学术研究的角度来讲，中国学界早已注意到运用西方的概念范式来理解认识中国学术思想可能带来的负面影响，但解决之道却不可能是对西方名词术语形式的简单拒绝。实际上这些术语已经构成中国文化的一个新的内在部分，如"哲学"等，因此有学者建议我们只能在谨慎而有效地借用外来术语范式的同时，努力从中国固有的学术文化中寻找我们自己所需的范式。[④] 这当然不会一蹴而就，而是需要不断的努力，循序渐进，逐步完成。从历史上的文化交融来看，汉唐之际佛教的中国化过程就是一个典型的例证。而从语言的角度来看更是如此，"外来词与新词已然如此深入地渗透到汉语以及其他亚洲语

① 刘正埮等：《汉语外来词词典》，上海：上海辞书出版社，1984 年版，第 97 页。

② 刘正埮等：《汉语外来词词典》，上海：上海辞书出版社，1984 年版，第 113 页。

③ 张岱年：《中国古典哲学概念范畴要论》（增订版），北京：中华书局，2017 年版，第 2 页。

④ 王中江：《总序》，《视域变化中的中国人文与思想世界》，郑州：中州古籍出版社，2005年版，第 2-3 页。

言之中，以致（于）驱逐这些'外来的'因素等于是要削弱主方语言本身的可理解性"。① 外来词经过翻译赋义与长期使用，已经融入我们的民族语言和生活，如佛教传入带来的大量翻译词汇早已成为汉语的一部分，强行割舍只能是得不偿失。因此适当借助国外学术理论资源对中国传统学术思想进行分析研究，其实也是可取而且必要的。当然这并不是说我们要用中国传统学术思想资源去比附外国学术概念，这一点在《先秦符号思想研究》的绪论中已有辨析，兹不赘言。

对中国意义理论关键概念范畴的理解与诠释实际上也是一个对话的过程。符号学先驱皮尔斯也曾指出，思想其实就是用对话的形式展开的，对话性（dialogical）本质上就是由符号所组成的，② 毕竟任何符号的意义都需要在对话中生成、理解和延展。本书的"对话"包括古与今的对话、中与西的对话。立足于今天的学术基点，与中国先哲的思想进行交流，让先哲符号学思想成为一个"存在"之现象，"一个总是在展开的状态，一个一直在发生的过程"③。历代学者逐渐返归先哲遗留下来的文献典籍，皓首穷经，正说明这一现象在不断地展开、发生。现代西方文化的输入，给我们提供了反观民族文化传统的他者视域。在用他者视域反观民族文化传统的时候，也要警惕异质文化之间的差异，防止生搬硬套和强行割裂，因此，诠释中国意义理论关键概念范畴也是一个中西对话的过程。宋人朱熹有云："问渠那得清如许？为有源头活水来"（《观书有感》），我们民族的文化之所以历久弥新"清如许"，正是因为一代代学者与传统不断地对话，并对之进行诠释使得我们的传统"总是在展开的状态"，处于"一直在发生的过程"中，也正是因为先秦学术思想这一源头活水的浇灌，才培育了中华民族的优秀传统文化之花。

三 本书理论思路与研究方法

本书作者坚持认为，要建构具有中国特色的意义理论，如果没有中西学术视界的互视互参，是难以为继的；而中国符号学界要走进世界学术阵

---

① 刘禾：《跨语际实践——文学，民族文化与被译介的现代性（中国，1900—1937）》，宋伟杰等译，北京：生活·读书·新知三联书店，2002 年版，第 369 页。

② Charles Sanders Peirce, *Colletced Papers of Charler Sonders Peirle*, Cambridge Mass, Harvard Univ. Press, 1933-1958, vol. 5, p. 253.

③ 赵一凡等主编：《西方文论关键词》，北京：外语教学与研究出版社，2006 年版，第 4 页。

营之中并能占据一席之地，对丰富的中国传统符号学遗产的整理阐释也必不可少。我们一方面不能盲目地拒斥西方学术理论资源与视域，闭门造车；另一方面也不能生搬硬套西方学术理论方法，人为地割裂中国传统学术思想资源，而是要认真学习中西学术思想之精神，在比较中探析各自的特征，特别是在现代符号学视域下反观中国传统符号学思想资源，探寻潜藏在文化现象与文献之中的内在语义机制，建构中国文化背景下的符号学思想。曾有学者指出："没有理论模式的形式研究，只能是零星的评点；而一旦建立其理论模式，又不能不时刻防止人为的封闭。"① 中国传统哲学并没有系统建构起意义理论，其关于符号与意义关系的辨析也是散见于一些论述之中，或者直接蕴藏在政治及文化实践之中，没有完整的体系。所以当我们以符号学视角去透视其遗存的文献资料的时候，不得不防止理论上预设的限制，而要结合当时的历史文化背景来谈，如先秦意义理论产生的背景——"周文疲弊"。西周时周公等初期统治者们建立的礼乐文化、典章制度，到春秋时期逐渐失效，而诸子思想的出现就是为了解决这个问题，"夫阴阳、儒、墨、名、法、道德，此务为治者也，直所从言之异路，有省不省耳"。② 正是因为"周文疲弊"，所以才会有诸子百家的"务为治者"，此牟宗三亦有观点可参。③

　　理论的创新本就是一个发现问题并解决问题的过程。本书论及的诸多关键概念范畴本身就是先哲对现实问题的思考，对时代的激情回应，其欲解决的也是当时社会最为突出的一些矛盾和问题，如诸子百家对重建秩序的关注。也许先秦诸子真是《庄子·天下》所言的"一曲之士"，但是他们"为治"的目的却是相同的，因此，把握住了这一共同目的，就把握住了诸子学术思想之根脉。"周文疲弊"的形式即礼乐文化、符号象征都出了问题，既有的文化秩序遭到了极大的破坏。伴随着井田制的崩溃，奴隶制度的衰落，以及政治上以宗法为基础的分封制向中央集权的专制国家过渡，社会阶层出现变动，社会思想随之变化，旧的文化符号与新的意义之间出现裂隙。"语言归于无效，文化象征成了问题……当符号不再好好为人服务的时候，人们就有意识地注意起符号来。"④ 先秦诸子言论，无论是关于礼

---

①　陈平原：《中国小说叙事模式的转变》，北京：北京大学出版社，2003 年版，第 2 页。
②　司马迁：《史记》，北京：中华书局，1982 年版，第 3288-3289 页。
③　牟宗三：《中国哲学十九讲》，长春：吉林出版集团有限责任公司，2010 年版，第 52-53 页。
④　〔美〕莫里斯：《开放的自我》，定扬译，上海，上海人民出版社，2010 年版，第 41 页。

法之辨、名实之争、言意之辨等，皆关乎这一历史现实。因此，把握住这一文化背景，对我们理解先哲的意义理论能起到提纲挈领的作用。

中国的意义理论关键概念中的礼、仁、乐、名、法等，无不和现实社会实践紧密联系，如清人章学诚所言，"古人未尝离事而言理"，[①] 先民论理一般不作抽象玄谈而是将事与理交相融合，并注重对社会、人伦秩序的规范调适。汉语的"范畴"一般认为是取自《尚书·洪范》中箕子对武王问时提出的"洪范九畴"，其中"洪"是大的意思，"范"是法的意思，"畴"是类的意思，"洪范九畴"为箕子所陈九种治国大法，如五行、五事、八政、五纪等，对事物进行归类，对人事进行规范，以求达到规范秩序治国理政的目的，具有很强的实践性。所以汪涌豪指出，中国古典范畴的内容选择标准均着眼于对社会与人生有用这一目的，哪怕是涉及宇宙万物的探讨，也以现实人生为依归，注重过程的观照，认同规范人的行为及价值的分类方法，注重关系的把握，依从亦此亦彼的辩证逻辑。[②] 汪先生虽是以论述中国文学批评范畴为主，但其所论范畴的特点基本上也是符合中国意义理论关键概念范畴的。论及中国意义理论关键概念范畴，必须紧扣中国传统文化语境，坚持前文所说的历史原则。

本书注重对中国意义理论关键概念范畴之间的比较阐发，是基于中国传统符号学思想实际的，如汤一介就曾指出，"从整个中国传统哲学的发展来看，范畴都是成对的。"[③] 蒙培元在论及宋明理学范畴的时候也曾指出，中国哲学中的范畴往往并不看重每一个范畴的独立意义，而是重视范畴之间的相互联系，并由此形成一个有机的系统。[④] 这种特征也强烈地体现在中国的意义理论关键概念范畴中。实际上本书论及的很多概念范畴本身也是中国传统哲学中的重要概念范畴。另一方面，概念范畴在比较阐释中更能见出其特定的意涵。汪涌豪在论及中国古代古典文学理论范畴时曾指出，如果仅对单个范畴进行个案研究，往往难以反映出此范畴与其他相关范畴产生的历史背景和逻辑必然，也不能反映其在当时的理论贡献和深刻影响

---

① 章学诚：《文史通义校注》，叶瑛校注，北京：中华书局，1985年版，第1页。
② 汪涌豪：《中国文学批评范畴及体系》（修订本），上海：复旦大学出版社，2017年版，第12页。
③ 汤一介：《论中国传统哲学范畴体系的诸问题》，《中国社会科学》，1981年第5期。
④ 蒙培元：《重印自序》，《理学范畴系统》，北京：人民出版社，1989年版，第1页。

等，因此倡导"将这个或这一系列的范畴纳入它所实际依存的那张逻辑之网中，与其他相关系列的范畴联系起来考察"，① 如此才能更好地把握某一概念范畴的丰富内涵。对于中国意义理论关键概念范畴而言，也是如此。实际上，中国意义理论关键概念范畴常是成对出现的，某一具体概念与不同的概念范畴对举时，其符号意义也是有差异的。因此只有将这些关键概念联系起来对比考察，才能更加清楚地把握其深层意蕴及动态发展。我们在研究阐述的过程中，也是尽量将系列范畴进行比较诠释，如"礼与乐""法与名"等都是如此，将这些具有中国特色的意义理论关键概念置于其生产的文化系统之中进行对比互参，以此来探求其特定的符号学意义，而这本身也是符号学方法的运用。

　　我们知道，语言系统是一系列声音差别和一系列观念差别的结合，② 这就是语言符号学上的差异性原则。实际上不只是语言如此，所有的符号系统内部都必须以差异性原则来建构意义，如果符号之间没有差异，就是混沌一片，意义就无法建构、传递、交流。一句话，没有差别就没有符号，没有差别就无法传递意义。礼这一关键概念的独特意义是在与仁、乐等范畴的对比中建构出来的。在先民的典籍文献中，礼与乐、礼与法等也常常是成对出现、成对使用的。中国的智者在对这些意义理论关键概念的使用中，如将礼与仁对举时和将礼与法对举时，礼的符号意义是各有侧重的。西方哲学家维特根斯坦亦云，"一个词的意义就是它在语言中的使用"，③ 这就是说，只有把这些特定的概念范畴置于特定的关系结构中，其符号的意义才能在与其他符号的差异中更好地得到凸显，但这不会是一劳永逸式的界定。正如胡亚敏所言，"关键词的意义从来（never）不是固定的、静止的，我们只有在特定的范围内界定这些关键词，而对其意义的认识是不可能有终点的，它们的含义将随着时间和空间的变化向未来开放。"④ 总而言之，中国意义理论关键概念范畴的意义需要在与其他相关概念范畴的比较中来鉴别，即通过差异来确定其特定的意义。同时，随着时间的推移、主

---

① 汪涌豪：《中国文学批评范畴十五讲》，上海：华东师范大学出版社，2010 年版，第 192 页。

② 〔瑞士〕索绪尔：《普通语言学教程》，高名凯译，北京：商务印书馆，1980 年版，第 167 页。

③ 〔奥地利〕维特根斯坦：《哲学研究》，李步楼译，北京：商务印书馆，1996 年版，第 31 页。

④ 胡亚敏主编：《西方文论关键词与当代中国》，北京：中国社会科学出版社，2015 年版，第 8 页。

体的变化、视角的转换等因素的影响，这些关键概念的符号意义也是向无限衍义开放的。

当然，我们必须承认，中国古代文化符号学关键概念众多，本书所论及的只是九牛一毛，而且主要集中在先秦部分，但如张海明所言，中国古代美学范畴中相当一部分都来源于先秦思想，因为先秦是中国古代美学的发端期，这一时期的思想规定了美学后来的发展走向。① 实际上不仅是美学，哲学、文艺学、符号学等诸多核心概念范畴皆源于先秦思想，这是中国文化思想的根脉所在，所以把握住了根脉，沿流讨源则势如破竹。当然，限于个人学识，本书对诸多概念范畴的阐释还不够深入，未能登堂入室。本书出版之目的在于抛砖引玉，希望引起学界对中国符号学思想中关键概念命题的关注与思考，共同推进中国符号学思想的创造性转化与创新性发展。

---

① 张海明：《经与纬的交结——中国古代文艺学范畴论要》，昆明：云南人民出版社，1994 年版，第 6 页。

第一章　释礼：论中国符号学的自觉

自发运用符号来进行交流并建构社会性意义活动是人类社会的基本特征，而人类何时开始关注符号与意义的关系并进入符号学的自觉阶段，是中外符号学史共同面对的问题。就中国符号学思想史而言，尽管先民很早就建构了《易经》符号系统，但依然只是属于对符号的自发运用。礼制在周初历经数代君王才建构完成，才由此让人们的政治身份等级得以区隔并定位，让社会稳定得以维持。西周上层违背礼制的行为自周穆王始，后渐次加重，至春秋时期，蔓延至社会各个层次，终至礼崩乐坏。于是，在秩序失范的春秋时期，人们不可避免地陷入了对符号与意义关系的深入思考，礼的观念因此建立，礼学兴起并发展起来。由此，中国先民开始进入符号学自觉的时代。

礼乐文化作为中国传统文化的独特表征，其形式特征和表意机制都蕴含着丰富的符号学思想。礼作为一套系统，礼容只有置于礼的系统之中，其特有意义才能得到解释；礼容分节清晰，且能够全域覆盖，才能将人以"群"分；礼容的解释项尊卑等级即礼义。古乐在于娱神敬祖，其节奏容止即是音乐符号的符形学，舞乐音声之节影响到人伦实践，推广开来即是乐节百事，由乐之节生发出的是政治伦理之节。礼自外作，乐由中出，礼乐交相为用，中国传统文化的伦理符号学进路导源于此。总而言之，西周的礼乐文化制度其实就是一套符号系统，用来规范人的各种表意活动，礼起到调节人类社会内部行为与关系的作用。礼崩乐坏之后，孔子以仁注礼，礼只有传达出仁的意义才符合孔子的仁礼关系。孔子之后，孟荀一水分流，孟子注重仁之于人的本质意义，明确仁与贤人君子的行为规范之间意指关系，偏重内在德性；荀子则肯定礼之于人的本质意义在于礼建构了人类社会的规范秩序，"别"则是礼的符号操作机制，讲求外在规范。孟子与荀子的不同取向也导致了二者在后世不同的传播境遇。

第一节　礼制论：儒家礼治思想及符号自觉

考古学界的专家曾指出，"在世界古代史中，夏商周三代的礼制性社会是独一无二的，显示了中华古代文明有别于其他古代文明的独特性"①，此论甚是。礼制文化确实是中华文明的独特所在，礼制即以礼为治，它不仅在夏、商、周三代社会中存在，而且延续到后世历代王朝。历代新建王朝都会颁布礼乐，以示改朝换代。礼乐文化甚至在当今中国人的生活中依然有丰富的存留。中国文明的另一大特征在其连续性，即其在发展过程中一直未曾中断，而对中国文化影响最为深远的首推儒家的政治伦理思想。从发生学的角度看，儒家的政治伦理思想源于初民社会的礼俗约定。儒家先圣周公在夏、商二代基础之上将礼乐文化符号政治化，使其成为维系西周社会统治的基本法则。随着西周统治阶层的衰颓和诸侯争霸的崛起，礼崩乐坏成为社会现实，儒家先师孔子开始关注并反思周公以来的礼乐制度，并为兴正礼乐做出了自己的努力，让西周以来的礼乐文化从一种制度规范逐渐转化成为礼学思辨与实践。随着礼制阶段转入礼学阶段，先民开启了对礼的表意形式的思考。

一　礼源于俗：中国礼制之渊源

礼可以视作人类社会活动的程式与规范。当初民社会的风俗习惯积淀为行为规范之后，礼就具有表意规范的作用，其活动程式也演化为具有某一社群共享意义的象征符号。礼乐文化是中华文明区别于世界其他文明的重要特征，如史学家钱宾四曾经指出，"要了解中国文化必须站得更高来看中国之心。中国的核心思想就是'礼'。"② 礼被视作中国文化的核心精神。春秋以降的历代统治者也都极为重视礼乐文化，礼的来源也成为学界共同关注的议题。华夏民族的礼从何而来？学界对此议题众说纷纭，迄今似乎并未形成统一看法。如王国维、郭沫若、何炳棣等认为礼源于宗教仪式；

---

① 高崇文：《古礼足征：礼制文化的考古学研究》，上海：上海古籍出版社，2017年版，第3页。
② 〔美〕邓尔麟：《钱穆与七房桥世界》，蓝桦译，北京：社会科学文献出版社，1995年版，第8页。

刘师培、梁启超、李安宅、李亚农、杨宽等认为礼源于风俗人情；杨向奎认为礼源于原始社会的礼物交换，所谓"礼尚往来"体现的就是原始时期的物品交换关系；陈戍国、陈来等学者鉴于礼的复杂性，认为礼的起源是多元累积而成的。① 从中我们可以看出，礼的起源有宗教祭祀说、风俗人情说、礼物交换说、多元累积说等，各不相同，但都有其道理。

我们在考察礼的各种起源说，并结合人类社会发展的历史轨迹之后，认为礼应该是源于风俗人情，并在宗教祭祀活动中仪式化为具有特定意义的表演行为和象征符号系统。人类社会的发展本身就是一个不断制造意义、规范意义而又受到意义规约的动态发展过程。人作为符号的动物，追求意义是其本能，只要人类社会存在并发展着，追求意义的活动就不会止息。符号是用来表达意义的，人类既然是追求意义的动物，在意义追求过程中必须通过符号的形式进行，在创造使用符号的时候，必须在一定的族群内部进行符号与意义的交流传达活动，因此这种符号活动必须以约定俗成为基础。语言符号学家索绪尔业已指出，"一个社会所接受的任何表达手段，原则上都是以集体习惯，或者同样可以说，以约定俗成为基础的。"②

初民这种追求意义的活动最初是自发的、零散的，但是某一族群要寻求发展，必须取得意义共识，让原始的、自发的表意活动形成较为统一的、为全体氏族成员共同接受并遵守的民风民仪。如《礼记·曲礼上》所言，"礼尚往来，往而不来，非礼也；来而不往，亦非礼也。"礼是社会交往的产物，需要共同遵守彼此之间达成的交流共识，不仅包括杨向奎所言的礼物交往，更多的还有生活礼俗。王炜民在《中国古代礼俗》中论及的中国传统礼俗，诸如育子礼俗、成年礼俗、婚姻礼俗、日常礼俗、社交礼俗、节庆礼俗、丧葬礼俗等，③ 皆是来源于初民社会的风俗人情，这就是为什么刘师培坚持认为"上古之时，礼源于俗"④。吕思勉亦认为"礼源于俗，不求变俗，随时而异，随地而殊"⑤，也是承认了礼来源于人类社会约定俗成

① 参见刘丰：《先秦礼学思想与社会的整合》，北京：中国人民大学出版社，2003 年版，第 4-7 页。
② 〔瑞士〕索绪尔：《普通语言学教程》，高明凯译，北京：商务印书馆，1980 年版，第 103 页。
③ 王炜民：《中国古代礼俗》，北京：商务印书馆，1997 年版。
④ 刘师培：《古政原始论》，《刘师培全集》第 2 册，北京：中共中央党校出版社，1997 年版，第 54 页。
⑤ 吕思勉：《经子解题》，上海：华东师范大学出版社，1995 年版，第 45-46 页。

的一些风俗习惯，而且这些风俗习惯会随着时代和地区的变化而变化，并不是完全统一的。当礼俗逐渐规范化为较为固定的表意结构时，礼俗就转化为礼仪。司马迁所云"缘人情而制礼"①，大概是由此而发。人类来源于自然，生老病死亦是自然现象，无法避免。初民的各种礼俗中，生老病死及人生各阶段之发展，如成年礼、婚礼等，皆是"人情"之一种。生之欢乐、死之哀痛、成年的期望、婚姻的喜悦等诸多人生过程的喜乐、忧戚之情，皆须要得到有效的表达。"人函天地阴阳之气，有喜怒哀乐之情。天禀其性而不能节也，圣人能为之节而不能绝也，故象天地而制礼乐，所以通神明，立人伦，正情性，节万事者也。"② 人类通过礼节仪式来传达自身面对不同事物时候的"人情"，并且让这种情感得到规范化的输出，让礼成为意义活动程式与规范。本乎此，我们就可以说，从符号学的角度而言，礼其实就是人类社会交流过程中逐渐约定俗成的一套表意符号系统，而这套系统形成之后又规范制约着人的表意行为。

此外，初民社会饮食风俗形成的原始宗教信仰与祭祀行为也是礼的重要来源。初民的宗教观念需要通过一定的行为活动来表征，即宗教行为是宗教观念的符号外化。如《礼记·礼运》所言，"夫礼之初，始诸饮食，其燔黍捭豚，污尊而抔饮，蒉桴而土鼓，犹若可以致其敬于鬼神。及其死也，升屋而号，告曰：'皋。某复。'然后饭腥而苴孰，故天望而地藏也。体魄则降，知气在上，故死者北首，生者南乡，皆从其初。"从这段材料可以看出，初民之礼乃是伴随着"燔黍捭豚""污尊抔饮""蒉桴土鼓"的原始生存活动而来的致敬鬼神的宗教活动。人死之后，通过呼号逝者，期望他回来，"饭腥而苴孰"，也是由初民习俗沿袭而来。孔颖达疏指出，"始于饮食者，欲行吉礼，先以饮食为本"③，这一方面肯定了饮食风俗乃礼之源，另一方面将其与吉礼联系起来。吉礼即是祭礼，祭祀天神、地祇、人鬼之属，希求达到事神致福之目的，这一点王国维在《释礼》中有较为详细的分析。虽然王氏所言"以玉奉神"是一种高级的宗教祭祀活动，当在"燔黍捭豚"这种初级的祭祀活动之后，但有一点可以肯定的是，无论其形态是低级还

---

① 司马迁：《史记》，北京：中华书局，1982年版，第1157页。
② 班固：《汉书》，北京：中华书局，1962年版，第1027页。
③ 李学勤主编：《十三经注疏·礼记正义》，北京：北京大学出版社，1999年版，第667页。

是高级，都是"奉神人之事通谓之礼"，① 即礼由风俗转入宗教祭祀仪式之中。所以何炳棣坚持认为，中国礼字的原始意义就是祭仪，包括祖先崇拜在内的原始祭仪，都有较强的崇古取向，以及顽强的保守性特征。② 所谓"礼也者，反本修古，不忘其初者也"（《礼记·礼器》），即是明证。

初民在社会交往中形成的民风民仪，加上原始的宗教仪式活动，在逐渐规范化之后，就成为各种礼仪仪式系统，以象征的形式，起着连接意义共识的作用。如杨宽认为初民在社会活动中"常以具有象征意义的物品，连同一系列的象征性动作，构成种种仪式，用来表达自己的感情和愿望"③，当这种仪式在长期的社会活动中逐渐成为社会生活习惯之后，也就演变成礼。"在氏族制时期，人们有一套传统的习惯，作为全体成员在生产、生活中自觉遵守的规范。等到贵族阶级和国家产生，贵族就利用其中某些习惯，加以改变和发展，逐渐形成各种'礼'，作为加强贵族阶级统治的一种制度和手段"，④ 很显然这是根据约定俗成的习俗因势利导而形成的带有规约性的制度之礼。

总而言之，作为华夏文明和文化秩序象征的礼，乃是在初民的礼俗以及由此展开的宗教仪式活动过程中逐渐累积规范而来，成为具有象征性和表演性的仪式活动，如叶舒宪所言，礼其实就是"一种象征性符号行为"，⑤ 这种象征性符号行为经过漫长的演化积累，形成各种各样的规范与程式，反过来又对相应社会群体的各种表意活动进行规约，当其规范程度制度化之后，礼就由自发的民风民俗转化为具有制度规约性的礼制。根据中国考古学界的研究，中国的礼制大约在龙山时代业已形成。⑥ 经过唐虞之际的发展，夏商周三代的沿革，特别是经过周公的政治改造以及孔子的伦理转向，礼最终演化为具有华夏民族特色的、遍及人伦日用的超级符号系统。

---

① 王国维：《观堂集林》，石家庄：河北教育出版社，2001 年版，第 144 页。
② 何炳棣：《何炳棣思想制度史论》，台北：联经出版事业股份有限公司，2013 年版，第 169 页。
③ 杨宽：《古史新探》，上海：上海人民出版社，2016 年版，第 238 页。
④ 杨宽：《古史新探》，上海：上海人民出版社，2016 年版，第 311 页。
⑤ 叶舒宪：《中国神话哲学》，北京：中国社会科学出版社，1992 年版，第 3 页。
⑥ 高炜：《龙山时代的礼制》，《庆祝苏秉琦考古五十五年论文集》，北京：文物出版社，1989 年版，第 235–244 页。

二 兴正礼乐：礼制符号化过程

周代的礼制一直被孔子及儒家视作典范，但是周礼也不是无源之水。周礼在诸多方面都延续了殷商之礼，这个目前已被考古学界依据传世文献与出土文献的互证所证实。如刘雨在搜集整理比较了二十种殷周祭名后，发现其中十七种都是殷周同名，也就是说早在文武王创业时代，周人便有意利用了殷人礼仪，殷周易代后，周初也几乎是全盘继承了殷人祭祖礼仪的名称，但这并不是说周人只是一味因袭而没有变革，否则孔子所云"周因于殷礼，所损益，可知也"（《论语·为政》）的文献价值就要打折扣了。如刘雨所言，周人并非生搬硬套殷人祭礼，而是在运用的时候有所改造，如周人的嫡庶制度、尊卑等级等观念在祭祖礼中是有反映的，相较于殷人遍祭先公先王，周人祭祀对象没有超过三代者。① 这些考古发现足以说明殷周礼制的沿革是可信的。

王国维在《殷周制度论》中指出，中国政治文化之变革以殷、周之际为巨，从表面来看，不过是一家一姓的王权更迭和都城转移，但就深层来说，则是新旧制度与文化的更替，这个制度就是礼制。具体而言，其一是立嫡之制，以及由是而生的宗法及丧服制度、封建子弟之制、君天子臣诸侯之制；其二是庙数之制；其三是同姓不婚制。② 王氏此文在学界影响甚巨，这让殷周文化制度的差异亦开始受到学界的重视与深入研究。随着考古工作的发掘与研究的推进，王国维提出的"巨变"说也逐渐受到质疑，有学者提出商代其实也实行宗法制与分封制，也有学者不同意这种观点，认为商王朝的侯、田、男、卫属商王国的职官，并非独立封国，还有学者根据甲骨文献提出商王朝乃是方国联盟性质的城邦国家。③ 这些研究加深了我们对殷商社会文化历史的认识。对殷商礼制到底属于巨变还是渐变的问题，我们认为当属渐变，但是这种渐变在历史叙述的过程中往往被压缩，并附会在一两位历史伟人身上，比如周公。传世文献中多处记载周公制礼作乐的史事，如《左传·文公十八年》（609BC）季文子曾曰："先君周公

---

① 刘雨：《西周金文中的祭祖礼》，《考古学报》，1989 年第 4 期。

② 王国维：《观堂集林》，石家庄：河北教育出版社，2001 年版，第 231-232 页。

③ 宋镇豪、刘源：《甲骨学殷商史研究》，福州：福建人民出版社，2006 年版，第 253-261 页。

制周礼"，《礼记·明堂位》亦云："昔殷纣乱天下，脯鬼侯以飨诸侯，是以周公相武王以伐纣。武王崩，成王幼弱，周公践天子之位，以治天下。六年，朝诸侯于明堂，制礼作乐，颁度量，而天下大服。"《史记·周本纪》也有类似的记载，"既绌殷命，袭淮夷，归在丰，作《周官》。兴正礼乐，度制于是改，而民和睦，颂声兴。"[1] 关于周公制礼作乐的历史记载远不止我们这里选录的几条。如果按照传世文献所言，周公在短短几年内就完成了礼乐政治文化制度的建制工作，并还政成王。实际上任何一个朝代典章制度的建设，绝不是一蹴而就的，当代学者经过考辨，指出西周礼乐文化制度建设，经历了周初数代君王，直至周穆王时期才完成。[2] 从历代王朝的制度建设来看，这个论断可能更符合实际情况。

这里我们要思考的是，周初统治者制礼作乐的实际意义是什么？其深层语义机制又是什么？我们知道，周人翦商，武王因为在这个过程中长期背负太大的政治压力，如《逸周书·寤儆解》记载武王梦见其翦商密谋被商人发现而梦中惊醒并向周公求解之事[3]，《史记·周本纪》亦载武王翦商成功后如何筹建新朝而"自夜不寐"[4]，因此翦商成功后不久，武王在位 4 年便崩殂了[5]，其子成王继位，成王年幼，政治资历不深。此时周王朝内忧外患，正值多事之秋，内部管叔、蔡叔嫉妒周公，觊觎王位，外部以武庚为首的殷遗也不甘失败，于是内外勾结，联合发动叛乱。为了巩固政权，周公亲自率军东征，花了三年时间平定叛乱，诛杀武庚与管叔，流放了蔡叔，并重定分封。《左传·僖公二十四年》（636BC）载富辰所言的"昔周公吊二叔之不咸，故封建亲戚以蕃屏周"即指此事[6]，周人以蕞尔小邦翦灭大邑商，实际上并不能完全实现对殷人统治区域的全面控制，于是采用了军事据点的模式，将亲族及功臣分封到各地，作为周室的藩篱，拱卫周室。

---

① 司马迁：《史记》，北京：中华书局，1982 年版，第 133 页。
② 杨华：《先秦礼乐文化》，武汉：湖北教育出版社，1997 年版，第 60-68 页。
③ 黄怀信等：《逸周书汇校集注》，上海：上海古籍出版社 2007 年版，第 303-304 页。
④ 司马迁：《史记》，北京：中华书局，1982 年版，第 128 页。
⑤ 夏商周断代工程专家组：《夏商周断代工程 1996—2000 年阶段成果报告：简本》，北京：世界图书出版公司北京公司，2000 年版，第 36 页。
⑥ 《左传·昭公二十六年》亦云："昔武王克殷，成王靖四方，康王息民，并建母弟，以蕃屏周。"说明武王时期已经开始封土建侯，但是童书业亦已考证指出，武王虽然也有封建之举，但是为数不多，"盖诸重要封国皆周公所建也"，参见童书业：《春秋左传研究》，上海：上海人民出版社，1980 年版，第 34-35 页。

分封制属于国家行政区划管理制度，除此之外，王位继承及思想文化意识形态等事项亦需解决。

在政治权力继承上面，就是嫡长子制度。政治权力的交接嬗变一直是影响政治稳定的重要因素，如《史记·殷本纪》记载，在殷商统治时期，"自中丁以来，废適而更立诸弟子，弟子或争相代立，比九世乱，于是诸侯莫朝。"① 王国维据此推测九世之乱应当是争立之事引起的政治动荡，因为此时没有嫡庶之别。迨及周初，周公立成王而以己摄政，乃是济变的权宜之举，待到政局稳定之后还政成王。从此以后，父死子继之法为后世不易之制，其政治历史意义，亦如观堂所言，"盖天下之大利莫如定，其大害莫如争。任天者定，任人者争。定之以天，争乃不生。故天子诸侯之传世也，继统法之立子与立嫡也……故衡利而取重，絜害而取轻，而定为立子立嫡之法，以利天下后世。而此制实自周公定之，是周人改制之最大者，可由殷制比较而得之，有周一代礼制，大抵由是出也。"② 周公以身垂范，政治稳定之后，还政成王，而没有继续沿用商代兄终弟及之制。父死子继是周公的一大创举，因为这种模式有效解决了权力过渡期间容易引发的斗争问题，是利国利民的大事。所谓"立嫡以长不以贤，立子以贵不以长"（《春秋公羊传·隐公元年》），父死子继不仅有效解决了权力继承的合法性问题，并在此基础上形成了传位嫡长子的一整套宗法礼制。在嫡长子制的基础上生发出来的丧服制、天子诸侯制、大宗小宗制，以及庙数制等，都是围绕这个权力嬗变的核心问题展开，以先天的血缘关系及年辈关系来确立政治身份，并通过一整套礼的形式予以区隔（segregation），以此来建构社会性意义活动，如丧服制。据《仪礼·丧服》所言，丧服有斩衰、齐衰、大功、小功、缌麻等不同等级，根据生者与死者之间的血缘关系的亲疏尊卑之别，在丧服的形制及丧服时间长短上做出必要区隔。根据这种具有特定意义形式的区隔，我们又可反观服丧者与逝者血缘关系的亲疏远近，以及其传示哀痛的深浅和丧礼的隆杀。又如庙数制，根据《礼记·王制》所言，天子有七庙，诸侯五庙，大夫三庙，士一庙，也具有明显等差，这种等差使主体身份文本化，即庙数成为身份政治的符号表征。因此无论是丧

---

① 司马迁：《史记》，北京：中华书局，1982年版，第101页。
② 王国维：《观堂集林》，石家庄：河北教育出版社，2001年版，第233页。

服制还是庙数制，其深层语义都是通过区别性形式特征来标示身份政治等级，即丧服与庙数之属乃是表征政治身份的符号形式。

因此我们可以说，周公及周初统治者制定礼乐文化制度，其深层目的在于通过礼乐文化区隔模式来建构政治身份等级，将统治阶层的表意行为纳入特定的秩序规范之中，并以礼之总名冠之。以礼这种区别性符号模式来标识尊卑贵贱和亲疏远近的差异，如钱穆所言"礼正代表着一种人与人之间的差别"，[①] 可谓切中肯綮。因为身份地位的不同，所用的礼也会各不相同，"名位不同，礼亦异数"（《左传·庄公十八年》〈676BC〉）。在礼制语境下，人类社会就由"物质生活"转入"符号生活"阶段，"符号生活是人类的社会地位、社会职业、社会角色所显示意义的生活"，[②] 礼乐文化活动区隔并建构了不同的政治身份，在礼制语境下的各种礼仪均表征了一定的礼意，成为特定的符号活动，并打上了强烈的伦理烙印。这样一来，先民的自然礼俗就彻底转变为规章制度，即礼从礼俗转化为礼制。在礼制制度下，上至天子，下至士大夫，一切表意活动皆依礼而行，不能逾越。礼制的背后是由暴力来维系的，如西周礼制之所以能够顺利推行，乃是因为"西周时周室武力独盛，诸侯皆弱小，故周室尚能控制诸侯"，[③] 所以温情脉脉、雍容典雅的礼制背后，实际上是需要武力支撑的。春秋以降，诸侯国坐大，齐、晋、楚、吴、越迭兴，兵力皆达千乘，周王室兵力反而越来越弱小了，礼崩乐坏在所难免。

需要补充的一点是，礼制建立后礼俗并没有退出社会生活，相反，二者是并行发展而不相违背的，如王贵民所言，作为国家制度的礼制主要是在政权系统和贵族阶层施行的，如朝会、觐见、聘问、册命、视朔、祭祀等，作为礼俗的人生礼仪，如冠、婚、丧、祭、相见、乡饮等，则是无论贵族、平民皆有应用，只是规格层次各有不同。[④] 礼俗与礼制相辅相成，共同为社会秩序的建构做出贡献。

---

① 钱穆：《中国思想史》，北京：九州出版社，2012 年版，第 21 页。
② 张玉能、张弓：《新实践美学的生活美学建构》，《陕西师范大学学报》，2020 年第 4 期。
③ 童书业：《春秋左传研究》，上海：上海人民出版社，1980 年版，第 205 页。
④ 王贵民：《先秦文化史》，上海：上海书店出版社，2013 年版，第 69 页。

三 礼崩乐坏：礼的符号学自觉

如上文所言，周代礼制的建立是一个渐变的过程，周公制礼作乐并非一蹴而就的事情。实际上，经过了西周早期几代统治者的不断增删损益才逐步形成的周代礼制，直到西周中期穆王时期才逐渐完善，这已为考古学界所证明。如郭宝钧在对商周时期的青铜礼器做了综合研究之后指出，西周前期铜器风格是对殷商的延续，后期才开始形成自己的风格，其分水岭在穆王末叶。① 在祭祖礼上，刘源根据出土文献及传世文献研究指出，西周早期周人祭祖礼在较多继承了殷人文化的同时，不断发展自身特色的祭祀仪式，直到西周中期以后周人才逐渐建立自己的祭祖礼仪，其背后折射的是从重视血缘关系到重视政治等级的变化，② 后者正是宗法等级政治建立的体现。礼制的建立，标志着礼乐文化符号系统的形成。

与礼制的建构一样，礼崩乐坏也是一个渐变的过程。实际上礼乐系统的崩坏也是起于西周统治上层。周穆王时期被认为是礼制建构的完善期，也正是这个时候，礼制开始崩坏。如《国语·周语上》首篇"祭公谏穆王征犬戎"记载，犬戎按照荒服之礼以朝，没有违礼之举，但穆王却一意孤行去征伐，结果荒服地区的诸侯从此不朝，认为穆王自己破坏了荒服之礼。至周宣王时期，宣王不行籍田之礼，不听虢文公的劝谏，"三十九年，战于千亩，王师败绩于姜氏之戎"（《国语·周语上》）。可见从西周中后期开始，礼制率先衰毁于周王室的上层统治阶层。后期，周幽王宠信褒姒，竟然废申后及太子，以褒姒为后，以褒姒之子伯服为太子，③ 这可谓破坏了礼制治国的根基，即嫡长子继承制，直接导致了西周末年的政治危机，即申侯与犬戎联合攻打幽王，西周破亡，平王东迁，"平王之时周室衰微，诸侯强并弱，齐、楚、秦、晋始大，政由方伯。"④ 此后，周王室的权力逐渐消退，诸侯坐大，礼制进一步崩溃。如果《国语》首篇可视作天子率先废弃礼制之始，那么《春秋左传》首篇则是诸侯废弃礼制之始。据《春秋》经文记载，"夏五月，郑伯克段于鄢"，并对此事进行了详细描写。姜氏欲废

---

① 郭宝钧：《商周铜器群综合研究》，北京：文物出版社，1981年版，第44页。
② 刘源：《商周祭祖礼研究》，北京：商务印书馆，2004年版，第360–368页。
③ 司马迁：《史记》，北京：中华书局，1982年版，第147页。
④ 司马迁：《史记》，北京：中华书局，1982年版，第149页。

长立幼被郑武公否定，郑庄公继位后，母子、兄弟关系皆因为权力继承问题极度紧张，最后老谋深算的郑庄公一举击溃了同母弟共叔段，并在颖考叔的帮助下维护了与姜氏形式上的母子关系，即在表面上维持了周礼，从中窥见的是礼制即将为诸侯阶层所毁弃。此后，诸侯大夫毁弃礼制、僭越礼乐者众，是为礼崩乐坏。

礼、乐、诗本是三位一体的，到春秋时期，随着礼乐的崩坏，此三者也开始分离。诗分风、雅、颂三者，"颂者，美盛德之形容，以其成功，告于神明者。"① 颂诗乃是天子之礼，用于郊庙祭祀，形容祖先之德，以赞颂歌咏之。"雅者，正也，言王政治所由废兴也。政有小大，故有小雅焉，有大雅焉。"② 小雅为宴饮宾客、赏劳群臣、燕享诸侯、征伐固政之用，大雅所陈，为文王受命、武王伐纣、尊祖配天等天子之政事。概而言之，在礼制语境中，颂与大雅为天子之乐，小雅主要为诸侯之乐，而所谓风实则为大夫之乐。但无论风、雅、颂，皆需配合着礼制进行，礼是解释诗乐的元语言，如《论语·八佾》记载，"三家者以《雍》彻。子曰：'相维辟公，天子穆穆'，奚取于三家之堂？"所谓《雍》，是《诗经·周颂》中的一篇，本是武王祭祀文王时，在祭祀完毕后撤去祭品时的诗乐，如朱熹《诗序辨说》指出，"此诗但为武王祭文王而撤俎之诗，而后通用于他庙耳"③，就是说此诗乐后来通用于天子祭祖仪式上。其诗有云："有来雍雍，至止肃肃。相维辟公，天子穆穆"，其所言者，乃是天子祭祀过程中，诸侯恭敬严肃参与助祭的场景。基于此，我们再来看孔子所言之事，三家即鲁国孟孙、叔孙、季孙三家，他们当时实际上执掌着鲁国的政权，但是在身份等级上只是属于上卿，按照礼制，《雍》为天子祭祀之乐章，三家是无资格享用的，他们在祭祀撤祭时使用就僭越了天子之礼乐，使得礼乐形式与内容分离，破坏了既定的礼制制度，这正是孔子痛心疾首之事。也正是基于此，孔子才有了正乐以正礼的主张，"吾自卫反鲁，然后乐正，《雅》《颂》各得其所。"（《论语·子罕》）孔子周游列国之时对诗、礼、乐进行了考察，晚年返回鲁国之后编订诗、乐，欲使诗、礼、乐恢复到三位一体的状态，即

---

① 李学勤主编：《十三经注疏·毛诗正义》，北京：北京大学出版社，1999年版，第19页。
② 李学勤主编：《十三经注疏·毛诗正义》，北京：北京大学出版社，1999年版，第17页。
③ 朱熹：《诗集传》，北京：中华书局，2017年版，第59页。

在礼制框架下，让诗与乐的使用能够维系身份政治等级的明晰，实现其分节（articulation）功能。① 风、雅、颂诸诗在礼制下本是分节清晰的，但是礼崩乐坏之后，其分节趋于混乱，导致宗法政治表意不清晰，这正是正乐以正礼之深层原因。

正是因为孔子的时代传统礼制的衰颓，文化秩序与象征结构等出现的问题才引起关注。诚如司马迁《史记·孔子世家》所言，"孔子之时，周室微而礼乐废，《诗》《书》缺。"② 也正是因为这个现实的文化困境，才引起了知识界对礼制文化的关注，才有了孔子"追迹三代之礼"之举。③ 孔子晚年返鲁之后，除了正乐以正礼之外，另一个大的文化实践就是修《春秋》以正礼。《春秋》的作者问题，一直是学术史上的一桩悬案，历史上也不乏孔子作《春秋》或修《春秋》的记述，这里我们赞同沈玉成、刘宁的观点，即孔子依据鲁国的国史编订了《春秋》。④ 鲁国因为周公的缘故而有太庙，并享有天子之礼乐，这在《礼记》中亦有说明，如《礼记·明堂位》云："成王以周公为有勋劳于天下……命鲁公世世祀周公以天子之礼乐。"《礼记·祭统》亦曾指出，"昔周公旦有勋劳于天下。周公既没，成王、康王追念周公之所以勋劳者，而欲尊鲁，故赐之以重祭。外祭则郊、社是也，内祭则大尝、禘是也。夫大尝、禘，升歌《清庙》，下而管《象》，朱干玉戚以舞《大武》，八佾以舞《大夏》，此天子之乐也。"正是因为这个缘故，周礼在鲁国保存甚好，如鲁昭公二年，赵宣子在鲁见到《易象》与《鲁春秋》时由衷感叹"周礼尽在鲁矣"（《左传·昭公二年》〈540BC〉），《汉书·艺文志》亦指出鲁国"礼文备物，史官有法"。⑤

无论是上文所言之诗，还是这里所论之史，皆属于礼制范畴。鲁享有天子之礼乐，故而诸侯有命就要到鲁国太庙"来告"，告命的内容由史官记

---

① 索绪尔认为分节表明说出来的语词链分为音节，也表明意义链分为有意义的单元。实际上，这种能指与所指分节的语言模式影响到社会表意行为，正如马丁奈所言的，意义单元对应语音单元，所以在哥本哈根学派的叶尔慕斯列夫看来，语言只是最基本的双重分节。分节不是仅在词素与音素之间，还在表达与内容两个层面之间，这样双重分节就被扩大到所有的符号系统。

② 司马迁：《史记》，北京：中华书局，1982 年版，第 1935 页。

③ 司马迁：《史记》，北京：中华书局，1982 年版，第 1935 页。

④ 沈玉成、刘宁：《春秋左传学史稿》，南京：江苏古籍出版社，1992 年版，第 37 页。

⑤ 班固：《汉书》，北京：中华书局，1962 年版，第 1715 页。

录在案，这不仅是西周礼制的体现，而且是孔子修《春秋》的文献基础。而以《春秋》寓褒贬，来挽救衰颓的礼制，则是孔子的创举。《孟子·滕文公下》云："孔子成《春秋》而乱臣贼子惧"，就是说孔子在修订《春秋》的过程中，寄大义于微言，通过特定的文化符号来表征其对各种政治人事活动的褒贬，并以此来规范各类表意行为。如对《春秋》经文"郑伯克段于鄢"，孔颖达疏指出，郑庄公对其弟共叔段"志在于杀，故夫子承其本志而书'克'也"，[①] 一个"克"显示了郑国礼制的崩坏及郑伯的险恶用心。后世史官司马迁也再次确认了，"《春秋》之义行，则天下乱臣贼子惧焉。"[②] 孔子创制的春秋笔法，对中国历史、文学书写皆有作用，对后代的言说方式与意义建构方式等均有影响，在传述中挟带个人之"作"，更是成为中国历代疏体学术著述的通则。

钱宾四先生曾指出，"孔子之著史作《春秋》，其事一本于礼。而孔子之治礼，其事亦一本于史。"[③]《春秋》以委婉之笔表达了对历史与人事的价值判断，拉开了符号表达面与内容面之间的距离，取得了文约而义丰的效果，而政治人事是否符合礼制，则是孔子价值评判的元语言（metalanguage）。春秋时期的史事行为，在孔子这里被当作维系周礼的意义来传播，必须要有相应的元语言作为解释的符码。是褒是贬，皆以礼为准绳，这让礼的观念与思想精神从礼制中脱离出来，成为一种被审视的对象。从《春秋》到《国语》，莫不是以礼作为元语言来对历史人物做出价值判断，进行意义传播，这正是礼学兴起的表征。

一部礼制的发展形成史其实就是一项人类符号系统建构史的缩影。礼在规范人类表意行为、建构人类社会的意义世界中起到了重要作用，此阶段人类社会尚处于自发运用符号阶段。当礼崩乐坏之际，固有的文化象征与意义之间出现了断裂，才引起了人类的思考。无论孔子正礼乐还是修《春秋》，其根本目的在于从文化实践中恢复日益颓坏的礼制，而正是因为礼制的颓坏，才引起孔子的礼学实践，让礼的观念日益突出。反观周公制礼作乐，实际上是将殷商以来的礼乐扩展至宗法制度，以及政治、社会、

---

① 李学勤主编：《十三经注疏·春秋左传正义》，北京：北京大学出版社，1999年版，第54页。
② 司马迁：《史记》，北京：中华书局，1982年版，第1943页。
③ 钱穆：《孔子传》，北京：生活·读书·新知三联书店，2012年版，第126页。

人伦规范之中，作为一种行为准则。① 也就是说，制礼作乐阶段的礼乐因为沉浸于人伦日用之中而不自知，当礼崩乐坏的时候，礼乐制度才引起人们的关注。轴心时代的中国智者是第一批自觉对礼制文化思辨的学者，如老子对礼与治乱关系的思考（《老子》第三十八章），孔子对礼与钟鼓玉帛关系的思考（《论语·阳货》）。当礼制成为观测考察的对象，礼制就转入礼学阶段，即人们开始思索礼制的意义活动机制，从自发运用符号的阶段进入符号学自觉的阶段。我们知道，符号活动与人类社会是相伴始终的，但人类思考符号与意义关系的历史却并没有人类自觉运用符号进行意义交流与传播的历史那么悠久。严格说来，是轴心时代的智者开启了有关礼制符号系统与其功能的思辨之门，如西方的柏拉图、亚里士多德，中国的老子、孔子等。伴随着春秋以降的史家及儒家学者对礼制的思考，礼学兴起，中国的先民才转入符号学的自觉阶段。总而言之，礼制颓而礼学兴，中国古典意义理论才真正走向符号学自觉的时代。

第二节　礼与乐：儒家符号思想的伦理进路

礼乐文化一直被视作中国传统文化的核心，这也是中华文化区别于其他文化的重要特质。中华民族号称礼仪之邦，传统礼乐文化对民族精神的孕育培养、对伦理道德的建构规范等，都起到了很大的作用。但礼乐文化作为维系社会群体的文化活动、社会关系与结构，乃至意识形态中的各种观念、法则，其表意模式，以及在这些过程中的运行机制，却还需深度挖掘。如论者所言，文化的实质就是人类用符号交流信息、传递意义的行为总和，某一文化的特征或者民族特色是其意义生产、传播、诠释的方法特征。② 礼乐文化的生产建构及表意机制的特色是中华民族传统文化的特征之一。作为方法论的符号学，其优势是语义分析，即寻求隐藏在表意形式之后的意义机制、表意规律，并分析其形式特征，因此从符号学的角度探寻礼乐文化的表意机制不失为一条可行之路。

---

① 郭梨华：《王弼之自然与名教》，台北：文津出版社，1995 年版，第 14 页。
② 祝东：《论"点将录"批评形式的民族特色与意义机制》，《华中师范大学学报》，2016 年第 2 期。

一　语义分析：礼乐之辨

欲分析礼乐文化，必须先对礼、乐的源起及意义有一个较为全面的透视。从语义上来看，古汉语中的礼字，至少包括了以下几个方面的含义。

①祭神；
②礼节、仪式，引申为古代社会的法则、礼仪；
③以礼相待，礼貌；
④礼物。[①]

从语源学的角度来看，礼应该是起源于祭神的活动，这种活动程式化之后即礼节、仪式，而当这些内容经过系统归纳总结上升为国家意识形态之后，即成为礼法（②的引申义）；当人的表意活动按照礼节仪法进行的时候，就是以礼相待的礼貌之举；符合礼法礼节，用于典礼之事的文物之属则统称为礼物。礼的甲骨文为"豊"，许慎《说文解字·示部》谓，"履也。所以事神致福也。从示从豊，豊亦声。"礼字的甲骨文字形像一个礼器里面放着用以祭神的两串玉，又因与"丰"的古体"豐"形似易混，后加"示"旁作"禮"，以示区别。清人段玉裁《说文解字注》云："履，足所依也。引伸（申）之凡所依皆曰履。此假借之法……豊者行礼之器。"[②] "足所依"即实践践行，既然礼的主要功能是"事神致福"，那么所有的实践活动都要符合礼的要求才行。段注认为"豊"是行礼的礼器，对此王观堂根据殷墟卜辞中的礼字形体（如图 1.1）有进一步的阐释，即玉为古代之行礼之器，殷墟卜辞的礼字形象地展示了盛玉奉神的情形，"又推之而奉神人之事通谓之礼"[③]。刘翔根据甲骨文字形演变考证指出，"豐"下面并非"豆"形，实乃从"壴"，是"鼓"字象形之初文，因为远古时代祭祀活动伴有敲击土鼓来敬奉神灵。土鼓实际上是一种祭祀的法器，进而演进为祭仪，这在甲骨文中亦有大量佐证，因此击鼓以祭而成礼，是礼字初文"豐"

---

① 王力等：《古代汉语常用字字典》，北京：商务印书馆，2016 年版，第 241 页。
② 段玉裁：《说文解字注》，北京：中华书局，2013 年版，第 2 页。
③ 王国维：《观堂集林》，石家庄：河北教育出版社，2001 年版，第 177 页。

从"壴"的取意所在。① 基于此，我们就可以说古礼之中，礼与乐本身就是密不可分的。但是随着礼乐的发展，礼逐渐偏向仪式层面，而乐则偏向乐音层面，当然这是一个极其漫长的渐变过程。

图 1.1 殷墟卜辞礼字形体

先民对自然和社会的认识尚不够深入，因而总是怀着虔敬之情来对待自然，将这种敬畏和祈福的思想通过各种不同的祭祀仪式来表达。而当日益丰富繁多的仪式逐渐固定化、程式化之后，礼仪就产生了，② 即礼仪通过一定的仪式程序来表达对神灵的敬畏和乞求。因为祭祀对象的不同，仪式的分节（articulation）模式也各不相同，不同的仪式在祭祀系统中会有不同的意义。

儒家先哲孔子曾经说："夏礼吾能言之，杞不足征也。殷礼吾能言之，宋不足征也。文献不足故也。足，则吾能征之矣。"（《论语·八佾》）依孔子之言，夏代已经有夏礼，殷商有殷礼，孔子服膺周礼，同时注重考察古礼，他曾经去宋国考察殷礼，去杞国考察夏礼，到洛邑考察周礼。但是夏礼来源在哪里？学者邹衡推论，"夏礼可能是继承虞礼而来的"③，而虞礼还可继续前推。学者高炜根据龙山文化、薛家岗文化、红山文化等考古发掘的玉器、漆器等器物及其规律现象，指出这些属于初级阶段的礼制，进而推断出礼制形成于龙山时代。④ 当然如孔子所言，礼制是在不断增删的。历史上对礼制有较大贡献的首推周公，文献典籍上不乏周公制礼作乐的记载。

① 刘翔：《中国传统价值观诠释学》，上海：华东师范大学出版社，2010 年版，第 105-111 页。
② 祝东：《仪俗、政治与伦理：儒家伦理符号思想的发展及反思》，《符号与传媒》，2014 年第 2 期。
③ 邹衡：《夏商周考古学论文集》，北京：文物出版社，1980 年版，第 166 页。
④ 高炜：《龙山时代的礼制》，《庆祝苏秉琦考古五十五年论文集》，北京：文物出版社，1989 年版，第 235-244 页。

如《左传·文公十八年》（609BC）记载鲁国季文子语云："先君周公制《周礼》。"《尚书大传·大诰》也云："周公居摄六年，制礼作乐天下和。"《礼记·明堂位》亦云："昔殷纣乱天下，脯鬼侯以飨诸侯。是以周公相武王以伐纣。武王崩，成王幼弱，周公践天子之位，以治天下。六年，朝诸侯于明堂，制礼作乐，颁度量，而天下大服。七年，致政于成王。"当然这些记载不乏附会的成分。一个国家的典章制度不可能在短时间内就制定完善，如杨宽就曾指出周公制礼作乐未必可信，西周礼乐也未必是周公一人制定①，而学者杨华则根据出土文献史料等推断指出，制礼作乐并非周公一人完成，它实际上经历了周公、成王、康王、昭王、穆王几代统治者上百年的时间才逐渐完善。而《国语·周语》中所云的周穆王"修其训典"可能是周人对礼乐制度的一次大的修订改革，周朝礼乐典章制度至此才趋于完备。②

古汉语字典里面所释之乐（yuè），主要指音乐，进而引申为乐器、乐工等。乐的古字在甲骨文、金文中皆已出现，如图 1.2、图 1.3 所示。

图 1.2　甲骨文中的乐字形体　　图 1.3　金文中的乐字形体

许慎《说文解字·木部》谓，"五声八音总名。象鼓鞞。木，虡也。"南唐徐锴认为，"乐者，出于人心，布之于管弦也，乐弥广则备鼓鞞，故从木、幺白幺为乐，白像鼓形。"③乐字自许慎认为鼓鞞之象以讫明清，学者多认为如此。安阳甲骨文被发现之后，学者得以窥见乐的甲骨文形体，罗振玉、商承祚等学者始认为这个字形乃是丝弦附着于木上④，但对于中国

---

①　杨宽：《古史新探》，上海：上海人民出版社，2016 年版，第 312 页。
②　杨华：《先秦礼乐文化》，武汉：湖北教育出版社，1997 年版，第 60-68 页。
③　徐锴：《说文解字系传》，北京：中华书局，1987 年版，第 314 页。
④　参见李圃：《古文字诂林》第五册，上海：上海教育出版社，2004 年版，第 939-946 页。

古代的丝弦之乐，杨荫浏《中国古代音乐史稿》认为商代有没有弦乐，还要采取审慎的态度。① 当代学者刘正国在系统比对甲骨文与金文乐字形体之后，指出"樂"在造字之初中间是没有"白"的，增"白"之乐字晚出，在两周金文中多见。刘正国在结合民俗学、人类学等相关资料及理论的考证中指出，"樂"之"幺"形实乃葫芦之形，其本义乃是祖灵（葫芦）崇拜。② 这个解释是有一定道理的，因为汉字的起源与宗教仪式关系密切，如白川静所言，文字是以礼仪为背景的，先民在实践礼仪的过程中，通过字形的形式使之映象化，由此生成文字，让汉字以象征性手法，将语言与其表征对象通过具有一定意义的形象化形式关联起来。③ 基于此，我们再来看"樂"字字形的解释，其"幺"为葫芦之形，解释为祖灵崇拜是较为贴近先民生活与造字实际的，因为古代的氏族制社会本身就是以祖灵为中心建立起来的，祭祖是团结氏族的重要仪式，"樂"是祭祖仪式的重要组成部分，即先民通过"樂"来完成宗教祭祀，巩固氏族秩序。因此，祭祀之乐不在于"音"（音乐），而在于"义"（伦理）。

礼崩乐坏之后，乐之本义逐渐为人淡忘，为孳乳新义即音乐、快乐所取代。这个观点在其他一些史料中亦可找到佐证，如《周礼·春官·宗伯》。

> 大司乐掌成均之法，以治建国之学政，而合国之子弟焉。凡有道者，有德者，使教焉，死则以为乐祖，祭于瞽宗。以乐德教国子：中、和、祗、庸、孝、友。以乐语教国子：兴、道、讽、诵、言、语。以乐舞教国子：舞《云门》《大卷》《大咸》《大磬》《大夏》《大濩》《大武》。以六律、六同、五声、八音、六舞大合乐。以致鬼神示，以和邦国，以谐万民，以安宾客，以说远人，以作动物。④

现存《周礼》文献是经过战国及两汉儒家学者根据周代的典章制度纂辑

① 杨荫浏：《中国古代音乐史稿》，北京：人民音乐出版社，1981 年版，第 26 页。
② 刘正国：《"樂"之本义与祖灵（葫芦）崇拜》，《交响（西安音乐学院学报）》，2011 年第 4 期，第 5-17 页。
③ 〔日〕白川静：《汉字百话》，郑威译，北京：中信出版社，2014 年版，第 5 页。
④ 李学勤主编：《十三经注疏·周礼注疏》，北京：北京大学出版社，1999 年版，第 573-578 页。

而成的，其中自然附着了很多后来的内容，但如徐复观所言，这里所强调的乐教活动皆与祭祀活动相关，并不是春秋、战国时期儒者凭空虚构的。① 《左传·成公十三年》（578BC）中曾谓"国之大事，在祀与戎"，意为祭祀和战争乃国家大事，不可偏废。如前文所言，祭祀之礼的作用是"事神致福"，在封建宗法制度下，主祭权象征着宗法权威，祭祀之乐的功能则是"娱神孝亲"之举，而非耳目声色之娱，"先王之制礼乐也，非以极口腹耳目之欲也，将以教民平好恶而反人道之正也"（《礼记·乐记》）。先秦古乐的本义皆与祭祀祖先相关联，这从当代非物质文化遗产中也可以找到佐证，如当代苗族人还在继续使用芦笙舞乐祭奠先祖，沟通人神。② 恰如杨荫浏所言，"远古的音乐与宗教及巫术有着密切的联系"。③

从乐器来看，远古之乐的乐器多为钟、鼓、磬一类的打击乐，而丝弦乐器如琴、瑟等在春秋战国才被广泛使用，以前者为主一般被视为"雅乐"（敬天娱神），以后者为主一般被视为俗乐（媚主娱人）。相较而言，打击乐节奏舒缓，庄重典雅；丝弦乐则节奏轻快，活泼热烈。《礼记·乐记》中魏文侯直言，"吾端冕而听古乐，则唯恐卧；听郑卫之音，则不知倦。"清人孙希旦《礼记集解》谓，"古乐，先王之正乐也……古乐用于祭祀，祭时端冕，故端冕而听古乐。"④ 正乐即雅乐，用于祭祀等场合，因为节奏舒缓，故令魏文侯昏昏欲睡。而"郑卫之音"则是新声，以丝弦之乐为主，在春秋战国时更受统治者欢迎，如《商君书·画策》所云："人主处匡床之上，听丝竹之声"，即是当时新乐流行的写照；《孟子·梁惠王章句下》记载齐宣王直言，"寡人非能好先王之乐也，直好世俗之乐耳"；《晏子春秋》卷一中的齐景公也曾向晏婴质问道，"夫乐，何必夫故哉？"张纯一谓，"'何必夫故'，言何必定须古乐，以明新乐无害。"⑤ 统治者为新乐张本，其实都着眼于娱人这一点。

总而言之，在先民祭祀的礼乐活动中，乐舞被认为能够沟通神灵，是

---

① 徐复观：《中国艺术精神》，桂林：广西师范大学出版社，2007年版，第2页。
② 袁杰雄：《符号学视角下的非物质文化遗产的保护探析：以文山州马关县苗族芦笙舞蹈为例》，《符号与传媒》，2015年第1期。
③ 杨荫浏：《中国古代音乐史稿》，北京：人民音乐出版社，1981年版，第2页。
④ 孙希旦：《礼记集解》，北京：中华书局，1989年版，第1013页。
⑤ 张纯一：《晏子春秋校注》，北京：中华书局，2014年版，第17页。

通往可能世界的桥梁，同时其能使一个家族部落群体在这种仪式下获得文化认同，并使自身的情感得到一定程度的宣泄，乐教的意义亦在于此；相反，纵乐无度，没有节制，则会受到批判，如武王伐纣时就曾指责商纣王"乃断弃其先祖之乐，乃为淫声，用变乱正声"。① 而作为世俗娱人的新乐"丝竹之声"，在春秋战国之际已经颇为流行，所谓"繁手淫声，慆堙心耳，乃忘平和"（《左传·昭公元年》〈541BC〉）大抵就是对这种音乐的批评，其节奏明快，容易扰乱和平宁静之心，故而易使人浮躁，不利于陶冶情操，与阮籍所谓的古乐"使人精神平和"之旨相悖。②

礼崩乐坏之际，先秦诸子有感于现状，从不同的角度对礼乐问题进行了思考。因为礼乐问题关系到社会治理，而周秦诸子之言也"起于救时之急，百家异趣，皆务为治"，③ 对此先秦文献典籍如《尚书》《左传》等著作中也存有很多史料。当然有关这些问题的论述最为集中的还是"三礼"，即《周礼》、《仪礼》和《礼记》。虽然"三礼"具体的成书时间目前还无定论，但其主要内容应是周秦乃至秦汉时期诸子尤其是儒家学派关于礼乐之学的思考。"三礼"中包蕴着丰富的符号学思想，值得探寻。

二 秩序分层：礼自外作

如前文所言，宗周取代殷商之后，在典章制度和文化建设上经过上百年的努力，最终在吸收前代礼乐文化的基础之上形成了具有自身特色的礼乐制度，而其中最重要的便是礼治，即以礼治国。礼治的核心是将人与人的关系纳入一定的系统之中，在这个系统之中，人与人之间因为礼的差别而具有不同的意义，如《礼记·经解》所言。

> 故朝觐之礼，所以明君臣之义也；聘问之礼，所以使诸侯相尊敬也；丧祭之礼，所以明臣子之恩也；乡饮酒之礼，所以明长幼之序也；昏姻之礼，所以明男女之别也。夫礼，禁乱之所由生，犹坊止水之所自来也。

---

① 司马迁：《史记》，北京：中华书局，1982 年版，第 121 页。
② 阮籍：《阮籍集校注》，陈伯君校注，北京：中华书局，2012 年版，第 100 页。
③ 张舜徽：《周秦道论发微》，武汉：华中师范大学出版社，2005 年版，第 1 页。

　　这里论及诸侯朝觐天子之礼、诸侯之间聘问之礼、丧祭之礼、乡饮酒之礼、婚姻之礼，让人与人、人与社会，乃至人与神祇之间，都有不同的礼仪规范，因为如果没有礼仪规范，则会发生混乱，而礼是"禁乱"的。因为有礼，才将各种混杂的关系捋清，人在家庭、宗族、国家不同系统中的位置才会确定，由生到死，莫不如此，诚如何炳棣所言，"每个成员在氏族中的'龛位'取决于他出生的等级、层次、嫡庶、长幼"。[①] 等级、嫡庶等不同身份意义都是通过礼的区隔得以实现的，个人的意义亦由此而彰显出来，礼的差异性使得生命个体在系统里面呈现出不同的意义。中国人注重血缘关系、家国观念、伦理本位，也都来源于此——个体的意义是在家族系统之中呈现的。"所谓伦理者无他义，就是要人认清楚人生相关系之理"[②]，说的也是这个意思，个体生命的价值和意义是在与家族亲人之间的关系中呈现出来的。而礼其实就是一套系统，在系统之内，各种不同的关系，都在礼的形式——礼容中表现出来，而其意义则是隐含在礼容之中的礼义——尊卑长幼、亲疏远近的关系。因此，如果将礼容视作符号，那么礼义就是解释项。

　　礼容是各种不同的礼仪仪式。《史记·孔子世家》中说孔子儿时便喜欢习礼，"孔子为儿嬉戏，常陈俎豆，设礼容"[③]，所谓"俎豆"即礼器。《论语·卫灵公》记载卫灵公问阵于孔子，孔子回答说军旅之事他不懂，但是"俎豆之事，则尝闻之矣"，如果说孔子不懂军旅之事是托词，那么"俎豆之事"确实是孔子及儒家弟子的专长。徐中舒《甲骨文字典》谓儒字"象人沐浴濡身之形，为濡之初文……上古原始宗教举行祭礼之前，司礼者须沐浴斋戒，以致诚敬，故后世以需为司礼者之专名。需本从象人形之大，因需字之义别有所专，后世复增人旁作儒"。[④] 儒家学者源自古代司礼之官，对古礼亦谙熟于心，故《论语·八佾》中孔子不无自信地说，"夏礼吾能言之，杞不足征也。殷礼吾能言之，宋不足征也。文献不足故也。足，则吾能征之矣。"然而孔子生在礼崩乐坏的时代，各种古礼逐渐凌夷，孔子痛心疾首，责无旁贷发扬整理古代礼乐文化。我们现在看到的《仪礼》相传即

　　① 何炳棣：《何炳棣思想制度史论》，台北：联经出版事业股份有限公司，2013年版，第166页。
　　② 梁漱溟：《中国文化要义》，上海：上海人民出版社，2011年版，第87页。
　　③ 司马迁：《史记》，北京：中华书局，1982年版，第1906页。
　　④ 徐中舒主编：《甲骨文字典》，成都：四川辞书出版社，2014年版，第878-879页。

是孔子编纂的礼学教材，当然其真正编者和成书年代都还需考证。但有一点是可以明确的，即《仪礼》中记载的各种礼仪仪式确实是古礼的存录。①今存的《仪礼》十七篇记录的基本上都是各种礼仪仪节，如《士冠礼》《士昏礼》《士相见礼》《士丧礼》《士虞礼》等都属于士礼，《乡饮酒礼》《少牢馈食礼》《有司》属于卿大夫礼，《燕礼》《大射仪》《聘礼》《公食大夫礼》属于诸侯之礼，而《觐礼》则是诸侯朝觐天子之礼，由此可见，天子、诸侯、卿大夫、士因身份地位不同，所用礼仪各不相同。礼仪的分层进而区分了身份地位，甚至在同一礼仪之中，也会因为身份地位的不同而对礼器、衣物有不同的要求，"侯氏裨冕，释币于祢。乘墨车，载龙旂、弧韣，乃朝以瑞玉，有缫。天子设斧依于户牖之间，左右几。天子衮冕，负斧依。"（《仪礼·觐礼》）诸侯和天子，因为身份等级不同，在朝觐礼仪中使用的车马衣裳图案各有等差。因为血缘关系的远近有不同的礼容，"诸侯前朝，皆受舍于朝。同姓西面北上，异姓东面北上。"（《仪礼·觐礼》）在朝觐天子的时候，有同姓和异姓之分，其位次也有差别。总而言之，从《仪礼》等其他文献著作中可以看到，礼容渗透到生活的各个方面，事无巨细，均有差别。礼容的分节清晰，互不重合，同时能够全域覆盖（天子、诸侯、大夫、士人），其表意才会明晰，而不至于混乱。正是因为有礼容之别，才能将人以"群"分，衣物、器用在礼的系统之中，已经不再是保暖用品或生活用具，还传递着不同于其载体自身的信息，即现实社会中的尊卑等级等意识形态方面的抽象概念。礼容已经高度符号化，在礼的系统之中，具有约定俗成的意义，而其意义只有置于礼的系统之中才能解释，其解释项即礼义。

所谓礼义即对各种礼仪意义的解释，而各种礼容的意义只有解释出礼义才能显示出其特有的意义。《论语·阳货》中孔子曾感叹说："礼云礼云，玉帛云乎哉？乐云乐云，钟鼓云乎哉？"玉帛、钟鼓等礼器，并不是礼本身，而是在礼的系统里面作为礼的符号而存在，因为礼的意义是社会共同体中的身份等级关系等抽象的意义，需要靠礼容仪节这些具体的符号形式

---

① 如黄益飞在对西周金文礼制的系统研究后指出，包括《仪礼》在内的古代礼制文献虽然成书较晚，但确实保留了大量真实可信的西周礼制，是研究商周制度的重要参考资料。参见黄益飞：《西周金文礼制研究》，北京：中国社会科学出版社，2019年版，第374页。

来传示。符号仪式能够传示不同于载体自身的信息，人类的文化亦因此而丰富多彩，人类也是因为有符号世界才摆脱了物质世界的束缚进入通达无限的可能世界。

现存《礼记》中的《祭义》《冠义》《昏义》《乡饮酒义》《射义》《燕义》《聘义》从题名就可看出是对祭礼、冠礼、婚礼、乡饮酒礼等礼容的释义。

如《礼记·冠义》释冠礼之义："故冠于阼，以著代也。醮于客位，三加弥尊，加有成也。已冠而字之，成人之道也。"

《礼记·昏义》释婚礼之义："昏礼者，将合二姓之好，上以事宗庙，而下以继后世也，故君子重之。"

《礼记·乡饮酒义》释饮酒之义："乡饮酒之义。主人拜迎宾于庠门之外，入，三揖而后至阶，三让而后升，所以致尊让也。盥洗扬觯，所以致洁也。拜至、拜洗、拜受、拜送、拜既，所以致敬也。"

《礼记·聘义》释聘礼之义："聘礼，上公七介，侯伯五介，子男三介，所以明贵贱也。"

兹将上文礼容礼仪用表 1.1 示之：

表 1.1　礼容与礼义

礼容/礼仪（再现体）	礼义（解释项）
冠礼	成人之道
婚礼	合二姓之好，上以事宗庙，下以继后世
乡饮酒礼	致尊让，致敬
聘礼	明贵贱

礼容等仪节符号需要礼义的内容来进行充实，没有礼义内容充实的礼容符号只是一个潜在的符号，甚至返回了自身——作为器物层面而存在；而当礼容有礼义的内容充实之后，礼容就退出而作为礼义意义的物质存在；到礼义实现的时候，礼容就退处其次了。各种礼容能为人们所了解（隐含其中的礼义），必须有礼的系统，但是礼的系统的建立，也需要有各种礼容来参与建构，使之完成。也就是说，礼其实是抽象的，礼容则是具体的，我们只能根据各种具体的礼容去了解礼，因为礼又像语言一样处处规范着

言语（礼容），礼容是实在的、具体的，礼则是系统的、规则的。

但是礼容总是以物质的形式呈现的，其对人表意行为的限制规定是显而易见的，如《荀子·王制》所言，"衣服有制，宫室有度，人徒有数，丧祭械用皆有等宜。"无论是衣服、宫室、士卒还是丧葬祭祀的器用，都有等差。如马承源在论及礼器与礼治关系的时候曾一针见血地指出，"礼器是用来体现'礼治'的。所谓'礼治'，乃是奴隶主贵族们对于他们的统治制度特别是等级制度的一种美称。礼器都是在各种礼仪场合（主要是祭祀和宴会）中使用。'礼治'一词，当然属于抽象的概念，它是通过许多具体的仪礼和典章制度来体现的，是统治阶级内部关系的准则。礼器的使用，属于相同的范畴。"① 这些等差是诉诸物质符号之上，并可以用来区别身份地位的等差。所以《礼记·坊记》谓，"夫礼者，所以章疑别微，以为民坊者也。故贵贱有等，衣服有别，朝廷有位，则民有所让。"如果符号的分节不清晰，那么对应的意义也就模糊不明，从《仪礼》《礼记》中可以看到宫室器用、车马衣食等人伦日用，分节明晰、皆有等差，正是用礼容的细微差别在社会生活中彰明隐微不清之处。礼的作用是由外而内的，由外在的礼仪规范到内在的亲疏贵贱等级，这就是《礼记·乐记》中所言的"礼也者，动于外也"。

礼自外作，即以可感知的符号形式的差异来建构亲疏尊卑的差异，因为亲疏尊卑之类的意义必须借助差别才能具形。"夫礼者，所以定亲疏，决嫌疑，别同异，明是非也。"（《礼记·曲礼上》）如果用一个字来概括礼之用处，那就是"别"，区别贵贱，区别长幼，区别尊卑，不一而足。但是这种"别"的功能并非简单粗暴的，而是融入了深厚的伦理内涵，"古人事礼如仪中的进退俯仰、举手投足、音容笑貌已不再被视为一架身体机器的兀自运转，而是作为一种语言交流的'符号'和'隐喻'，其中富含着种种社会规定，吟咏着深刻的伦理道德内涵"②，在礼仪的符号形式与隐喻机制中蕴藏着深刻的伦理思想。

当然，如果仅有外在的礼来别异同，那么很容易造成社会中的等差过大，引起矛盾和麻烦。所以除了礼教，还需辅以乐教，如郑樵《通志·乐

---

① 马承源：《中国古代青铜器》，上海：上海人民出版社，2008年版，第23页。
② 张再林：《作为身体哲学的中国古代哲学》，北京：中国书籍出版社，2018年，第33页。

略·乐府总序》中所说的，"礼乐相须为用，礼非乐不行，乐非礼不举。"[1] 礼的部分是用外在符号分类来进行区别，形成社会规范和等级制度，乐则是基于礼的等级区别，以乐节民，疏导情感，缓解矛盾，进而达到伦理教化，两者缺一不可，所谓"礼乐不可斯须去身"（《礼记·乐记》）。

三　伦理进路：乐由中出

关于乐的缘起与内涵，先秦学者一般认为与人内心情感发展有关。《荀子·乐论》谓，"夫乐者，乐也，人情之所必不免也，故人不能无乐。乐则必发于声音，形于动静，而人之道，声音、动静、性术之变尽是矣。"因为人有喜怒哀乐之情，故形之于乐，乐甚至被认为是人之为人的根本。《荀子·乐论》实际上是袭取了《礼记·乐记》的观点，这在学界已有考证。[2]《礼记·乐记》曾谓，"凡音之起，由人心生也。人心之动，物使之然也。感于物而动，故形于声。声相应，故生变；变成方，谓之音。比音而乐之，及干戚羽旄，谓之乐。"外界事物引起了人内心的感应，进而诉诸声，声的应和产生了不同的变化，变化合于次序节律才是音，音辅之以舞乐才是乐，形成一种递进关系，"然则初发口单出者谓之声，众声和合成章谓之音，金、石、干、戚、羽、旄谓之乐，则声为初，音为中，乐为末。"[3] 所谓"和合成章"就是"声成文"之意，而乐则兼有音乐与舞蹈。因此先民的音乐发展的基本理路是：

$$情 \longrightarrow 声 \longrightarrow 音 \longrightarrow 乐$$

情动于中，发之于声。所谓声，徐中舒《甲骨文字典》根据字形分析其为叩击悬磬之意，"击磬则空气振动，传之于耳而感之者为声。"[4] 声为物理现象，许慎《说文解字·音部》谓，"声也。生于心，有节于外，谓之音。"段玉裁《说文解字注》强调声"生于心有节于外谓之音"。[5] 从声到

---

[1] 吴钊等：《中国古代音乐论选辑》，北京：人民音乐出版社，2011年版，第224页。

[2] 参见沈文倬：《略论礼典的实行和〈仪礼〉书本的撰作》，《菿闇文存》，北京：商务印书馆，2006年版，第51-53页；荀况：《荀子校释》，王天海校释，上海：上海古籍出版社，2005年版，第810页。

[3] 李学勤主编：《十三经注疏·尔雅注疏》，北京：北京大学出版社，1999年版，第154页。

[4] 徐中舒主编：《甲骨文字典》，成都：四川辞书出版社，2014年版，第1289页。

[5] 段玉裁：《说文解字注》，北京：中华书局，2013年版，第598页。

音，由物理/生理现象变成了心理现象，即音为心理所感而发于外者，其有节奏规律，即《尔雅·释乐》所言的"和乐谓之节"，《尔雅注疏》谓"乐和则应节"。① 节之甲骨文像人跪坐之形，是"祭祀时之行礼活动"，② 突出的是膝关节部分。祭祀跪拜仪式应具有一定的节奏规律，其仪容应是节制有度的，所以节后来引申为节奏、节制等，应该与其本义是有关联的。如《易·节·彖辞》谓"天地节而四时成"，天地运行之节奏形成了春夏秋冬四季。声有节奏、节律地形于外，为人所感知，才是音，其中从声到音，是从自然杂乱走向了规律和节奏。《老子》第四十一章谓"大音希声"，《论语·阳货》中子曰："天何言哉。四时行焉，百物生焉。天何言哉！"《礼记·乐记》谓"大乐与天地同和"，言与音实为一字，③ 天地四时，节奏井然有序，故有音希声而不言，与天地自然节奏相合为乐。概言之，声是物理或生理现象，音是有节奏节律的声，乐则是文化的。所谓"知声而不知音者，禽兽是也；知音而不知乐者，众庶是也。唯君子为能知乐"（《礼记·乐记》），动物只能知声，众庶晓音，君子才能知乐。声、音、乐逐层推进，反映的正是由自然物理现象到人文文化发展的轨迹。人们用乐来表达特定的文化意义，而乐的"文化形式都是符号形式"，④ 这也恰好与卡西尔的"人是符号的动物"相印证。

民国学者宋寿昌在其《中西音乐发达概况》中将音乐之用总结为三种，即娱乐、道德教化、宗教活动，并指出中国古代的音乐注重第二项道德教化之用。⑤ 这是中肯之论，但是在先民的音乐之用中，宗教和道德教化其实是合二为一的。乐之用为娱神敬祖（中国传统宗教之用），其节奏应是舒缓的，其仪容应是庄严的，如王运熙在论及俗乐与祭祀之乐时就曾指出，"通俗乐曲使用管（竹）弦（丝）乐器，声音比较清越动听，不似贵族郊庙乐曲使用金石乐器钟磬等显得庄重呆板"，⑥ 虽是论中古音乐，但原理却是一样的，郊庙乐祭祀天地祖先，其乐庄重有余而少灵动活泼。概言之，无论

---

① 李学勤主编：《十三经注疏·尔雅注疏》，北京：北京大学出版社，1999年版，第160页。
② 徐中舒主编：《甲骨文字典》，成都：四川辞书出版社，2014年版，第1000页。
③ 徐中舒主编：《甲骨文字典》，成都：四川辞书出版社，2014年版，第228页。
④ 〔德〕恩斯特·卡西尔：《人论》，甘阳译，上海：上海译文出版社，1985年版，第34页。
⑤ 宋寿昌：《中西音乐发达概况》，太原：山西人民出版社，2014年版，第1页。
⑥ 王运熙：《相和歌、清商曲的关系与区别》，《望海楼笔记》，上海：上海古籍出版社，2014年版，第121页。

是吉礼祭祀还是凶礼丧葬，无一例外都是庄严肃穆的，迄今世界上没有任何一个国家的丧葬哀乐是轻柔明快令人心情舒畅的，也没有任何一个国家的哀乐是慷慨激昂令人血脉偾张的。如前所言，祭祀之乐在义（伦理）不在音（音乐），祭祀也应是礼容最为严肃的时候，"礼有五经，莫重于祭。夫祭者，非物自外至者也，自中出，生于心也。心怵而奉之以礼"（《礼记·祭统》），祭礼为礼之大端，在祭祀仪式中，虔敬之情发于内心，礼容有节，音声有度，让参与者在祭祀中受到潜移默化的教育。"君子听律习容而后出"（《荀子·大略》），君子根据乐的节奏来练习举止仪容，也是这个意思；进而由祭祀礼乐之节引申出对自身欲望的克制、对行为的节制，"是故先王之制礼乐，人为之节"（《礼记·乐记》），制礼作乐的目的是节制人欲，如《左传·襄公二十九年》（544BC）记载的季札观周乐，当其观罢《颂》乐之后做出如下评论。

> 至矣哉！直而不倨，曲而不屈，迩而不逼，远而不携，迁而不淫，复而不厌，哀而不愁，乐而不荒，用而不匮，广而不宣，施而不费，取而不贪，处而不底，行而不流。五声和，八风平。节有度，守有序，盛德之所同也。

这里连用十四个"A而不B"的结构，"不B"对"A"进行限制，如同孔子评《诗经·关雎》所云的"乐而不淫，哀而不伤"，其实质是"中和"，有节有度，也就是"乐也者，节也"（《礼记·仲尼燕居》）。节的反面即是"淫"，如《论语·卫灵公》篇中颜渊问为邦，孔子对曰："放郑声，远佞人。郑声淫，佞人殆。"程树德《论语集释》引明人杨慎《丹铅总录》谓，"淫者，过也……声过于乐曰淫。"又引清人陈启源《毛诗稽古篇》谓，"声者，乐音也，非诗词也。淫者，过也，非专指男女之欲也……乐之五音十二律长短高下皆有节度，郑声靡曼幻眇，无中正和平之致，使闻者导欲增悲，沉溺而忘返，故曰淫也。"① 郑声即郑国民间音乐，形式活泼欢快，与典雅板滞的古乐颇有不同，所以被认为节奏失度，使听者导欲增悲，故为孔子所批评。如宋寿昌所言，雅乐"底调的组织，是把每个字的声音拖

---

① 程树德：《论语集释》，北京：中华书局，2014年版，第1401-1402页。

长而少变音，听起来每个字非常清晰，而有庄重沉穆的情趣"。① 雅乐乐器多为钟、磬、鼓之类的打击乐器，节奏舒缓，如前文所言，雅乐的主要功能是祭祀娱神，所以郑音、宋音、卫音、齐音"皆淫与色而害于德，是以祭祀弗用也"（《礼记·乐记》）。祭祀娱神的现实目的是通过庄严的仪式、典雅的音乐来熏陶教育活人，使之庄敬肃穆、中正温和，进而在社会生活中有节有度，即医和所言的"乐节百事"。

> 先王之乐，所以节百事也，故有五节；迟速本末以相及，中声以降。五降之后，不容弹矣。于是有烦手淫声，慆堙心耳，乃忘平和，君子弗听也。物亦如之。至于烦，乃舍也已，无以生疾。（《左传·昭公元年》〈541BC〉）

晋平公亲近女色，纵欲过度，医和让其"节之"，即节制女色，进而从先王用乐的五声之节发挥开来，认为万事万物莫不如此，而先王之乐可节制百事，即音乐的节奏快慢相互调节。繁复手法奏出的靡靡之音，会使人心烦耳乱，忘却平和的节度，所以君子不听这种音乐。推而广之，其他的事情也都是如此，要把握节奏，勿生变乱，即由乐节生发出的是政治伦理之节。

就乐的内部而言，其节奏节律可视作音乐符号的符形学（syntactics），会影响到人伦实践；而就其外部而言，乐与乐之间的分层，"由于宗法制度的渗透，宗教乐舞也赋有极浓厚的政治色彩，形成严格的等级制度"②，这或可视作音乐符号的符用学（pragmatics），见以下《周礼·春官·宗伯》的例子。

> 乃分乐而序之，以祭，以享，以祀。乃奏黄钟，歌大吕，舞《云门》，以祀天神。乃奏大簇，歌应钟，舞《咸池》，以祭地示。乃奏姑洗，歌南吕，舞《大韶》，以祀四望。乃奏蕤宾，歌函钟，舞《大夏》，以祭山川。乃奏夷则，歌小吕，舞《大濩》，以享先妣。乃奏无射，歌夹钟，舞《大武》，以享先祖。凡六乐者，文之以五声，播之以八音。

---

① 宋寿昌：《中西音乐发达概况》，太原：山西人民出版社，2014年版，第3页。
② 詹鄞鑫：《神灵与祭祀——中国传统宗教综论》，南京：江苏古籍出版社，1992年版，第273页。

在祭祀中，音乐与用舞皆有不同，上述文献可用表 1.2 示之：

表 1.2 舞乐匹祀对应表

所祀对象＼使用乐舞	所奏	所歌	所舞
天神	黄钟	大吕	云门
地示（地祇）	大簇	应钟	咸池
四望	姑洗	南吕	大韶
山川	蕤宾	函钟	大夏
先妣	夷则	小吕	大濩
先祖	无射	夹钟	大武

因为祭祀对象的尊卑不同，乐舞也是分节的；反过来说，正是乐舞的分节，使得祭祀对象的尊卑等级秩序井然。这也是《礼记·乐记》所说的"使亲疏、贵贱、长幼、男女之理皆形见于乐"。在这一点上，乐之用与礼之用是相同的，即乐也有"别异同"的功能，但是二者所司有差别，《礼记·乐记》用六个字精辟概括指出，"乐统同，礼辨异"，《汉书·礼乐志》的解释则是，"乐以治内而为同，礼以修外而为异；同则和亲，异则畏敬；和亲则无怨，畏敬则不争。"[1] 乐的功能主要在统一协同人的感情，而礼的功能则侧重区别身份地位的尊卑等级差异，让社会秩序得以建构。乐的功能更重要的是"和"，"乐和民声"（《礼记·乐记》），因为礼的分节区分容易造成内部的矛盾，所以要用乐来调和，因为"乐也者，动于内也"（《礼记·乐记》），其功能如《礼记·乐记》所言，"致乐以治心，则易直子谅之心油然生矣。易直子谅之心生则乐，乐则安，安则久，久则天，天则神。天则不言而信，神则不怒而威。致乐以治心者也。"乐调理心灵，使之张弛有度，节奏舒缓，不躁不急，这样人就心情和悦，安定舒畅，合于天道——天地自然之节奏，进而产生不言而信、不怒而威的效果。如此则"暴民不作，诸侯宾服，兵革不试，五刑不用，百姓无患，天子不怒，如此则乐达矣"（《周礼·地官·大司徒》）；反之，如果乐亡，则会导致礼紊乱，

---

① 班固：《汉书》，北京：中华书局，1965 年版，第 1028 页。

"夫乐亡而礼从之，礼亡而政从之，政亡而国从之。"（《晏子春秋·内篇·谏上》）这自然是当时学者所不愿看到的情况。

相较而言，乐的符用学功能要次于乐的符形学功能，"别异同"的主要功能还是由礼来完成的，乐更偏重于调和方面的作用。如《礼记·檀弓上》子路引孔子语云："丧礼，与其哀不足而礼有余也，不若礼不足而哀有余也。祭礼，与其敬不足而礼有余也，不若礼不足而敬有余。"丧礼重哀，祭礼重敬，皆是要求内在情感的适恰性，而不是外在的礼容，而这种内心的道德情感是由乐培养出来的，"乐所以修内也，礼所以修外也。礼乐交错于中，发形于外，是故其成也怿，恭敬而温文。"（《礼记·文王世子》）礼来规范外在容止，乐来陶冶内在情感，礼乐交相为用，才能培养出恭敬温和的君子品格。"是故乐在宗庙之中，君臣上下同听之则莫不和敬；在族长乡里之中，长幼同听之则莫不和顺；在闺门之内，父子兄弟同听之则莫不和亲"（《礼记·乐记》），即在一个特定的语境之中（宗庙、乡里、闺门），乐之音声作为一种符号，被赋予了特殊的意义（和敬、和顺、和亲）。当然，如王俊花言，这种观念和意义的最终产生"必须在解释项中得以实现"[1]，它影响到人伦实践，同时赋予这种实践以意义和规范，即儒家符号思想的伦理进路是在乐教过程中完成的。

自古礼乐并举，这主要是基于其分层治世之用而言。然细析之，则发现"乐由中出，礼自外作"，用于祭祀的古乐因其祭祀之用以及节奏、声情方面的原因，更能陶冶性情，培养道德品质和君子人格；而礼则主要强调分层，使社会秩序井然有序，便于统治管理。如魏人阮籍所言，"礼踰其制则尊卑乖，乐失其序则亲疏乱……礼治其外，乐化其内；礼乐正而天下平。"[2] 礼的主要作用为划分尊卑等级，乐的主要功用在于调和亲疏情感，一个治于外，一个则治于内。所谓"乐至则无怨，礼至则不争。揖让而治天下者，礼乐之谓也"（《周礼·地官·大司徒》），就是说的这种不同的功效，即礼的发展是法，乐的进路是德。但是礼、乐毕竟不是法律和道德，它们的作用更多的是教化感染，如近人王光祈所言，"礼应该处理好人们的外部关系。不是用国家的权力，而是用个人的良知，即用自己管理自己的

---

① 王俊花：《〈声无哀乐论〉与皮尔斯现象学》，《符号与传媒》，2015 年第 1 期。
② 阮籍：《阮籍集校注》，陈伯君校注，北京：中华书局，2012 年版，第 85 页。

能力；相反，乐应该平衡人的内心生活，不是通过对神的敬畏，而是通过倾听乐声来得到内心的平静。"① 礼的熏陶让人自觉遵循外部秩序规范，而乐的调和则使个体内心和谐。诚如荀子所言："恭敬，礼也；调和，乐也。"（《荀子·臣道》）礼虽然规范外在表意行为，但是其要求是发自内心的虔敬之情，而乐则是用来调和这种情感的，礼乐相须为用。当然无论礼、乐，二者的功能皆是为了教化人民，"以乐礼教和，则民不乖"（《周礼·地官·大司徒》）。如王观堂《殷周制度论》在论及周代礼制时曾指出，"其旨则在纳上下于道德，而合天子、诸侯、卿、大夫、士、庶民以成一道德之团体，周公制作之本意，实在于此。"②

第三节　礼与仁：儒家秩序重构的符号逻辑

赵毅衡先生指出，符号被认为是携带意义的感知，符号学即意义学。③人是追求意义的动物，人的行为，无论是宗教仪式、祭祀庆典，还是生活伦常，无不表现出一定的文化意义。符号学的强项是意义分析，事物与文化表象之后有其深层结构，深层结构影响着表层现象，因而符号学可以穿透千姿百态的表层现象，考察其深层语义机制。春秋以降，百家争鸣，诸子蜂起，"道术将为天下裂"（《庄子·天下》），以孔子为代表的儒家，"祖述尧舜，宪章文武"，④成为一时之"显学"。孔子倡导"克己复礼为仁"（《论语·颜渊》），将仁与礼置于意义关系之网中，但谁主谁从的问题在这之后众说纷纭，莫衷一是。而儒家的孟子与荀子，又各取一端，孟子重仁，荀子推礼。在孔、孟、荀三者的思想中，仁和礼究竟是一种什么关系？其深层表意机制又是怎样的？值得探寻。

一　援仁入礼：孔子的仁礼关系及意义

礼起源于何时？陈戍国认为，礼是伴随着人类社会的诞生而产生的，⑤

---

① 王光祈：《王光祈文集·音乐卷上》，成都：巴蜀书社，2009 年版，第 222 页。
② 王国维：《观堂集林》，石家庄：河北教育出版社，2001 年版，第 288-289 页。
③ 赵毅衡：《符号学：原理与推演》，南京：南京大学出版社，2016 年版，第 1-3 页。
④ 班固：《汉书》，北京：中华书局，1962 年版，第 1728 页。
⑤ 陈戍国：《先秦礼制研究》，长沙：湖南教育出版社，1991 年版，第 6 页。

因为祭祀天地神灵、婚丧嫁娶都是在阶级社会之前就有的活动，但人类社会发展进步之后，各种礼仪风俗得到规范化整理，于是会逐渐形成各种关于礼的规定制度，礼制随之产生。高炜根据考古发现推断礼制形成于龙山时代，① 而夏商周三代之礼的沿革，则是在古礼的基础之上不断增删损益而来的。《论语·为政》中孔子云："殷因于夏礼，所损益，可知也；周因于殷礼，所损益，可知也；其或继周者，虽百世，可知也"，讲的也是这个意思。礼制到了周代，经过西周初期以周公为首的数代统治者的修订调整，逐渐形成一套分节清晰的文化符号系统。宗法社会的尊卑等级、亲疏远近亦可由礼乐系统而明确，社会秩序亦得此而巩固。如陈来所言，"周代的礼仪是以一套象征意义的行为及程序结构来规范、调整个人与他人及宗族、群体的关系，使交往关系文明化，使礼统治仪式化。同时'礼'本身也是一套生活规范体系，如言语、容貌、活动、礼节等。"② 礼融入人伦日用之中，成为一套全域覆盖的符号系统。

　　到了孔子所处的时代，礼乐系统已经不能有效规范社会和约束世道人心，是为礼崩乐坏，但是礼学却得到了空前发展。孔子服膺周礼，推尊周礼，长大之后，转益多师，并问礼于老子，访乐于苌弘。其于礼学上的造诣也得到了统治阶层的承认，如《左传·昭公七年》（535BC）所载孟僖子临终前嘱咐其子向孔子学礼之事便是明证。孔子以礼乐作为教学传授的内容，广收门人弟子，"孔子以诗书礼乐教，弟子盖三千焉，身通六艺者七十有二人"。③ 孔子所授之礼，其一是作为等级制度、宗法制度的政治制度之礼，是礼之主干、大纲；其二是作为礼仪仪节的冠礼、婚礼、丧礼、祭礼的具体礼仪形式，是礼的细节④。前者属于"经礼三百"，后者是"曲礼三千"（《礼记·礼器》）。"曲礼三千"是在人伦日用之中贯彻"经礼三百"的，如果将"曲礼三千"视作礼的具体运用，那么"经礼三百"就是礼之

① 高炜：《龙山时代的礼制》，《庆祝苏秉琦考古五十五年论文集》，北京：文物出版社，1989年版，第235页。
② 陈来：《孔子·孟子·荀子：先秦儒学讲稿》，北京：生活·读书·新知三联书店，2017年版，第27页。
③ 司马迁：《史记》，北京：中华书局，1982年版，第1938页。
④ 今人张舜徽指出："盖所谓经礼者，礼之大纲也。……曲礼者，礼之小节见于行动者也，……礼之大纲虽备，不如小节之繁，故有三百、三千之别。"参见张舜徽：《清人笔记条辨》，武汉：华中师范大学出版社，2004年版，第93页。

符码集合，即元语言。

西方哲学家莫里斯说，当符号不再好好为人服务的时候，人们就有意识地注意起符号来，因为文化象征出了问题。[1] 孔子及当时的思想家开始关注礼乐符号系统，正是由于社会秩序失范，礼乐文化象征出了问题。如《论语·阳货》载孔子云："礼云礼云，玉帛云乎哉？乐云乐云，钟鼓云乎哉？"玉帛和钟鼓本是礼乐文化的象征，但不是礼的意义本身。这一点，《汉书·礼乐志》已有阐释，"畏敬之意难见，则著之于享献辞受，登降跪拜；和亲之说难形，则发之于诗歌咏言，钟石管弦。盖嘉其敬意而不及其财贿，美其欢心而不流其声音。故孔子曰：'礼云礼云，玉帛云乎哉？乐云乐云，钟鼓云乎哉？'此礼乐之本也。"[2] 所谓"礼乐之本"就在于礼乐所表征的政治伦理意义，相较而言，"玉帛钟鼓乃其末也"，[3] 可见先民更为重视的是礼乐文化符号所表征的意义，一言以概之，"礼者，敬而已矣"（《孝经·广要道》）。在礼崩乐坏的时代，玉帛和钟鼓的意义出了问题，即失去了所表征的意义，某种程度上沦为"空洞能指"，所以孔子有"礼非玉帛"之叹。

与"礼非玉帛"论辩同时的还有礼仪、礼义之辩，这也是当时文化阶层注意到符号形式与意义脱节的一个侧面。礼仪和礼义本身是一个紧密结合的整体，由字形来看，"仪"是人的表意行为，这种行为必须有"义"才称得上是仪，所以郝长墀指出，"礼仪根源于礼义，而礼义体现在礼仪之中。"[4] 如果将礼仪视作表达形式，那么礼义则是所指的内容，形式是用来表达内容的，内容离不开形式。当孔子之时，对礼仪与礼义之辩进行阐释的不乏其人，如《左传·昭公五年》（537BC）晋国女叔齐与晋侯论析鲁昭公是否知礼时，就涉及这一问题。

> 是仪也，不可谓礼。礼，所以守其国，行其政令，无失其民者也。今政令在家，不能取也；有子家羁，弗能用也；奸大国之盟，陵虐小

① 〔美〕莫里斯：《开放的自我》，定扬译，上海：上海人民出版社，2010 年版，第 41 页。
② 班固：《汉书》，北京：中华书局，1965 年版，第 1028-1029 页。
③ 班固：《汉书》，北京：中华书局，1965 年版，第 1029 页。
④ 郝长墀：《政治与人：先秦政治哲学的三个维度》，北京：中国政法大学出版社，2012 年版，第 66 页。

国；利人之难，不知其私。公室四分，民食于他。思莫在公，不图其
终。为国君，难将及身，不恤其所。礼之本末将于此乎在，而屑屑焉
习仪以亟。言善于礼，不亦远乎？

在女叔齐看来，礼是用来保有国家、推行政令、不失其民的。而鲁国
现在是政令在三家，有子家羁，却不能任用；触犯大国的盟约，欺侮小的
国家，利用别人的危难，却不知道自己也身处危险之中；民心聚于三家，
国君却不计后果。因此女叔齐认为鲁昭公失礼之本，而求礼之末，所以不
知礼。礼之本即礼义，也即宗法等级和权力秩序；礼之末即礼仪，即行礼
的仪节形式。二十年之后，郑国子大叔亦对这个问题进行了讨论。《左传·
昭公二十五年》（517BC）中子大叔见赵简子，赵简子咨询揖让、周旋之礼，
子大叔认为这是仪而不是礼，并援引子产之言曰："夫礼，天之经也，地之
义也，民之行也"，即礼是天地规范准则和人民行动的依据，他对此又进行
了申述发挥，最后指出，"礼，上下之纪、天地之经纬也，民之所以生也，
是以先王尚之。"将礼归结为上下的纲纪、天地的准则、百姓生存的依据，
这不仅肯定了礼的重要意义，更是明确区别了礼与仪、礼义与礼容的关系。
孔颖达《正义》指出，"礼是仪之心，仪是礼之貌。本其心，谓之礼，察其
貌，谓之仪。"① 礼义是礼之心，礼仪是礼之貌，是内容与形式的关系，即
符号表征关系。这些皆说明在孔子之时，思想界已经注意到礼义与礼仪的
区别，其中反映出的深层次问题，正是文化象征（各种礼仪仪节，如揖让、
周旋之礼）与其所表征的意义（尊卑等级、远近亲疏等）之间出现了较大
裂隙、符号与意义关系脱节的问题，这也正是当时人们普遍关注礼仪、礼
义之别的深层原因。

礼与刑法的关系也为思想界所关注。西周以礼立国，让礼对上层社会
（士人及以上）全域覆盖，并且分节清晰，各安其分，社会秩序就井然有
序，礼的另一面也就展现出来了，如鲁人曹刿就明确指出，"夫礼，所以整
民也"（《左传·庄公二十三年》〈671BC〉）。对于士以下的民众而言，礼具
有暴力性特征，所谓"以礼防民"（《左传·哀公十五年》〈480BC〉），说的

---

① 李学勤主编：《十三经注疏·春秋左传正义》，北京：北京大学出版社，1999 年版，第
1448 页。

也是这个意思，这里的礼实际上已经转化为法。礼对上层社会进行制约，法则对众庶形成暴力规训，"由士以上则必以礼乐节之，众庶百姓则以法数制之。"（《荀子·富国》）钱宾四业已指出，士以下多是住在乡鄙的农人，其"生活方式没有规定的礼，却有法令来维持秩序"。[①] 春秋时期，统治阶层对百姓的盘剥更加严重，这自然会激起下层社会的反抗，当然后者也会遭到更严格的刑罚，《左传·昭公三年》（539BC）记载齐国的晏子与晋国的叔向交流时，晏子曰："公聚朽蠹，而三老冻馁，国之诸市，屦贱踊贵。"描画的正是一幅春秋版"朱门酒肉臭，路有冻死骨"的图景。更令人触目惊心的是"屦贱踊贵"的社会现实，这说明严酷的刑政是当时非常普遍的社会现象。除了统治阶层内部矛盾重重之外，统治阶层与被统治阶层之间的矛盾也是非常突出的，要依靠暴力与刑罚来维持既定秩序。

面对这种现实冲突，孔子从教化的角度提出了自己的看法，"导之以政，齐之以刑，民免而无耻；导之以德，齐之以礼，有耻且格。"（《论语·为政》）如果只用刑罚来治理民众，那么民众只想逃避刑罚，内心并未真正认同，如皇疏引郭象之语云："从制外正而心内未服，人怀苟免则无耻于物"[②]。如果用道德教化来引导民众，以礼仪制度来约束，则民众知耻而后洗心革面，[③] 由外在被动服从变为内在自动约束。这一点在郭店出土的楚简文献中也可找到补充，郭店楚简《缁衣》篇中也有一段记载孔子的类似之言曰："长民者教之以德，齐之以礼，则民有劝心；教之以政，齐之以刑，则民有免心。"[④] 这里明确提出"长民者"要实行教化，而不是简单地用刑罚来解决。而在《论语·颜渊》篇中孔子与季康子的对话，则是更为直接地向统治者提出了德教的主张。

　　季康子问政于孔子曰："如杀无道，以就有道，何如？"孔子对曰：

---

① 钱穆：《黄帝》，北京：生活·读书·新知三联书店，2012 年版，第 131 页。
② 程树德：《论语集释》，北京：中华书局，2014 年版，第 89 页。
③ 程树德：《论语集释》引黄式三之论谓"格"与"革"同音互训，并指出三代以上，音同之字任意混用，在金石文中久成通例，故"格"为洗心革面之义。见程树德：《论语集释》，北京：中华书局，2014 年版，第 90 页。
④ 本书所引郭店楚简原文主要参考李零《郭店楚简校读记》（生活·读书·新知三联书店，2012 年版），并参考了荆门市博物馆《郭店楚墓竹简》（文物出版社，1998 年版）。为彰显文义，方便阅读，对异体字和假借字不再标注原文，下同。

"子为政，焉用杀？子欲善而民善矣。君子之德风，小人之德草，草上之风，必偃。"

孔子明确反对杀戮，倡导统治者应该用德教来教化民众，如果统治者能够以身作则、行为世范，则民众如风吹草上、自然恭顺。同篇之中，孔子与季康子还有一次对话，"季康子问政于孔子。孔子对曰：'政者，正也，子帅以正，孰敢不正？'"（《论语·颜渊》）孔子以"正"释"政"，指出为政者须先自身正，然后才能正天下和万民。而我们知道，季康子即季孙肥，是鲁国实际的权力操控者，他自身僭越礼乐，欺君罔上，让孔子痛心疾首的"八佾舞于庭"（《论语·八佾》）就是他的事迹。由于季康子自身不正，故其属下亦背叛于他，因此才有孔子这番针对之言。

在孔子看来，只有统治者自身服膺礼乐教化，才能做好民众表率，才能引领民众向善，才能真正破除刑罚威慑；社会才能趋向和平稳定，秩序才能恢复。做到这一切的关键即是"以仁注礼""克己复礼"。

> 颜渊问仁。子曰："克己复礼为仁。一日克己复礼，天下归仁焉。为仁由己，而由人乎哉？"颜渊曰："请问其目。"子曰："非礼勿视，非礼勿听，非礼勿言，非礼勿动。"（《论语·颜渊》）

孔子认为战胜自己的私欲，返回礼乐文化规定的既定秩序，就是仁。这里有一句颇为关键，即"为仁由己"。这指自身主动去遵循既定礼乐规则，而不是被动服从外部秩序，即将对秩序的遵守内化为道德伦理。接下来，颜渊又请问其条目，孔子从"视听言动"四个纲目提出了具体的要求，程树德指出，这里的四条目"皆在己不在人，故为仁由己不由人也"，但他同时指出，"视听言动，古人皆有礼以制之"。[1] 四目本身是有外在既定规范的，行为主体要自觉让视听言动符合外在既定规范，但孔子这里却是兼顾内外地开出了两条不同的路线，即孟子的"克己"内在路线和荀子的"复礼"外在路线，故钱穆有云，"盖礼有其内心焉，礼之内心即仁。然克己复礼，即是约己归仁。惟言归仁，若偏指内心，又不见功夫所在。言复礼，

---

① 程树德：《论语集释》，北京：中华书局，2014 年版，第 1060 页。

则名属外面行事，并有功夫可循，然后其义始见周匝。"① 钱氏所谓"礼之内心即仁"就引出了礼与仁的最终关系的问题。

子曰："人而不仁，如礼何？人而不仁，如乐何？"（《论语·八佾》）

孙钦善在《论语新注》中指出上面这章"讲礼乐与仁的表里关系，认为礼乐以仁为本质"，② 所言甚是。这其实就是说仁是礼的内容，礼是仁的形式。如果人没有仁，那么礼与乐就成为失去所指的空洞能指，因此仁与礼的关系颇为密切。王小盾甚至认为孔子的仁实际上是"从仪式礼乐中抽象出来的一个代表其精神的概念"，③ 因为只有在宗教仪式上才会有那种衷心敬爱的虔诚之情，这一情感的抽象即孔子所言的仁。接下来的一章就有一个鲜活的例子，"林放问礼之本。子曰：'大哉问！礼，与其奢也，宁俭；丧，与其易也，宁戚。'"礼之本不是形式上的铺张浪费，丧之本也不是仪文周到，而是行礼之时要有诚敬之心，居丧之时要有哀戚之心，"为礼不敬，临丧不哀，吾何以观之哉？"（《论语·八佾》）只有形式，而缺乏相应的内容，在孔子看来是不足观的。西方哲学家索绪尔已指出，象征仪式、礼节形式等与语言一样，都是表达观念的符号系统，④ 这一论断将符号学拽出了语言学的大门，抵达无限丰富的人类文化活动诸领域。前文已述，礼在西周作为一套符号系统不仅分节清晰而且能全域覆盖，到了东周，这套符号系统逐渐紊乱，所以才有孔子的以仁注礼，即礼的形式是用来表达仁的意义的，礼仪仪节只有包蕴并传达出仁爱敬和的意义，才是符合孔子礼与仁的关系标准。

二　仁政爱民：孟子对仁的发挥及应用

李泽厚在《中国古代思想史论》中指出，孔子以仁释礼使得外在的形式（礼仪）与外在的实体（礼）从属于人的内在伦理，即人性，而孟子又

---

① 钱穆：《论语新解》，北京：生活·读书·新知三联书店，2012 年版，第 275 页。
② 孙钦善：《论语新注》，北京：中华书局，2018 年版，第 39 页。
③ 王小盾：《经典之前的中国智慧》，北京：北京大学出版社，2016 年版，第 338 页。
④ 〔瑞士〕索绪尔：《普通语言学教程》，高名凯译，北京：商务印书馆，1980 年版，第 37 页。

将这一潜在命题发扬光大。① 也就是说，孟子将孔子之仁的抽象意义进行了发挥，使仁这种内心的敬和之情转变为一种人性的伦理原则，由孔子的内外兼顾而全面内转。

孟子的这种向内转是有其历史语境的。礼崩乐坏始于春秋，但春秋诸侯在形式上都还在尊崇周礼，但是到了战国时期，礼乐制度趋于瓦解。对此，刘向《战国策序》有所陈述。

> 仲尼既没之后，田氏取齐，六卿分晋，道德大废，上下失序。至秦孝公，捐礼让而贵战争，弃仁义而用诈谲，苟以取强而已矣。夫篡盗之人，列为侯王；诈谲之国，兴立为强，是以转相放效，后生师之，遂相吞灭，并大兼小，暴师经岁，流血满野，父子不相亲，兄弟不相安，夫妇离散，莫保其命，潸然道德绝矣！晚世益甚，万乘之国七，千乘之国五，敌侔争权，尽为战国。贪饕无耻，竞进无厌，国异政教，各自制断，上无天子，下无方伯，力功争强，胜者为右，兵革不休，诈伪并起。当此之时，虽有道德，不得施谋（设）。有设（谋）之强，负阻而恃固，连与交质，重约结誓，以守其国，故孟子、孙卿儒术之士，弃捐于世，而游说权谋之徒，见贵于俗。②

因战国时期的诸侯列强不再尊礼维礼，礼纯粹沦为"空洞能指"，而这正是孟子向内转的外在环境。既然礼已经失去了其应有的作用和意义，那么复礼尊礼就失去了意义，所以孟子从人性出发，着眼点还是现实的政治问题，其内转是由内而外，推出了仁政爱民的政治主张。

当然，孟子的主张也是有其学术源流的。从学术史的角度来看，孟子是儒家学术的传人，受业于子思的门人，《孟子·离娄下》中孟子自谓，"予未得为孔子徒也，予私淑诸人也"。江永《群经补义》谓，"孟子言予私淑诸人，人谓子思之徒。是孟子与子思年不相接。《孔丛子》有孟子、子思问答语，不足信。"③ 孟子没有直接受业子思，但是与子思的门人弟子及其

---

① 李泽厚：《中国古代思想史论》，北京：生活·读书·新知三联书店，2008 年版，第 17 页。
② 刘向：《战国策笺证》，范祥雍笺证，上海：上海古籍出版社，2006 年版，第 2 页。
③ 焦循：《孟子正义》，沈文倬点校，北京：中华书局，1987 年版，第 577 页。

学术是有关联的，这一点也为学界公认。1993 年湖北郭店出土的楚简《五行》篇亦被学界认定为子思的作品，从这篇文字中也可看出向内转的趋势。

> 仁形于内谓之德之行，不形于内谓之行。义形于内谓之德之形，不形于内谓之行。礼形于内谓之德之行，不形于内谓之行。智形于内谓之德之行，不形于内谓之行。圣行于内谓之德之行，不形于内谓之行。

所谓"形于内"，其实质是"仁义礼智圣"符号的形成深植于君子的内心，而"不形于内"则是君子的外在行为。皮尔斯曾指出，符号的本质功能在于使意指关系变得有效，确立一种习惯或者规则，从而使这些关系在具体的场合根据规则行动，因为我们所有的思想与知识都是通过符号而获得。① 思孟学派的"五行"经主体的意识内化，成为一种内在规范，即道德律。道德律使贤人君子在人伦生活之中遵循礼仪规范，因此，君子的行事与儒家的"五行"是一种明确的意指关系。当这种思想外化为文本形式的时候，就成了儒家的道德伦理知识体系。

而仁、义、礼、智、圣五者又有其分层，最上者为圣，依次而下，分别为智、仁、义、礼。仁是沟通圣智与义礼的中间环节，这一点在郭店楚墓竹简《五行》中已有阐明。

> 不聪不明，不明不圣，不圣不智，不智不仁，不仁不安，不安不乐，不乐亡德。
> 不变不悦，不悦不戚，不戚不亲，不亲不爱，不爱不仁。
> 不直不肆，不肆不果，不果不简，不简不行，不行不义。
> 不远不敬，不敬不严，不严不尊，不尊不恭，不恭亡礼。

根据这样一个逻辑顺序，不圣→不智→不仁→不义→不礼，如果将从圣至礼视作"自诚明"的过程，那么从礼到圣则是"自明诚"的过程。郭沂在对比帛书本《五行》和郭店竹简《五行》之后指出，在竹简本里，圣

---

① 皮尔斯：《皮尔斯：论符号》，赵星植译，成都：四川大学出版社，2014 年版，第 31 页。

智居于最高地位，而在帛书本里面，仁义居于主导地位，竹简本与帛书本中间的过渡者即是孟子，孟子强调仁义，故而仁义在帛书本里被凸显出来。[1] 这种转变其实是一个学术思想史的嬗变过程。那么孟子是如何凸显仁义的呢？

首先，孟子肯定仁是人区别于动物的标志。人与动物不同，二者有相异之处，人之为人正是从人与其他生物的差异性中体现出来的。也就是说，在生物系统内，人之为人，是因为人与动物有不同之处，如邓晓芒对人的定义，"人是制造、使用和携带工具的动物"。[2] 有目的地保存和携带工具是人类与其近亲黑猩猩的区别，其实质还是寻找相互之间的差异。从符号学的角度，即"意义是在差异中产生的"[3]。如此，就便于理解孟子这段话了。

> 孟子曰："人之所以异于禽兽者几希，庶民去之，君子存之。舜明于庶物，察于人伦，由仁义行，非行仁义也。"（《孟子·离娄下》）

人与禽兽不同的地方很少，而这很少的一点点却是人与禽兽的最大差别，即仁义，如学者幺峻洲所言，"人和禽兽的差别，就在于人性善，有良知，有仁义之心。人有良知，所以知是非，明善恶，要为自己的一切行为负责。"[4] 人有人性，即仁义，内在的仁义生出人伦。

> 后稷教民稼穑，树艺五谷。五谷熟而民人育。人之有道也，饱食、暖衣、逸居而无教，则近于禽兽。圣人有忧之，使契为司徒，教以人伦：父子有亲，君臣有义，夫妇有别，长幼有叙，朋友有信。（《孟子·滕文公上》）

如果仁义是人之为人的先天特质，那么这些特质落实下来便是人伦。人在生理层面与动物有相同之处，但人不会止于"饱食、暖衣、逸居"这些物质层面，因为这些与禽兽无异。因此人与动物的差异还需要通过人伦

---

① 郭沂：《郭店竹简与先秦学术思想》，上海：上海教育出版社，2001 年版，第 462-463 页。
② 邓晓芒：《哲学起步》，北京：商务印书馆，2017 年版，第 22 页。
③ 祝东：《名与礼：儒家符号思想及其深层意识形态分析》，《兰州大学学报》，2018 年第 3 期。
④ 幺峻洲：《孟子说解》，济南：齐鲁书社，2006 年版，第 196-197 页。

落实下来，即在父子、君臣、夫妇、长幼、朋友这些具体关系中确定其意义规范，如亲、义之属。这是人与动物的区别，人的价值意义正是由这些差异得以凸显。在孟子看来，舜推行仁义正是出于对人类行为负责的态度，而这一态度与当代兴起的伦理符号学又有极大的契合性。伦理符号学"融入了对人类行为（human behavior）的控制，以及由此而来的对人类行为的责任担当"，① 中国传统文化的伦理符号学意义由此可见一斑。

孟子将人性的本质规定为仁，无独有偶，当代符号学也进行人性本质的讨论。人的本质是符号性与社会性的，所以在《孟子·公孙丑上》中，孟子提出"不忍人之心"这一重要命题。

> 所以谓人皆有不忍人之心者，今人乍见孺子将入于井，皆有怵惕恻隐之心；非所以内交于孺子之父母也，非所以要誉于乡党朋友也，非恶其声而然也。由是观之，无恻隐之心，非人也；无羞恶之心，非人也；无辞让之心，非人也；无是非之心，非人也。恻隐之心，仁之端也；羞恶之心，义之端也；辞让之心，礼之端也；是非之心，智之端也。人之有是四端也，犹其有四体也。

所谓"不忍人之心"，朱子认为就是"恻隐之心"，② 宋人孙奭疏云："仁者不过有不忍恻隐也"，③ 即有"不忍人之心"与"恻隐之心"是仁者的表征，焦循《孟子正义》则说得更为直接，"言恻隐为仁"，④ 因此，"恻隐之心"和"不忍人之心"就其实质而言都是仁的体现。仁作为人的内在本质，要通过一系列的外在形式来表征，所谓"君子所性，仁义礼智根于心，其生色也睟然，见于面，盎于背，施于四体，四体不言而喻"（《孟子·尽心上》），就是这个意思。这里孟子进一步将其分为"四端"，即人之为人，乃是因为人有"恻隐之心""羞恶之心""辞让之心""是非之心"，但是这"四心"作为人的内在属性，需要用行动来表征。端者首也，

---

① 王小英、祝东：《全球化语境下的伦理符号学研究进路——以中国先秦典籍为中心》，《中国比较文学》，2018 年第 3 期。

② 朱熹：《四书章句集注》，北京：中华书局，1983 年版，第 237 页。

③ 李学勤主编：《十三经注疏·孟子注疏》，北京：北京大学出版社，1999 年版，第 95 页。

④ 焦循：《孟子正义》，北京：中华书局，1987 年版，第 233 页。

即开头之意，"四端"是人表现为人的开始，所以孟子认为还要"皆扩而充之"（《孟子·公孙丑上》），即人之为人，不仅是人具有仁的内在属性，同时这种属性需要通过具体行动（礼的实践）来表现。"礼是仁通往外界的资具，礼是仁的表现，没有礼也就没有仁"，[1] 就是说仁的价值（意义）必须经过礼的形式（符号）来表达。现代符号学的创始人之一皮尔斯认为人就是一个符号，而"任何符号的意义是它的正确的效果"，[2] 据此而论，人之为人的意义乃是对"四端"的扩充和实践。仁是人的本质，仁这一符号的意义就是对仁之"四端"的扩充，即仁的正确的社会实践性。

然而，仁作为人的内在本质特征，仅内化于道德人性还不够，特别是在孟子所处的时代背景之下，还要挽救失序的社会政治，后者才是非常迫切的时代主题。因此，孟子在立足于仁的基础上，进一步提出了仁政说，将追求仁的这一主体意识推广到共同主体性之中，以仁政爱民来解决礼崩乐坏的社会政治问题。

仁的推广即是仁政，《孟子·梁惠王上》中四处受辱的梁惠王向孟子请教如何洗刷耻辱，孟子便适时地抛出了仁政之说。

> 地方百里而可以王。王如施仁政于民，省刑罚，薄税敛，深耕易耨；壮者以暇日修其孝悌忠信，入以事其父兄，出以事其长上，可使制梃以挞秦、楚之坚甲利兵矣。彼夺其民时，使不得耕耨以养其父母。父母冻饿，兄弟妻子离散。彼陷溺其民，王往而征之，夫谁与王敌？故曰："仁者无敌。"王请勿疑。

施行仁政，就要减免刑罚、赋税，让百姓安居乐业，并辅之以教化，使之懂得孝悌忠信之道，如此可以无敌于天下。在与齐宣王的对话中，孟子也再次强调了这一点，建议施行仁政要"制民之产"，即"五亩之宅，树之以桑，五十者可以衣帛矣。鸡豚狗彘之畜，无失其时，七十者可以食肉矣。百亩之田，勿夺其时，八口之家可以无饥矣"（《孟子·梁惠王上》），然后在此基础上推行教化，"谨庠序之教，申之以孝悌之义"，如此才能做

---

① 黄俊杰：《中国人的宇宙观》，合肥：黄山书社，2012年版，第86页。
② 〔美〕科尼利斯·瓦尔：《皮尔士》，郝长墀译，北京：中华书局，2014年版，第110页。

到"保民而王""行仁政而王"（《孟子·公孙丑上》）。这样，孟子就把孔子个体道德德性的仁推广到政治领域，以仁者之心去行仁者之政，从而达到王天下并重建秩序的目的。

三　隆礼重法：荀子对礼的制度性改革

孔子在提倡"复礼"的时候，是以"为仁"作为内在基础的，也就是说，孔子将"复礼"视作"为仁"的形式，就像孔子不去"告朔之饩羊"（《论语·八佾》），是因为礼的意义需要用"告朔饩羊"的形式保留下来。孔子注重礼，还有一个原因是礼有维护既定秩序的作用，"上好礼，则民莫敢不敬；上好义，则民莫敢不服"（《论语·子路》），即民众之敬、服乃是上好礼义之故；《论语·宪问》中孔子又一次申述，"上好礼，则民易使也"。钱宾四先生曾就此指出，"礼之要在敬，在和。上好礼，能自守以敬，与人以和，在下者化之，宜易使"。① 这些充分说明，孔子倡导的礼，其实非常关注礼的社会政治作用，要以礼来约束规范个体的表意行为，这对秩序的重构具有重要作用。当然孔子并非完全从功利角度出发，而是注重个体内在的仁的培育，这种向内转的方向为孟子所继承，而荀子则更加注重礼对社会秩序建构的这一功利维度，使礼朝着一种制度性方向发展，其深层则是礼的符号分层机制。

孟子从人与动物的差别中肯定了仁是人之为人的本质，荀子则认为礼是人与动物的本质差别。

> 人之所以为人者，何已也？曰：以其有辨也。饥而欲食，寒而欲暖，劳而欲息，好利而恶害，是人之所生而有也，是无待而然者也，是禹、桀之所同也。然则人之所以为人者，非特以二足而无毛也，以其有辨也。今夫狌狌形笑，亦二足而无毛也，然而君子啜其羹，食其胾。故人之所以为人者，非特以其二足而无毛也，以其有辨也。夫禽兽有父子而无父子之亲，有牝牡而无男女之别，故人道莫不有辨。辨莫大于分，分莫大于礼，礼莫大于圣王。（《荀子·非相》）

---

① 钱穆：《论语新解》，北京：生活·读书·新知三联书店，2012年版，第352页。

荀子也注意到在生物系统内，人之为人是由人与其他生物之间的差别来确定的，也就是说，如"饥而欲食，寒而欲暖，劳而欲息"这类"无待而然"的部分，以及"二足而无毛"等，都是人与其他生物相同的部分，不是人之为人的特征。那么在荀子看来，人的本质特征究竟是什么？用荀子的话说就是"以其有辨"，所谓辨，《荀子集解》引杨倞注谓，"辨，别也"①，人道莫不有辨，才与禽兽互别。荀子进而又对此进行了申述，"辨莫大于分，分莫大于礼，礼莫大于圣王"，即辨中最为重要的是亲疏尊卑的等级名分，这种等级名分又是由礼来确定的，礼则是圣王制定的。荀子一方面把人与其他生物进行了区别，另一方面把人的社会属性提炼出来，荀子之辨乃是人类社会群体之中的差别，因为礼是群体社会之中的产物。荀子通过将人与水火、草木、禽兽对比之后指出，"人能群，彼不能群也"（《荀子·王制》），但是动物世界也能群，人和动物之群的不同在于人能在群中分，而指导分的则是义，"人有气、有生、有知，亦且有义，故最为天下贵也。"（《荀子·王制》）义即道德准则，是人之为人的内在本质，也是分的元语言。反之，如果群而无分，则祸患无穷。

离居不相待则穷，群而无分则争。穷者患也，争者祸也，救患除祸，则莫若明分使群矣。（《荀子·富国》）

故人生不能无群，群而无分则争。争则乱，乱则离，离则弱，弱则不能胜物，故宫室不可得而居也，不可少顷舍礼义之谓也。（《荀子·王制》）

人是群居动物，如果不能群的话则会遭遇困厄，但是群居而无分，则会产生争夺之祸，所以要群而分，如杨倞所言，"此言不群则不可，群而无分亦不可。"②《荀子·王制》篇对此亦有申述，人类要发展，必须能群，否则无法战胜万物，但是在群居之中无分也不行，无分容易造成争夺失序，对人类社会造成伤害，因此需要政治等级与伦理名分的规范与约束，且必须将礼义提上议事日程，"不可少顷舍礼义"。礼义为何不可舍弃，这就涉

---

① 王先谦：《荀子集解》，沈啸寰、王星贤点校，北京：中华书局，1988 年版，第 78 页。
② 王先谦：《荀子集解》，沈啸寰、王星贤点校，北京：中华书局，1988 年版，第 176 页。

及荀子对礼的见解与改造了。

关于礼的起源问题，古今学界见解纷呈，而荀子对此也提出了自己的看法。

> 礼起于何也？曰：人生而有欲，欲而不得，则不能无求；求而无度量分界，则不能不争；争则乱，乱则穷。先王恶其乱也，故制礼义以分之，以养人之欲，给人之求，使欲必不穷乎物，物必不屈于欲，两者相持而长，是礼之所起也。"（《荀子·礼论》）

在荀子看来，人与其他动物一样都是有欲求的，这是人的生物属性，但是作为社会的人如果仅遵循丛林法则就与动物无异，所以要通过制定礼义来进行秩序调控，如杨倞所言，"故欲不尽于物，物不竭于欲，欲与物相扶持，故能长久，是礼所起之本意者也。"① 礼之所起乃是为了人类社会的长久发展，那么礼是如何"分"的呢？这就涉及礼的深层表意机制的问题。

> 礼者，以财物为用，以贵贱为文，以多少为异，以隆杀为要。文理繁，情用省，是礼之隆也；文理省，情用繁，是礼之杀也；文理、情用相为内外表里，并行而杂，是礼之中流也。故君子上致其隆，下尽其杀，而中处其中。（《荀子·礼论》）

这里荀子明确指出了礼的社会功用，是将财物作为工具，用"车服旗章为贵贱文饰"，② 以多少作为区别。索绪尔曾将语言视作"一种表达观念的符号系统"，③ 并将象征仪式、礼节形式等与语言归为一类，都是表达观念的符号系统。而符号则被赵毅衡先生定义为"被认为携带意义的感知"，④ 这一定义很经典，指出了符号与意义之关系这一关键问题，但是严格说来，被感知到的只是符号的物理部分，而意义应属于心理认知部分。于礼乐文

---

① 王先谦：《荀子集解》，沈啸寰、王星贤点校，北京：中华书局，1988 年版，第 346 页。
② 王先谦：《荀子集解》，沈啸寰、王星贤点校，北京：中华书局，1988 年版，第 357 页。
③ 〔瑞士〕索绪尔：《普通语言学教程》，高名凯译，北京：商务印书馆，1980 年版，第 37 页。
④ 赵毅衡：《符号学：原理与推演》，南京：南京大学出版社，2016 年版，第 1 页。

化而言，人们感知到的只是礼文部分，如行礼的财物、车服旗章等，进而在礼文的"多少""隆杀"之中形成认知——尊卑贵贱之等级。"凡礼，事生，饰欢也；送死，饰哀也；祭祀，饰敬也；师旅，饰威也"（《荀子·礼论》），此处之欢、哀、敬、威等意义是从礼容的感知上形成的认知，因为这种心理意义本身不在场，所以需要符号来表征，而符号就是用来表达意义的。在系统内意义之形成是用别异来实现的，因为礼的意义就是通过在礼的系统之中的差异性（"多少""隆杀"）来实现的，所以别异是礼的深层符号机制。以礼容（能指部分）的差异来形成礼义（所指部分）的差别，即尊卑等级之别。

> 故先王案为之制礼义以分之，使有贵贱之等，长幼之差，知愚、能不能之分，皆使人载其事而各得其宜。然后使谷禄多少厚薄之称，是夫群居和一之道也。（《荀子·荣辱》）

人是群居动物，群而不乱，关键在于"制礼义以分之"，这句在《荀子·王制》《荀子·礼论》《荀子·荣辱》等篇章皆有论及，分即别异，如杨国荣言，"分主要表现为一种等级名分，具体而言，首先应把社会成员区分为不同等级，并为不同等级规定相应的名分，在此基础上，才能建立稳定的社会组织。"① 这样的话，别异就成为社会秩序建构的重要方式。

> 礼义者，治之始也。君子者，礼义之始也。（《荀子·王制》）
> 贵贱明，隆杀辨，和乐而不流，弟长而无遗，安燕而不乱：此五行者，足以正身安国矣。（《荀子·乐论》）
> 故人之命在天，国之命在礼。人君者隆礼尊贤而王，重法爱民而霸，好利多诈而危，权谋、倾覆、幽险而亡。（《荀子·强国》）

礼是社会秩序重构之始，是"正身安国"之法宝，国之命亦系于礼，所以人君要制定礼法，通过礼的分层来实现分节，进而调控社会秩序，即社会秩序的建立必须依靠相应的制度，"分均则不偏，执齐则不壹，众齐则

---

① 杨国荣：《中国哲学二十讲》，北京：中华书局，2015 年版，第 127–128 页。

不使。有天有地而上下有差。明王始立而处国有制。夫两贵之不能相事，两贱之不能相使，是天数也。执位齐而欲恶同，物不能澹则必争，争则必乱，乱则穷矣。先王恶其乱也，故制礼义以分之，使有贫富贵贱之等，足以相兼临者，是养天下之本也。"（《荀子·王制》）这里荀子先从均齐的坏处进行了分析，然后指出这样势必造成秩序失序，因此才会有先王制礼以别异这一关键环节，礼也在荀子这里被推尊到至高处，"《礼》者，法之大分，类之纲纪也，故学至乎《礼》而止矣。夫是之谓道德之极。"（《荀子·劝学》）但是荀子把礼外化为他律，"上莫不致爱其下，而制之以礼"（《荀子·王霸》），而不是孟子倡导的自律。他律需要制度的建构与完善，自律则是承认内在德性的纯良，这也正是孟、荀于孔子社会秩序建构各取一端所致。

萧公权在《中国政治思想史》中曾指出，"孔子论政，立行仁与正名二要旨，前者得孟子而大申，后者经荀子而更备。"[1] 孔子为春秋之际礼崩乐坏的政治现实所提供的秩序重构的思想资源就是"行仁"与"正名"。其中，名与礼是相辅相成的，如孔子所言，"名以出信，信以守器，器以藏礼，礼以行义，义以生利，利以平民，政之大节也。"（《左传·成公二年》〈589BC〉）从名到礼是逐层推进的。儒家之名主要是政治伦理上的名分，《庄子·天下》指出，"《春秋》以道名分"。《春秋》为孔子所著，其目的就是要正名，作为对《春秋》注解的《左传》则被认为"是本以历史为背景讨论礼的书"，[2] 所以正名其实就是复礼的技术路线，而礼则是名的符码（code）。因此孔子对秩序重建的两条进路实际上就是仁与礼，他创造性地提出以仁注礼的主张，使内容（仁）与形式（礼）相符，来解决文化符号与象征意义之间脱节的问题。孔子之后，孟子与荀子各有所重，孟子重仁，荀子重礼，开出了两条后代经世治国的理念路线，两者根本目标是一致的，即"务为治"，但是着眼点却存在差异，孟子以仁为人之本质，并由仁推广仁政，其着眼点在社会上层，由上往下落实；荀子以礼为人之本质，礼之别异在于社会分层，逐层控制，最后实现"隆礼义者，其国治"（《荀子·议兵》）的目的，实际上是由下而上逐层落实。这两条进路的着眼点

---

① 萧公权：《中国政治思想史》，北京：商务印书馆，2016 年版，第 108 页。
② 黄俊杰：《中国人的宇宙观》，合肥：黄山书社，2012 年版，第 69 页。

不同也导致了二者在后世发展传播中的不同境遇。士大夫阶层推重孟子自上而下的方式，希望对统治者形成制约，施行仁政；而历代统治者实际上推崇的是荀子的方式，如汉宣帝谓"汉家自有制度，本以霸王道杂之，奈何纯任德教，用周政乎！"[①] 实则赤裸裸道出了历代统治者的心声。

---

① 班固：《汉书》，北京：中华书局，1962 年版，第 277 页。

第二章 原道：符号形式的哲学思辨

周人以"天"取代了殷商"帝"的最高神性地位。春秋以降，作为最高范畴的道横空出世，诸子百家皆有道论，道的文化内涵得到空前拓展。道家之道是关于宇宙本原及终极规律的形而上思考，从符号意义论的角度而言，道这一符号形式表征的是一种终极意义。道法自然则是芟除名利、礼义符号对人心智的束缚，表现在形式上即去符号化，让人过一种本质直观的"自然"生活。然而，道家之道本身却面对着一个符号表意的难题，即道无所不包，但又无法自我言说，道的意义须用符号表达，但符号化却又使道片面化。因此道家的老子建议回归无名之朴，去礼明道，见素抱朴。而儒家道统则是一种虚构的历史谱系，其在聚合轴中有意识地选择而建构的"道统"组合轴是为了建构一种知识权力系统来对抗日益强大的政治统治权力，这也被后世称为道统与政统的争衡。通过对原始儒家、黄老学派及秦汉诸生道论与权力秩序的模型建构可知，春秋战国以迄秦汉初期，其实存在另一意义上的"道统"理论，该理论建构的秩序模型是以道统政，将君主权力纳入道的系统之下，防止君主权力滥用。然而荀子将儒家元语言道置换为"君道"，这在符号结构上将道置于君主权力之下，已经偏离了儒家先贤追求的用知识制衡权力诉求，荀子的理论又为其后的学者予以推进。而经董仲舒改造过的为专制皇权服务的儒家学说被视为正统之后，外儒内法成为历代统治者的首选。早期道统论的中断也是中国没有形成真正开明君主制的深层原因。

第一节 自然论：道家自然观的符号意义

史官在古代属于世官，掌握着文化典籍，他们一般知识丰富，有着超出常人的智慧，如《淮南子·氾论训》记载，太史令终古知夏之将亡，先三年奔商，太史令向艺知商之将败，先奔文王，随之殷商灭亡。史家观古今成败得失之变，故能得于未形，先于事成，他们对社会世事的洞察亦非凡人所能企及。老子亦属史官阶层，做过周之守藏史，他对礼崩乐坏带来社会变化的思考、礼乐文化给人带来异化的洞察、仁义道德对个体生命的宰制等都有深刻的思考，他在此基础上对"自然"的反思，也有极强的符号伦理意义，值得探析。本章依据老子的《道德经》来探析老子的自然符号思想及其当代意义。

一　语言对"自然"的模塑

中国文化典籍对自然的描写很早就开始了，殷商甲骨卜辞、铜器铭文，以及《易经》和《诗经》中亦多有对自然的描绘。在陈梦家《殷虚卜辞综述》的归纳中，就可看到先民关于日食、月食以及风雨霾雪等方面的记载；《易经》中也多有自然方面的描写，如"枯杨生稊""明夷于飞""鸿渐于磐""鸣鹤在阴，其子和之""密云不雨"等；《诗经》里面描写到的自然之物就更多了，所以《论语·阳货》里面孔子教育弟子多读《诗经》有利于"多识于鸟兽草木之名"。然而无论是殷墟卜辞还是《易经》《诗经》，其中的"自然"已经不是原始的自然，而是经过语言模塑过的"自然"。

在中国文化史上，哲学概念意义上的"自然"，为道家学派的老子首创。根据司马迁《史记·老子韩非列传》记载，老子是南方的楚国人，姓李，名耳，曾经在东周王朝做过掌管图书的史官，其人应该很博学，① 如论者所言："古代官师合一，世传其学，则老子应出身于有深厚文化修养的史官世家。老子出任周王室的守藏史，可以想见他的知识学问在当时有着相当显赫的声名。"② 据说孔子还曾经专门去周王室访学于老子，而老子认为孔子所探讨的礼学问题，只剩下"言"之部分，如果用符号学的观点来解释就是礼早已沦为"空洞能指"，此外老子还向孔子讲述了一番审时存身的道理。孔子对老子十分钦佩，认为老子乃是一条龙。老子的道德之学以无名为务，他看到周室衰微，于是辞官归隐，为关尹喜所留，著《道德经》五千言而去。这五千言的《道德经》保存着先哲对"自然"的思考，这是我们窥探老子自然符号思想的一个窗口。但是我们必须清楚，老子的"自

---

① 司马迁：《史记》，北京：中华书局，1982 年版，第 2139-2141 页。
② 陈鼓应、白奚：《老子评传》，南京：南京大学出版社，2001 年版，第 10 页。

然"并不等同于西方符号学意义上的"自然"。

爱沙尼亚著名生物符号学家卡莱维·库尔（Kalevi Kull）将自然分为四重，分别为零度自然（zero nature），即自然本身，从自然而来的自然（nature from nature）；一度自然（first nature），是经过人类符号过程描述的自然，经过了社会与个人知识的过滤，是范畴化的自然，是从自然而来的形象（image from nature）；二度自然（second nature）是经过符号翻译之后的物质，是被改变的，被再生产出来的自然，在想象性的自然基础之上控制着零度自然，即从形象而来的自然（nature from image）；三度自然（third nature）是存在于头脑中、艺术中的自然，是纯理论性的、非天然的、与自然相似的自然，即从形象而来的形象（image from image）。① 在卡莱维·库尔看来，人所面对的自然，往往是经过语言过滤之后的自然，这颇同于索绪尔所言的，人类所认识的一切都是经过语言过滤的，因此人们对自然的认知，也并非自然本身，而是一度或者三度的自然。感知和行为是相互依靠的，人对自然的感知会影响到人对自然的行为态度。

记录汉语的汉字符号系统，其特有的象形特征，正反映了先民对自然的模塑，"我们将模塑系统（包括语言和艺术）理解为许多要素的结构和它们的结合体的规则，这一结合体位于和某些认知对象的像似关系中。模塑系统提供了理解外在世界的方法，而且，它自身就是世界形成的主要源头。"② 从汉字的造型来说，山水虫鱼无不是对自然物的模塑，也正是通过这种简单的原初性质模塑，先民逐步用符号系统建立了整个世界。如维特根斯坦所言，"世界是事实而非物的总和"，③ 也就是说，"世界是什么，这是由描述，而不是由对象的列举所确定"④。我们描述世界，用不同的方法会形成不同的世界，如古代中国人把世界描述成天圆地方，四只巨鳌驮着方形的大地，又如"天如鸡子，地如鸡中黄"等，都是对世界的描述，当时人们心中的世界就是如此。而今的地球仪、地图、经度纬度等系统就是

① 〔爱沙尼亚〕卡莱维·库尔·瑞因·马格纳斯：《生命符号学：塔尔图的进路》，彭佳、汤黎等译，成都：四川大学出版社，2014年版，第130-141页。
② 〔爱沙尼亚〕卡莱维·库尔·瑞因·马格纳斯：《生命符号学：塔尔图的进路》，彭佳、汤黎等译，成都：四川大学出版社，2014年版，第42页。
③ 〔奥地利〕维特根斯坦：《逻辑哲学论》，陈启伟译，北京：商务印书馆，2014年版，第5页。
④ 黄敏：《维特根斯坦的〈逻辑哲学论〉——文本疏义》，上海：华东师范大学出版社，2010年版，第5-6页。

对地球的模塑。我们现在理解地球的概念就是从地球仪、地图开始的。然而这种不同的描述，其源起是对自然的辨认，然后是选择、模塑。在库尔看来，人类先要将自然按照一定的范畴类别进行区分，然后有目的地选择利用，并淘汰控制不需要的部分。被选择的部分实际上失去了原初的生态环境，即去语境化（decontextualisation），并依照人类的意识进行再模塑，用部分取代了整体，自然对象也被自我化和价值化，而所有的这一切都是靠人的选择辨认来进行的，并非"自然"本身的进程。① 这个问题其实在老子的哲学中已经有了初步的探寻。

我们知道，道家哲学有一个根本性的概念即道，而道究竟是什么，老子是这么说的，"有物混成，先天地生，寂漠！独立不改，周行不殆，可以为天下母。吾不知其名，字之曰道，吾强为之名曰大。"（《道德经》，第二十五章）作为具有终极意义的道永远处于运动变化的状态，然而其名却不能确定，而老子"字之""名之"却值得玩味。论者曾经研究指出，用"字"来曰道，实际上是指出道的解释项，"大"是借直立人形（皮尔斯意义上的符号再现体）来喻指道的广大，而对象则是模糊性的"有物"，"大"作为再现体只是符号象征物，道作为解释项面向无限衍义开放。人类对客观世界需要用一定的方法工具来了解、认识，但是"我们的手段和工具已经影响或改变了观测对象的存在，这样，我们实际上无法完全观测自在的、本来的客观世界"②。而人类最强大的工具莫过于语言。语言在句法作用之下可以无限重组，从而通达无限的可能世界。人类面对的自然世界，乃是经过语言过滤的非零度自然，是语言系统对世界的模塑。人类通过语言符号来认识世界，但是语言自身具有离散性等方面的缺陷，这使得我们认识的世界注定不会是原版的"客观世界"。也正是从这个意义上来说，老子关于道的模糊性表述，本身就极具理论的前瞻性，他已经意识到了人类社会对自然乃至宇宙世界的认识的局限性、片面性，所以在《道德经》第十四章，老子才会有对道"视之不见""听之不闻""博之不得"的慨叹。视觉、听觉和触觉都属于人类经验世界，经验世界对事物的反映其实是一种

---

① 〔爱沙尼亚〕卡莱维·库尔·瑞因·马格纳斯：《生命符号学：塔尔图的进路》，彭佳、汤黎等译，成都：四川大学出版社，2014年版，第137—138页。

② 刘笑敢：《老子古今：五种对勘与析评引论》，北京：中国社会科学出版社，2006年版，第324页。

片面化的东西，如一块石头，视觉经验下是"白石"，触觉经验下是"坚石"，所以名家的公孙龙在《坚白论》中才会有"目不能坚，手不能白。不可谓无坚，不可谓无白"的质问。因此来源于经验世界的命名，其不可靠性也就不言而喻，因为符号化本身就是一种片面化。当然这并不是说符号系统对世界的模塑完全没有意义，如赵毅衡所言，"人获得意义的需求，把事物割出意识观照的部分，以及暂时不予顾及的部分：意义本身的产生过程，就是区隔的产物"。[①] 人类观照自然、认识世界的时候，获取的意义本身就是区隔之下的产物。也就是说语言符号系统对世界的模塑本身就是一种片面化的再现，而这种在区隔之下的片面化也正是人类获取意义的关键所在。

二　老子所言"自然"释义

在现存的《道德经》一书中，"自然"一词一共出现了 5 次，分别在第十七章"功成事遂，百姓皆谓我自然"，第二十三章"希言自然"，第二十五章"人法地，地法天，天法道，道法自然"，第五十一章"道之尊，德之贵，夫莫之命而常自然"，第六十四章"以辅万物之自然而不敢为"。朱谦之据此认为老子之学"其最后之归宿乃自然也"[②]，然而从语义上来看，所谓"自然"，即"自己如此"，[③] 因此，《道德经》中的"自然"从严格意义上讲并非指自然界的"自然"，而是自然而然的没有外力强制干扰的"人类社会的生存状态"[④]，这种自然观与我们前面谈到的卡莱维·库尔"作为自然界的自然"是不同的。然而，从文化符号学的角度来看，其间仍有可以比较的地方。这里我们还需引进一个符号学概念，即洛特曼的符号域。

符号域（又译为符号圈）是洛特曼在 1984 年的论文《符号域》（*The Semiosphere*）里面首次提出，并在其后的著作《在思维的世界里》进一步阐发的有关文化符号的空间理论，这个概念亦源自苏联生物学家维尔纳茨基的"生物域"（biosphere）概念。文化具有存储、传递和生成信息的功能，

① 赵毅衡：《论区隔：意义活动的前提》，《西北大学学报》，2015 年第 2 期。
② 朱谦之：《老子校释》，北京：中华书局，1984 年版，第 71 页。
③ 陈鼓应：《老子今注今译》，北京：商务印书馆，2003 年版，第 142 页。
④ 刘笑敢：《老子古今：五种对勘与析评引论》，北京：中国社会科学出版社，2006 年版，第 241 页。

不同的文化拥有不同的符号表达系统，"它们只有进入某种符号的连续体中才能发挥作用。这个符号的连续体充满了各种类型的处于不同结构层次上的符号构成物，我们按照类似于维尔纳茨基的生物域的概念把这种连续统一体称为符号域。"① 也就是说，作为个体的符号为了维护自己的存在并获得意义，必须在他者的视域下建构自己，如同在自我和他者之间形成一种巴赫金意义上的对话。这种对话的空间也正是在对话过程之中产生的，如果没有生命体的存在，概念意义上的空间也就无从产生。

在当代哲学家刘笑敢看来，老子的作为哲学概念的"自然"其实是一种外力作用和主体应对之间的关系，"自然强调生存个体或行动主体的存在与发展动因的内在性，与此同时，必然地要强调外在作用和影响的间接性。"② 很明显，这里谈到的是生命个体与外在作用的一种对话关系，老子所谓的"自然"，即外在作用并没有全面控制生命主体，或者说生命主体尽管不同程度受到外在作用的影响，但是基本上还能保持自身的状态。如第二十三章的"希言自然"，"希言"即少说或者不说，是"不施加政令"③，也即统治者少干涉或者不干涉百姓的生活，所以百姓才会认为"我自然"，过的是一种不被过度干扰的顺其自然的生活。对统治者而言，要尽力扩大势力范围，争名夺利，让更多的人口和土地成为自己的私有之物，这种无限膨胀的欲望必然会干扰百姓的"自然"生活。在符号域内部，尊重内在运行规律，"自然的这一意义就是固有状态相对稳定的持续，或者说自发状态的保持。"④ 事物的状态本来如此，或者说发展规律势必如此，这都是"自然"的。

从符号域的角度来看，一定空间中的文化本身有其系统、边界和中心。在符号域内部，中心和边界处于交流对话的状态，中心一般属于正项，边缘属于异项，而中项的偏向是决定正项和异项的关键。如彭佳所言，"异项也代表着混乱、无序、难以命名的状态。这种混乱是需要正项所代表的秩

① 张海燕：《文化符号诗学引论：洛特曼文艺理论研究》，北京：人民出版社，2014 年版，第 211 页。
② 刘笑敢：《老子古今：五种对勘与析评引论》，北京：中国社会科学出版社，2006 年版，第 239 页。
③ 陈鼓应：《老子注译及评介》，北京：中华书局，1984 年版，第 157 页。
④ 刘笑敢：《老子古今：五种对勘与析评引论》，北京：中国社会科学出版社，2006 年版，第 320 页。

序和自律来整合的"①，符号域内部的运行规律秩序，由其内部自行调节解决，是一种"自律"的调节行为。由此我们更好理解《道德经》第二十二章的这样一段话，"曲则全，枉则正；洼则盈，弊则新；少则得，多则惑。是以圣人抱一为天下式。"符号域内部自有其调节秩序之功能，而所谓的圣人则无须过度干涉，"抱一"即守道，也就是遵守自然而然的规律。因为在先秦哲学家的观念中，"自然"一词不仅指自然的事物，而且指自然事物之本来状态，在这个意义上，"自然"的概念内本身就具有规律、法则的意义。② 而老子生活的那个时代的社会现实是"上礼为之而莫之应，则攘臂而仍之"（《道德经》，第三十八章），即当有人用"上礼"来规约社会的时候，对不听从的人就进行了武力威胁，这就没有遵守自然的规范。而在符号域之间须平等交流对话，避免战争冲突。如果将春秋列国视作不同的符号域，那么这种域际交流则应保持如下姿态：

> 故大国以下小国，则取小国；小国以下大国，则取大国。故或下以取，或下而取。大国不过欲兼畜人，小国不过欲入事人。此两者各得其所欲，大者宜为下。（《道德经》，第六十一章）

根据今人高明《帛书老子校注》考订，帛书甲本为"小邦以下大邦，则取于大邦"，帛书乙本为"小国以下大国，则取于大国"，多一"于"字，文意更明，③ 我们亦以为然。这里关键要理解一个"取"字，以往学界多训作"夺取"，这不符合老子纯任自然无为而治的思想，刘笑敢在考察《左传》中"取"字的训诂义例后指出，"取"当训作不用武力而易于获得的意思。④ 基于此，此段大意可明了，即大国在与小国的交流中，如能保持谦逊，则会很容易得到小国的认同归附；小国在与大国的交流中，如能谦恭，自然能够为大国所容纳，如此则域际关系能保持自然和平的秩序而不会发

---

① 彭佳：《对话主义本体：皮尔斯和洛特曼符号学视域中的文化标出性理论》，《符号与传媒》，2015 年第 2 期。
② 章启群：《论魏晋自然观》，合肥：安徽教育出版社，2013 年版，第 11 页。
③ 高明：《帛书老子校注》，北京：中华书局，1996 年版，第 125 页。
④ 刘笑敢：《〈老子〉"以无事取天下"考》，《汉学研究》（台北），2000 年第 1 期，第 23-32 页。

生冲突战争。这种符号域域际之间的自然交流和秩序，对当今国际交流对话也有启示意义。不同的国家地区可以视作不同的符号域，它们在交流中应本着"自然"的原则，而不应引入强权和暴力，否则冲突将会永无止息，如今的中东问题正是如此。

如果说"自然"乃是老子之学的归宿，那么"无为"则是通往这个归宿的进路。汉人王充《论衡·寒温篇》指出，"夫天道自然，自然无为"，[①] 即认为老子所言之"自然"，就是顺其自然，不加干涉，也就是无为而治，概言之，就是尊重天地自然之规律，维护人类社会之和谐，不用外力强加干涉，去打破符号域内部文化生态平衡。如今，人们过分强调"有为"，打破了各类生态、文化系统的平衡，使得环境污染、社会道德滑坡，无论是自然领域还是人文领域，都出现倒退现象。在这样一个背景下重新审视"无为"，它的"制动价值"自然会被凸显出来。我们可以从道家的文化元典中找到这样一种"制约元语言"[②]。在老子看来，自然就是"无为"的，"是以圣人处无为之事，行不言之教"（《道德经》，第二章）。钱钟书认为，老子的"圣人"乃是"尽人之能事以效天地之行所无事耳"[③]，这显然不同于儒家制定制度强制推行的"圣人"，而是用"无为""不言"这种纯任自然的态度来面对世事之"圣人"；"道常无为而无不为，侯王若能守，万物将自化"（《道德经》，第三十七章），就是说侯王若能守无为之教，则天地万物将按照自己的规律生长化育；"是以知无为有益。不言之教，无为之益，天下希及之"（《道德经》，第四十三章），是说"无为"之益多，然而不言之教、无为之益却并没有多少人能做到；"为学日益，为道日损，损之又损，以至于无为。无为而无不为。取天下常以无事，及有其事，不足以取天下。"（《道德经》，第四十八章）河上公指出，"学谓政教礼乐之学也。日益者，情欲文饰日以益多。道谓自然之道也。日损者，情欲文饰日以消损。"[④] 这个解释是切合原意的。儒家的礼乐之学越是普及，越会伤及无为之道。如果纯任自然之道，那么情欲文饰等就会逐渐消损，以至于无为之境，这样便容易得到天下百姓的拥戴；反之，以"有事"则不容易得到天下。所以老子还有一个小结。

---

① 王充：《论衡校注》，张宗祥校注，上海：上海古籍出版社，2013 年版，第 293 页。
② 赵毅衡：《符号学：原理与推演》，南京：南京大学出版社，2016 年版，第 390 页。
③ 钱钟书：《管锥编》第二册，北京：生活·读书·新知三联书店，2008 年版，第 655 页。
④ 王卡：《老子道德经河上公章句》，北京：中华书局，1993 年版，第 186 页。

天下多忌讳，而人弥贫；人多利器，国家滋昏；人多伎巧，奇物滋起；法物滋彰，盗贼多有。故圣人云："我无为，人自化；我好静，人自正；我无事，人自富；我无欲，人自朴。"（《道德经》，第五十七章）

忌讳、利器、伎巧、法物之属，都不是"无为"的，所以引起了种种社会问题，因此道家的圣人用"无为""好静""无事""无欲"来救赎，以这样一种顺之自然的方式来对话，摒弃干涉强制主义，恢复符号域内部的发展规律，让社会自然和谐发展。

三　老子"自然"符号思想

我们说"无为"是通向道家"自然"的进路，而老子在哲学概念意义上的"自然"并非现代所言的自然界，而是自然而然的意思，那么《道德经》一著中就没有关涉自然界的自然吗？回答当然是否定的。尽管老子"自然"一词非自然界，但是老子的哲学思想是在对自然和社会的观察中提炼出来的，自然界其实也是老子观照的并获取意义的对象。

在《道德经》一书中，对"天地"和"万物"的考察随处可见。我们以朱谦之《老子校释》为底本统计，发现其中用"天地"共9次，用"万物"共19次。尽管《道德经》不同版本中的"天地""万物"之间存在着争议，如传世本《道德经》第一章"无名，天地始；有名，万物母"，而出土的帛书本则记作"无名，万物之始也；有名，万物之母也"，但是它们都意指自然界的观点基本上是无可争议的。首先，万物之"物"，据王国维考证，"由杂色牛之名，因之以名杂帛，更因以名万有不齐之庶物"[1]，因此万物指自然界的不同性状之物是可以肯定的。那么天地呢？金景芳在诠释"有物混成，先天地生"（《道德经》，第二十五章）时指出"古人称'天地'，犹如我们今天说'自然界'"[2]，在诠释"道生一，一生二，二生三，三生万物"（《道德经》，第四十二章）时，金景芳又进一步论述，"'道生一'的过程，是无生有的过程，而不是有生有的过程……所谓'无'，就是

---

① 王国维：《观堂集林》，石家庄：河北教育出版社，2001年版，第175页。
② 金景芳：《古史论集》，济南：齐鲁书社，1981年版，第258页。

'道'，也就是规律；所谓'有'，就是'一'，也就是自然界"。也就是说在《道德经》里面，"有""无名""朴"等"是表述这时自然界已被创造出来，但是它还处在极原始的阶段，浑浑沌沌，囫囵一团，没有剖判，不可称道"。① 自然界天地万物创生之后，本是如同混沌的星云，囫囵混杂不可区分的，但是随着人类的进化，自然界也伴随着人类符号化进程而被秩序化、规范化。也就是说，如果没有人类的符号活动，这种秩序也将不复存在，也许正是在这个意义上，老子发现了人的伟大之处，"道大，天大，地大，王大。域中有四大，而王处一。"（《道德经》，第二十五章）这里的"王"字，傅奕本和范应元本皆作"人"，范应元认为，"'人'字，傅奕同古本，河上公本作'王'。观河上公之意，以为王者人中之尊，固有尊君之意。然按后文'人法地'，则古本文义相贯，况人为万物之最灵，与天地并立而为三才，身任斯道，则人实一大矣。"② 朱谦之《老子校释》援引陈柱之论谓，"人为万物之灵，为天演中最进化之物，故曰'人亦大'"，③ 即使不是人，而是人中之尊贵者王，其实都是对人的肯定，毕竟王也是人而不是神。对王（人）的肯定也是在自然中发现了人的意义。人可以作为与道及天、地并存之"大"，也正是因为人的符号能力。如董明来所言，"本质而言，符号乃是人类在世的方式——也就是说，是人类面对世界，以及世界中诸存在者的方式。"④

"自然"是"无为"的，然而作为人观照的对象化的"自然"，已经被打上了人类意识的烙印，不再是零度自然，即在人类社会的观照下，"自然"已经符号化，成为一种意义对象。如《道德经》第八章"上善若水，水善利万物而不争"，从对水的物性之中体察到"善"的哲理；第二十二章"曲则全，枉则正，洼则盈，弊则新"；第二十三章"飘风不终朝，骤雨不终日"；第三十章"物壮则老"；第六十四章"合抱之木，起于毫末"；第六十六章"江海所以能为百谷王者，以其能善下之也"；第七十六章"草木之柔弱，其死也刚强"。这里的自然皆是在语言的模塑和文化的调节下形成

① 金景芳：《古史论集》，济南：齐鲁书社，1981年版，第260页。
② 范应元：《老子道德经古本集注》，上海：华东师范大学出版社，2010年版，第47页。
③ 朱谦之：《老子校释》，北京：中华书局，1984年版，第103页。
④ 董明来：《在现象学视域内对符号真值的分析——与赵毅衡老师商榷》，《符号与传媒》，2012年第2期。

的，一种蒂莫·马伦（Timo Maran）意义上的自然文本（nature-text）。如论者所言，"对文本化的自然的考察，其实质上可以理解为某一文化对自然、对具体的自然物的态度，可以帮助人们看到自然的意义是如何经由人类的实践活动而调节变化的。"① 江河因处在地下，故而能汇集细流而成大河，水往低处流，并且能够滋养万物，故而水是"上善"，江河是"下善"；狂风和暴雨不可能长久持续，万物发展到鼎盛之后会衰败，而再大的树木，也都是由一颗颗细小的种子发芽而成。在这里，老子看到了万物的"自然"之性即自身生长发展的本性，并从中悟出了"自然""无为"的哲理。在老子看来，人类最好的实践活动，莫过于尊重自然、顺其自然而不要横加干涉。王充所言"天地之性，自然之道也"就是对这种思想的简要概括②，这一点在《道德经》第三十六章表现得尤为明显。

> 将欲翕之，必固张之；将欲弱之，必固强之；将欲废之，必固兴之；将欲夺之，必固与之。是谓微明。

这一节正是老子在观察自然界运行规律的时候，获得的一种对自然、对人生的感悟。如汉代严遵云，"实者反虚，明者反晦；盛者反衰，张者反弛；有者反亡，生者反死，此物之性而自然之理也。"③ 宋代范应元云，"天下之理，有张必有翕，有强必有弱，有兴必有废，有与必有取，此春生夏长、秋敛冬藏、造化消息盈虚之运固然也。"④ 明代释德清云，"天下之物，势极则反。譬夫日之将昃必盛赫，月之将缺必极盈，灯之将灭必炽明，斯皆物势之自然也。"⑤ 在人与自然界的交流中，获得了一种盈虚消长的"自然"之理。然而，按照蒂莫·马伦在《生态符号学的整一方法：自然文本的概念》中所指出的，"文本的意义是由社会和文化建构的，而不是

---

① 彭佳、蒋诗萍：《自然文本：概念、功能和符号学维度》，《河南师范大学学报》，2014 年第 4 期。

② 王充：《论衡校注》，张宗祥校注，上海：上海古籍出版社，2013 年版，第 291 页。

③ 严遵：《老子指归校笺》，樊波成校笺，上海：上海古籍出版社，2013 年版，第 284 页。

④ 范应元：《老子道德经古本集注》，上海：华东师范大学出版社，2010 年版，第 63 页。

⑤ 释德清：《道德经解》，上海：华东师范大学出版社，2009 年版，第 85 页。

作者个人"①，即在人与自然的交流中，能获取什么样的意义，不是个人能随便决定的，它必然与整个社会文化历史语境有紧密的联系。老子的这种体悟有其社会现实的原因，即人类社会的过度符号化，以及由此带来的种种弊端，让人类受到诸多伤害。

符号活动与生命现象同步，生命的进化发展也是符号化的进化与发展。符号系统对自然的模塑，使得原本混沌的自然秩序化，成为人类能够把握的对象，这些都是符号的正向功能。但是随着人类社会符号化程度的提升，符号对人类的影响也越来越多，导致人在面对自己活动的创造物时，逐渐迷失在符号的密林里，成为符号的奴隶。如罗兰·巴尔特的《符号帝国》书名所示，人类已经臣服在"符号帝国"之下。这个现在很好理解，如当今社会的奢侈品热、名牌崇拜等，都是如此。但是老子生活的时代与当今这样高度发达的符号社会相去甚远，他怎么会有这样的体悟呢？作为周朝的史官、先秦的贤哲，老子耳闻目睹了社会的种种乱象，并且透彻地洞悉了造成各种矛盾弊端的原因，看到了"高度的符号化会迷失人的本性，戕害人类自身的可能性"②，因为这些按照实质，都是对符号的争夺。按照皮尔斯的符号三分式，名可以视作再现体，名所对应的身份、地位、物质财富等是对象，而"一定的名就该获得相应的地位财富"则是解释项。到了东周时期，礼崩乐坏，所以才会有正名尊礼的提出，如詹剑峰言，"正名定分本是西周以来封建领主维持封建统治的工具，因为名是与位和礼密切联系起来的，有什么名，就有什么位，有什么位，就行什么礼，等级森严，不可逾越，以定尊卑上下。"③ 这套阐释的元语言自周公创制礼乐以来便逐渐形成，最终为社会各阶层普遍接受。即便是后来对儒家礼乐颇不以为然的庄子及其后学，也于无形之中接受了这种元语言机制。如《庄子·天下》云："古之丧礼，贵贱有仪，上下有等，天子棺椁七重，诸侯五重，大夫三重，士再重。今墨子独生不歌，死不服，桐棺三寸而无椁，以为法式。以此教人，恐不爱人；以此自行，固不爱己。"贵贱的等级区分，就是靠符号的双重分节实现的。双重分节即通过划分能指而区分所指，达到区别事物

---

① 〔爱沙尼亚〕卡莱维·库尔·瑞因·马格纳斯：《生命符号学：塔尔图的进路》，彭佳、汤黎等译，成都：四川大学出版社，2014年版，第169页。
② 祝东：《先秦符号思想研究》，成都：四川大学出版社，2014年版，第122页。
③ 詹剑峰：《老子其人其书及其道论》，武汉：湖北人民出版社，1982年版，第188页。

作用的目的，化及生活领域就是各种礼仪制度的出现。即使在现代化社会，双重分节带来的礼仪制度也是必不可少的，如现在国际通则中，迎送国家元首或相应级别的领导人要鸣放礼炮21响；迎送政府首脑或其他相应级别的领导人要鸣放礼炮19响；迎送副总理级官员要鸣放礼炮17响，以此类推，均取单数。这里其实就是用礼炮的响数来区别了迎送客人的身份等级。大抵而言，儒家积极倡导用能指区分所指，强调尊卑秩序，而墨家尽管也承认等级社会，但是反对以礼仪的形式进行，庄子学派对墨子观念的否定，实际上就是对周公礼乐系统元语言的肯定。由此可见这套解释系统的力量之强大。而老子看透了这种符号的神话，所以才提出去符号化的主张。在老子看来，人类社会的纷争，都是因为对符号的争夺而起，而名和礼都是符号化的产物，一如论者所言：

> 名作为人类识认自然规范社会的秩序产物，在僭礼求名的时代演变为扰乱社会的祸害之源；礼作为调整人伦秩序的符码曾维护了西周王朝的稳定，但是礼崩乐坏之后，礼学符号系统不仅沦为一种没有所指内容的空洞能指，而且成为争权夺利者的工具。①

也就是说，老子看到了符号对社会的负面作用，故而用一种难得的冷静理智的态度来对待符号社会给人带来的一切。我们今天重新解读老子的"自然"符号思想，正是要在这种对先哲元典的反思中获取一种人文智慧。我国台湾学者蔡秀枝在一篇访谈中论及当代中国符号学研究何去何从时指出，我们要在学习和借鉴西方的符号学理论的同时，注重"中国或者说华语世界所具有的文化根基，以及华语作为一种语言本身所具有的特定的符号关系，包括中华民族的道统和现有的政治规范、道德系统和宗教信仰，都是和西方完全相异的，这就是我们需要着力的地方"。② 我们要立足中华文化的语境，要注意与现代西方符号学观念方法的比较，从老子的"自然"符号思想中窥见其中的部分差异。本书亦希望能以此作为对蔡秀枝论点的

---

① 祝东：《〈道德经〉：秩序失衡之际的符号反思》，《中外文化与文论》，2015年第3期。
② 蔡秀枝、彭佳：《符号学与空间理论的遇合：蔡秀枝教授访谈》，《符号与传媒》，2012年第2期。

一个诠释和回应。

在人与自然的交流对话中，人用符号系统模塑了自然，并从中获取了不同的意义。符号化意味着片面化，老子关于道的模糊表达，其实已经意识到人类社会对自然界认识的局限性。然而《道德经》中作为概念的"自然"并非指自然界，而是自然而然之意，从符号域的角度来看，这其实是尊重域际交流自主性，用"无为"来维系符号域内部和符号域之间交流的平衡。《道德经》一书中，作为自然界的自然乃是用"天地""万物"指代的，在与自然的交流中获得了顺其自然的意思，而这种文本意义的建构与当时社会文化语境相关。

第二节　道与名：道家对名礼关系的反思

老子对儒家、道家、兵家以及法家的学术思想都有一定的影响，是先秦学术思想的集大成者，其主要思想保存于《道德经》一著之中。老子做过周王室的"守藏室之史"，当时史官属于世官，世官制的特征是家族某人担任职官之后，子孙相承，所以陈来指出，"世袭社会里不仅身份财产家族世袭，技能知识也家族相传。世官制自然形成知识传承的家族方式。"[1] 老子应出身于有深厚学术文化修养的史官世家，其家族以史学世代相传，具有深厚的历史文化积淀，老子是一位深谙历史文化的博学智者。老子对名与礼的深度思索，具有极强的符号学意义。尽管那时没有符号学这一提法，但是并不妨碍中国的先哲对用符号建构意义世界的思考，而这也是我们敲开先秦学术思想文化的一扇窗户。

一　制名：世界符号化与秩序化

美国符号学家莫里斯曾言，"由于人的独特性，人如何对待某种事物大部分取决于他怎样表示那个事物的意思"[2]，也就是说人造的符号世界同时也影响了人的生活认知及表意活动。《道德经》第一章就对人类创造的名这一符号世界进行了反思，这或许可以视作打开老子符号思想大门的

---

① 陈来：《古代思想文化的世界》，北京：生活·读书·新知三联书店，2009年版，第263页。
② 〔美〕莫里斯：《开放的自我》，定扬译，上海：上海人民出版社，2010年版，第42页。

一把钥匙。

> 道，可道，非常道；名，可名，非常名。无名，天地始；有名，万物母。常无，欲观其妙；常有，欲观其徼。此两者同出而异名，同谓之玄，玄之又玄，众妙之门。

本章被朱谦之誉为《道德经》五千言"立言之旨趣"[①]，其重要性不可小觑。老子认为，万事万物是变动不居的，但是其背后亦有运动变化的基本规律，这个规律就是"常"。朱谦之《老子校释》指出，"盖'道'者，变化之总名。与时迁移，应物变化，虽有变易，而有不易者在，此之谓常。"道作为变化的总名，"变易"中也有一些"不易"的规律，这规律也是"常"。从反的方面来说，"可道之道，可名之名，指事造形，非其常也。"[②]"可道之道"乃是具体可见的有形之物，属于形而下的事物；而"常道"属形而上的思维，它可意会，但不可言说；天地之间，本来无名，符号的产生，是人类为了联系沟通的需要而发展起来的，事物在变化，名称也随之变化，而那种永恒不变之名，即"常名"。老子认为，道如果能够言说，就不是"常道"，名如果能够叫得出来，那就不是"常名"。因此，老子在这里提出来的问题，就是思维与存在的问题。"常道"莫可名状，故无"常名"，也就是没有名称，即老子所说的"道隐无名"，无名则道不可言知。唯物史观认为社会存在决定了社会意识，但是这里却产生了一个"悖论"，即语言符号"创造"了指称对象。汉代刘熙指出，"名，明也，名实是分明也"[③]，名的出现本就是为了区分万物，将看似纷繁复杂的世界秩序化。没有万物之名，也就难以区分万物，所以有名为万物之"母"——"万物"出现分别是在"有名"之后。毕竟"无形无名者，万物之宗也"，[④]万物本源就是无形无名的，万物之"形"乃是人类意识观照之下形成的感知，"名号生乎形状，称谓出乎涉求"，[⑤] 先民因形命名，如牛马之名皆是，

---

① 朱谦之：《老子校释》，北京：中华书局，1984 年版，第 4 页。
② 王弼：《王弼集校释》，楼宇烈校释，北京：中华书局，1980 年版，第 1 页。
③ 刘熙：《释名疏证补》，毕沅疏证，王先谦补，北京：中华书局，2008 年版，第 116 页。
④ 王弼：《王弼集校释》，楼宇烈校释，北京：中华书局，1980 年版，第 195 页。
⑤ 王弼：《王弼集校释》，楼宇烈校释，北京：中华书局，1980 年版，第 198 页。

万物因为有名而与人类确立了一种构造关系。索绪尔认为，在语言出现之前，一切都是不清晰的，是混沌不分的星云，① 这正好可视作老子观点的注脚。物质的进化产生了人类，人类的发展产生了语言符号，人类社会的各种文化现象，包括语言、艺术、宗教、神话等，都是人类符号化的活动创造出来的"产品"。各种事物之名，正是人类语言符号出现之后的产物，所以没有人类的语言符号，当然无所谓名的存在。

语言符号随着人类社会的发展而产生并逐渐丰富，人类亦根据事物的不同性质而制定了不同的名称符号，即《道德经》所云，"始制有名。名亦既有，夫亦将知止。"（第三十二章）名称是根据事物的性质制定的，维系一个事物性质的是其限度，如果事物超出其限度，那么其性质会随之发生改变，名亦将随之变更，否则，再现体与对象将不能对应。

人们在命名时，实际上已经将自己的价值判断浸润其中了，而习名之人则在这种学习中习得了既定的价值规范，特别是周公制礼作乐之后，名演变成名号、名位，逐渐伦理化，并成为一种"社会的管理工具"②。老子的"名可名，非常名"，也被认为是对周制之名而发的。老子对名的思索，是从西周以降的宗法制度、封建制度本身切入的，认为名与名分等符号本身就是巩固西周宗法制度的黏合剂，并非在孔子正名观建立以后才对名进行的批判。③ 因此，老子对西周的礼制与名分的深层意义是洞若观火，故其对名及其符号衍义实际上持一种否定的态度。

二　黜名：去符号化与息争止乱

语言符号的出现，使得星云一般的混沌世界有了秩序感，而这种秩序的划分很大程度上来自指示符与规约符的使用。礼仪规格、名位顺序等其实都是人工指示符。名位顺序标示着不同的身份等级、政治名分，名分反过来又进一步巩固既定的权力系统和尊卑等级，因此关于名分的语言系统究其实质乃是政治系统的符号表征。对政治权力的角逐就在一定程度上成

---

① 赵毅衡：《符号与物："人的世界"是如何构成的》，《南京社会科学》，2011 年第 2 期。

② 〔新加坡〕赖蕴慧：《中国哲学导论》，刘梁剑译，北京：世界图书出版公司，2013 年版，第 99 页。

③ 叶维廉：《言无言：道家知识论》，《中国诗学》，北京：人民文学出版社，2006 年版，第 44-46 页。

为对名分的争夺。因此在老子看来，名乃是争斗祸乱的起源。"老子从名的框限看出语言的危险性，语言的体制和政治的体制是互为表里的"，[1] 老子对名的质疑与否定也是基于此。在老子看来，要平息纷争祸乱，则需要黜名，即"不尚贤"，因为尚贤就是给予人们相应的名位，而一定的名位对应一定的利禄，在这种语境下，争名自然不可避免。

任何一种物品，当它携带着超出其自身实用性以外的意义时，也就是说当它被用来传达意义时，就"符号化"了，成为一种"符号-使用体"（sign-function）的结合。[2] 如第十二章中的"难得之货"，河上公认为是指金银珠玉等物[3]，这些东西作为一种自然物，不过是金属和石头，但是当金银用来表示财富的时候、当珠玉用来标识身份地位的时候，就不再是纯然之物了，而成为财富的表征和人们追逐的利益对象，其结果则是"令人行妨"，对人产生伤害，这也是符号化的后果。金银宝石等符号化的过程是其进入人类文化的过程，其价值实际上也是人类文化所赋予的，所以在《道德经》第四十四章中，老子对此进行了反思。

> 名与身孰亲？身与货孰多？得与亡孰病？是故，甚爱必大费，多藏必厚亡。知足不辱，知止不殆，可以长久。

声名、财物与生命，哪一个更重要？在现实生活中，很多人为了符号化的名与利伤害了身家性命，这是很可悲的事情，故而老子提出了这样的疑问，希望以此警醒世人。名和利的意义都是人类符号化的行为结果，如果看透了其本质属性，就不会为追名逐利丧失生命。

因为过度的符号化容易对人性造成伤害，所以老子建议去符号化，消除争名逐利对人类造成的是非混乱，《道德经》第二十八章就表达了这样的观点。

> 知其雄，守其雌，为天下蹊。为天下蹊，常德不离，复归于婴儿。

① 叶维廉：《道家美学与西方文化》，北京：北京大学出版社，2002 年版，第 1 页。
② 赵毅衡：《符号学：原理与推演》，南京：南京大学出版社，2016 年版，第 27 页。
③ 王卡：《老子道德经河上公章句》，北京：中华书局，1993 年版，第 45 页。

知其白，守其黑，为天下式。常德不忒，复归于无极。知其荣，守其
辱，为天下谷。为天下谷，常得乃足，复归于朴。朴散为器，圣人用
为官长。是以大制无割。

这段文字中窜入了后代注解的文字，前辈学者亦多有考辨，兹不赘述。
但是其中一些关键的字眼还是保留下来了，这对理解老子的思想极有帮助。
先看"复归于婴儿"，"婴儿"这个词在《道德经》中出现了好几次，如第
十章"专气致柔，能如婴儿乎"，第二十章"如婴儿之未孩"，它们有一个
大致相同的意思，即单纯，无所思虑，尚无人类复杂的符号能力，"人类的
婴儿，只有当他运用他的符号能力的时候，才能成为人类。"[1] 也就是说，
婴儿尚未习得成人用符号构筑的意义世界，这样才能"复归于朴"，去掉纹
饰，"朴散为器"，还原为其作为器用的本来属性，即去符号化。其结论是
"大制无割"，释德清《道德经解》谓，"不割者，不分彼此界限之意。"高
亨《老子正诂》亦谓，"大制因物之自然，故不割。各抱其朴而已。"[2] 如
前文所言，命名这一符号化过程中本就包含着价值判断，如《道德经》第
二章中的"美/恶""善/不善"。习得这些符号的过程同时就接受了其价值
思想，这样也就人为地对世界进行了区划，进而引起纷争，而老子的"大
制无割"实则是去"有割"之名。

人类运用符号创造了丰富灿烂的文化，文化是人类符号活动的产物，
"五音""五色""五味"等是沟通人类与其创作文化的纽带。文化本应该
成为它的创造者——人的所有物，人应该是文化的主人，能够理解、运用、
掌控自己的创造物，而不是成为文化的奴隶，或者被自己创造的文化之物
伤害。然而在实际生活中，人们往往拜倒在自己的创造物之下，迷失在符
号的密林里。但是要强调一下的是，老子并不否定基本的（本能的）欲望，
《道德经》多次提到"实其腹"（第三章）、"圣人为腹不为目"（第十二
章），诚如徐复观所言："老子所主张的无欲，并不是否定人生理自然欲望
（本能），而是反对把心知作用加到自然欲望里面去，因而发生营谋、竞逐

① 〔美〕怀特：《文化科学——人和文明的研究》，曹锦清等译，杭州：浙江人民出版社，
1988 年版，第 34 页。
② 高亨：《老子正诂》，北京：中国书店，1988 年版，第 67 页。

的情形；并反对以技巧来满足欲望，技巧也由心知作用而来。未把心知作用渗入自然欲望（本能）里面去时，这就是老子所谓的无欲。"①

睿智的老子其实早已看到了高度的符号化会迷失人的本性，戕害人类自身。从某种意义上说，老子应是世界上预感到"符号泛滥"危机的第一人，所以他建议"以无名之朴"来对待这种现象。

化而欲作，吾将镇之以无名之朴。镇之以无名之朴，夫将不欲。不欲以静，天下将自定。（《道德经》，第三十七章）

由万物生长发育到最后贪欲萌发，如何治理贪欲，老子的药方是"无名"，即没有了名分等级，人们也就不去争斗了，社会也就安定下来了，于是天下太平，所以老子认为名是人类欲望膨胀、社会纷扰的根源，必须去除。

三　礼义：符号在场与意义缺失

关于礼义的起源，《荀子·礼论》是这么认为的，"礼起于何也？曰：人生而有欲，欲而不得，则不能无求；求而无度量分界，则不能不争；争则乱，乱则穷。先王恶其乱也，故制礼义以分之，以养人之欲，给人之求，使欲必不穷乎物，物必不屈于欲，两者相持而长，是礼之所起也。故礼者，养也。"在荀子看来，人是有欲求的，但是这种欲望不能放纵，否则会导致纷争不断，因此需要用礼义来切割区分，让人们按照等级各得其养，而礼就是区分等级的一套符号系统，起到了调节人类社会行为规范和人际关系的作用。这实际上就是指以周公为首的西周初期统治者对传统礼俗的改造，即传说中周公"制礼作乐"所创制的以礼乐文化为核心的制度文明。到了春秋时期，礼崩乐坏，礼乐符号系统不能维系传统社会秩序，社会淆乱不堪。《史记·老子韩非列传》记载，立志恢复西周礼乐的孔子曾经向老子问礼，但是老子并没有正面回答有关礼学的问题，而是指出，"子所言者，其人与骨皆已朽矣，独其言在耳"，② 即认为见存之礼乃是死人之言，其人已

① 徐复观：《中国人性史论·先秦篇》，北京：九州出版社，2014 年版，第 310 页。
② 司马迁：《史记》，北京：中华书局，1982 年版，第 2140 页。

死，其言犹存，但周礼已经不合时宜，实际上否定了礼的意义。在《道德经》中，我们可以看出老子推崇的是自然之道，而否定人为之礼。在老子看来，社会对仁义礼智等的倡导，正是因为社会缺乏这些内容。

> 大道废，有人义。智慧出，有大伪。六亲不和，有孝慈。国家昏乱，有忠臣。（《道德经》，第十八章）

据朱谦之《老子校释》，"人义"当从诸本作"仁义"。在老子看来，"仁义"等概念符号的提出正是因为大道废弃了，或者说"仁义"符号的在场乃是"大道"意义缺失的标志，如释德清言，"大道无心爱物，而物物各得其所；仁义则有心爱物，即有亲疏区别之分。"① 大道无心爱万物，万物各随其性，自然发展；仁义出现之时，人们之间反而有了远近尊卑之别，原来浑沦淳朴的境界不复存在。伪诈的出现乃是因为人心出现机巧和智慧，孝慈观念的出现恰恰是因为家庭里面六亲不和。故而陈鼓应指出，"某种德行的表彰，正是由于它特别欠缺的缘故"②，也就是符号在场意义缺失。这一点汉人已有体察，陆贾《新语·道基》云："礼义不行，纲纪不立，后世衰弃；于是后圣乃定'五经'，明'六艺'……正风俗，通文雅"③，后圣即儒家的孔子。孔子面对礼崩乐坏的现实，有定"五经"以垂教之行为。《淮南子·本经训》谓，"是故德衰然后仁生，行沮然后义立，和失然后声调，礼淫然后容饰"④，仁、义、礼、乐的出现皆是因为其意义的缺失所致，所以释德清认为，"是则孝慈之名，因六亲不和而后有也……是则忠臣之名，因国家昏乱而有也。"⑤ 仁义、孝慈、忠臣之名的出现，乃是因为相应的意义已经不存在了，也就是说正是因为意义不在场，才需要符号。或者说，某种概念符号的诞生，往往是相关意义缺失的表征。例如，随着人类印刷术的快速发展，主要由中产阶级培育出的"童年"概念得以形成，让儿童被迫接受各种教育，这种教育压抑了他们充沛的精力和美好的天性。

---

① 释德清：《道德经解》，上海：华东师范大学出版社，2009 年版，第 59 页。
② 陈鼓应：《老子注译及评介》，北京：中华书局，1984 年版，第 135 页。
③ 王利器：《新语校注》，北京：中华书局，2012 年版，第 21 页。
④ 何宁：《淮南子集释》，北京：中华书局，1998 年版，第 569 页。
⑤ 释德清：《道德经解》，上海：华东师范大学出版社，2009 年版，第 59 页。

也就是说，当"童年"的概念形成之后，真正意义上的童年就消失了。[①]

老子深谙这种符号运作的机制，故而能深刻揭示出这种悖反现象。老子生前"见周之衰"，特别是自平王东迁之后，周礼已经不能再维系社会秩序的稳定。"周天子权威日衰，诸侯一天比一天跋扈。他们常常假借天子的名义，互相攻伐征讨。诸侯国内也是如此，卿大夫也常常假借诸侯的名义发号施令，铲除异己……周礼不但不再能维系政治、社会秩序，反而成了破坏秩序的罪魁祸首。就在这周文（礼）疲敝、礼崩乐坏的大变局之中，产生了各家对礼反省的看法。"[②] 权贵阶层打着维护周礼的旗号争名夺利，社会的动荡不安使得民不聊生。老子也就是在这种背景之下对礼的属性、价值、功能进行了较为深入的思考，因此能够透彻地指出其中的深层原因，洞悉个中缘由。

礼与名、位等联系紧密，它在西周已经作为一种统治之方法自上而下贯彻下来。以老子广博的学问及聪明睿智，加之其对历史现实的种种考察，他对礼的种种统治功用不是没有深刻洞察，如《道德经》第三十八章中所言，"上礼为之而莫之应，则攘臂而仍之。故失道而后德，失德而后仁，失仁而后义，失义而后礼。夫礼者，忠信之薄，而乱之首。"上礼无人以应，则会采取强制性措施，即"攘臂而仍之"，朱谦之《老子校释》指出"仍"作"扔"，为强牵引之意。在德、仁、义、礼之中，礼处最下。在魏人王弼看来，"夫礼也，所始首于忠信不笃，通简不阳（据楼宇烈校似应作"易简不畅"），责备于表，几微争制"[③]。忠信丧失，德义不畅，所以才会为哪怕是极微小的事而争执不下。所以老子才会有礼是"忠信之薄，而乱之首"之慨。世风日下，道德仁义沦丧，才会用礼治民，用一些规范将人民纳入既定秩序之中，这样的礼只有外在的礼仪形式而无内在的思想精神。而且在老子的时代，封建领主维持的也正是礼的门面，而没有注重其思想内容，甚至让"各种政治或武装斗争仍借礼的名义来进行"[④]。也正是在这样的语境下，才能更贴切地理解老子的反对礼义之言。因为礼义符号系统已经成为一种只有能指（礼仪仪式）而没有所指（仁德内涵）的空洞能指。

[①]　梁颐：《理解媒介环境学》，北京：北京大学出版社，2020 年版，第 70—72 页。

[②]　黄俊杰：《中国人的宇宙观》，合肥：黄山书社，2012 年版，第 76—77 页。

[③]　王弼：《王弼集校释》，楼宇烈校释，北京：中华书局，1980 年版，第 94 页。

[④]　詹剑峰：《老子其人其书及其道论》，武汉：湖北人民出版社，1982 年版，第 71 页。

老子对礼与人的关系进行了深度思考，指出"天下多忌讳，而民弥贫"（《道德经》，第五十七章）。所谓"忌讳"，如王孝鱼所言，"教令繁多，巧令名目"①，也就是礼法名目越多，人们受到的限制也就越多，生活中的忌讳禁忌也就越多，其结果是民久以处贫。也正是在这一意义上，老子主张去礼而崇道。

四　崇道：符号世界的形而上之思

老子的学术被称为道家，其中很重要的原因就是其学说中的一个重要概念即道。在老子的思想里面，道是指事物运动变化发展遵循的基本规律或事物的本原。老子学说的核心即道，这个道是从具象到抽象发展而来的，是一个高度符号化的产物。

古文字学家唐兰曾指出，"春秋时，哲学意义的'道'字，风行一时"②。当时各家学派都有自己的道，然而道字义的孳乳也绝不是短时间内完成的，它应是在漫长文化发展中逐渐形成的。"道"字在《说文》中的解释是"所行道也。从辵从首。一达谓之道"，其本义为道路。但是随着思维能力的提升和文化的发展，作为道路的道在原始意义基础之上不断引申，其意义也越来越丰富。"从'道路'这一原始意义上看，由于'道'具有确定的指向，是人们达到特定目标的必经之路，于是引申为事物存在与发展的必然性与必然趋势；由于人们在'道'上重复往返，于是引申为事物运动变化的规律；由于人们必须沿着'道'一直走下去才能到达目的地，于是引申为事物的发展和人的行为所必须遵守的原则；由于'道'为人们提供了达到既定目的的途径和手段，于是又引申为认识事物、解决问题的根本方法；如此等等。"③ 这种解释也基本上是符合语言符号发展规律的。在人类语言中，一个重要的文化现象就是同一个字往往既表示具体事物，又表示抽象思想，或者说先有本义（有些字原始意义已不可考，故而用本义一词），又有引申义，而且表示具体事物的意义基本上都在表示抽象意义的前面。如汉语中的"节"字，初文为"卩"，甲骨文像人跪坐之形，重点突出的是膝

---

① 王孝鱼：《老子衍疏证》，北京：中华书局，2014 年版，第 202 页。
② 唐兰：《老子时代新考》，罗根泽：《古史辨》第六册，上海：上海古籍出版社，1982 年版，第 614 页。
③ 陈鼓应、白奚：《老子评传》，南京：南京大学出版社，2001 年版，第 103 页。

关节部分，这是表示的具体意义，后借为符节，随着语言思维能力的提高，需要表达的意义逐渐增多，意义范围逐渐扩大，引申为节制、礼节、节气等，即由具体到抽象。

老子的道也经历了这样一个由具体到抽象的过程，"已经不是某一条原则，而是一切事物的总原则。他已经把春秋时所讲的'道'建设出一个系统。这是哲学史上的一个大进步"①。也正因如此，它才能从春秋时代的各种道论中脱颖而出。在老子看来，这个道可抽象为莫可名状、悠远深邃的东西，"道之为物，唯恍唯惚。惚兮中有象，恍兮中有物。窈冥中有精，其精甚真，其中有信。"（《道德经》，第二十一章）道是一种恍惚不定、不可捉摸的东西，释德清云，"恍惚，谓似有若无，不可定指之意。然且无象之中，似有物象存焉……其体至深至幽，不可窥测。"② 在第十四章中老子有一个更为翔实的有关道的描述，"视之不见，名曰夷；听之不闻，名曰希；博之不得，名曰微。此三者不可致诘，故混而为一。其上不皦，在下不昧。绳绳不可名，复归于无物。是谓无状之状，无物之象，是谓惚恍。迎不见其首，随不见其后。"道视之不见，听之不闻，博之不得，它无色、无声、无象，此三者浑沦一体，不可分割，不论置于明处还是暗处，都不能改变它的性状，它绵绵不绝又不可名状，终究归于虚无之态，因其无状之状、无象之象，故命之为"惚恍"。那么这样一个恍惚莫测的东西到底该称作什么呢，或者说该如何命名呢？老子的回答如下。

> 有物混成，先天地生。寂漠！独立不改，周行不殆，可以为天下母。吾不知其名，字之曰道，吾强为之名曰大。（《道德经》，第二十五章）

老子认为道是一种浑朴的状态，它先天地而生，它本来没有名字。因为道无声不可闻，无色不可见，故曰"寂漠"。它超然万物之上，形体不变，循环运行，周流不息，让天地万物也由此中而生，故曰"天下母"。那

---

① 唐兰：《老子时代新考》，罗根泽《古史辨》第六册，上海：上海古籍出版社，1982 年版，第 617 页。

② 释德清：《道德经解》，上海：华东师范大学出版社，2009 年版，第 64 页。

么这个化育万物的东西究竟叫什么名字呢？老子亦不知其名，"字之曰道，吾强为之名曰大"，苏辙解释云，"道本无名，圣人见万物之无不由也，故字之曰道。见万物之莫能加也，故强为之名曰大。然其实则无得而称之也。"① 道本是没有名字的，圣人见万物莫不因名寻义，故而字之曰道，名之曰大。这里先后用到字和名两个称谓事物的概念，其实是有所不同的。陈梦家曾经指出，用文来名物，乃是象形之谓；用名来名物，是假借了其他物之象形；用字来名物，乃是以文名物和以名名物的合用②，也即许慎《说文解字叙》所言："文者，物象之本，字者，言孳乳而浸多也。"汉字造字之初，依类象形，这是"文"，合文为"字"。《说文》谓"字，乳也。从子在宀下"。"字"本是对"乳"字的解说，引申为文字的解说，由是孳乳新意。基于此，我们再来看老子的"字之曰道"，这里老子用字来曰道，实际上就是指出道乃是解释出来的意义，相当于皮尔斯符号的三分构造中的解释项。赵毅衡认为，"随着接收者理解程度的加深，解释项的性质肯定会有变化"③，不同的体道者，程度不同，其解释也就各不相同，所以道向无限衍义开放。

至于"强为之名曰大"，前文已述，名乃是假借文的音来名物，"大"字之文乃一直立人形，"名曰大"意即借直立人形来喻指道之广大，释德清认为老子所云之"大"非大小之大，"乃是绝无边表之大。往而穷之，无有尽处。"④ 因此我们或许可以这样理解，"有物"为对象，"大"为强加的再现体，道就是解释项。

然而不管是"名之"也好，"字之"也罢，其透露出的都不是道的真实名称情状，这种强行的命名也是一种迫不得已的行为，所以《道德经》第三十二章就干脆指出，"道常无名"，第四十一章曰，"道隐无名"。为什么老子的道是无名的呢？还需考虑到这样一个语境，名在老子的时代，与实是一对范畴，如果把名视作名称，那么实即是对象，名与实存在一种对应关系。如果认为一事物之名是概念，那么每一个概念都有内涵和外延两个方面，内涵是概念所反映事物的特有属性，外延是反映在概念中的事物特

---

① 苏辙：《道德真经注》，上海：华东师范大学出版社，2010 年版，第 33-34 页。
② 陈梦家：《中国文字学》，北京：中华书局，2006 年版，第 46 页。
③ 赵毅衡：《回到皮尔斯》，《符号与传媒》，2014 年第 2 期。
④ 释德清：《道德经解》，上海：华东师范大学出版社，2009 年版，第 70 页。

有属性的对象。但是前面我们在谈《道德经》道论的时候，知道道是一个恍惚缥缈的万事万物的起源及其运动变化的规律，如果它有了确定的或者固定的名，一定之名对应一定之实，或者一个概念对应相应的外延和内涵，那么道的广泛性就要大打折扣，因为符号化也就意味着片面化。

那么老子道的学术指归是什么呢？《道德经》亦有申述，"人法地，地法天，天法道，道法自然。"（第二十五章）"自然"亦是老子学术思想中的一个重要概念，在《道德经》第十七章、二十三章、五十一章、六十四章中亦曾出现。关于"自然"的含义，学界亦颇多争论，我们认为"自然"就是自然而然之意①，相应地，道法自然就是要尊重自然现象与规律，以自然而然为归依，因为无论是自周公创制的礼乐系统，还是后来法家所主张的法治规范，都不同程度地使人类社会偏离了那种"自然"的状态，而被"礼制""法制"所规训。因此老子的建议是芟除名利、礼义等符号世界对人心智、生命的束缚，让人过一种本质直观的"自然"的生活。

探讨老子的学术思想，应将其置于其赖以发生的社会文化语境之中，进行历史的分析与文化的阐释。老子洞悉了名与礼的生成机制及社会功能，看到了隐藏于其后的深层危机，提出黜名去礼的主张，以挽救当时的社会，并进而提出一个形而上的道，认为名实礼义等都束缚心智，只有将这些摒弃才可能接近大道。老子是世界上最早洞穿符号本质的智者，其符号思想对当今社会消弭符号危机多有启示。人类不仅创造了符号化的世界，而且能对这种符号活动进行反思，无论是认知层面还是伦理层面的反思，其凸显的是人作为"符号活动的动物""符号的动物""伦理符号的动物"对地球、对生命的关怀和责任。② 老子伦理符号思想及当代价值在如今符号泛滥成灾之际值得继续探讨，当然这是另外一个议题。

第三节　道统论：对权力秩序模型的建构

一般而言，道统是相对于政统与学统而言的，对此牟宗三于《略论道统、学统、政统》一文中已有论述。按照学者蔡方鹿所言，道统有广义与狭义之别，广义的道统指以儒学道统论及其发展演变为主要线索并吸收各家学派思想而成的中华道统思想，而狭义的道统思想是指有关儒家圣人之道的理论及传授系统，其中广义道统具有较强的开放性与包容性，[①] 此论甚是。中国传统学术思想源于春秋战国，轴心时代的智者面对礼崩乐坏的社会现实，从不同的立场提出了自己的救疗方法，并在交流论战中不断融合。在这一历史进程中，诸子百家都有自己的道论，儒家之道不仅是精神价值与道德原则，而且是政治结构和伦理秩序，用陈来先生的话说是一整套的"文化-社会秩序"。[②]

道统是一个在不断追叙和建构中形成的谱系，而儒家则是这些谱系观念中最强的一个。《论语·尧曰》就已经追叙了一个尧、舜、禹递相禅让的系统；《孟子·尽心下》又扩充了这一谱系，由尧、舜、禹、商汤，以迄文王、孔子；唐人韩愈《原道》篇又进一步扩充了谱系，"尧以是传之舜，舜以是传之禹，禹以是传之汤，汤以是传之文武周公，文武周公传之孔子，孔子传之孟轲。轲之死，不得其传焉。"[③] 这一体系在宋代得到二程、朱熹的发展，最后逐渐建构为一个儒家主导的道统体系。而道统之"统"，如葛兆光所言，其实是一种虚构的历史系谱，是思想家按照某种意图对历史人物和经典思想的挑选和组合而成，以此来表达某种思想的合理性与永久性，甚至形成"真理的独占权力"。[④] 由儒家学者建构出来的道统是一个重新编码的过程，所呈现出来的道统组合轴，是主体有意识地在聚合轴中选择凸显出来的结果，其选择的背后是知识和权力的博弈。当然不同时代背景下的道统论还有其他方面的政治文化诉求，特别是在学术思想大一统之前，即汉武帝"罢黜百家，独尊儒术"之前，诸子百家关于知识和权力的关系模型建构是多元共生的，如何平衡道统和政统间的关系是关键。中国的道论，发源于春秋，成熟于战国，诸子百家在各自的"道论"中对此进行了回应和秩序模型的建构。如西比奥克所言，"模型能够被定义为想象的或（通过某物理性媒介）外在制作的形式，用来代表被称为指涉体（referent）

① 蔡方鹿：《中华道统思想发展史》，成都：四川人民出版社，2003 年版，第 3 页。
② 陈来：《宋元明哲学史教程》，北京：生活·读书·新知三联书店，2010 年版，第 31 页。
③ 马通伯：《韩昌黎文集校注》，上海：古典文学出版社，1957 年版，第 10 页。
④ 葛兆光：《道统、系谱与历史——关于中国思想史脉络的来源与确立》，《文史哲》，2006年第 3 期。

的物体、事件、情感等"，① 而模型的建构则会对人类的认知及行为方式起到"塑造制导的反作用"，② 这也是建模的深层意图。以下，我们试图从儒家、黄老和秦汉诸生三个不同道论团体的秩序模式建构切入，通过符号学的理论对其背后的编码规则和深层意旨进行分析。

一　原始儒家对等级秩序模型的重塑

我们知道，西周建国的经济基础是井田制，在此基础之上的政治制度是宗法制与分封制。如王观堂所言，"欲观周人之所以定天下，必自其制度始矣。周人制度大异于商者，一曰立子立嫡之制，由是而生宗法及丧服之制，并由是而有封建子弟之制、君天子臣诸侯之制；二曰庙数之制；三曰同姓不婚之制。"③ 立嫡制度解决了权力继承人的问题，分封制建构了西周政权形式，宗法制构建了贵族社会内部的组织关系，"宗法制度不仅是西周春秋时贵族的组织制度，而且和政权机构密切合作着。它不仅制定了贵族的组织关系，还由此确立了政治的组织关系，确定了各级族长的统治权力和相互关系。"④ 与宗法制配套的是丧服制、庙数制等一系列制度，它们通过血缘关系确定统治阶层内部的高下尊卑与亲疏远近，即由血缘关系决定的"亲亲"和由等级关系决定的"尊尊"。《礼记·大传》有云："上治祖祢，尊尊也。下治子孙，亲亲也。旁治昆弟，合族以食，序以昭缪，别之以礼义，人道竭矣。""尊尊"是通过左昭右穆的制度排列尊卑，"亲亲"是通过一系列的礼仪来区别长幼亲疏，此二者被视作不可更改的正统思想，"亲亲也，尊尊也，长长也，男女有别，此其不可得与民变革者也。"（《礼记·大传》） 这些制度在儒家三礼文献中都可找到依据。三礼文献尽管是经战国秦汉学者逐渐纂辑而成，却不排除后人观点的掺入，但是学界一般认为它们并非凭空杜撰，如《礼记·王制》论及庙数。

---

① 〔美〕西比奥克、德尼西：《意义的形式：建模系统理论与符号学分析》，余红兵译，成都：四川大学出版社，2016 年版，第 2 页。
② 〔美〕西比奥克、德尼西：《意义的形式：建模系统理论与符号学分析》，余红兵译，成都：四川大学出版社，2016 年版，"译者前言"。
③ 王国维：《观堂集林》，石家庄：河北教育出版社，2001 年版，第 232 页。
④ 杨宽：《西周史》，上海：上海人民出版社，2016 年版，第 454 页。

> 天子七庙，三昭三穆，与太祖之庙而七。诸侯五庙，二昭二穆，
> 与太祖之庙而五。大夫三庙，一昭一穆，与太祖之庙而三。士一庙。
> 庶人祭于寝。

《礼记·丧服小记》论及丧服。

> 亲亲以三为五，以五为九。上杀、下杀、旁杀，而亲毕矣。

以祭祀庙数而言，天子为七，诸侯为五，大夫为三，士人为一，庶人无之，形成一种递减的等差，庙数的多寡是身份与政治地位的符号表征，如谢谦所言，"也许，西周庙制不一定如此，但通过庙制体现上下尊卑的等级秩序则自古皆然"①，毕竟意义（如尊卑等级秩序）必须用符号（庙数多寡）来表达，古今皆然；于丧服而言，根据血缘关系的远近来决定亲疏，以自己为中心，上为父，下为子，这三辈为最亲，扩展开来，由父亲至爷爷，由儿子至孙子，推广到五辈，继续扩展，则往上可溯源至高祖，向下可推流至玄孙，推广至九辈。往上或向下的亲情皆是递减，丧服的轻重就是根据这种血缘关系的远近来制定的。

从发生学的角度来看，礼起源于敬祖娱神，当其向下延伸到人们日常生活之中后，就转化为对不同等级尊卑的分节。表达层面是礼仪仪节的分节，对应的内容层面是身份地位的分节，如赵毅衡所言，"都是能指分节造成的所指分节"。② 以周公为首的西周初期统治者制定的一整套维护社会秩序的政治制度和文化规范，其实是充分利用了双重分节（Double articulation）的符号学原理，而"能指分节实际上是任何政治行为的首要问题"。③ 西周的整套政治文化制度后来统称为周礼，礼是维系统治阶层血缘出身关系的结构形式。论者曾经指出，以周公为代表的西周初期统治者，通过"制定礼乐文化系统并不仅是调整规范社交的礼仪仪式，而是将人的各种符号表意活动纳入一定的规范秩序之中，礼起到了调节人类社会内部各种行为规范

---

① 谢谦：《儒教：中国历代王朝的国家宗教》，《传统文化与现代化》，1996 年第 5 期。
② 赵毅衡：《符号学：原理与推演》，南京：南京大学出版社，2016 年版，第 92 页。
③ 赵毅衡：《符号学：原理与推演》，南京：南京大学出版社，2016 年版，第 93 页。

和人际关系的作用"①，但是礼崩乐坏之后，这种礼乐制度不能再有效地维系社会的稳定。伴随着学术重心的下移，士人阶层开始崛起，士人阶层除了原来的群体之外，新的主要来源有二，其一是由贵族旁支跌落下来，其二是由平民精英上升而来，即余英时所言的社会阶层流动带来的上层贵族下降和下层庶民的上升。士人阶层因处于上下流动的汇合处，所以数量激增，由是"导致士阶层在社会性格上发生了基本的改变"②。窃以为这种"社会性格"的改变是由于对参与政治权利的要求，这点其实已有学者指出，"在孔子以来的儒家发展史上，为广大民众争取政治权利便成为儒家大事的一个重要课题"③，为"民众"争取权利恐怕有些言过其实，为士人阶层争取权力，打破权力继承的先天血缘关系，重建权力秩序模型却是说得通的。

孔子儿时便孜孜于礼，以习礼为嬉。成年之后的孔子也是因为精通礼学而为上层社会所重视，鲁国三桓之一的孟僖子因为在出使楚国时"不能相礼"而羞愧，在临终的时候还命令孟懿子和南宫敬叔"师侍仲尼"（《左传·昭公七年》〈535BC〉）。孔子亦因为明于礼学而被孟僖子视为"达者"，后亦因为这种"文化资本"而干谒诸侯，甚至跻身领导阶层，"其后定公以孔子为中都宰，一年，四方皆则之。由中都宰为司空，由司空为大司寇。"④ 这无异于打破了周代统治阶层建立的以先天血缘关系为基础的宗法制度，给下层社会的人通过游学入仕提供了榜样。

因为习礼给孔子带来了入仕的文化资本，所以推尊周礼、恢复礼治，也是孔子成年后的政治理想，他希望重建礼乐系统，恢复因礼崩乐坏而崩塌的统治秩序。然而礼究竟为何物？《左传》对当时的看法已有载录，"礼，经国家，定社稷，序民人，利后嗣者也"（《左传·隐公十一年》〈712BC〉），礼被视作治理国家、安定社稷的大法，其中有一条关键的因素即"序民人"，通过等级的分层，建立起严密的社会政治秩序，以周公为主的西周初期统治者建立的政治制度即着眼于此。但西周政权覆亡以后，王室对诸侯

---

① 祝东：《仪俗、政治与伦理：儒家伦理符号思想的发展及反思》，《符号与传媒》，2014年第2期。

② 余英时：《士与中国文化》，上海：上海人民出版社，2003年版，第10页。

③ 吴龙辉：《原始儒家考述》，北京：中国社会科学出版社，1996年版，第203页。

④ 司马迁：《史记》，北京：中华书局，1982年版，第1915页。

的控制逐渐丧失，从春秋五霸开始，礼乐征伐由天子出改为由诸侯出，甚至出现政自大夫乃至"陪臣执国命"的现象（《论语·季氏》），礼不再有效调控社会秩序，传统政治秩序和伦理道德遭到破坏，而女叔齐对礼与仪的区别则是这种秩序失范的反思，"是仪也，不可谓礼。礼，所以守其国，行其政令，无失其民者也。今政令在家，不能取也。有子家羁，弗能用也；奸大国之盟，陵虐小国。利人之难，不知其私。公室四分，民食于他。思莫在公，不图其终。为国君，难将及身，不恤其所。礼之本末，将于此乎在，而屑屑焉习仪以亟。言善于礼，不亦远乎?"（《左传·昭公五年》〈537BC〉）这里女叔齐指出了礼的根本所在，即保有国家，推行政令，无失其民，礼乐的分层能够保证建立秩序的稳固性，"礼其实就是一套系统，在系统之内，各种不同的关系，都在礼的形式——礼容中表现出来，而其意义则是隐含在礼容之中的礼义——尊卑长幼、亲疏远近的关系。"[1] 鲁昭公的权力已经被三家所窃取，而他汲汲于礼容这些细枝末节，在女叔齐看来是本末倒置，因为礼仪已经沦为空洞的能指。

那么孔子对礼仪是否有区别性认识呢？《论语·八佾》中林放问礼之本，孔子答曰："礼，与其奢也，宁俭；丧，与其易也，宁戚。"这里可以看出孔子心中礼之本乃是内在尊崇与认同，反对礼仪形式上的铺张浪费，丧礼上的仪文周到，强调的是一种内化的情感认知。而《论语·阳货》中提出礼非玉帛的命题，更是将礼与仪进行了严格的区分。在孔子看来，礼乐需要由玉帛钟鼓这些礼器符号来表征，但礼的意义不是玉帛钟鼓之属。意义不在场时才需要符号，符号就是用来表达意义的，但意义又不是礼器本身，这里有一个类似道家"得鱼忘筌"的过程。孔子对礼崩乐坏社会现实提出的治疗之方案便是重建礼乐制度，援仁入礼，将对礼乐制度的遵从内化为个体道德的自律，这种方案的设计当然与孔子出身下层有关，他不可能像周公那样走"顶层设计"向下逐层推进的模式。

这里我们要思考的是，孔子推尊礼乐重建秩序之外，是否还有其他的政治诉求？回答是肯定的。孔子弟子子夏的一句"学而优则仕"（《论语·子张》），其实已经将儒家的这种吁求很直白地表达出来了，这句话现在看起来稀松平常，但在周代世官世禄世业的血缘政治背景下，其中的观点无

---

[1]　祝东：《礼与乐：儒家符号思想的伦理进路》，《贵州社会科学》，2017 年第 8 期。

异于想造反洗牌。学者王亚南指出，"在西周之世，世卿世禄，子就父学，世世相承，一切精神传授的手段，通在官府。"① 无论身份、权力还是知识资本，皆是贵族阶层世袭垄断，是孔子等诸子百家的学者将知识普及下来，让普通民众可晋升士人阶层的知识分子，因为获得了相应的文化资本，自然会有其相应的政治诉求，包括参与政治分享权力的要求。曾经学习于儒家弟子的墨子明确提出"尚贤"的政治主张就是顺应了士人阶层的这种要求，"尚贤"的选人用人原则"打破当时'亲贵合一'和'世卿世禄'的用人制度，尤其具有进步意义"，② 而孔子本人，则是"学而优则仕"的典型。

当然，儒家不仅树立了由学入政的样板，而且提出了更高的精神诉求，即对道的追寻。《论语·里仁》中孔子谓，"士志于道"，《论语·述而》中孔子亦谓，"志于道，据于德，依于仁，游于艺"，《论语·卫灵公》中孔子云，"人能弘道，非道弘人"，《论语·泰伯》中曾子说："士不可以不弘毅，任重而道远"。士的终极追求不是权力，而是道，学艺、修仁、养德的目的也在于道，皇侃《论语义疏》引蔡谟之言曰，"道者寂然不动，行之由人。人可适道，故曰人能弘道。道不适人，故曰非道弘人也。"③ 人可以认识道，遵循道，任重道远，士须弘毅，但道不会"适人"，是超乎人和权力之上的形而上的价值追求。这种对形而上的道的追求，使得儒家对权力的争取不仅仅是一个权力利益的问题，更重要的是建构一个比权力更高且更为抽象的系统——道。道是置于权力富贵之上的，"富与贵，是人之所欲也；不以其道得之，不处也。贫与贱，是人之所恶也，不以其道得之，不去也。"（《论语·里仁》）甚至"朝闻道，夕死可矣"（《论语·里仁》），对道的追求甚至超过生命本身。这也是后来在道统与政统的争论中道统能够立于政统之上的前导，在权力秩序建模的过程中迈出了关键性的一步。

儒家亚圣孟子以性善发端，"恻隐之心，人皆有之；羞恶之心，人皆有之；恭敬之心，人皆有之；是非之心，人皆有之。恻隐之心，仁也；羞恶之心，义也；恭敬之心，礼也；是非之心，智也。仁义礼智，非由外铄我

---

① 王亚南：《中国官僚政治研究》，北京：中国社会科学出版社，1981年版，第48页。
② 谭家健、孙中原：《墨子今注今译》，北京：商务印书馆，2009年版，第36页。
③ 程树德：《论语集释》，北京：中华书局，2014年版，第1438-1439页。

也，我固有之也，弗思耳矣。"（《孟子·告子上》）人性本善是人天生的资质，仁义礼智是人固有的本性，儒家之道主要是指这些品格，这也是儒家内圣的来源。在孟子看来，内圣是可以开出外王来的，在《孟子·梁惠王上》中孟子就已经指出了这样一条经由内圣而外王的道路，"斯天下之民至焉"，甚至"万物皆备于我"，"上下与天地同流"（《孟子·尽心上》），由天下子民的拥护到天地万物的一致共生，由内圣开出外王来，内圣是知识分子（儒家）的专长，外王（帝王）是内圣生发出来的结果，这样，内圣是第一位的，外王是第二位的。其实质就是在建模的时候，已经悄悄进行了坐标谱系的安排。在道与权的关系问题上，《孟子·滕文公下》记载孟子与景春之论辩，景春认为公孙衍、张仪乃是大丈夫，而孟子指出这些人的行为不过是"无违夫子"的"妾妇之道"，即他们依仗的是王权，只不过是为当时的王权服务而不敢违碍而已，而孟子心中的大丈夫乃是"居天下之广居，立天下之正位，行天下之大道。得志，与民由之。不得志，独行其道。富贵不能淫，贫贱不能移，威武不能屈，此之谓大丈夫"。孟子明确将儒家追求的道从权力系统中剥离出来，给予其独立性，是难能可贵的。

儒家的荀子处于战国争霸最为激烈的时代。长期的战乱动荡使得一些智者开始思考如何拿出具有现实针对性的解决方案，这其中的代表就是荀子。荀子提出礼法兼治的思想也确实是条可行之策，但是其应用性太强，也影响到了对道的界定和吁求。荀子在《荀子·天论》中提出了"道贯"的思想，"百王之无变，足以为道贯……故道之所善，中则可从，畸则不可为，匿则大惑。"这里荀子将儒家先圣孔子孟子形而上的道逐渐拉回现实社会，提出历代先王不变的传统就是"道贯"，这个也就是"略法先王，而不知其统"（《荀子·非十二子》）中所言的"统"，即政治措施，所以道统可被置换为政统，这在荀子的著作中还可找到证据。《荀子·解蔽》篇中论及诸子百家拘于一隅的错误之道，"由法谓之道，尽数矣；由势谓之道，尽便矣；由辞谓之道，尽论矣；由天谓之道，尽因矣；此数具者，皆道之一隅也。夫道者，体常而尽变，一隅不足以举之。"荀子在这里提出了对道的界定，即"体常而尽变"，按照梁启雄的解释便是，"道以常为体，而极尽地变革来适应时宜和地宜（指原则性和灵活性相结合）"，[1] 这里的道其实就是根

---

[1] 梁启雄：《荀子简释》，北京：中华书局，1983 年版，第 292 页。

据不同时代背景制定的相应政治措施。《荀子·君道》篇中还有更直接的表述，"道者何也？曰：君之所道也。"将儒家追求的道置换为"君道"，"君之所道，谓君之所行也"。① 这里的"所行"即"能群"，也即"善生养人""善班治人""善显设人""善藩饰人"，皆是君王用来操控统治万民的治术。在结构上将道置于君主权力之下，已经偏离了儒家先贤追求的用知识制衡权力的大道，此又为其弟子韩非、李斯在理论和实践上发扬光大，而后二者又为绝对的君主专制服务，所以荀子不入孔庙享受祭祀也就可以理解了。

二 黄老道家对道法秩序模式的建构

一般认为，黄老之学形成于战国中期，并在战国中后期广泛传播，影响到汉初的政治思想。作为学术名称的"黄老"屡见于汉初史料文献中，如《史记·孝武本纪》载"窦太后治黄老言，不好儒术"；② 《史记·曹相国世家》载"胶西有盖公，善治黄老言"；③ 《史记·老子韩非列传》云："申子之学本于黄老而主刑名"；④ 法家韩非也是"喜刑名法术之学，而其归本于黄老"；⑤ 田叔为齐国田氏后裔，《史记·田叔列传》言其"学黄老术于乐巨公"。⑥ 黄老之学兴起于田氏篡齐及齐国稷下学宫兴盛发展的背景之下，对此笔者曾经指出，"田齐处于战国变法图强的关键时期，为了自身的发展，开辟稷下学宫，延揽人才，一方面通过知识阶层的论辩讲学，为自己的政治权力的合法性进行论证宣传；另一方面通过知识阶层积极参政议政，力图富国强兵"，最终实现其"争天下"的目的。⑦ 稷下学宫一方面促成了黄学的兴起，另一方面促成了老学的发展，将形而上的老学转化为形而下的治术权谋，并在此基础之上，产生了黄老学术思潮。黄老之学以稷下学宫为中心，以黄帝为标志，以老子的道家之学为理论基础发展而来。

---

① 王先谦：《荀子集解》，北京：中华书局，1988 年版，第 237 页。
② 司马迁：《史记》，北京：中华书局，1982 年版，第 452 页。
③ 司马迁：《史记》，北京：中华书局，1982 年版，第 2029 页。
④ 司马迁：《史记》，北京：中华书局，1982 年版，第 2146 页。
⑤ 司马迁：《史记》，北京：中华书局，1982 年版，第 2146 页。
⑥ 司马迁：《史记》，北京：中华书局，1982 年版，第 2775 页。
⑦ 祝东：《先秦社会秩序的符号建构——以道家的自然观及其实践为考察对象》，《内蒙古社会科学》，2018 年第 1 期。

严格来讲，黄老合流与其说是黄帝与老子之学的融合，倒不如说是诸子百家的大融合，因为齐国稷下学宫的学风开放，兼容并包，各家相互争辩，同时兼采他家之长，如黄老道家，就兼采名法之长。具体而言，黄老的第一次融合，其结晶有长沙马王堆汉墓出土的被学者认定为失传的《黄帝四经》，以及见存于《管子》中的一些文献，如"管子四篇"等；此后是在秦国吕不韦为相时的第二次融合，其结晶为《吕氏春秋》；淮南王刘安时期又有了第三次融合，其结晶为《淮南子》。有意思的是，这三次融合中，起主导作用的哲学思想始终是道家的。司马迁在《史记·孟子荀卿列传》中指出，"慎到，赵人。田骈、接子，齐人。环渊，楚人。皆学黄老道德之术，因发明序其指意。故慎到著十二论，环渊著上下篇，而田骈、接子皆有所论焉。"这里明确指出了黄老一系的阵容：慎到、田骈、接子、环渊等，这些学者以"黄老道德之术"为学习对象，说明黄老之学是齐国稷下学宫的官方学说，他们在学习的时候又有新的阐发，这种阐发又是以道为中心展开的阐释。

《黄帝四经·经法》开篇即云："道生法。法者，引得失以绳，而明曲直者也。故执道者，生法而弗敢犯也。法立而弗敢废也。故能自引以绳，然后见知天下而不惑矣。"[①] 这里明确开出一个"道生法"的模式，即人类社会的各种具体的法度是由作为本原的道所派生出来的，其中道是理论层面的内容，法是方法实践层面的内容，如柳存仁所言，"道是一种思想、见解、主张的原理，是理论……因为术是方法，它是帮助把理论付之（于）实践的具体步骤"[②]。法的制定是从道这里得到的原则，而执道者（统治者）需要从道中获得相应的法来进行社会秩序的建构。于统治者而言，他们对道只能是遵循利用，而不能改变，"故唯圣人能尽天极，能用天当"（《黄帝四经·经法》），统治者只能遵循天道，而不能主宰天道，即道的权威性和神圣性并没有改变。这一点在下文还有申述。

> 故唯执［道］者能上明于天之反，而中达君臣之半，富密察于万

① 本书所引帛书原文及译文主要参考陈鼓应《黄帝四经今注今译》（商务印书馆，2007 年版），并参考了国家文物局古文献研究室《马王堆汉墓帛书【壹】》，（文物出版社，1980 年版）。为彰显文义，方便阅读，对异体字和假借字不再标注原文，下同。

② 柳存仁：《道家与道术——和风堂文集续编》，上海：上海古籍出版社，1999 年版，第 1 页。

物之所终始，而弗为主。故能至素至精，浩弥无形，然后可以为天下正。(《黄帝四经·经法》)

　　统治者能够明于天道规律，同时能了解君道与臣道的异同，以及万物流变的内在原因，但并不是天地万物的主宰，也就是说执道者一方面掌握了道的运行规律，另一方面又尊重道的主宰权威。这里还着力探讨了权力秩序中的君臣关系问题，"战国时期，道论大致围绕君臣关系展开，此对应君臣政治之要义，毋庸置疑。"① 也就是说，调和君臣关系是道论的核心议题之一，"是君臣之顺，治乱之分也"(《慎子·民难》)，关系到权力秩序的平衡问题。《黄帝四经》中对此多有阐释，"君臣易位谓之逆"，"君臣当位谓之静"，君有君之位，臣有臣之位，君臣各有其身份，"位"是对应的等级。人的任何表意行为都需要依托一定的身份才能发出，君主发号施令需要有君主的身份，同时意义达成还需要接收者有相应的身份，如赵毅衡所言，"身份是与符号文本相关的一个人际角色或社会角色。对于任何符号表意，都有一个与身份相应的问题。身份不是孤立存在的，它必须得到交流对方的认可，如果无法做到这一点，表意活动就会失败。"② 君臣身份明确才能保证表意活动的顺利进行，反之，"逆则失本"，国家失去生存的根本。要保证秩序的稳固性，就要做到"君臣不失其位"(《黄帝四经·经法》)。由道到君臣关系，黄老道家建构了如图 2.1 的秩序模型。

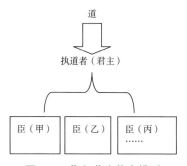

图 2.1　黄老道法秩序模型

①　汪春泓：《史汉研究》，上海：上海古籍出版社，2014 年版，第 81 页。
②　赵毅衡：《符号学：原理与推演》，南京：南京大学出版社，2016 年版，第 93 页。

从这个秩序模型中可以看到，道是处于君主权力之上的，臣是处于君主权力之下的，这样既保证了君主对臣下的绝对掌控，同时一定程度上保留了道的独立性，使君主的权力没有被无限放大，而是有一个相对限制。黄老道家建构这种"符号秩序"当然是为了塑造他们心中的社会秩序，使"符号形式与社会组织"达成一致。① 这种秩序模型一旦植入主体意识之中，势必会"通过主体的实践维系自身的地位"，② 这也是建模的深层意识形态，这在黄老道家残存的其他文献中亦能找到相关佐证。

《管子·内业》篇也建构了一个具有终极主宰意义的道："不见其形，不闻其声，而序其成，谓之道。"《管子·心术上》亦云："虚而无形谓之道"，显然这是从《老子》"视之不见""听之不闻"的道论中生发出来的，这种无声无形的道却能够"序其成"，"万物以生，万物以成，谓之道"。道化生万物，是万物的来源，而君王调控世界秩序的礼与法也是出自道，"故礼出乎义，义出乎理，理因乎道者也"（《管子·心术上》）③，"故事督乎法，法出乎权，权出乎道"（《管子·心术上》）。作为君王，要掌握社会秩序，只能遵循道纪，其建构权力秩序的模型也是将君权置于道之下，用道约束权力。刘全志在系统考察战国中后期知识界对道的诸种称谓之后指出，在经过不断的阐发使用之后，"'道'不但丰富了自身的内涵，而且超越了学派的性质，成为知识界衡量万事万物的最终标准。"④

这一点在黄老后学慎子这里有了进一步的拓展，慎子甚至将由道派生下来的礼法一并用来约束君权，《慎子·威德》篇有云："明君动事分功必由慧，定赏分财必由法，行德制中必由礼。故欲不得干时，爱不得犯法，贵不得逾亲，禄不得逾位，士不得兼官，工不得兼事。以能受事，以事受利。"这里明确提出对君主权力的限制，无论是开展事务、分派工作，还是

① 〔法〕爱弥尔·涂尔干、马塞尔·莫斯：《原始分类》，汲喆译，北京：商务印书馆，2012年版，第143页。
② 冯月季：《从政治化到世俗化：意识形态研究的符号学转向》，《符号与传媒》，2016年第1期。
③ 郭沫若《管子集校》认为原文当为"礼出乎义，义出乎理，理因乎道"，指出"'道'因形近误为'宜'耳"，并指出此处与下文"事督乎法，法出乎权，权出乎道"同例。其说可取。参见《郭沫若全集·历史编》第六卷《管子集校（二）》，北京：人民出版社，1984年版，第420页。
④ 刘全志：《先秦诸子文献的形成》，北京：中华书局，2016年版，第202页。

进行奖励、推广道德，都有相应的"政治规矩"，甚至君主的私欲和亲爱都有相应的约束，包括由道的约束到法的约束。"法之所加，各以其分，蒙其赏罚而无望于君也"（《慎子·君人》），《慎子集校集注》引慎懋赏之言曰："赏罚循其法，而不出一人之意"，[①] 说的就是君主进行赏罚时有法度可依，而不是君主一人独断专行。这些都是黄老对权力秩序模式的调整扩充，其中尤为难能可贵的是，他们还对天子与天下的关系进行了思考，"故立天子以为天下，非立天下以为天子也"（《慎子·威德》），即立天子是为了表征天下，而不是以天下奉一人。天子只是天下的符号象征，进而推之，"立国君以为国，非立国以为君也；立官长以为官，非立官以为长也"，莫不如此，这一点在黄老后学作品《吕氏春秋·贵公》中还有进一步的发挥。以上内容体现出在大一统到来之前，知识界在儒道两家的道论中，试图通过终极的道来有效制衡君主权力的一些理论思考，这种思考是与当时齐国稷下学宫开放的学风密不可分的。

《史记·孟子荀卿列传》说慎到、环渊等稷下学者"各著书言治乱之事"，[②] 而齐宣王喜爱文学游说之士，慎到、环渊等七十六人"不治而议论"，[③] 相对而言，他们具有一定的学术独立性，故而能在著书立说中保持学术与学者的独立性，在思考未来权力秩序的时候，试图建构一种由形而上之道来约束权力的模式，将道置于权力之上，这种建模的努力在君子专制到来之前，显得极为可贵。

三　秦汉诸生对道统秩序模式的调整

田齐创办的稷下学宫被学界认为是百家争鸣时代的学术文化中心，《管子》一书则被视作这个中心争鸣交融的学术结晶。稷下之学创自齐桓公田午，经齐威王、齐宣王达到高潮，《史记·田敬仲完世家》记载，"宣王喜文学游说之士，自如驺衍、淳于髡、田骈、接予、慎到、环渊之徒七十六人，皆赐列第，为上大夫……是以齐稷下学士复盛，且数百千人。"[④] 稷下之学可谓盛极一时，但是这种盛况至齐湣王时就开始衰落。齐湣王骄纵矜

①　许富宏：《慎子集校集注》，北京：中华书局，2013 年版，第 55 页。
②　司马迁：《史记》，北京：中华书局，1982 年版，第 2346 页。
③　司马迁：《史记》，北京：中华书局，1982 年版，第 1895 页。
④　司马迁：《史记》，北京：中华书局，1982 年版，第 1895 页。

功，据《盐铁论·论儒》载，"诸儒谏不从，各分散，慎到、捷子亡去，田骈如薛而孙卿适楚。"① 强齐最终遭到燕、秦、楚等国的合谋攻打，齐湣王逃走，"燕将乐毅遂入临淄，尽取齐之宝藏器"。② 当此之时，稷下学宫的学者恐怕也是唯恐避之不及，四处奔亡，齐国亦因这次战争由盛转衰，从此，稷下之学也每况愈下。与稷下之学衰落相对的是，西边的强秦变得一家独大，吕不韦相秦时，"一反秦国独尊法家的政策，广收天下之士"，③ 这里面当然不乏从齐国稷下学宫来的学者及其后学。史料记载吕不韦一度招揽门客三千人，造就了战国末年最大的学术中心，"是时诸侯多辩士，如荀卿之徒，著书布天下。吕不韦乃使其客人著所闻，集论以为八览、六论、十二纪，二十余万言。以为备天地万物古今之事，号曰《吕氏春秋》。"④《吕氏春秋》即学术中心西迁之后的学术结晶，然而《吕氏春秋》为秦王设计的政治方案并未被采纳，秦王嬴政依靠荀子弟子韩非与李斯在理论与实践上推行的法家思想而一统天下，实现了政治上的大一统，但法家"一断于法"而使得"解释元语言单一"，⑤ 强秦也很快在农民战争中土崩瓦解，代之而来的是汉朝。汉初统治者注意从秦朝的覆亡中吸取教训，充分吸收了道家因顺自然的符号思想，文帝、窦太后执政期间，皆好黄老，这让黄老道家成为学术主流。在江淮间，围绕在淮南王刘安周围，形成了一个新的学术中心，《汉书·淮南衡山济北王传》中记载，刘安"招致宾客方术之士数千人"，⑥ 这便有了几经更名最后由《隋书·经籍志》定名为《淮南子》的这部书。《淮南子》被认为是继《吕氏春秋》之后集先秦诸子百家学说之大成而为一家言的一部大书，成书于汉武帝罢黜百家独尊儒术之前。淮南王刘安曾经将此书献给武帝，"初，安入朝，献所作《内篇》，新出，上爱秘之"⑦，《内篇》即今本《淮南子》。但是，它的命运与《吕氏春秋》一样，最终为统治者所弃之不用，个中原因，前辈时贤崇论宏议，多有解释，启

---

① 王利器：《盐铁论校注》，北京：中华书局，1992 年版，第 149 页。
② 司马迁：《史记》，北京：中华书局，1982 年版，第 1900 页。
③ 张双棣等：《吕氏春秋译注》，北京：北京大学出版社，2011 年版，第 2 页。
④ 司马迁：《史记》，北京：中华书局，1982 年版，第 2510 页。
⑤ 祝东：《先秦社会秩序的符号建构——以道家的自然观及其实践为考察对象》，《内蒙古社会科学》，2018 年第 1 期。
⑥ 班固：《汉书》，北京：中华书局，1962 年版，第 2145 页。
⑦ 班固：《汉书》，北京：中华书局，1962 年版，第 2145 页。

人良多。然我们以为，其最根本的原因还在于此二书在建构权力秩序模型的时候走的黄老一系的模式不为统治者所喜。

如前引司马迁之言，《吕氏春秋》是部"备天地万物古今之事"的大书，其写作的目的在《吕氏春秋·序意》中亦有说明，"所以纪治乱存亡也，所以知寿夭吉凶也"。然而如何统治才能做到清平盛世？吕不韦处在秦国统一天下的前夜，其实已经卓有远见地思考了如何建立国家权力的模式，"十二纪"被视为施政纲领，而其核心则是"法天地"（《吕氏春秋·序意》）。《吕氏春秋·情欲》篇亦云"故古之治身与天下者必法天地也"，取法天地被认为是治天下者的必经之途，如此才能达到治世。而"法天地"其实就是取法于道，对此《老子》第二十五章有云，"人法地，地法天，天法道，道法自然"，其逻辑顺序指向天道自然。在秩序模型的建构中，道处于权力统治者之上，统治者只有知晓道、了解道并顺应道，才能有所作为，"凡彼万形，得一后成。故知一，则应物变化，阔大渊深，不可测也。"（《吕氏春秋·论人》）所谓"一"就是道，"天道生万物，万物得一乃后成也"，[1] 万物得其道而成其物，因此统治者就当"知一"，也就是知道，如此才能"应物变化"，"故知知一，则若天地然，则何事之不胜，何物之不应！"（《吕氏春秋·论人》）如此才能胜任。所以圣王要法道，"一也齐至贵，莫知其原，莫知其端，莫知其始，莫知其终，而万物以为宗。圣王法之，以令其性，以定其正，以出号令。令出于主口，官职受而行之。"（《吕氏春秋·圜道》）道为至贵者，万物以道为本原，圣王法道，以出政令，并向百官发号施令，这种秩序的模式与前文图 2.1 的道法秩序模型如出一辙。作为最高统治者的天子是沟通天人的中介，代表着天对下民进行统治，而天子因为掌握了与上天沟通的唯一渠道，形成符号宰制权，因为独占真理故而具有至高无上的权力。"在诸子的时代，当'道'被视作宇宙本原和支配万物的基本法则之后，'道'与'天'取得了一致性，'君'应该'体道''从道''执道'而行。"[2] 在君权上面，有一个道的系统作为终极意义对君主权力进行约束。

---

[1]　许维遹：《吕氏春秋集释》，北京：中华书局，2009 年版，第 74 页。

[2]　庞慧：《〈吕氏春秋〉对社会秩序的理解与建构》，北京：中国社会科学出版社，2009 年版，第 153 页。

如前文第二部分所言，《吕氏春秋》继承了《慎子·威德》篇关于天子与天下关系模式的思考，"天下非一人之天下也，天下之天下也。"（《吕氏春秋·贵公》），即天下非为一君而设，而是天下之人共有的天下，"置君非以阿君也，置天子非以阿天子也，置官长非以阿官长也"（《吕氏春秋·恃君》），即立国君，立天子，皆不是为了私阿他们，而是为了建构一套有效的政治秩序，如果君主和百官凭借权力谋取私利，那么"国所以递兴递废也，乱难之所以时作"就是必然的了。因此，才有《吕氏春秋·序意》中的结论，"行也者，行其理也。行数，循其理，平其私。"从吕不韦及其门下诸生的政治设计来看，当然是希望君主在执政中能行天道，去私欲。《吕氏春秋》这部皇皇巨著也是为了给即将到来的大秦帝国建构一种开明的政治秩序模式，然而，秦王嬴政执政之后并没有采纳，而是用了韩非、李斯短平快的法家功利理论，当然后者也为暴秦的覆亡埋下了祸根。

汉朝建立以后，儒道两家在争夺政治权威方面都做出了自己的努力。汉初道家甚至一度占据上风，特别是黄老道家之学，一度是汉初官方学说，受到文帝、窦太后等最高统治者的青睐，这种政治取向必然影响到学术隆替。在淮南王刘安的周围，就有一批相关学者，"天下方术之士多归之"（高诱《淮南鸿烈解序》）。《淮南子》就是这种背景下的产物，"其旨近《老子》，淡泊无为，蹈虚守静，出入经道"，这是高诱对其学术倾向的总结，基本上是符合全书主旨的。《淮南子·要略》被认为是其总纲，其中对是书的写作意图进行了披露，"故著书二十篇，则天地之理究矣，人间之事接矣，帝王之道备矣。"探究天地、人事之理是为"帝王之道"服务，即为之建立统治秩序，这也正是汉武帝独尊儒术的大一统到来之前诸生为汉帝国的长治久安制定的理论秩序。书中可以看出诸生对儒、道、名、墨、法、阴阳五行以及黄老学术皆有采纳融合，并以道家学术思想为主，《原道训》《俶真训》《道应训》等篇皆在阐释道家学术旨趣，而《精神训》《主术训》等篇章则兼采儒道诸家学术思想。

《淮南子》也承续道家思想，建构了一个生成万物、包罗万象的道学体系。

　　　　道始于一，一而不生，故分而为阴阳，阴阳合和而万物生。（《淮

南子·天文训》）①

　　夫道者，覆天载地，廓四方，柝八极，高不可际，深不可测，包
裹天地，禀授无形。（《淮南子·原道训》）

　　显然这种无所不包的道是将文中提及的执道者"圣人"囊括其中的，
那么圣人，即统治者该如何统治臣民呢？"圣人守清道而抱雌节，因循应
变"（《淮南子·原道训》），这里论及的"因循"正是黄老道家治理社会
的法则，"黄老学者在建构秩序规则时，通过援法入道，将道家自然和谐、
尊重符号域内部发展规律的思想引入秩序调控之中，强调因顺自然，反对
倒行逆施。"② 也就是说，黄老之"因循"其实不是无所作为，而是有主观
的判断选择在内，含有特定的目的性，是一种引导而不是强制干涉。《淮南
子·原道训》谓，"是故天下之事，不可为也，因其自然而推之，万物之
变，不可究也，秉其要归之趣"，因其自然，加以"推之"，这正是黄老对
道家符号思想的延续。在刘安身边的诸生看来，三晋法家的秩序调控方式，
并非王者致远的方法，"夫峭法刻诛者，非霸王之业也；箠策繁用者，非致
远之术也。"（《淮南子·原道训》）毕竟"万物固以自然，圣人又何事焉"
（《淮南子·原道训》），即统治者只需遵循万物自然的法则，不要强制干
预，顺从道的规律即可，因此"治在道，不在圣"（《淮南子·原道训》），
明确将最高统治者排除在为治之外。《淮南子》建构的秩序模式是纳入君主
权力的。

　　　　古之置有司也，所以禁民，使不得自恣也；其立君也，所以剬有
　　司，使无专行也；法籍礼仪者，所以禁君，使无擅断也。人莫得自恣
　　则道胜，道胜而理达矣，故反于无为。无为者，非谓其凝滞而不动也，
　　以其言莫从己出也。（《淮南子·主术训》）

　　"有司"是臣下所为，其目的在于对民众的控制，其上是君主，君主

---

① 原文为"道曰规始于一"，何宁《淮南子集释》援引诸家考证，指出"曰规"为衍文，参
　见《淮南子集释》，中华书局，1998 年版，第 244 页。
② 祝东：《先秦社会秩序的符号建构——以道家的自然观及其实践为考察对象》，《内蒙古社
　会科学》，2018 年第 1 期。

之上还有"法籍礼仪"调控君主的表意行为，让君主不得为所欲为。这样就是"道胜"，即返回道家无为的秩序模式之中，这个模型如图 2.2 所示。

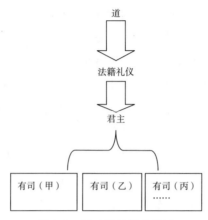

图 2.2　诸生道法秩序模型

《淮南子》用符号系统建构的秩序模型对黄老道法秩序模型进行了修订增删，如苏智所言，"符号模塑活动从来没有停止，模因随着历史的发展，其内部特征会出现消亡和创生的转换。这样就促使文化传承在模因的变化中出现转码。"① 当然，这种模因没有被统治者继承，《淮南子》提供的帝王之道让位于董仲舒改造过的儒家学说。在董仲舒的秩序模型中，"惟天子受命于天，天下受命于天子"（《春秋繁露·为人者天》），即"天→天子→天下众生"，天子垄断了天与天下之间的沟通，这属于"因为垄断了符号信息渠道而拥有的权力"才会产生绝对权力。② 在这种秩序模型下，"王道之三纲，可求于天"（《春秋繁露·基义》），但"王道"实际止步于"天子"，这种学说打着儒家学说的幌子，实质上"高扬君主权威，为专制皇权呐喊"，③ 自然为帝王所喜欢。黄老治国的思想之所以逐渐为礼教治国的儒

① 苏智：《文化建构与传承中的〈周易〉符号模塑》，《东吴学术》，2017 年第 3 期。
② 祝东、王小英：《人类符号文化世界的祛魅——〈我的个神啊〉的一种读法》，《文化研究》，2015 年第 2 期。
③ 吴龙辉：《原始儒家考述》，北京：中国社会科学出版社，1996 年版，第 203 页。

家思想取代，其原因在于黄老思想"太约束帝王个人私意而被弃置"，① 这一观点可谓切中肯綮。

　　学者牟钟鉴曾经指出，"设若秦朝以《吕氏春秋》治国，汉朝以《淮南子》经世，中国就会出现两千余年的开明君主制，历史则是另一番景象。"② 然而历史没有假设，统治者和历史都没有选择由原始儒家以及黄老和诸生建构的道统秩序模型，而最后选择了由荀子一脉传承下来的政统制衡道统的结构模型，其原因除了有封建君主专制大一统的需要，恐怕还与历代士人阶层没有取得经济独立而只能靠出售知识技能谋食糊口有关。即使是相对独立的黄老学术群体也为齐国官方所豢养，一如钱宾四所言，尽管他们放纵、浪漫、豁达、意气高涨，但实际生活还是依附于上层贵族，以寄生形态存在，③ 这正是他们不能取得独立的真正原因。秦汉大一统之后，士人连像战国时代的游士那种合之则留、不合则去，朝秦暮楚，传食诸侯的机会都没有。仕进的通道大为窄化，舍此一家，再无第二，秦汉以降的士人地位比之战国时代更是急转直下。套用马克思的话来说，这就是经济基础决定上层建筑的体现。当唐人韩愈及宋代儒家学者建构儒家道统体系，试图以道统来对抗政统的时候，中国的君主专制社会已经延续了千余年，更难改变了。

　　索绪尔在研究语言学时使用了共时性与历时性两个重要概念，共时性关注某一时期内语言系统内部的结构关系，而历时性则关注语言在时间中的变异。就统治秩序而言，某一社会秩序是一个结构，结构是共时性的；在这种秩序下人的表意行为是一个过程，过程是历时性的。统治秩序，既包括社会秩序这一共时性方面，也包括行为秩序这一历时性方面。共时性的就是结构秩序，历时性的就是行为秩序，行为秩序是在结构秩序之下的规范表意。儒家、黄老及诸生建构的统治秩序，既有共时性的结构秩序（如文中图2.1、图2.2建立的结构模型），又有历时性行为秩序（即在此结构模型下人们的具体表意行为方式），但实际上这种结构秩序并没有影响到行为秩序，而是沦为空洞能指。林信华指出，"共同规则的使用与遵循

---

① 郭齐勇、吴根友：《诸子学通论》，北京：商务印书馆，2015年版，第237页。
② 牟钟鉴：《〈吕氏春秋〉与〈淮南子〉思想研究》，北京：人民出版社，2013年版，第2页。
③ 钱穆：《国史新论》，北京：生活·读书·新知三联书店，2012年版，第142页。

一方面乃是社会行动的基础，因为社会行动的前提乃是一个已经存在的共同意义结构与规则网络，其中最重要的是语言结构。因为人类社会不同的意义世界（words of meaning）……都是在语言的抽象能力以及离开中心化的能力之上所架构出来的共同生活秩序。"① 语言符号建构的世界框架不仅影响到人对世界的认知，而且会规范人的社会表意活动。借用霍尔的话语分析理论来说，从对诸生道论的话语分析不仅可以考察道的意义产生与衍变，还可以看出道是如何与权力相连接，以及它曾经试图"规范行为，产生或构造各种认同和主体性"的诉求。② 而回溯道统论的编码规则及其深层意旨，我们可以看到在春秋战国乃至汉代前期，其实中国的士人阶层曾经建构了一个与后世君主专制主义不同的权力秩序模式，试图以道匡政，但是这种努力最后都归于失败。个中原因，值得深思，且对于我们今天建设社会主义民主政治亦不无启迪意义。

① 林信华：《社会符号学》，上海：东方出版中心，2011 年版，第 17 页。
② 赵星植：《论话语分析与符号学研究》，《符号与传媒》，2017 年第 2 期。

第三章　辩名：符号学的中国话语方式

中国古代的先哲在辨明事物性状的基础之上制名指实，其中名的稳定性是意义平稳交流的前提，而名的差异性是产生意义的关键。礼崩乐坏之际，儒家的孔子试图通过"正名"来"正实"，达到名实相符的要求。孔子倡导的礼乐文化其实是将人的各种符号表意活动纳入一定的规范秩序之中，让礼起到了调节人类社会内部各种行为规范和人际关系的作用。正名表面上是要求实返回固有名的状态之下，而实际上是用传统的意识形态内容去规范新的事物，使之回到原有的轨道上来。如果将孔子的名学理论视作一套符号系统，那么其符码则是各种不同形式的礼义，整个礼乐系统的集合则可视作以孔子为代表的儒家元语言。除了儒家的正名论之外，先秦意义理论影响最大的还有名辩论。名辩论学者与儒家学者相反，他们秉持的是一种发展的符号观，主张按实定名，并在深察名实的过程中，对名辩的方法理论进行了总结，提高了中国古代意义理论的思维水平。此外，指物论也是先秦重要的意义理论。指与物的关系历来在学界众说纷纭，被哲学史研究界和符号学研究界反复推究，这为今人的研究提供了诸多有益参考。中国古典文献中并没有语言符号学的概念，但后者的相关观念却大量散见于先秦诸子的议题之中，比如名实关系的探讨传达出来的就是中国先哲的语言符号学观念。汉语之名是社会约定俗成的，实是在意向性压力之下对物的共相的提取和抽象，名表征实，名的差异性不仅可以区别事物的异同，同时可以构成无限可能世界。但名是文与声的组合，文是对事物之形的抽象，跟事物是有关系的，这也是中国名实论符号学思想与索绪尔语言符号学的一大差别。符号现象学认为当意识面对事物的时候，事物成为对象，主体与事物的特定部分形成意义之网，这也为指与物之关系打开了一扇思辨之门。事物在意向性压力之下呈现出相关属性，并在意识区隔之下被提取、呈现为指，其他部分则暂时被悬置，这种片面化意味着符号化的开始。

所有的指都是关于某物的指，也即关于某物的意识，是为"物指"；当"物指"为主体所认知、解释的时候，指与"物指"在斗争中形成"谓指"；法则一旦建立，本次符号过程就会结束，新的符号过程继续展开。以此而论，指是第一性，"物指"是第二性，"谓指"是第三性，第三性才是皮尔斯意义上的符号，也是意义延展的开始。

第一节　正名论：儒家名教及深层意识形态

名学被认为是中国古代以名为研究对象进而规范名实关系的一种学术思想，其具体涉及名的本质、特点与作用，以及名的生成方式、命名原则，名的分类与使用，正名的原则与方法等议题，[①] 但又并非专指名家之学。举凡诸子百家关于名的论析都可纳入名学范畴，如儒家的正名说，道家的无名说，法家的刑名论，名家的名辩论等。当代学者李先焜认为，名本身就是一种符号，是认识与交际的重要工具，因此从符号学的角度研究名学，就是从名的本性上研究名学。[②] 显然，名学是一个学术史意义上的后设概念，那么中国的名学是如何发生的？儒家的礼乐文化与正名理论背后的符号操作机制又是怎样的？这些问题，亟待探讨。

一　名学的发生及其与符号学的关系

人类生活在用符号建构的意义世界里，古今皆是如此。尽管中国古代没有一门现代意义的符号学，但是古代易学、诸子学说中，亦多包含着中国先哲对人类表意行为的运用方法、形式规律的思考，这些实践形式和理论观念中其实蕴藏着丰富的符号学思想。在胡适看来，先秦诸子"家家都有'名学'"[③]，名学在胡适这里是诸子百家为学的方法，属于逻辑学范畴，其实二者还是有区别的。对此，徐复观业已指出，"逻辑所追求的是思维的合理

---

① 曾祥云、刘志生：《中国名学：以符号学的观点看》，福州：海风出版社，2000 年版，第 6 页。
② 李先焜：《中国名学：以符号学的观点看·序》，曾祥云、刘志生：《中国名学：以符号学的观点看》，福州：海风出版社，2000 年版，第 2 页。
③ 胡适：《中国哲学史大纲》，长沙：岳麓书社，2010 年版，第 142 页。

性，而名学所追求的是行为的合理性"。① 中国的名学追求的是表意行为在政治伦理领域的合理性，这在儒家的正名论中尤为突出，下文亦将详述。

欲辨名学，先得辨名。学界通常援引许慎《说文》，"自命也。从口从夕。夕者，冥也。冥不相见，故以口自名。"由于许慎见到的古文多为战国古文字，后者尽管与古文字属于同一系统，但是其中确实存在讹变现象。今据《古文字诂林》第二册收录的名字诸古文可知，"从口从夕"之形乃《召伯簋》上铭文，非为最早。据是书援引诸家学者的考辨，结合因声求义的传统训诂学方法，我们认为戴家祥等学者见解较为切合名之本原，即"月光照物则明，名初意当为明……明辨事物则名之，事物不明则难以称名。后世便衍化为事物名称的意思"。② 从认知的角度来说，先明事物之形，查事物之理，然后才能命名，事物有名之后，名便衍化为名称、名号、名位等，是符合"世界—认知—符号"这一符号学的认知过程的③。由此，可以得出名学其实是关于辨明物理、探求命名规律、确定事物名称等方面的学问。

事物因其性状的不同而产生差异，如马有马之性状，牛有牛之性状。因为事物具有差异，在人类对其认识达到一定的阶段之后，就会进行分类，这就是《墨子》所言的"类"名："若实也者，必以是名也命之。"④ 即名是用来"命"实的，因为实的差异性导致了名的差异性；反过来，名的差异性反映着实的差异性，才会使不同的名获取了自己的位置和意义，因为意义是在差异中产生的。名产生后会因其稳定性而获得认同和交流，也就是名的稳定性保证了社会文化的稳定性。然而到了东周，出现了名实淆乱的社会乱象，"名实者，圣人所不能胜也"（《庄子·人间世》），是非皆由名生，圣人概莫能外。也正是因为如此，名的问题才引起了先秦诸子的思考，如老子的无名说，孔子的正名说，墨家、名家的名实之辩等。特别是名墨二家，主动对名学议题进行思辨，并进行了深度辨析，其理论与现代符号学理论颇有交融参发之处，值得探析。如论者所言，"春秋战国时代，各个学派关于'名实'的论争，形成了中国文化史上对符号问题进行探讨的高峰时期。"⑤ 因为这是一

---

① 徐复观：《中国思想史论集续编》，北京：九州出版社，2014 年版，第 294 页。
② 古文字诂林编纂委员会：《古文字诂林》第二册，上海：上海教育出版社，1999 年版，第 24 页。
③ 薛晨：《认知科学的演进及其与符号学关系的梳理》，《符号与传媒》，2015 年第 2 期。
④ 吴毓江：《墨子校注》，北京：中华书局，2006 年版，第 471 页。
⑤ 黄华新、陈宗明：《符号学导论》，郑州：河南人民出版社，2004 年版，第 17 页。

个礼崩乐坏的大变动时代，传统的礼乐文化符号学系统遭到了破坏，语言交流、社会思想、文化象征等都出了问题，即符号与意义之间的互动出了问题，由此引发了人们对符号问题的关注，如莫里斯所言，"符号研究兴趣最高的时期是在普遍进行社会变革时期，这一点是有启发的，如孔子时期，或希腊衰落时期……在这样的时期，人们借以生活在一起的符号开始丧失了它们的明晰性和说服力，而适合于改变了的社会的新符号还没有产生。人们之间的交往不再能轻易地联系，因为新出现的意义同旧的意义相抵触。语言归于无效，文化象征成了问题，因为这些都不再被认为是当然的东西。当符号不再好好为人服务的时候，人们就有意识地注意起符号来。"[1] 尽管那时并没有一门所谓的符号学，但是对符号与意义关系的思考始终与人类的发展相伴，因为人就是"符号的动物（animal symbolicum）"[2]。是符号系统让人类超出了物质世界的局限，摆脱了生物性需要的初级层次，进而通向无限的可能世界。

孔子作为先秦儒家文化的代表人物，出生在一个礼崩乐坏的年代，"礼乐征伐由天子出"的局面转变成"礼乐征伐由诸侯出"（《论语·季氏》）。孔子小的时候，就对礼乐文化有着浓厚的兴趣，以陈俎豆、设礼容为嬉。纵观孔子的一生，是以恢复礼乐文化符号为己任的。儒家恢复传统礼乐符号的一个重要维度即"正名"，再通过"正名"来"正实"，达到名实相符的要求。儒家名学的学术旨趣及其深层意义值得探析。

二 儒家礼乐文化系统及其符号机制

符号是用来承载意义的，"没有不承载意义的符号，也没有无须符号承载的意义"。[3] 任何意义必须经由符号承载交流，而文化则被认为是一个社会中相关符号活动的集合。礼乐文化就是通过礼乐符号活动的集合来规范现实生活中的尊卑等级秩序，后者就是其承载的相关意义。如根据当时的礼乐规范，不同等级身份的人，享用不同形式的舞乐。孔子曾向弟子批评季氏曰："八佾舞于庭，是可忍也，孰不可忍也?"（《论语·八佾》）清人刘宝楠《论

① 〔美〕莫里斯：《开放的自我》，定扬译，徐怀启校，上海：上海人民出版社，2010 年版，第 41 页。

② 〔德〕恩斯特·卡西尔：《人论》，甘阳译，上海：上海译文出版社，1985 年版，第 34 页。

③ 赵毅衡：《意义理论，符号现象学，哲学符号学》，《符号与传媒》，2017 年第 1 期。

语正义》引马注云："佾，列也。天子八佾，诸侯六，卿大夫四，士二。八人为列，八八六十四人。鲁以周公故受王者礼乐，有八佾之舞，季桓子僭于其家庙舞之，故孔子讥之。"① 这一古注道明了个中原委。古代舞乐，八人为一行，叫作一佾，八佾即八行，共六十四人。根据当时的礼乐规范，八佾是天子才能享用的舞乐，诸侯是六佾，即四十八人舞，大夫是四佾，即三十二人舞，士是两佾，即十六人舞。"佾"是符号再现体，身份等级是其解释项，而礼则是符码。"佾"的分节（舞乐人数的不同）造成其指谓的分节（身份等级的差异）。正是通过"佾"这套礼仪才将社会分成各个不同的等级，也即将能指分节而产生了所指的分节，即双重分节。在哥本哈根学派的叶尔慕斯列夫看来，语言只是最基本的双重分节。这种分节不是在词素与音素之间，而是在表达与内容两个层面之间，这样就将双重分节扩大到所有的符号②，其中也包括礼乐符号系统。

再来看礼乐符号系统。根据上文的分析，"佾"数不同，表演的人数便不同，对应的享用者的身份地位也不相同。季氏按照其级别，乃是大夫，只配享用四佾，即三十二人舞，但是他僭越了其等级，享用了天子之礼，所以孔子才会极其不满。赵毅衡先生在探讨双重分节时曾指出，"只有能指分节清晰，互相不重叠，合起来覆盖全域，表意才会清晰。"③ 因此只有舞者人数组成的"佾"清晰，才能明晰享用者的身份地位。反过来说，如果没有一套礼仪规范将"佾"区分开来，那么也就不存在"是可忍孰不可忍"的事情了，因为如果二、四、六、八佾没有什么区别，现实世界人的尊卑高低、亲疏远近的等级秩序也就不能区分。

孔子所讲求的礼，其实就是通过划分各种能指来规范社会，建立一套严密的社会等级秩序，也即通过区分能指（表达面），进而将所指（内容面）区分开来，也就是莫里斯所言的通过对符号过程的区分控制进而达到对个人的社会控制。④

由此可见，以孔子为代表的儒家文化是偏向于"语法倾向文化"的，

---

① 刘宝楠：《论语正义》，北京：中华书局，1990 年版，第 77 页。
② 赵毅衡：《符号学：原理与推演》，南京：南京大学出版社，2016 年版，第 91 页。
③ 赵毅衡：《符号学：原理与推演》，南京：南京大学出版社，2016 年版，第 94 页。
④ 〔美〕莫里斯：《指号、语言和行为》，罗兰、周易译，上海：上海人民出版社，2011 年版，第 218 页。

它关心的是能指背后的所指，是社会的等级秩序。儒家文化通过礼仪建立一整套规范准则，让各种礼仪之间有明确清晰的界限，并且互相配合，从而使所指——社会等级秩序的呈现明显了然。① 也正是因为如此，孔孟儒家才极其关注能指形式，因为不同的能指形式传达出来的所指是各不相同的。孔子对能指符号形式的重视，在《论语》中多处可见，例如《论语·八佾》中的如下记载。

> 子贡欲去告朔之饩羊。子曰："赐也！尔爱其羊，我爱其礼。"

子贡欲去掉鲁国每月初一告祭祖庙的活羊，认为鲁国自文公开始已经不遵循视朔之礼，故而建议把杀羊这一视朔仪式也一并去掉，但是遭到了孔子的反对，孔子认为残留一点杀羊的仪式比什么都不留好。清人刘宝楠《论语正义》也引包注曰："羊存，犹以识其礼；羊亡，礼遂废。"② 礼的意义借由祭祀之"羊"（符号）而保存，如羊去之，则礼的意义无从传达，因为意义是用符号（羊）来传递的，可见孔子关注的是羊所传递的礼这层意义，而非羊之实。

孔子对能指符号的偏执，在《左传》中也可见到相关史料记录。《左传·成公二年》（589BC）记载，齐、卫交战，新筑人仲叔于奚帮忙挽救了卫国将军孙良夫，卫国为了表示感谢，准备赏之以邑，但是仲叔于奚拒绝了这个封赏，"请曲悬、繁缨以朝"③。按照古礼，天子使用的钟磬乐器四面悬挂，名为"宫悬"；诸侯乐器，去掉南面，三面悬挂，名为"曲悬"；大夫左右两面悬挂，名为"判悬"；士人只在东面或者阶间悬挂，名为"特悬"。可见钟磬乐器悬挂数量的解释项是不同的身份等级差别。曲悬是诸侯行礼时使用的乐器，繁缨是马之装饰，也是诸侯之礼。王慎行在论及西周等级爵禄的时候曾指出车旗、衣服以至于马带下面的装饰物繁缨"亦有爵位、等级之分"④，可见繁缨亦已转化为身份等级的符号表征。仲叔于奚为大夫，请"曲悬、繁缨"，实际上是僭越诸侯之礼，按照周礼的约定，这是

---

① 赵毅衡：《文学符号学》，北京：中国文联出版社，1990年版，第96-97页。
② 刘宝楠：《论语正义》，北京：中华书局，1990年版，第111页。
③ 杨伯峻：《春秋左传注》，北京：中华书局，1990年版，第788页。
④ 王慎行：《古文字与殷周文明》，西安：陕西人民教育出版社，1992年版，第227页。

大不敬的。但是在礼崩乐坏的时代，卫国也顾不了这么多，竟然答应了这个请求，所以孔子听到之后，非常痛惜。

惜也，不如多与之邑。唯器与名，不可以假人，君之所司也。名以出信，信以守器，器以藏礼，礼以行义，义以生利，利以平民，政之大节也。若以假人，与人政也。政亡，则国家从之，弗可止也已。①

在孔子看来，与其将礼器赏予仲叔于奚，不如多给他土地封邑，因为器和名，是不能随便送予他人的。这是人君所管之具，一定名位之人应有与其匹配的威仪，而威仪又是通过相应的器物体现出来的，因为礼器的不同体现的就是现实世界的尊卑等级。"礼以行义，义以生利，利以平民"，由礼到义，由义到利，由利到治理百姓，逐层推进，即由符号层面逐步推进到现实政治层面。因此，在孔子看来，如果把礼器送人，无异于将政治权力拱手让出，其后果不堪设想。相信看过电视剧《三国演义》的人都记得这么一个情节，孙策将传国玉玺抵押给袁术，换来五千军士，然后用这批军士扩展势力，最后打下了东吴基业，而那个抱着玉玺想称帝的袁术最终兵败而亡。实际上不管是在春秋战国还是汉魏三国，象征符号远没有实际军事经济实力重要。两相对比可知，孔子更加注重器物的能指功能，由能指系统进入所指系统，由名入实，着重于名，再落实到人伦实践之实中。这个在颜渊丧事的安排处理上也可见一斑。颜渊是孔子最喜欢的弟子，《论语》中记载鲁哀公和季康子都曾问过孔子诸弟子中谁最好学，孔子的回答皆是"有颜回者好学"（《论语·雍也》《论语·先进》）。《论语》中多次记载孔子对颜渊的夸奖。然而这个勤奋好学的颜渊却不幸早逝，这让孔子非常悲痛，"颜渊死，子曰：'噫！天丧予！天丧予！'"（《论语·先进》）"颜渊死，子哭之恸。从者曰：'子恸矣。'曰：'有恸乎？非夫人之为恸而谁为？'"（《论语·先进》）由孔子对待颜渊逝世的悲痛情形可知，他对颜渊是十分爱惜的，但是当颜渊的父亲颜路因为没钱给颜渊置办椁坟而找到孔子时，他也有自己的态度。

---

① 杨伯峻：《春秋左传注》，北京：中华书局，1990年版，第788—789页。

颜渊死，颜路请子之车以为之椁。子曰："才不才，亦各言其子也。鲤也死，有棺而无椁。吾不徒行以为之椁。以吾从大夫之后，不可徒行也。"（《论语·先进》）

尽管颜渊是孔子的爱徒，但是孔子还是拒绝了将自己的车骑捐卖掉给其做椁坟，理由有二，其一是孔子的儿子孔鲤死了也没有用椁坟；其二是孔子曾经做过鲁国的大夫，按照礼法，大夫出行是不能步行的，因此他拒绝了颜路的请求。这里其实不能用不近人情来看待孔子，孔子一生服膺周礼，弘扬周礼，他前期积极进取，偏于用世，后期循循善诱，讲学解惑，偏于传道，而周礼则是其心中的大道，他不可能为一己之私情而坏了其终生追求的大道。所以胡适在批评孔子的学说时曾经说："孔子的正名注意的弊病在于太注重名的方面，就忘了名是为实而设的，故成了一种偏重'虚名'的主张。"① 胡适的批评自然是现代人的眼光，从孔子的角度而言，对名的坚守即对周礼这套"语法规则"的遵循。

三　儒家礼乐思想内核的符号学阐释

中国的礼制文化是以民间经验习俗、情感传达、祭祀活动、社交活动等为来源，经过长时间的仪式化、系统化过程之后，逐渐形成的一整套约定俗成的礼仪系统，这套礼仪系统反过来又规范制约着人类社会的表意活动。夏商时期，诸多基本礼仪仪式基本形成，但是殷、周变革之后，周公对礼乐文化、文物制度进行了"大变革"，这在王国维的《殷周制度论》中多有阐释。② 在思想文化意识形态领域，以周公为主的西周初期的统治者进行了相应的改革，其中最为重要、影响最为深远的就是制定礼乐文化系统。周公制定的礼乐文化并不仅是调整规范的社交祭祀等礼仪仪式，而是将人的各种符号表意活动纳入一定的规范秩序之中，让礼起到了调节人类社会内部各种行为规范和人际关系的作用。整个礼乐文化其实可以视作一套区别等级的符号体系，也即索绪尔所说的"语言"，而人们的各种具体活动则可视作"言语"，言语实践必须符合语言规范。这也可以理解为一套非常严

---

① 胡适：《中国哲学史大纲》，长沙：岳麓书社，2010 年版，第 280 页。
② 王国维：《观堂集林》，石家庄：河北教育出版社，2001 年版，第 287–303 页。

格的指示符号系统，其解释项即人们存在的等级性差异。这套强制性的符号系统所起到的作用就是通过将等级化的思想观念固化为符号的方式加以推广，让其为众人所接受、遵从。

如前文所言，孔子非常重视符号表达层面的再现体，这虽然有其时代背景的影响，但是并不是说孔子就不注重内容层面。这可在孔子"礼非玉帛"这一观点中见出端倪。

> 子曰："礼云礼云，玉帛云乎哉？乐云乐云，钟鼓云乎哉？"（《论语·阳货》）

春秋时代，礼崩乐坏，统治者所用礼乐徒具形式而无关内容，所以孔子有"礼非玉帛"之叹。宋人朱熹《论语集注》谓，"敬而将之以玉帛，则为礼；和而发之以钟鼓，则为乐。遗其本而专事其末，则岂礼乐之谓哉？"[①] 也就是"敬"与"和"才是礼乐之本，而玉帛钟鼓则是末，时人重玉帛钟鼓之属，其实不是孔子所重的礼乐。而钟鼓玉帛和礼的关系，其实就是一个符号学议题。日本符号学家池上嘉彦曾经在对符号下定义时说："当某事物作为另一事物的替代而代表另一事物时，它的功能被称为'符号功能'，承担这种功能的事物被称为'符号'。"[②] 玉帛之类的器物是代表礼而存在的，从普通的器物变为礼器，即玉帛钟鼓成为礼的再现体（representation）。再现体即符号，如唐小林教授所言："可以理解为符号的任何再现之物，其再现的是一个对象及其观念。"[③] 礼器在这里再现的是礼的观念意义，而不是它自身（玉帛钟鼓之属），这就是礼器的符号功能。因为礼器具有这种符号功能，故而成为礼的符号形式，比如玉帛承担着礼的功能，但玉帛本身不是礼，所以"礼非玉帛"，玉帛只是因其符号功能而成为礼的符号替代出现。也就是符号功能使得玉帛之类的器物在这个时候成为礼的符号。

关于"礼非玉帛"之论，孔子弟子亦深有认同，《礼记·乐记》亦云："干戚之舞，非备乐也；孰亨而祀，非达礼也。"歌舞祭品之属，皆是礼乐的形式，

---

① 朱熹：《四书章句集注》，北京：中华书局，1983 年版，第 178 页。

② 〔日〕池上嘉彦：《符号学入门》，张晓云译，北京：国际文化出版公司，1985 年版，第 45 页。

③ 唐小林：《符号媒介论》，《符号与传媒》，2015 年第 2 期。

然内容离不开形式，一定的内容必须用一定的符号形式来表达，但形式也并不能替代内容，礼乐形式背后的德性教化之内容才是更为重要的东西。所以，"黄钟、大吕、弦歌、干扬"（《礼记·乐记》）被视为乐之末节，"铺筵席，陈尊俎，列笾豆，以升降为礼者"（《礼记·乐记》），亦被视为礼之末节。因此所谓礼乐并不只是指礼器、乐器、祭祀仪式之属，更是指通过礼乐形式传达出来的一种精神思想，也就是说，符号的内容面与表达面是相辅相成的，不能只关注表达面而忽略了内容面；当然也不能因为内容面而忽略了表达面。《礼记·曲礼上》明确指出，"道德仁义，非礼不成"，抽象的仁义道德，必须经过具象化的礼仪形式来表征。所以宋人叶适云："按《诗》称礼乐，未尝不兼玉帛、钟鼓。孔子言……未有后语，其意则叹当时之礼乐，具其文而实不至尔。然礼非玉帛所云，而终不可离玉帛；乐非钟鼓所云，而终不可以舍钟鼓也。"① 叶适解释得很明白，礼乐需要借用玉帛钟鼓等器物来传递，但是当时却重视礼乐玉帛钟鼓的形式层面，而忽略了其礼的意义层面，这在孔子看来当然是不可取的，所以孔子有"礼非玉帛"之叹。但是礼和玉帛的关系还需要继续探讨，礼不是玉帛，但是行礼不能离开玉帛；乐非钟鼓，但是行乐离不开钟鼓；礼乐的意义必须借助玉帛钟鼓来传递，内容离不开形式，形式是用来传达内容的。清人石韫玉在论及孔子"礼非玉帛"时又进一步申述道："先圣王制礼作乐，皆有精意存焉，非区区守其器而已也。虽然，形而上者谓之道，形而下者谓之器，道也者，寓于器而后长存者也。若谓执乎器不足以言礼乐，则舍乎器又何以知礼乐哉？"② 如果舍去礼器仪节，礼义又如何表征？即二者实是一体两面，皆不可弃。如果把玉帛钟鼓视作符号，那么可以说礼的意义需要用玉帛钟鼓等符号来传达，钟鼓玉帛就是用来传达礼的意义的，也就是说"没有意义可以不用符号表达，也没有不表达意义的符号"③。

根据皮尔斯的符号学观点，符号由再现体、对象（object）和解释项（interpretant）三项要素构成。再现体即能指符号，比如玉帛、钟鼓的规格，符号的对象为玉帛、钟鼓，但礼并非指这些具体的实物，而是通过玉帛、

① 叶适：《习学记言序目》，北京：中华书局，1977年版，第106页。
② 石韫玉：《新学礼器记》，《独学庐四稿》卷一，《续修四库全书》第1466册，上海：上海古籍出版社，2002年版，第672页。
③ 赵毅衡：《符号学：原理与推演》，南京：南京大学出版社，2016年版，第2页。

钟鼓作为一种符号所引发的思想，即符号的解释项。玉帛、钟鼓皆是传达礼之精神的符号，因为礼的意义不在场，所以需要玉帛、鼓乐等符号形式来表达，礼这一解释项是整个社会文化约定的。

玉帛这一符号形式需要经过解释后，才会凸显出礼这一意义来，但是玉帛本身并不是礼，玉帛只有放在礼乐文化的符号系统中解释，才能让礼的意义实现。如晋人缪播所言："玉帛，礼之用，非礼之本。钟鼓者，乐之器，非乐之主。假玉帛以达礼，礼达则玉帛可忘；借钟鼓以显乐，乐显则钟鼓可遗。"① 之所以用玉帛、钟鼓等符号来表达礼的意义，是因为礼的意义不在场。用索绪尔的符号二分法来看，玉帛是符号的能指，礼是符号的所指，能指与所指合一才构成一个完整的符号，因此礼"终不可离玉帛"，但礼又非玉帛。

孔子恢复先前礼乐文化符号的核心思想的方式是在礼乐文化中加入仁的文化价值观念。什么是仁？

> 颜渊问仁。子曰："克己复礼为仁。一日克己复礼，天下归仁焉。为仁由己，而由人乎哉？"
>
> 颜渊曰："请问其目？"子曰："非礼勿视，非礼勿听，非礼勿言，非礼勿动。"（《论语·颜渊》）

在孔子看来，克制个人欲望，使自己的言行合乎于礼仪，这样就是仁，要做到仁，需要个人的自律，不符合礼仪的事情不看，不符合礼仪的话不听，不符合礼仪的话不说，不符合礼仪的事情不去做，这样就能达到仁的境界。所谓仁，其实是将对礼乐秩序的尊重内化为伦理道德，也就是自觉遵守礼仪规范所区分出来的社会等级秩序，自觉地遵照自己所属的那个等级的礼仪行事，遵守能指所划分的界限，从而使社会的尊卑等级划分明确固定，进而让社会安定、天下太平。不过，这种遵循按照孔子的说法，必须通过个人有意识的努力，即自制，而非"他制"才可以实现。这就进一步说明了由礼所区分出来的社会等级秩序，与语言符号的区分方式相同，都具有任意性的特点，是一种社会规约，都要靠整个社会系统的"同型性"

---

① 刘宝楠：《论语正义》，北京：中华书局，1990 年版，第 691 页。

来确定意义，也就是等级秩序需要通过社会结构的转化予以实现。

由此可见儒家文化中的仁，如果借用赵毅衡先生在《礼教下延，色情上升：中国文化的分层机制》中论及的两种社会机制的术语，则主要是通过舆论式机制，而非体制式机制来收束世道人心的。舆论式机制的施行，弹性很大，主要以情理为标准。舆论禁限不像法律禁限那样明确，但是"其执行者与被惩对象可以是社会的每一个人，而且可以进入人的内心，使人对完全属于个人隐私的犯禁产生自惩的念头"。① 也正是因为这样，才会产生后来"以理杀人"的现象。

因此，以孔子为代表的先秦儒家学派以仁为核心思想，试图恢复周代的礼乐文化符号体系，修正礼崩乐坏的社会局面；以正名为核心主张，规范这套文化系统内部的能指与所指；他们在文化倾向上属于语法型。

四 儒家正名理论中的深层意识形态

正名论是儒家名学的主要观点。儒家名学之名，主要是指政治伦理上的"名分"。春秋战国时代，传统的伦理道德体系土崩瓦解，各种僭礼妄为的事情时有发生，如季氏之"八佾舞于庭"等，所以孔子曾经感叹，"觚不觚，觚哉，觚哉！"（《论语·雍也》）觚没有觚的样子，其名与实相乖。由此孔子想到社会伦理上这种名实相违的现象，如君不君、臣不臣、父不父、子不子，乃至臣弑其君者有之，子弑其父者亦有之，长幼无序，尊卑失位等，因此其倡导的儒家之名学注重名分的对应。如刘丰所言，儒家的正名"并非名实之间的逻辑关系，而是一种规范了社会等级与秩序的社会关系"。②

儒家认为，名与实对应，社会伦理才不至于发生紊乱。任何事物之名都有其相应的概念规范，指向一定的对象，而这些所谓的规范就是礼。从语义学的角度来看，即符号（名）须与其所指谓对象相适应，其符码（code）就是礼。礼是儒家伦理符号学的一套系统规则，各种社会活动都必须在礼的规则下进行，礼这套系统保证了当时社会伦理生活的正常运行，"非礼勿视，非

---

① 赵毅衡：《意不尽言——文学的形式-文化论》，南京：南京大学出版社，2009 年版，第 128 页。

② 刘丰：《先秦礼学思想与社会的整合》，北京：中国人民大学出版社，2003 年版，第 189 页。

礼勿听，非礼勿言，非礼勿动"（《论语·颜渊》）。以孔子为代表的早期儒家学者，强调的是符码绝对权威。而随着时代的发展，后期儒家学者更注重因实至名，"若有王者起，必将有循于旧名，有作于新名"（《荀子·正名》），一方面强调要因循旧名，另一方面肯定要变更新名。因为随着时代的发展，事物的性质亦会发生变化，此时如果一味因循旧名则不能反映新的实际情况，因此后期儒家学者在承认符码权威的同时，亦注重对符码的重新编码，使之符合新的社会情况。

孔子恢复礼乐文化的核心主张即是正名，通过正名来正政。

> 子路曰："卫君待子而为政，子将奚先？"
>
> 子曰："必也正名乎！"
>
> 子路曰："有是哉，子之迂也！奚其正？"
>
> 子曰："野哉，由也！君子于其所不知，盖阙如也。名不正，则言不顺；言不顺，则事不成；事不成，则礼乐不兴；礼乐不兴，则刑罚不中；刑罚不中，则民无所措手足。故君子名之必可言也，言之必可行也。君子于其言，无所苟而已矣。"[①]（《论语·子路》）

所谓名即名分、名位，名所指向的是一定的等级秩序。正名就是要通过将一定的能指即名，与一定的所指即社会的等级秩序相联系且明确固定下来，从而使社会的区分更加明确，使社会秩序更加井然。孔子的正名主张进一步说明了礼乐文化其实是一套所指优势符号系统。《论语·子路》中记载了孔子的正名观。子路向孔子咨询治国行政的大事时，孔子指出，最重要的就是正名。在孔子看来，名若与它所指向的社会等级区分不相符合，就会失去行为的理据，失去理据就会导致行为失败，行为无果反过来会使社会的礼仪文化失效，即使社会失序，社会失序混乱自然会使刑罚制度失效，而刑罚无效就会导致民众无所适从，引起更大的社会混乱。所以，正名是恢复或维持礼仪文化最核心的、最基本的步骤。正名即将一定的社会等级秩序建构为一种社会契约，使得礼仪文化真正成为一种所指优势文化，从而达到"君君，臣臣，父父，子子"的效果（《论语·颜渊》），即君

---

① 杨伯峻：《论语译注》，北京：中华书局，1980 年版，第 133—134 页。

臣、父子各自按照自己的社会等级地位进行社会活动。

孔子的言行举止都依照名来进行，其名的身份确定了他表意行为的基本准则，如前文所言孔子拒不给弟子卖车买葬，不能徒步而行，就是因为其大夫的身份。孔子进而根据各种不同的名来调适社会关系，使之符合礼的规定性。然而，当实发生变化时，孔子却依然注重已经不切实际的名。在孔子看来，各种名及其对应的礼乐日用之属都是秩序的象征，这些东西规范着现实世界的秩序。

孔子循名责实，要求实与名对应，如果实变化了，不是用新名去对应新实，而是要求变化之实返回旧有之名所建立的指谓关系之中。推而广之，社会、文化中的各种名实关系亦应作如是观，那么，这种名实主张背后的意识形态就逐渐显露出来了。如屠友祥所言，"孔子就名所着意的，是其业已完成的境地。固着与完成恰亦是意识形态的本来面目，其力之持久和隐蔽之深则是由于名的固着性密合无分。坚持正名之际，其意识形态意图往往不易体察，因为所坚持的为名的固然状貌。而这固然自名确立之时即已定型了，遭到坚持者所认可的某种意识形态的渗透，故每俟新的定型、新的意识形态出现，正名者就往往是先前的意识形态的固守者。"[1] 社会文化诸领域的名，在完成之时包蕴着大量的意识形态内容，正名表面上是要求实返回固有名的状态之下，而实际上是用传统的意识形态内容去规范新的事物，使之回到原有的轨道上来。由是我们便可理解为什么孔子周游列国游说诸侯而不被重用。如果将孔子的名学理论视作一套符号系统，那么其符码则是各种不同形式的礼，整个礼乐系统的集合则可视作以孔子为代表的儒家元语言。

总而言之，儒家的名学主要关注的是等级名分问题，这与周公制礼作乐密切相关。在礼乐制度下君臣父子各有其名，并按照礼乐规定的等级名分进行活动，即礼乐制度规范了各种表意行为，进而建构了良好的社会秩序。礼崩乐坏之后，僭礼求名的事情时有发生，以孔子为代表的儒家学者对社会失序问题进行了深刻反思，其思考的议题不同程度地涉及现代符号学诸领域，如礼制的分节与分层问题，"礼非玉帛"中关于符号与意义的关系问题，通过正名来复礼则是试图通过符号秩序的建构来恢复既有的社会

---

① 屠友祥：《言境释四章》，上海：上海古籍出版社，2011 年版，第 161 页。

秩序，用旧有的意识形态来规范新的社会秩序。从中也可以看出儒家符号思想保守性的一面。

第二节 名辩论：由政治到辩名析物的嬗变

民国学者伍非百在其巨著《中国古名家言》中将先秦名家学术缕分为名法、名理、名辩三派。① 所谓名法即研究刑名法术之学的一派，如申不害的"术"学、商鞅的"法"学，注重循名责实，还包括后世所谓"形名学"（包括内容窄化的"刑名学"）；名理一派研究极微要眇理论，关注如坚白、无厚、火不热等议题，属于自然科学理论家；名辩一派属于研究名、辞、说、辩四者原理及应用的，也就是研究正名、析辞、立说、明辩诸规律，兼及思维与存在之关系的学术问题，以惠施、公孙龙等为代表。此外，儒家、墨家对名辩议题亦多有阐释，只是因为单独成家，没有归入名家学术范围。在伍非百看来，《汉书·艺文志》所列名家多属名辩一派，这一派的名家之学，"始于邓析，成于别墨，盛于庄周、惠施、公孙龙及荀卿，前后历二百年，蔚然成为大观，在先秦诸子学术中放一异彩，与印度的'因明'、希腊的'逻辑'，鼎立为三。"② 显然名辩是一个后设学术概念。张岱年在《中国哲学大纲》中曾专设一章"名和辩"，指出"名与辩的讨论，则是关于表达思想、论证真知的思维规律之理论"，③ 这与伍非百所云的名辩学正名、析辞的主旨基本上是相同的。周云之在前人的基础上进一步将名辩学界定为"相对独立的正名学（名）和论辩学（辞、说、辩）的有机结合"，④ 并指出公孙龙的《名实论》、墨家的《小取》和荀子的《正名》篇是名辩一派中集中论述名辩的代表作品。如伍非百业已指出，名辩学主要文献散见于《邓析子》《墨子》《庄子》《尹文子》《公孙龙子》《荀子》等著作之中，故本节将对以上诸文献中关于名辩论的符号学思想做一检视。

---

① 伍非百：《中国古名家言》，成都：四川大学出版社，2009 年版，第 1—2 页。

② 伍非百：《中国古名家言》，成都：四川大学出版社，2009 年版，第 3 页。

③ 张岱年：《中国哲学大纲》，北京：中国社会科学出版社，1982 年版，第 560 页。

④ 周云之：《作者自序》，《名辩学论》，沈阳：辽宁教育出版社，1996 年版，第 4 页。

一 按实定名：名实散乱与名辩学的发生

如前文所言，学界一般认为名辩之学始于春秋末期郑国的邓析，这是毋庸置疑的事情。但名辩学为何会发生于郑国，还需申述一下。郑国开国君主郑桓公姬友于西周末年受封于郑（今陕西华县，史称旧郑），当时周幽王无道，无视传统礼法，郑桓公眼见大厦将倾，咨于史伯。史伯分析了天下大势之后，建议桓公托其亲族于东土，所谓"以周难役之故，寄帑与贿焉"（《国语·郑语》）。虢、郐二国贪图财货，欣然接纳；犬戎之乱后，西周灭亡；郑国第二代国君郑武公护送平王东迁有功，顺势吞并了虢、郐二国，建立了新郑。郑庄公系郑国第三代国君，也就是《春秋》经文"郑伯克段于鄢"中的郑伯。如本书第一章所言，《春秋》被认为是一部道名分的书，而对《春秋》作注的《左传》则被认为是一本以历史为背景讨论礼的书。共叔段不弟，郑伯失教，母子不和，这种被孔子所批评的"君不君，臣不臣，父不父，子不子"（《论语·颜渊》）的政治伦理乱象就集中出现东周初期的郑国。周郑交质（《左传·隐公三年》〈720BC〉）、射王中肩（《左传·桓公五年》〈707BC〉）都是郑庄公任上的手笔，可见当时周王室的权威已被郑国君主大大削弱。可以说，郑国三位开国君王皆精明强干，让郑国成为春秋及战国初期的强国，但同时也是西周分封礼制的破坏者，即礼制观念在郑国的崩坏尤为剧烈；而郑国又处于"天下"之中，其商人足迹通达于四方，故而春秋时期郑国商业最为发达，[①] 出现了"犒劳"秦军的弦高等商人代表。商业经济的发展对传统的政治经济文化也是一种有力冲击，故而我们可以看到，郑国子产改革，率先公布刑书等，这些都是名辩学首发于郑国的背景。所谓郑国"礼的观念最先破坏，法治观念最先发生，所以形名学始于邓析"，[②]不是没有原因的。当然邓析作为一名民间律师，其名辩学才是重点。

先秦名辩更多涉及的是政治伦理方面的内容，而名辩思潮的兴起与礼崩乐坏的政治语境相关。名在当时主要是指代政治上的等级名分，这个亦有文献可证。据董英哲考证，邓析生卒年大约为公元前565年到前501年，[③] 与

---

① 参见童书业：《春秋左传研究》，上海：上海人民出版社，1980年版，第40—43、125页。
② 郭湛波：《先秦辩学史》，上海：上海古籍出版社，2015年版，第6页。
③ 董英哲：《先秦名家四子研究》，上海：上海古籍出版社，2014年版，第85页。

孔子（551BC—479BC）相同而略早。孔子生前最为关注的就是名分问题，在子路问政时，孔子明确提出"名不正则言不顺"（《论语·子路》）。这个名，杨伯峻明确指出当为"名分"，并非郑注所言的"正书字"，如孔子对齐景公问时提出的"君君，臣臣，父父，子子"（《论语·颜渊》），其实也是政治上的等级名分。所以杨氏指出，"孔子所要纠正的，只是有关古代礼制、名分上的用词不当现象，而不是一般的用词不当现象。一般的用词不当现象，是语法修辞中的范畴问题；礼制上、名分上的用词不当现象，依孔子的意见，是有关伦理和政治的问题，这点必须区别开来。"① 正是因为春秋时期礼制被破坏，政治名分上"君不君，臣不臣，父不父，子不子"（《论语·颜渊》）才引起当时智者的思考，如《韩诗外传》卷五所载孔子论假马之名的事情。依照礼制，君主从臣下这里拿东西为取，而不能曰假，所以"孔子正假马之名，而君臣之义定矣"，② 君臣之义即君臣之间的政治名分。除了名分，名号本身亦被纳入礼制之中，如《逸周书·谥法》篇关于谥号名讳的归纳，"谥者，行之迹也；号者，功之表也；车服者，位之章也。是以大行受大名，细行受小名，行出于己，名生于人。"（《逸周书·谥法解》）谥号是一个人行为业绩的符号表征，就像车骑、纹饰作为身份地位的表征一样，因此行为不同，名号不同，更为重要的是，行为是主体的活动，而名号是后人根据行为主体生前的行迹拟定的。器物的名号问题也与礼制有关，如孔子感叹"觚不觚，觚哉！觚哉！"（《论语·雍也》）中的"觚"属于礼器，《说文·角部》谓，"觚，乡饮酒之爵也。"孔子所感叹的也是礼器的形制发生了变化而导致名不副实的问题，实际上也是礼制崩坏的问题。又如《管子·九守》提出的"名实当则治，不当则乱"亦与政治名分相关，而不是在谈一般的语言修辞问题。此外，近数十年出土文献也可证明先秦之名多是属于政治名分论域。③ 礼制衰颓让政治伦理领域名实散乱，这才引起了智者的关注以及名辩学的发生。邓析的名辩学就是在这种语境下生成的。

邓析的著作《邓析子》今传两篇，即《无厚篇》《转辞篇》。民国以

① 杨伯峻：《论语译注》，北京：中华书局，1980 年版，第 135 页。
② 许维遹：《韩诗外传集释》，北京：中华书局，1980 年版，第 200-201 页。
③ 曹峰：《中国古代"名"的政治思想研究》，上海：上海古籍出版社，2017 年版，第 22 页。

降，疑古辨伪成风，诸多先秦旧籍被视作伪书，《邓析子》亦如是。今人董英哲的《先秦名家四子研究》经多方考证，条分缕析，研究指出包括《邓析子》《尹文子》《公孙龙子》在内的名家四子传世文献皆非伪书，属于真作，但流传中有亡轶，虽真而残。① 当然这些文献在传抄的过程中，很可能还夹杂了后世的一些思想史料，如《邓析子》一书中就存有后世黄老一系的刑名法术思想，因此我们在选用其文献的时候，还是要结合思想史实际慎重选择。

名辩学诞生于礼崩乐坏的语境下，邓析被视作名辩学之祖，这与邓析的学术立场相关。我们知道，儒家孔子面对礼崩乐坏是提倡复礼正名的，以正名作为维护礼制的方案，实际上是用传统意识形态去规范新的事物，使之回到既定的礼制轨道。② 而名辩学者面对这一语境的选择跟儒家是不相同的，邓析就是反对礼制提倡法治的。③ 这种立场直接导致了名辩学与正名学的不同，即名辩学希望根据变化的实际去确定新名，所谓"按实定名，名之极也"（《邓析子·转辞篇》），以实作为确定名的标准准则，让名反映变化之实，实际上就是要与时俱进，而不是回归传统礼制的意识形态。正因为如此，邓析就更倾向于加强君主集权，这实际上是春秋时期的进步思想。所谓"循名责实，察法立威，是明王也"（《邓析子·无厚篇》），即英明的君主要建立威势。

> 君者，藏形匿影，群下无私；掩目塞耳，万民恐震。（《邓析子·无厚篇》）
> 势者君中舆，威者君之策。（《邓析子·无厚篇》）

这种蓄势的思想同时期的老子也有所阐述，如"国之利器不可以示人"（《老子》，第三十六章），这种思想后来又为慎到和韩非所继承。对于君主来说，如要提倡法治，自然需要根据名位来检验臣下的行为。

---

① 董英哲：《先秦名家四子研究》，上海：上海古籍出版社，2014 年版。
② 祝东：《名与礼：儒家符号思想及其深层意识形态分析》，《兰州大学学报》，2018 年第 3 期。
③ 参见董英哲：《先秦名家四子研究》，上海：上海古籍出版社，2014 年版，第 143-147 页。

循名责实，君之事也。奉法宣令，臣之职也。（《邓析子·无厚篇》）

治世位不可越，职不可乱，百官有司，各务其形，上循名以督实，下奉教而不违。（《邓析子·无厚篇》）

君主根据名位审查臣下的职事，让名位对应着相应的职事，形成表意结构。这样名位分节清晰，职事就不相混淆，君主就可以根据名位督查臣下的职位活动，臣下则各司其职，不相违背，这样社会秩序就得以建构。这就是早期名辩学者的观点。

早期名辩学是在传统礼制的斗争中生发出来的，因此对辩名有较为深入的研究，并且很早认识到符号与意义的关系问题，如"忠言于不忠，义生于不义"（《邓析子·无厚篇》），某种表意符号的诞生，正是因为相关意义的缺失，如"忠""义"这种表意符号的诞生，乃是因为社会已经有"不忠""不义"的表意行为，才引起人们对相关意义的思考。再如"得其端，知其情"（《邓析子·无厚篇》），只有辩证地考察事物的对立方面，才能对事物有较深的把握。在这一过程中，名辩就得到了发展。这一点在《邓析子·转辞篇》中还有更好的论述，如论及悲哀、喜乐、嗔怒时说，"在己为哀，在他为悲；在己为乐，在他为喜"（《邓析子·转辞篇》），这种"转辞"的依据已经不可考，但是可以看出早期名辩学对名的语义分析已经超出了同期其他学派。

关于论辩，早期名辩学者也有阐释，"夫言之术，与智者言，依于博；与博者言，依于辩；与辩者言，依于安；与贵者言，依于势；与富者言，依于豪；与贫者言，依于利；与勇者言，依于敢；与愚者言，依于说。此言之术也。"（《邓析子·转辞篇》）依据论辩的对象不同，须采用不同的谈辩方法，如与善辩者辩论就要简明扼要，与身份尊贵的人谈辩就要谈威势，与贫穷者谈辩则要言利，需要依据谈辩对象的身份感受，从谈辩者角度出发，充分考虑语境来实施谈辩行为，这个正是利奇所言的语用学议题。① 语用学关注符号在情境中的意义，邓析深刻把握这一方法，所以能在与子产的论辩中应对自如。早期名辩学就是在这种背景下产生的，名辩学家则在深入研究名辩的语义符号学的基础上，发展了名辩的语用符号学思想。

---

① 〔英〕利奇：《语义学》，李瑞华等译，上海：上海外语教育出版社，1987年版，第455页。

二 深察名实：名辩学的发展与学理反思

如果说春秋时期的邓析尚处于名辩学的滥觞期，那么到了战国时期，名辩学则得到了极大的发展。《墨子》《庄子》《尹文子》《公孙龙子》，以及《管子》中皆有关于名辩的论述。名辩学在此期间得到深入发展与广泛传播。

率先继承春秋名辩学的是墨子及墨家学派。这是一个诞生于春秋战国之际的新兴团体，随着传统礼制的瓦解，工匠及小生产者阶层登上历史舞台，墨家学派代表的就是这个阶层的利益。学界一般认为墨子生于孔子卒后十余年，主要活动年代在战国初期。[①] 当礼崩乐坏加剧，富国强兵、变法图强成为各国的发展策略，文化与象征之间的意义裂隙进一步加大，为深入观察名辩的发展提供了社会基础。墨子长于礼乐故乡鲁国，又曾"学儒者之业，受孔子之术"（《淮南子·要略训》），这种学术经历也正好使得其对儒家之学能入乎其内、出乎其外，如《三辩》《耕柱》《公孟》诸篇中其与儒家弟子的论辩，为其辩名打下了实践基础。《墨辩》也是墨家对墨子名辩理论的总结与提升。

《墨辩》之名本为晋代鲁胜所提，包括《墨子》书中的《经上》《经下》《经说上》《经说下》四篇，而《墨子》书中《大取》《小取》亦对名辩问题多有阐释，故而清人汪中在校释《墨子》的时候将此二篇与《墨辩》合在一起，统称"墨经"。胡适承继此说，并指出这应是后期墨家的著作，但此论遭到张煊、唐钺、梁启超诸人的反驳。范文澜《中国通史简编》认为墨家贵实行不重文采，重口说不重著述，《墨子》书中仅《经上》《经下》两篇为墨子自作，而《经说上》《经说下》则是墨子讲经时弟子笔录的东西。墨家三派，俱诵《墨辩》，可信《墨辩》当出自墨子本人之手，而《大取》《小取》则是墨家辩者之言。[②] 邢兆良《墨子评传》认为《墨辩》四篇才是墨子的基本思想，为墨家经典教义，《小取》专论名辩理论方法，《大取》以墨家辩术来论证墨子的政治思想，[③] 以上所论皆证明《墨辩》部分并非"后期墨家"所为，而应是墨子及早期墨家的学术记录。

---

① 参见邢兆良：《墨子评传》，南京：南京大学出版社，1993 年版，第 54-56 页。

② 范文澜：《中国通史简编》第一册，北京：人民出版社，1964 年版，第 217-218 页。

③ 邢兆良：《墨子评传》，南京：南京大学出版社，1993 年版，第 74-77 页。

《墨子·小取》开篇就论述了辩的作用，"夫辩者，将以明是非之分，审治乱之纪，明同异之处，察名实之理，处利害，决嫌疑。焉摹略万物之然，论求群言之比。以名举实，以辞抒意，以说出故。以类取，以类予。有诸己不非诸人，无诸己不求诸人。"墨家出身社会底层，为了宣传其政治学术举张，尤须注意论辩。这里墨家提出了辩的六条功能：明是非、审治乱、明同异、察名实、处利害、决嫌疑。胡国钰《墨子小取篇解》认为此六项实际上可以合并为三项，即明是非、明异同、察名实，至于审治乱、处利害、决嫌疑三项，实际上都可以概括到"明是非"之内。① 无论是六分还是三分，政治治理与秩序建构都是名辩的重点内容，偏向于"正名析辞"的"察名实"只是其中一个小项而已。这与先秦诸子百家学术皆由礼崩乐坏而发的现实背景是分不开的。本乎此，我们再来以这段材料为中心探讨名辩学者的相关意义理论。

名辩论是从政治伦理的辩名分、审治乱生发开来，进而引申到深察名实的哲学符号学领域的。所谓辩，《墨子·经上》云："辩，争彼也。辩胜，当也。"论辩的双方就某一议题展开辩论，"或谓之牛，谓之非牛，是争彼也"（《墨子·经说上》），就是对名实关系的论辩。论辩胜利的一方为对，其对事物的认知与客观实际相符，也就是"当"。因此这里说辩能够"察名实之理"，就是能判断事物的符号表征与事物本身是否得当。对于邓析的符号思想中"按实定名"的主张，墨家有了新的发展，特别是在名实关系方面指出，"所以谓，名也；所谓，实也。"（《墨子·经说上》）如姜宝昌所译，"用以称说事物的符号，是'名'之知识，符号所称说的事物，是'实'之知识。"② 可见名是指称实的符号形式，所以这里说"以名举实"就是用名这一符号形式来表征事物实质的意思。《墨子·经上》云："举，拟实也。""拟"就是模拟，《墨子·经说上》进一步解释道，"告以文名，举彼实故也。"这又涉及文与名的关系问题，对此段玉裁指出，"名者自其有音言之，文者自其有形言之。"③ 这并不是说名与文就没有关系，实际上名是文与言的组合，其语言部分属于能指，图文部分属于所指，④ 如《尹文

① 转引自姜宝昌：《墨经训释》，济南：齐鲁书社，2009 年版，第 457 页。
② 姜宝昌：《墨经训释》，济南：齐鲁书社，2009 年版，第 102 页。
③ 段玉裁：《说文解字注》，北京：中华书局，2013 年版，第 761 页。
④ 祝东：《论形名：从语言规范到行为秩序》，《江西社会科学》，2017 年第 8 期。

子·大道上》所言："大道无形，称器有名。名也者，正形者也。形正由名，则名不差。"器是形而下的事物，"见乃谓之象，形乃谓之器"（《周易·系辞上》），高亨《周易大传今注》指出，器尤物，具有形体者谓之物，① 器物有形，固有其名。因为名是正确反映事物形体的，形体的正确反映需要名来实现，这样名才不会出现差错，可见某一事物的名本身就是一个符号形式，包括了声音形象与所指对象。所谓"名以检形，形以定名"（《尹文子·大道上》），正是基于汉语之名本身包含的音与形的双重特征，而不是西方语言符号学那种纯粹的概念与音响形象的组合，与对象没有任何关系。实际上，中国的名这一符号形式一直与所指对象紧密相连，毕竟名要反映其事物之形。

本乎此，就便于理解《墨子·经说上》所言的"言也者，诸口能之，出名者也，名若画虎也"之意了，② 口头表达的是语言符号，语言符号将特定的概念名表达出来，名有音，同时又是现实事物的符号。因为古汉语以单音词为主，基本上是一字一词，古人之"字"大抵今人之"词"，如陈淳《北溪字义》、戴震《孟子字义疏证》皆可证明。古人所言之"词"大抵今人所言虚词，而名则相当于今天之实词，比如"虎"之文名，有"hǔ"之音，还有虎之形。当人们告之某种文名之后，就需要通过具体符号形式来表征，如"虎"，但这里的"虎"并非某一只真虎，而是"画虎"。老虎像只能是老虎的符号形式，而不是真的老虎，即使是照着某只虎画成的，也只是符号形式，所以陈高傭指出，"名是反映现实事物的，但不是现实事物"，③ 因此名只是事物的概念符号，"以名举实"是用概念符号表征某种事物。"概念是事物本质属性反映在人们意识中而形成的，人们用概念就可以代表现实事物"，④ 达到"名闻而实喻"（《荀子·正名》）的效果。当先民在一起娱乐时，某人喊一声"老虎来了"，大家接收到这个信息之后会迅速逃避，而不需要拿一只真虎来告知危险，这就是"以辞抒意"。单个概念符号并不能表达某种确定的意义，只有当概念组合成某种判断形式之后，才能构筑意义之境。

---

① 高亨：《周易大传今注》，济南：齐鲁书社，1998年版，第403页。
② "名若画虎"，参照孙诒让《墨子间诂》校改，参见孙诒让：《墨子间诂》，北京：中华书局，2001年版，第338页。
③ 陈高傭：《墨辩今解》，北京：商务印书馆，2016年版，第324页。
④ 陈高傭：《墨辩今解》，北京：商务印书馆，2016年版，第324页。

墨家也坚持用一种发展的观点来看待符号的变化，这与邓析"按实定名"的符号观是相同的，与儒家正名论的符号观是相反的。《墨子·经下》云："或，过名也，说在实。"《墨子·经说下》云："或，知是之非此也，有知是之不在此也，然而谓此南北，过而以已为然。始也谓此南方，故今也谓此南方。"孙诒让指出，"或，'域'正字。过名，谓过之而成是名。若过北而成南，过南而成北。"① 地域方位都是以主体为中心来确认的，比如武汉相对郑州在南方，相对广州在北方，从广州乘车到武汉，是到了北方，从武汉继续乘车到达郑州，就不能再说武汉在北方，而应称武汉为南方，所以"过而以已为然"显然是不对的。进一步而言，地域名称本身也是变动的，这个翻一下《中国古今地名大辞典》一类的辞书便可知晓其变动之大。墨家以此为据，其实秉持的是一种发展的符号观，如陈高傭言，"概念是反映现实事物的，名称是概念的符号。事物永远在变化发展着，反映事物的概念和标志概念的名称也应当是随着事物的变化发展而变化发展的。"② 这种发展的符号观被公孙龙进一步提炼成"夫名，实谓也。知此之非此也，知此之不在此也，则不谓也"。（《公孙龙子·名实论》）此名非此实，正是因为时空等发生了变化，比如今天在明天就成为历史，郑州对于北京而言又成为南方。《庄子·天下篇》引辩者惠施之言曰："我知天下之中央，燕之北、越之南是也。"天下之中乃是以中原地区的目光来看待天下的，这样其他地方自然成为"四夷"，但南越之地更有南者，如现今越南、泰国，所以南越之人亦可自视为天地之中央。以此而论，名辩学者能以一种发展、变动的观点看待符号与意义之间的关系，确实是体察入微的，并非混淆黑白的诡辩。

三　辩名析辞：名辩方法作用与理论总结

名辩学之所以不同于名礼、名法之学，以及正名之学，正是因为其突出的是正名（名）与论辩（辩）这两个方面的内容。名辩学被认为"更符合中国古代专门讨论名、辞、说、辩之学的客观实际和理论特点"，③ 这一论断还

① 孙诒让：《墨子间诂》，北京：中华书局，2001 年版，第 329 页。
② 陈高傭：《墨辩今解》，北京：商务印书馆，2016 年版，第 175 页。
③ 周云之：《名辩学论》，沈阳：辽宁教育出版社，1996 年版，第 129 页。

是颇为中肯的。名辩学首先是关于名的辨识，名辩学产生的历史背景就是礼崩乐坏导致的"名实之相怨"（《管子·宙合》），名实散乱才引起人们对名的问题的关注。而诸子蜂起，各家立场不同，针对名的看法也各不相同，在宣传自己的学术主张时也会通过辩论的形式展开，因此对名的辩论逐步转入对辩的关注，而所谓"析辞""立说"是在辩名的基础上推进的。如前文所引"所以谓，名也；所谓，实也"（《墨子·经说上》），"夫名，实谓也"（《公孙龙子·名实论》），"制名以指实"（《荀子·正名》）。

由此可见，在先秦，名是用来称谓事物的，所以首先是动词形态，表示对事物的命名活动，如"黄帝正名百物"（《礼记·祭法》）。当事物的命名积累到一定程度，也就是万物各有其名的时候，名就有了名词特征，成为万事万物的名称，这个也符合语言学的发展规律。如沈兼士所言，"盖名词本由动词状词来也"，① 先是有动词性的符号过程，当符号过程积累成文化象征的时候，就成为文化符号，这样名就逐渐固化，甚至成为意识形态。诚如史密斯所言，"当我们描述、归类我们所观察之物时，文化价值一直在发挥作用；当我们对事物分类时，我们也在对它们下判断。在我们为事物命名时，我们也在以一种等级秩序和道德价值的评估来赋予它们一个名分和位置。通过我们所使用的同样的词语，我们赋予所谈论的事物以价值。反过来，这些词语仅仅在社会群体里，在我们所共享的价值系统中才有意义……而且，意义是通过关系被建立的。我们用以理解周围世界的每一个词语都充满了意义，而这些意义是通过建立在现行的隐藏结构的基础上、以模式化的方式被组织的。"② 命名这一符号过程本身就是一个赋义的价值判断过程。当名固化之后，自然就成为意识形态的符号表征，儒家的正名就是坚守传统的意识形态，而名辩学者则更加关注对名本身的探讨，如名的诞生、名与实的关系、如何辩名等议题。

在名辩学的发展过程中，辩名析辞是一个重要的环节，其中析辞是在辩名的基础上的进一步发展。辩名在上一节"深察名实"中已有探析，这里主要考察析辞。

---

① 沈兼士：《吴检斋先生来书》，《沈兼士学术论文集》，北京：中华书局，1986 年版，第 181 页。

② 〔英〕马克·J. 史密斯：《文化：再造社会科学》，张美川译，长春：吉林人民出版社，2005 年版，第 63-64 页。

[夫辞]，以故生，以理长，以类行也者。立辞而不明于其所生，妄也。今人非道无所行，唯有强股肱，而不明于道，其困也，可立而待也。夫辞以类行者也，立辞而不明于其类，则必困矣。①（《墨子·大取》）

"辞"即语句，由语言符号的组合形成意义表达，也即《荀子·正名》所言的"辞也者，兼异实之名以论一意也"。这段材料的意思就是说，表达某一意义的时候，需要有一定的条件，也就是意义生产的语境，有根据，也就是这种意义的表达理由要充分，并且具有普遍意义，能应用到同类事物之中。比如"羊是哺乳动物"这句话，通过名的符号组合形成一个意义表达，这里的"羊"即是一个"类"，这句表达适用于所有类别的羊，但为了保证意义的准确明晰，"羊"的涵盖范围还须明确。因此要表达某一意义，如果不能辨析该"辞"产生的原因、条件，则可能会像盲目出行没有道路规划一样，哪怕腿脚灵便，也会遭遇困阻。所以文中最后得出"夫辞以类行者也，立辞而不明于其类，则必困矣"的结论，也就是说在表意过程中，如果不能确定事理的类别，论域不够明确，就容易陷入困境。如《墨子·非攻上》讲到的"入人园圃，窃其桃李""攘人犬豕鸡豚者""入人栏厩，取人马牛者""杀不辜人也，扡其衣裘，取戈剑者"以及攻国略地等行为，从"类"上来看，都是损人利己的行为，只是程度不同。但是程度最深的攻国之举，却被誉为义举，"此可谓知义与不义之辩乎"（《墨子·非攻上》），回答自然是否定的。因此辩名过程中要注意"以类取，以类予"（《墨子·小取》），也就是注意从纷繁复杂的表象中归纳抽取其共同属性，形成共同的意义基础，或者依据共同的意义基础进行推理，形成辩论，达到"以类行杂"（《荀子·王制》）的目的，也即从事物表象中寻求共同意义作为理论基础，形成概念符号及符号组合，进而以此作为基础来统领考察纷繁的万事万物，达到以一驭万的效果，这样人类就从复杂的物质世界中解放出来，通过抽象的符号及符号组合来看待世界，进行意义活动，获得辩名析辞的积极意义。而荀子所谓"析辞擅作名以乱正名，使民疑惑，人多辩讼，则谓之大奸；其罪犹为符节、度量之罪也"（《荀子·正名》），

---

① 这则材料参考孙诒让《墨子间诂》校改，参见孙诒让：《墨子间诂》，北京：中华书局，2001 年版，第 413 页。

其实是站在大一统的政治立场看待名辩之学，自然要芟除名辩、统一学术思想，荀子的《正名》篇本身就是对名辩学的集大成总结。当然荀子也并没有完全否定辩说，"辨异而不过，推类而不悖，听则合文，辩则尽故"（《荀子·正名》），就是用新兴的礼法思想来规训名辩思想，"辩说也者，心之象道也"（《荀子·正名》），也即辩说是心对道的认知与意义表达。荀子是儒家的传人，其道也是儒家之道，这种心对道的感知体认，绕了一圈，又回到了儒家的意义理论上。随着大一统时代的到来，名辩论也将落下帷幕。

著名学者饶宗颐曾在《尼卢致论（Nirukta）与刘熙的释名》一文中研究指出，刘熙在《释名》中由动词推求名词在语源上的含义，这个学术渊源很可能受到印度语言学的启发。[①] 进而有学者据此推断，整个先秦的名论研究都不是语言学研究，所以将中国先民对名的语言学的研究史推迟到刘熙的《释名》，[②] 恐怕有点违背历史事实。其实学界已有学者举例指出，饶宗颐先生所云《释名》以动词释名词之义法，远在《春秋繁露》之前已经流行，可以追溯到春秋战国时期，是我国固有之传统，未必与天竺语言学有关，[③] 包括名的训释，亦复如是。通过本篇的梳理，我们可以看出从命名到名号，本身就是一个符号表意的发展过程，而且是中国学界特有的符号意义论。如本节指出的，尽管先秦关于名的论辩更多的是政治伦理方面，但是也涉及语言符号与论辩思维规律等方面的内容，特别是名辩论，它本身就是一个复杂的综合性学术现象，绝不能用现代学术分科进行简单的归类。历史进入战国中后期，思想和社会趋于统一，法家大一统思想符合了历史发展的趋势。随着法家的得势与社会秩序的重建，名实散乱的问题逐步得到解决，名辩问题存在的社会背景也就渐趋退场，名辩思潮也就逐渐退出了历史的舞台，但其思想的启示性在中国符号思想史上留下了浓墨重彩的一笔，值得我们继续深挖。

① 参见饶宗颐：《尼卢致论（Nirukta）与刘熙的释名》，《梵学集》，上海：上海古籍出版社，1993 年版，第 17-25 页。
② 李葆嘉：《先秦名论：认知-思辨论和伦理-权术论》，《南京师范大学文学院学报》，2010 年第 2 期。
③ 庞光华：《〈释名〉书后》，《古籍研究》，2003 年第 2 期。

第三节 指物论：现象生成与符号意义实现

《指物论》是公孙龙关于指物关系的一篇专题论文，全文不足三百字，却出现了五十多个指字。《指物论》难解的关键就在于指字难解。学界关于指字的诠解五花八门，如有"是非""指点""指出""方向""意义""宗旨""意识""思维""要素""物德""观念""大拇指""指号"等十余种解释，① 不一而足。曾祥云在结合《墨子·经说下》中"或以名示人，或以实示人。举友富商也，是以名示人。指是霍也，是以实示人也"的相关论述指出，先民存在"以名示人"和"以实示人"两种交流方式，前者重在用名称去指称抽象思维对象，后者则直接用实在之物示人。② 我们认为，"以名示人"实际上是名与实的议题③，而"以实示人"则正是本节所要探讨的重点，即指与物的关系，前者侧重于符号与思维对象的关系问题，后者则着重于意识与对象的关系问题。试述如下。

一 指意纷呈：诸家论指

从对中国传统学术思想的研究来看，无论是先秦哲学史研究界还是符号学研究界，都绕不开对指与物关系的分析，特别是对公孙龙《指物论》的研讨。《公孙龙子》被学界誉为最难懂的诸子之书，而《指物论》又被认为是《公孙龙子》中最难的一篇，究其根源，在于这里有一个众说纷纭的指。本文试将学界对指的解析归纳如下。

（一）传统名学界对指的阐释

伍非百是近代较早从事名学研究并取得集大成的学者，其《中国古名家言》前后历时四十九年，该书被认为是"精思入微，见解独到，不囿

---

① 曾祥云、刘志生：《中国名学：以符号学的观点看》，福州：海风出版社，2000 年版，第192 页。

② 曾祥云、刘志生：《中国名学：以符号学的观点看》，福州：海风出版社，2000 年版，第193-194 页。

③ 参见祝东：《名与实：中国语言符号学的发轫》，《中外文化与文论》，2018 年第 3 期。

俗见，是一本研究先秦各家名辩思想的重要论著"①，深得学界认同。在
《中国古名家言·公孙龙子发微》中阐释"物莫非指，而指非指"时，伍氏
指出，"物，所指也。指，能指也。无能指则所指不可表现，无所指则能指
亦无所附丽。二者相为宾主，相为表里，不能密合为一，又不能一分为
二。"② 有意思的是，伍氏在这里也用到了"能指"与"所指"。据李先焜
推测，伍非百当时不大可能读到索绪尔的《普通语言学教程》及相关资
料，③ 所以这两个词语实际上为伍氏自创。其实按照伍氏的意思，"所指"
应是所指之物，而"能指"则是用来表现物的，伍氏亦认为"能指"与
"所指"不可分离，任何物都是经由"能指"表现出来，而"能指"又是
附属于所指之物的；但是"能指"又不同于"所指"，"然指非物也。指为
'能指'，物为'所指'。所指虽藉能指而显，然能指究竟不是所指。"④ 我
们似乎可以把伍氏的指理解为表征事物的符号，但符号又不是事物本身。
另一位古形名学研究者谭戒甫认为公孙龙的指有两个意思，"盖指义有二，
即'名''谓'之别。其指目牛马之指，谓也；因而所指目牛马之形色性亦
曰指，名也。"⑤ 谭氏认为指兼有动词和名词两种性质，一是指称，二是指
称事物的名。

屠友祥《言境释四章》中有《公孙龙子物莫非指而指非指释》一节对
公孙龙的指从文字训诂角度进行分析总结，指出指乃"指而谓之"、使之
"显现"之意，简而言之，即"指谓"，"一有指谓，必有意识活动参与其
中。指与物之间发生关系，亦必有理路存在，也就是说，其间有过程，有
方向……而意识活动渗入指谓之中，则是意义之赋予、产生过程的必要条
件……因而此'指向'乃'意'之'指向'，即'意指'。凡涉'指'之
处，常是上述数义并纳，亦总为动词、名词诸用同呈。"⑥ 屠友祥这里其实
已经涉及符号现象学的议题，《言境释四章》底本为屠友祥博士论文，屠氏
亦在一次访谈中坦言此文属于符号学论题范围，"但鉴于学术传统纯粹性的

---

① 张岱年：《中国哲学大辞典》，上海：上海辞书出版社，2014 年版，第 875 页。
② 伍非百：《中国古名家言》，成都：四川大学出版社，2009 年版，第 540 页。
③ 李先焜：《语言、符号、逻辑》，武汉：湖北教育出版社，2006 年版，第 420-421 页。
④ 伍非百：《中国古名家言》，成都：四川大学出版社，2009 年版，第 537 页。
⑤ 谭戒甫：《公孙龙子形名发微》，北京：中华书局，1963 年版，第 18 页。
⑥ 屠友祥：《言境释四章》，上海：上海人民出版社，2011 年版，第 338 页。

原因，没有使用一个西方符号学术语，完全依循'古形名学'的路径展开"。① 但这个研究却不言而喻地为我们打开了指物论研究的思路。

（二）哲学界对指之义的笺释

无论是讨论中国古代逻辑学还是哲学，都离不开对公孙龙及其学术思想的讨论，哲学界胡适、冯友兰、张岱年、任继愈、庞朴等大家对公孙龙的《指物论》多有发覆。哲学界率先用现代哲学的学术眼光来阐释《指物论》之指的是胡适。胡适在美国哥伦比亚大学申请博士学位时写出了《先秦名学史》（1915—1917 年），在此著中建议把指理解为"标志"或"标记"，为"所指的东西"或"事物的属性"。② 由是，则"物莫非指"即为事物是其属性为人所感知的那个样子。在接下来的《中国哲学史大纲》中，胡氏将指解释为"物体的种种表德，如形色等"，③ 即事物的外在形色和属性等。冯友兰《中国哲学史》释公孙龙《指物论》之指时云："指者，名之所指也。就一方面说，名之所指为个体，所谓'名者，实谓也'。就另一方面说，名之所指为共相……公孙龙以指物对举，可知其所谓指，即名之所指之共相也。"④ 冯氏认为指即名所指称的对象，既可指代个体事物，又可指代表征事物共相的名。任继愈则认为公孙龙的指是表示物的属性，而且可同时用作事物的抽象属性和具体属性。⑤ 庞朴认为《指物论》中的物即是物质或存在，而指则是意识和思维，指由手指转而为"指示"这一动词，由此衍生出"意旨"之义。⑥ 张岱年认为指本为表示之意，引申为名词所表示的意义，⑦ 也就是说，指为事物之名的解释项。

徐复观是哲学界对先秦名家之学，特别是公孙龙之学颇有研究的学者，其《中国思想史论集续编》收有《先秦名学与名家》《公孙龙子讲疏》《释〈公孙龙子·指物论〉之指》等专文。徐氏研究指出公孙龙《指物论》之指，"是一个人的认识能力指向于客观之物，客观之物同时被带回到主观认

① 屠友祥、祝东：《符号学问题答问》，《法国哲学研究》，2018 年第 2 辑。
② 胡适：《先秦名学史》，合肥：安徽教育出版社，2006 年版，第 137 页。
③ 胡适：《中国哲学史大纲》，长沙：岳麓书社，2010 年版，第 183 页。
④ 冯友兰：《中国哲学史》，上海：华东师范大学出版社，2011 年版，第 121 页。
⑤ 任继愈：《中国哲学发展史》，北京：人民出版社，1983 年版，第 507 页。
⑥ 庞朴：《公孙龙子研究》，北京：中华书局，1979 年版，第 20 页。
⑦ 张岱年：《中国古典哲学概念范畴要论》，北京：中华书局，2017 年版，第 271 页。

识中，因而成立的映象。人是通过此种映象以认识客观事物的。得到映象的下一步，是认定某客观事物之名，但指并不是名。映象乃成立于心的认识能力之上，在此认识能力指向物时，即形成物的映象"，[1] 徐氏之论与符号现象学已经颇为接近了。

（三）逻辑学界对指的演绎

严格说来，逻辑学属于哲学的分支，只是关注研究的侧重点与之不同。温公颐认为，公孙龙的指是超出感觉的物质世界之上独立自藏的抽象实在，"这一客观的抽象实在，即是现象世界的本体。现象世界中能被人们感觉到的万物，只是本体界中'指'的化身，它本身并非独立存在，须依靠'指'而存在。如果没有'指'，就没有'物'，'物'不过是'指'的集合体的体现者。"某物的形状、气味等"物指"结合才有人们对此物的感觉，"天下的物都由物指构成，没有指就无所谓物了。"[2] 所以周云之《先秦名辩逻辑指要》释公孙龙"物莫非指"时指出，"'指'不是客观独立存在的，又是无物不可以具有的。"指作为事物客观的抽象实在，如石头的"坚""白"属性，是包蕴在石之中的，但不可脱离事物而存在。将普遍抽象属性寓于客观具体事物之中，这是值得肯定的。周氏"根据'指'所具有的这两种性质以及'物'与'指'的相互关系，把'指'理解为'物'的称谓（即'名'）是比较恰当的。因为只有'名'才是既非客观独立存在，又是无物不可以具有的"。[3] 但是他又混淆了名与指的关系，这个在下一节中我们还会辨析。

（四）符号学理论的介入和分析

现代符号学系统引入中国是 20 世纪 80 年代的事情，在 1988 年 1 月 21 日，中国社会科学院举行京津地区符号学讨论会时，赵毅衡曾介绍国内外符号学研究进展情况，他指出，印度、中国、希腊应当是符号学历史的三大发源地，但西比奥克编辑的《符号学百科辞典》却未涉及中国的

---

[1] 徐复观：《中国思想史论集续编》，北京：九州出版社，2014 年版，第 392 页。
[2] 温公颐：《先秦逻辑史》，上海：上海人民出版社，1983 年版，第 41 页。
[3] 周云之：《先秦名辩逻辑指要》，成都：四川教育出版社，1993 年版，第 24 页。

符号学，"因此中国符号学的诞生是刻不容缓的事"，① 可见 80 年代中后期中国传统符号学思想研究还相对沉寂。而率先打破这个局面的，是胡绳生、刘宗堂、李先焜等学者。

胡绳生、李卫国是新时期较早用现代符号学理论阐释《指物论》之指思想的学者，他们认为，《指物论》中的指具有以下四种含义：

> ①作动词用，即指称；②用以指称某种意义的东西，或者说"表示成分"——能指；③能指所指称的意义，或"被表示成分"——所指（汉语中的"旨"）；④与所指（或意义）对应的对象，可以是实物、情感和幻想中的东西。②

继之，刘宗堂的《〈指物论〉与指号学》一文认为可以将《指物论》之指解释为指号（作名词用）或指称（指谓、指认等，作动词用），其理论依据是符号的不自反性，即符号不能指称自身，如是则"物莫非指，而指非指"可以解释为"万物没有什么不能用指号指称的，然而指号却不能指称自身"③。从刘氏参考文献可知，其在符号学理论上主要参考了李先焜的《指号学与逻辑学》（《哲学研究》，1988 年第 9 期）一文。李氏也是第一批用符号学理论观照中国传统学术思想的学者，其《公孙龙〈指物论〉中的符号学思想》一文原是《公孙龙〈名实论〉中的符号学思想》一文的后续部分，发表时因为篇幅关系删掉了，后译为英文《论公孙龙的"指非指"》发表在《欧洲符号学杂志》1998 年第 10 卷第 3 期。④ 根据李先焜的研究，《指物论》中的指就是指号，也就是一般所谓的"符号"，由此可将"物莫非指"解释为"任何事物都能充作指谓他物的符号"。⑤ 李氏文章还分析指出前面刘氏关于指号"不自反性"的失误。

朱前鸿认为公孙龙将指与物结成一对范畴，以此来深化其名与实的关

---

① 眠安：《京津地区举行符号学讨论会》，《哲学动态》，1988 年第 4 期。
② 胡绳生、余卫国：《〈指物论〉：文化史上第一篇符号学论文》，《宝鸡师院学报》（哲学社会科学版），1988 年第 3 期。
③ 刘宗堂：《〈指物论〉与指号学》，《哲学研究》，1989 年第 12 期。
④ 李先焜：《语言、符号与逻辑》，武汉：湖北人民出版社，2006 年版，第 427 页。
⑤ 李先焜：《语言、符号与逻辑》，武汉：湖北人民出版社，2006 年版，第 423 页。

系理论，因此认为可以将指释为符号，但是，"这里符号不仅仅是一个专名，一个语言文字符号，而是指一切记号，它既包括专名、普通名词、摹状词等语言符号，也包括象征、信号等非语言符号。"① 所以在朱氏看来，作为指的符号比作为名（语言文字符号）的内容要更加广泛。论者此前也认为指是抽象的概念符号。② 然而如果将指释为符号，似乎过于简单，且以指为符号诠释《指物论》全篇亦有扞格不通之处，这个解释并不是十分圆融，指之意还需继续探讨。

二 物莫非指：现象呈现

《指物论》究其所言，无外乎指与物之关系，而在捋清此二者关系之前，将指与物界定清楚尤为必要，这从前文诸家论指中已可见一斑。下面先从语义角度对指与物进行梳理。

《指物论》开篇，"物莫非指，而指非指"，此句历来被视作全篇主旨，如伍非百指出此二句为"通篇主旨"，③ 陈高傭也认为这两句是"《指物论》唯一的主要论题，全篇所说，不外反复论证此义"，④ 陈宪猷亦认为此句为"全篇的总论题"。⑤ 因此从这两句入手，把握住物与指之意蕴与关系，可提纲挈领地掌握公孙龙此篇文章的主旨。

所谓物，《说文》谓，"万物也"，《公孙龙子·名实论》谓，"天地与其所产焉，物也"，《列子·黄帝》谓，"凡有貌像声色者，皆物也"，由此可知从外延上来说，天地万物皆属于物；从属性而言，物具有"貌像声色"，即物是有形貌声色，具体可感的。《列子·黄帝》对物与物之关系亦有申述，"物与物何以相远也？夫奚足以至乎先？是色而已。"杨伯峻认为，"色"前漏了一个"形"字，⑥ 这里实际上指出了物与物之间之所以有差异是因为人们能够察辨事物之间的"形色"差异，这是识别事物的基础工作。此外，物字语义发展也可证明这一点，如王国维考证指出物字"由杂色牛

---

① 朱前鸿：《先秦名家四子研究》，北京：中央编译出版社，2005 年版，第 155 页。

② 祝东：《先秦符号思想研究》，成都：四川大学出版社，2014 年版，第 190 页。

③ 伍非百：《中国古名家言》，成都：四川大学出版社，2009 年版，第 540 页。

④ 陈高傭：《公孙龙子·邓析子·尹文子今解》，北京：商务印书馆，2017 年版，第 16 页。

⑤ 陈宪猷：《公孙龙子求真》，北京：中华书局，1990 年版，第 2 页。

⑥ 杨伯峻：《列子集释》，北京：中华书局，1979 年版，第 49 页。

之名，因之以名杂帛，更因以名万有不齐之庶物，斯文字引申之通义矣"，①物字由杂色之牛逐渐演变为万物之物，正是因为"万有不齐"，即物与物之间的差异性。因为如果"万有一齐"，无形、色、声、貌之别，则不会有万物之别名；如果万物如同混沌的星云，也就不会有意义的不同。而物与物之间的差异，首先表现在形体差别上，此先秦先哲亦有所阐释。

> 物固有形，形固有名……殊形异埶。（《管子·心术上》）
> 虚无有，秋毫成之，必有形名。形名立，则黑白之分已。（《黄帝四经·经法》）
> 万物殊类殊形，皆有分职，不能相为。（《吕氏春秋·季春纪》）

一定的事物皆是在一定空间与时间中的存在，以一定的形态被反映出来，形态不同，形式各异，而人类对这种形态的反映与表征就是名，"名者，圣人之所以纪万物者也"（《管子·心术上》），人类进而通过名来掌握不同的事物及其属性。《尹文子·大道上》对此亦有揭示，"大道无形，称器有名。名也者，正形者也。形正由名，则名不可差。""器"就是形而下的事物，即"形乃谓之器"（《周易·系辞上》），事物有形必有名，"凡物载名而来"（《管子·心术下》）、"众有必名"（《尹文子·大道上》），哪怕是如同"秋毫"的细微事物，也有形有名，当一定之形与相应之名的关系确立之后，事物之间就有了分界，万事万物，莫不如此。

而从物与物之间的差异性来识别物只是认识物的第一步，欲对物性有深入的了解，还需要随着人类对事物的深入认识来进一步发掘，这就是由物到指的过程，以及对指与物关系的辨识。指，《尔雅·释言》谓，"观、指，示也"，邢疏谓，"示谓呈见于人也"，并引《论语·八佾》"指其掌"为例，"谓举掌以示人也"。② 本乎此，就便于理解指之义了。也就是说，指是物示于人的部分属性给人留下的映象，并为人所认识、掌握，形成人对该物某个观相的认识和理解，如陈高傭所言，"指即物所以成其为物的东西，即今语所谓属性。属性显现为形形色色，人们的感觉可以感觉到的，

① 王国维：《观堂集林》，石家庄：河北教育出版社，2001年版，第142页。
② 李学勤主编：《十三经注疏·尔雅注疏》，北京：北京大学出版社，1999年版，第58—59页。

是属性的现象"①，如苹果的红色、香味等。从现象学的角度来说，当意识投向某物的时候，事物在意向性压力之下成为获义对象，其中被意向性照亮的部分就是事物某个方面的质，没有被意向性照亮的部分则被悬置。陈来先生亦曾分析指出，"仅就'物莫非指'而言，重在说物体是可感性质的集合"，②即事物面对意识的时候，提供了不同的观相，这些观相是进一步认识该事物的基础，如此则指应是事物在意向性压力下呈现出来的那部分质，而并非事物全部的属性。如赵毅衡言，"事物不需要被全面认识才携带意义：让事物的过多品质参与携带意义，反而成为表意的累赘……符号因为要携带意义，迫使接收者对事物的感受片面化，迫使事物成为意义的'简写式'。"③所谓"有指不至，有物不尽"（《列子·仲尼篇》），说的也是这个意思。《列子集释》引张注谓，"夫以指求至者，则必因我以正物。因我以正物，则未造其极。"④事物被主体的意向性照亮的部分，其实是事物的部分观相，呈现的是该事物的部分属性。从现象学的角度而言，预设的目标意向性本身就会限制部分对象的出现，人们的"前见"会自动遮蔽对象某些部分的呈现。⑤如果以部分属性来"正物"，其实没有穷尽事物的理则，因此陈高傭的话只说对了一部分。

从物到指，事物逐渐为主体所认知、掌握，从而形成对这一相关事物整体上的认知，就是实，对这种相关事物之实的表征，就是名。论者曾经在辨析名、实、物的关系时指出，实其实是不同于物的，物是对具有形色的个体事物的综括，而实则是从杂多的众物中抽象出来一些具有共性的本质，这实际上是思维的对象，而名则是表征实的，同时又指称物，⑥如公孙龙白马之论的"马"，这里的"马"如果指客观存在的马，那就是物，如果指属性上属于奇蹄目马科这一类的马属哺乳动物，这就是实，其在汉语中的符号表征就是"马"，在英语中的符号表征就是"horse"。无论是"马"

---

① 陈高傭：《公孙龙子·邓析子·尹文子今解》，北京：商务印书馆，2017 年版，第 15 页。

② 陈来：《〈公孙龙子〉与公孙龙的哲学》，《从思想世界到历史世界》，北京：北京大学出版社，2016 年版，第 160 页。

③ 赵毅衡：《哲学符号学：意义世界的形成》，成都：四川大学出版社，2017 年版，第 59 页。

④ 杨伯峻：《列子集释》，北京：中华书局，1979 年版，第 141 页。

⑤ 郝长墀：《政治与人：先秦政治哲学的三个维度》，北京：中国政法大学出版社，2012 年版，第 4 页。

⑥ 祝东：《名与实：中国语言符号学的发轫》，《中外文化与文论》，2018 年第 3 期。

还是"horse"，都属于名的范畴，只不过汉语与英语属于两种不同的符号系统，前者表意，后者表音，名家主张"形以定名"（《尹文子·大道上》），即根据事物之形来确定其名。如汉语中"马"这个符号是根据马的形体特征来确定的，名确定后，就是对所有这一类事物的"拟实"（《墨子·经上》），让名从实在之物变成观念之物，此时之"马"并非指某一匹马，而是统指所有的马科动物，《墨子·经上》谓"告以文名，举彼实也故"说的就是这个意思，如告以马名，所言的就是所有马属动物，当马这一名"约之以命"（《荀子·正名》）之后，在这一符号系统内，他人就可"因名以得实"（《尹文子·大道上》），如一个没见过马这一事物的人可以因马之名而知道关于马的属性。"物以物其所物而不过焉，实也。实以实其所实〔而〕不旷焉，位也。"（《公孙龙子·名实论》）例如马之所以是马而不是牛，是因为马属动物具有马之实，即马科动物的属性，而马属动物的属性之所以属于此一属性而非彼一属性（如牛科动物的属性），是因为其有自己的"位"，即属性范围，如果超越此一属性范围，那就不再属于此一属性范围之物。所以到了战国后期，韩非正式提出"名实相持而成"（《韩非子·功名》）。虽然历来注家将此处"名实"解释为君主之名与势位之实，但实际上这里的"名实相持"也指出了名实须相持相待这一符号学问题，因为自春秋以来，"名实之相怨久矣"（《管子·宙合》），而如何实现"名实耦"（《墨子·经说上》）则是诸子百家共同思考的议题，当然君主之名与君主之实权也在这一议题之中。由此也可以理解伍非百指出的《指物论》之所由作，"大恉谓名实不能密合"，[1] 毕竟人类对事物的认识永远处在一个逐步深入的过程之中，始终存在"指不至，至不绝"（《庄子·天下》）的现象，《列子集释》论及惠施"指不至也"引卢解谓，"凡有指皆未至也。至则无指也。"[2] 如果指已至，则意义活动结束，符号就失去了存在的意义，因为"意义一旦已经被解释出来，符号的必要性就被取消"，[3] 毕竟指只是人类感觉到的那部分现象的呈现，意义的实现还需过程，而这其实就是一个符号现象学的议题。

---

① 伍非百：《中国古名家言》，成都：四川大学出版社，2009年版，第539页。
② 杨伯峻：《列子集释》，北京：中华书局，1979年版，第141页。
③ 赵毅衡：《符号学：原理与推演》，南京：南京大学出版社，2016年版，第46页。

三 指而谓指：意义实现

赵毅衡认为，"事物的观相，如果尚没有被理解为携带意义的感知，它们只是一种'呈现'（presentation），一旦被意识化合，就成为媒介化的'再现'（representation）。"[①] 也就是说，物本身的诸多观相只是一种呈现，而当意识与观相发生对接的时候，在人的意识区隔之下，事物众多观相的某一部分被区隔提取，这个部分即再现。再现是一种符号化的结果，让观相被片面化，片面化即符号化，而再现"是形式直观的初始获义活动的结果"，[②] 即当意识投向事物的时候，事物在意向性压力之下成为主体的获义对象，但每一次的意向性投射，只是部分相关品质被激活成为观相，进入获义主体选择之中。这一部分就是我们前文论述的指，所有的物在进入获义主体的获义活动的时候，其属性都会以这样一种非均质的状态呈现出来，而另外的部分则暂时被"悬搁"。于此，伍非百亦曾指出，公孙龙"谓天下之'实'，其本体不径入于吾人认识之范围内。而吾人以渴欲知物之故，假认识之形式，造名以系念，因念以纪实，其所纪者，乃意之实，而非物之实也。何则？意有离合而物无离合，意有分聚而物无分聚，可得而定论者，皆意中之实，非物之实。"[③] "渴欲知物"便是意识追求意义的原动力，进而将事物变为对象，以某种形式呈现出来，并用名来标识这种意向活动的内容，而名之所指，则是获取意义的那部分实，于事物本身而言，没有进入意识之中的那些，往往被悬置起来了，所以伍非百认为名之所系是"意中之实，非物之实"。而在公孙龙看来，"夫名，实谓也"（《公孙龙子·名实论》），谓是指称、指谓、称谓的意思，名是用来称谓实的，"所以谓，名也；所谓，实也"（《墨子·经说上》），名即所谓的结果。所以伍非百云："外之指，内之意，皆藉'名'以为之用，乃可得而言，乃可得而思。是'意'与'指'皆不可得而言，不可得而思，而可得言、思者'名'而已矣。但'名'为公器，泛而不当，疏而不切。能当能切，与指意相符应者，唯'谓'而已矣。"[④] 我们所能认识到的关于事物的属性，是名能够指谓到

① 赵毅衡：《哲学符号学：意义世界的形成》，成都：四川大学出版社，2017年版，第270页。
② 赵毅衡：《哲学符号学：意义世界的形成》，成都：四川大学出版社，2017年版，第270页。
③ 伍非百：《中国古名家言》，成都：四川大学出版社，2009年版，第539-540页。
④ 伍非百：《中国古名家言》，成都：四川大学出版社，2009年版，第519-520页。

的地方，用维特根斯坦的话说即"凡是可说的东西，都可以明白地说，凡是不可说的东西，则必须对之沉默"，① 语言所描述的是经验世界的内容，超出这个世界的东西，则无法言说。

因此公孙龙清醒地认识到"生于物之各有名，不为指也"（《公孙龙子·指物论》），名指称的是事物之实，如西方哲学家伊壁鸠鲁所言："物体正是由于被了解为许多性质的集合，因而得到物体的称谓。"② 如马之名是对整个马的指称，并非对马的形状、毛色、骨相的认知，只有当后者进入主体的意识之中，在意向性压力之下，才会有相关之指，因此指只是进入获义活动之中的那些部分，而并非事物本身全部之实。事物作为其本身就在那里，只是每次获义活动的目的、方式不同，而使其进入主体的观相不同。徐复观认为，"'指'系认识能力及由认识能力指向于物时所得之影像"，其观点是非常中肯之论，③ 徐氏进一步解释说："吾人所以能够认识客观之物，全赖吾人之认识能力指向于物，同时即将物带入于主观之认识能力中，而成立某物之映象。"④ 在意识追求事物意义的过程中，事物呈现出部分观相，这部分观相进入主体认识能力之中，成为关于该事物的获义对象，这部分对象即徐氏所言的"某物之映象"，这部分"映象"并非事物之全部，如马的枣红毛色只是关于马的部分"映象"，但是马的其他方面的品质，如品种、肉质等，在这一次的观照中则可能被忽视、悬置，所以皮尔斯指出这些品质"它们自身只是诸种'可能'（may-bes），而并非必然被实现"，⑤ 而被"实现"的这部分在公孙龙那里即所谓的"物指"。

指是在意向性压力之下事物观相的呈现，意识指向某个对象，对象成为被意识照亮的客体，与此对应的是，物是客体，在意向性压力之下，其相关属性进入主体意识之中，这部分进入主体意识之中的属性就是指。意识总是关于某物的意识，因此这个指总是关于某物的指，所以我们非常赞同王煎华对指的分析，也即"'指'是'物'的现象形态，从属于

① 〔奥地利〕维特根斯坦：《逻辑哲学论》，陈启伟译，北京：商务印书馆，2014年版，第5页。
② 北京大学哲学系外国哲学史研究室编：《古希腊罗马哲学》，北京：生活·读书·新知三联书店，1957年版，第360页。
③ 徐复观：《中国思想史论集续编》，北京：九州出版社，2014年版，第322页。
④ 徐复观：《中国思想史论集续编》，北京：九州出版社，2014年版，第323页。
⑤ 〔美〕皮尔斯：《皮尔斯：论符号》，赵星植译，成都，四川大学出版社，2014年版，第14页。

'物'；离开了'物'，就无所谓'指'，而各种'物'体没有'指'，也就无从表现，无法称谓了"。① 物在意识的观照下成为客体对象，其呈现在主体面前的现象形态即指。所有的指都是关于某物的指，即"物指"（对象），"物指"是意识关于指的一次具体映象，毕竟"'指'系认识能力及由认识能力指向于物时所得之映象"②。人类对事物的认识是在不断的实践经验中累积而来的，经验需要通过记忆累积为一种关于事物的潜在意识，意识在与具体事物发生碰撞的时候，就会调动潜在的经验与当下的事物汇合，形成关于某事物的认识。意向性就是经验与现实的结合部，而所谓现象学就致力于研究人类的经验以及事物如何存在于这样的经验中并通过这样的经验向我们呈现。

从符号学的角度而言，物直接决定于物理作用，而"物指"则是通过符号过程即符号作用的媒介而间接地形成的③。故而公孙龙谓，"使天下无物指，谁径谓非指？天下无物，谁径谓指？"（《公孙龙子·指物论》）就是说包蕴在物中、在意识的观照下以现象呈现出来的就是"物指"，"物指"无法独立存在，这也正应了胡塞尔关于现象的论述，"它们是'关于某物的意识'，'关于某物的现象'"④。从符号现象学的角度来说，意识只能是关于某物的意识，白马之白，乃是白马在意向性压力之下的现象呈现，白石之白也是如此，而"白"则是超越具体事物的共性品质，不论其是否为人感知，都是存在的，属于前文所引温公颐所说的，独立自藏的抽象实在。这种关于"白"的观念只有当其被主体体验到时，才能被充实。这与皮尔斯的符号过程（semiosis）的第一步颇为切合，"我们直接意识到的那种东西的品质（它不是一种虚构）是第一性"，⑤ 这是符号过程的第一步，对象的相关品质为主体所获取，形成相关意识，即"物指"，如马之白、石之白的这种"白"的品质。从皮尔斯符号现象学角度看，第一性只是一个符号的表象（presentments），还有待主体意识的观照，而意识

---

① 王煦华：《〈指物论〉诠释》，《中华文史论丛》，1979年第2期。
② 徐复观：《中国思想史论集续编》，北京：九州出版社，2014年版，第322页。
③ 〔美〕约翰·迪利：《符号学基础》，张祖健译，北京：中国人民大学出版社，2012年版，第28页。
④ 〔德〕胡塞尔：《胡塞尔选集》，倪梁康编选，上海：上海三联书店，1997年版，第343页。
⑤ 〔美〕皮尔斯：《皮尔斯：论符号》，赵星植译，成都：四川大学出版社，2014年版，第24页。

就是关于某物某事的意识，没有所谓的先验意识或者独立存在的意识。作为对现象的意识必须回归现象本身，而对现象的外在形式进行排除，这被皮尔斯称为"斗争"：

> 我必须解释一下我所谓的"斗争"的意思，它是指两种事物之间的那种相互作用，它与任何种类的第三位（或媒介）无关，特别是与任何行为的法则无关。[①]

意识面对事物，事物的部分观相为主体所激活、提取，其他部分则被暂时悬置，这就是相互作用，也就是"排除"和"对抗"，此时尚未形成法则（law），对整个事物的性质和发展规律的认识尚未结束，即符号过程还在继续。

本乎此，我们就可以理解"天下无指，而物不可谓指也。不可谓指者，非指也？"（《公孙龙子·指物论》）的意思了。如果天地万物没有自己的属性，那么物靠什么来呈现为某物呢？如果我们说这不是某种事物（如甲）的属性，那么这不还是某种事物（如乙）的属性吗？只不过是非此（如甲）或彼（如乙）而已。实际上，事物正是因为其属性的差异性，才产生了不同的事物，如果"万有一指"，那就不是"万有"而是"一物"了，而指正是进入关系网络之中事物差异性的现象呈现，"没有不进入关系的实物，也没有独立于实物的关系。凡是个体都是相关的存在，可是关系并不是个体。"[②] 也就是说，事物在关系中呈现，关系即意义存在之网。而"意义永远作为其他意义相互作用的结果，同时也是生成其他意义的原因。这个交互的世界才是意义生成的真正场所"。[③] 白马之白的意义正在于它跟黄马之黄、黑马之黑的差异性，因此公孙龙进而这样论述。

---

① 〔美〕皮尔斯：《皮尔斯：论符号》，赵星植译，成都：四川大学出版社，2014 年版，第23 页。
② 〔美〕约翰·迪利：《符号学基础》，张祖健译，北京：中国人民大学出版社，2012 年版，第 251 页。
③ 汪胤：《理念之后：作为情感主义和快乐主义的皮尔士哲学》，上海：上海人民出版社，2008 年版，第 85 页。

且指者天下之所无。天下无指者，物不可谓无指也；不可谓无指者，非有非指也；非有非指者，物莫非指，指非非指也，指与物非指也。①

如前文所言，所有的指都是关于某物的指，指并非独立自存，它必须依托于物而存在，所以指是"天下之所无"。但是我们并不能说天下没有独立自存的属性，就断定事物没有自身的属性，也就是说任何事物其实都是有其属性的；没有任何无自身属性的事物，即所有的事物都有其自身的属性，而事物的属性只有在意向性压力之下呈现出来，是部分观相的集合，并非指全部的事物本身，所以"指与物非指"，毕竟指是事物的部分属性，如白马之"白"是马的颜色属性。当"白"与指认物的马结合之后，本次意向活动聚焦的就是马的毛色，而不是骨相或肉质，也不是整匹马的所有属性。于此，一次获义活动就可以暂时结束，当然，其他的获义活动还会继续，正是通过多次的获义活动，最终形成"物莫非指"这一认识。赵毅衡先生指出，"当意识感知到事物的某个观相，就把事物变成了认识对象，在意识的'共现'（appresentation）中，片面性的观相，就已经成为事物的符号，这两者之间已经出现了部分指向整体的符号表意关系。"② 事物被指再现（represent），其相关属性为主体所获取，事物成为对象（object），而指引起的相关观念，则是其解释项，意义由此实现。

冯友兰论及中国哲学命题的时候指出其具有两种意义范畴，"在中国哲学史中，有些哲学命题，如果作为全面的了解，应该注意到这些命题的两方面意义：一是抽象意义，一是具体意义。"③ 所谓具体意义应指哲学命题在当时的语境之中的意义，而抽象意义则是这种哲学命题存在的可能解释意义，是一种有待阐发的潜在意义。先秦时期是中国的"前帝国时期"，也就是雅斯贝尔斯所称的"轴心时期"，这个时期中国思想之繁荣，堪比柏拉图及亚里士多德时代的希腊。这个时期诸多思想家、哲学家提出了很多中

---

① 本文"指者天下之所无"，道藏本原作"兼"，俞樾认为"兼"乃"无"字之误，王启湘《周秦名家三子校诠》，董英哲《先秦名家四子研究》皆从王校，本书亦赞同此说。

② 赵毅衡：《形式之谜》，上海：复旦大学出版社，2016年版，第10页。

③ 冯友兰：《中国哲学遗产的继承问题》，《中国哲学史论文集》，上海：上海人民出版社，1958年版，第87页。

国学术思想史上的元范畴，后世学者也在不断回顾这个时代提出的问题，并进行有效推进，思想与学术也在这种"回归-推进"的模式中逐渐前进。中国先哲关于指与物的思辨，其实已经为后世学者打开了符号现象学这一"抽象意义"的大门，尽管那时并没有所谓的符号现象学之类的概念，但他们的思想其实已经触及相关议题。墨子、列子、公孙龙子、庄子等学派的著作，对这一议题的反复思辨，也为我们今天的研究提供了不少思路和材料。反观《指物论》一文，从"物莫非指"开始，事物已经落入主体意识之中成为对象，当其在主体的意向性压力之下成为"物指"的时候，符号过程已经开始，到达"谓指"则形成认识和解释，这就是中国先哲对符号过程的思辨。从皮尔斯的三种范畴来看，指是第一性的（firstness），存在着无限丰富多样的形态，指寄寓物中，为获义主体所感知、分割、提取，形成"物指"；"物指"是第二性的（secondness），指与"物指"的结合，"退化"为关于某种事物的表征，即"谓指"；"谓指"是第三性的（thirdness），第三性才是皮尔斯意义上的符号。当然这种解释是否合理，还有待未来学者批评检验。

第四章　论法：符号规则与政治秩序

礼乐符号与法律符号都是在纷繁芜杂的社会生活现象之中抽象出来的形式规则，对人的表意行为进行不同程度的规约。礼的分节控制社会的分层，礼仪仪节的稳定性带来的是社会秩序的稳定性。礼崩乐坏之后，孔子援仁入礼，将外在规范的礼内化为个体道德的自律。因此仁的发展指向道德自律，而礼的外化最终走向法律制约符号系统。法源于礼，法家用术重势，其根本原因在于法律符号公之于众之后需要重建统治阶层的符号宰制权，礼器作为颁布法律的媒介，则是为了借礼来加强法令符号的威严。法家的事功倾向适应统一的需求，但缺少制动价值，转向极端功利主义，乃至暴政独裁；礼法互用是对儒家道德自律下形成的制动价值的肯定。以此观之，中国历史发展的动力模式儒表法里的实质却是"动制同源"。单一的元语言——礼，使得历史演进缺乏必要的符号动力，这也是中国封建社会长期停滞不前的深层原因。以老庄为代表的道家自然符号思想重在遵循文化空间的内部发展规律，强调一种因顺自然的方式，反对统治者的强制干涉。黄老学者充分吸收了道家自然思想，并结合其现实背景将作为自然的道和作为秩序规则的法进行了整合，因道全法，贵因重权，将道家自然和谐、尊重符号域内部发展规律的思想引入秩序调控之中。随后稷下法家学者进一步将这种思想引入其法治理论之中，后者在汉初得到应用推广，奠定了汉家基业。其中的深层原因正是法家在推求秩序规则的法律符号系统中注入了"自然"的语境变量，增加了文本解释的张力，突破了法家一断于法而缺少和谐的这一局限性。黄老道家援法入道，试图通过执掌形名来掌握自然和社会秩序，发展成为黄老形名之学，后者为法家所继承发展，形成形名法术之学。汉语之名是用来表征实的，命名其实是一个赋义的过程，使事物成为意义的对象，名因为在文化符号系统中的解释而获得了其他的意义，如名号、名分之属。名的不同对应关系使得自然与社会分别获得了秩序。法家将其应用到社会秩序的治理之中，具有较强的实践性和可操作性。从儒家"正名"到黄老道家"正形名"，以至法家"正刑名"，社会规范是从名的符号规范开始的，这是一个具有中国特色的语言规范到行为秩序的社会符号学发展模式。

第一节 法与礼：社会规约的符号学机制

礼与法的交融应该是中国古代独具特色的社会规约模式，它们都是在各种社会现象中抽象出来，进而形成制约程度不同的规范准则，都是由社会约定而成，要求社会成员共同遵守，并对这种约定赋予一定的价值意义，如善/恶、好/坏等。当礼注重内在精神规约的时候，其指向是道德伦理；当礼转向外在强制规训时，其最终归结是刑罚法律。然而无论是伦理还是法律系统，都是以各种规则形式呈现出来的。伦理以道德规范的形式呈现，法律以制度规约的形式呈现。赵毅衡先生在新著《形式之谜》中再次检视形式与内容的关系时指出，所有内容都要由一定的形式表现出来，而符号则是用来表达意义的[1]，因此，凡是与形式相关的，几乎都可以归入符号学研究范畴。从学术思想史的角度来看，儒家重礼治，法家重法治，但二者在实际操作中，又逐渐出现合流的趋势，其深层运作机制，值得探析。

一 为政以德：礼治符号系统的流变

任何一家的学术，都不会凭空产生，而是有其源流变化的。儒家之学，奠基于孔子，但在孔子之前，儒家学术思想的萌芽已经出现，孔子极其推重的周公，对儒家学术思想的影响就非常大。《论语·述而》中孔子曾经感叹道："甚矣吾衰也！久矣吾不复梦见周公！"周公即文王之子，武王之弟，成王之叔，曾经辅助成王，制礼作乐，为周王朝的长治久安打下了深厚的基础，孔子的梦想就是重建周公时代创下的礼乐制度和文化。许倬云在系统考察西周系列出土墓葬规模规格之后指出，西周中期，穆王以后，墓葬制度呈现出系统化的等级位序，"礼仪的系统化与制度化，一方面意味着一个统治阶层的权力已由使用武力作为强制性的统治，逐步演变到以合法的

---

① 赵毅衡：《形式之谜》，上海：复旦大学出版社，2016年版，"代序"，第1—3页。

地位来象征。另一方面，规整的礼仪也代表统治阶层内部秩序的固定，使成员间的权利与义务有明白可知的规律可以遵循，减少了内部的竞争与冲突，增加了统治阶层本身的稳定性。"① 通过礼仪仪节的分层来实现社会现实尊卑等级的分层，规范了社会秩序，即礼仪仪节的稳定性带来的是社会秩序的稳定性。礼的分层在统治阶层内部实现全域覆盖，人伦日用无不以礼来进行规范，所谓"器以藏礼"，就是这个意思。丧葬所用的礼器规格是礼的反映，又是身份地位的象征，而象征则是"在文化社群反复使用，意义累积而发生符用学变异的比喻"。② 笔者曾经指出，以周公为主的西周前期统治集团在思想文化和意识形态领域进行过相应的改革，其中影响最为深远的就是制定了礼乐文化系统，并使之伦理化，成为规范社会政治经济文化生活的元语言；但是到了孔子的时代，天下大势是礼崩乐坏，孔子没有周公自上而下进行"顶层设计"的地位与权力，他开出的是一条个体道德自觉的由内而外的路线，即在礼乐文化中注入了仁的内涵。③

据杨伯峻统计，《论语》中仁字出现 109 次，其中作为孔子道德标准的仁有 105 例。④ 那么究竟什么是仁？孔子在回答樊迟问仁时说仁即"爱人"（《论语·颜渊》），所谓"爱人"，即人与人之间建立的一种关系，而从仁的结构上来看，仁字从二从人，即要从人与人之间的关系中来确立仁的意义。《论语·雍也》中也说，"夫仁者，己欲立而立人，己欲达而达人。能近取譬，可谓仁之方也已。"实现仁的方法是"能近取譬"，近取诸身，推己求人。也就是说，仁是在对立的关系中确立个体的价值和意义，但是孔子的对立不是冲突，而是取譬，是推己及人、不强加于人：先承认个体差异——己与人之间的差异，不同的生命个体都有自己独立的人格，都有自己独特的价值意义；然后是求同，人与人尽管有差异，但是同样作为人，又有相同之处。这样推己及人，立异而求同——和而不同，这就是中国儒家的伦理符号学智慧。当然，孔子的仁，其实带有分层性特征，《论语·宪问》篇中，孔子说，"君子而不仁者有矣夫，未有小人而仁者也"，毕竟"君子喻于义，小人喻于利"

① 许倬云：《西周史》，北京：生活·读书·新知三联书店，2012 年版，第 184 页。
② 赵毅衡：《符号学：原理与推演》，南京：南京大学出版社 2016 年版，第 201-202 页。
③ 祝东：《仪俗、政治与伦理：儒家伦理符号思想的发展及反思》，《符号与传媒》，2014 年第 2 期。
④ 杨伯峻：《论语译注》，北京：中华书局，1980 年版，第 221 页。

（《论语·里仁》），"君子固穷，小人穷斯滥矣"（《论语·卫灵公》），而在《论语·雍也》中孔子教育弟子子夏说，"汝为君子儒，无为小人儒"，这里无论"君子""小人"是身份地位的区别还是道德伦理的区别，都是一种对立性差别，而仁无论在哪一种对立中都不是全域覆盖，而是偏向于"君子"这一边。

孔子创造性地将仁注入礼之中，使人对礼的接受认同内化为道德自律，《论语》中的礼多指礼仪仪节。

> 子曰："生，事之以礼，死，葬之以礼，祭之以礼。"（《论语·为政》）
> 林放问礼之本。子曰："大哉问！礼，与其奢也，宁俭，与其易也，宁戚。"（《论语·八佾》）
> 子贡欲去告朔之饩羊。子曰："赐也，尔爱其羊，我爱其礼。"（《论语·八佾》）
> 子曰："居上不宽，为礼不敬，临丧不哀。吾何以观之哉！"（《论语·八佾》）
> 子曰："君子博学于文，约之以礼，亦可以弗畔矣夫。"（《论语·雍也》）

作为礼仪仪节的礼，究其实质，就是一种行为规范，将人的各种表意行为纳入一定的规范秩序之中，如果礼是一套语言系统，那么各种仪节则是"言语"，即言语行为必须符合语言规范。关于仁与礼的关系，在颜渊问仁的时候，孔子指出，"克己复礼为仁。一日克己复礼，天下归仁焉。为仁由己，而由人乎哉？"这里孔子说"克己复礼为仁"，即仁包含"克己"与"复礼"两层意思，首先是"克己"，推求自己，反观内省，着眼于自身道德修养，注重律于己；其次是"复礼"，外求于社会，遵守外在礼仪规约，着眼于制度规则，律于社会。只有"克己"与"复礼"双管齐下，才是实现仁的途径，而且孔子特别强调"为仁由己"，即个体道德自律是第一位的，所以孔子才有"为政以德"（《论语·为政》）之论。

孔子曾谓，"道之以政，齐之以刑，民免而无耻；道之以德，齐之以礼，有耻且格。"（《论语·为政》）德源于内，礼齐于外，已经开始出现分野。先德后礼，先有忠信仁德的品质，然后以礼文饰之，也就是"礼后"的思想。在孔子看来，德是第一位的，而外在规范性质的礼则是退而求其次。"为政以德"说的就是这个意思，儒家"以德治国"（《春秋繁露·立元神》）的思想实际上来源于西周王权合法性的论证。我们知道，周人实际上是通过造反取得的政权，如果继续认同造反有理则不利于自己的统治，因此亟须对自己取得政权的合法性进行论证，这个论证的核心便是德，即周人因为有德，故而能获得政权，金文中大量出现德字，与西周取得政权的政治环境是密不可分的。如侯外庐等言，"'德'是先王能配上帝或昊天的理由。"① 实际上，德是周人原创的概念，如郭沫若研究指出，卜辞和殷人彝铭中没有出现德字，而周代的彝铭中明文德字，② 侯外庐等人也认为卜辞中并没有抽象的道德概念术语③。周人创造性地将德与权力的合法性联系起来，使中国古代的政治伦理化，德成为衡量权力合法与否的标准准则，进而对主体行为产生约束、进行规训，如关健英所言，"道德规范之对于社会，它是社会治理不可或缺的重要规范系统，是社会秩序的基本保障和社会凝聚的基本力量。"④ 道德观念施加于行动主体，在维系社会秩序方面起到了规范作用，这也正是符号功能观的体现。然而孔子并没有仅仅着眼于道德伦理的规范作用，而是同时兼顾外在规训，在回答颜渊问仁的问题时，孔子实际上开出了四条外在规范，"非礼勿视，非礼勿听，非礼勿言，非礼勿动"（《论语·颜渊》），这里的勿视、勿听、勿言、勿动都是外在行为规范，它们源于内在道德规约，即发之于外，故仁必须具有一种行之有效的约束抑制功能，对主体进行限制，使其符合既定的规则秩序。

因此，礼与德的关系本是密不可分的，但是二者主导方向和功能各有侧重，礼偏重于外在的规约，德倾向于内在的制约，二者结合，相辅相成，便是儒家的理想政治形态。然而顺孔子而下，儒家的学术思想一水分流，孟子、荀子各取一方，孟子注重道德规训的作用，强调德治；荀子在批判孟子学说不可取之时，主张内外兼治，一方面需要道德教化，另一方面不

① 侯外庐等：《中国思想通史》第一卷，北京：人民出版社，1957 年版，第 92 页。
② 郭沫若：《先秦天道观之进展》，《郭沫若全集·历史编》第一卷，北京：人民出版社，1982 年版，第 336 页。
③ 侯外庐等：《中国思想通史》第一卷，北京：人民出版社，1957 年版，第 22 页。
④ 关健英：《先秦秦汉德治法治关系思想研究》，北京：人民出版社，2011 年版，第 58 页。

废弃礼法约束，这一点又在其学生韩非子那里得到了发展，形成严刑峻法的极端法治主义。

二　以法治国：法治符号观念的源流

春秋战国之际，随着冶铁技术的提高和铁制农具的推广，生产力不断提高，废井田开阡陌，"普天之下"的王土开始买卖，宗法血缘关系逐渐消退，新起的地主阶级发展壮大，文化重心下移，一部分下层士人乃至贫民登上历史舞台，他们与旧的贵族阶层没有血缘关系，而是通过出卖自己的智力谋求自身的发展，"朝秦暮楚"习以为常，传统礼乐符号系统逐渐沦为空洞能指，如孔子痛惜万分的"为礼不敬"（《论语·八佾》）即这种现实的反映，礼只剩下一些没有真正内容的仪式，不能像西周时代那样在政治经济文化生活中发挥其应有的作用，也就是礼崩乐坏。随着一批卓有远见的思想家开始思考治理社会的新方法，礼法分治、以法治国的思想逐渐浮出历史地表。

从学术思想渊源角度来看，春秋时期的管仲在齐推行"富国强兵，与俗同好恶"政策时，[①] 这种思想就已经萌芽了。公元前 621 年，晋国赵宣子"制事典，正法罪，辟狱刑"（《左传·文公六年》〈621BC〉），已开三晋法家之先河；公元前 536 年，子产在郑国铸刑书；前 513 年，晋国铸造刑鼎，颁布范宣子的刑书；公元前 501 年，郑国执政驷歂杀邓析而用其竹刑，推行法治的思想已经逐渐展开；至公元前 403 年，魏起用李悝变法，拉开法家治国的序幕，吴起、卫鞅等法家人物登上历史前台，而韩非则从理论和哲学的高度进行了总结，掀起中国法家学术的高潮。

在中国古代，礼法对举，如《礼记·曲礼上》云："礼不下庶人，刑不上大夫"，即社会治理是分层的，上层社会是礼治，下层社会则是法治，"由士以上则必以礼乐节之，众庶百姓则必以法数制之"（《荀子·富国》）。礼乐调节士人以上的秩序，法数规范普通百姓的表意行为，这样一方面保证了士人以上阶层的特权，同时又将整个社会都纳入管理的秩序范围之内。因为法经常和"刑"联系在一起，如《尚书·吕刑》中记载，"若古有训，蚩尤惟始作乱，延及于平民，罔不寇贼，鸱义，奸宄，夺攘，矫虔。苗民弗用灵，制以刑，惟作五虐之刑曰法。杀戮无辜，爰始淫为劓、

---

① 司马迁：《史记》，北京：中华书局，1982 年版，第 2132 页。

刵、椓、黥。"在这里，"刑"与法互训，《左传·昭公六年》（536BC）中，叔向在给子产的信中有云，夏人有《禹刑》，商人有《汤刑》，周人有《九刑》，也就是说夏商周各有自己的刑法。这一点也可以从其他的先秦文献中得到佐证，如《荀子·正名》中有"刑名从商"，梁启雄认为这是商有刑书之证。① 但是我们现在看到有明确文献记载的成文法是在西周穆王时，《尚书·吕刑》谓，"哀敬折狱，明启刑书胥占，咸庶中正。其刑其罚，其审克之"，为了使刑罚公正，需要小心谨慎，甚至当场打开"刑书"进行参核斟酌。这里的"刑书"应该就是一种成文法，"刑"法互训则是因为当时重刑罚，通过严格的刑罚对下层社会进行威慑，进而达到控制的目的。《汉书·刑法志》所言的"故制礼以崇敬，作刑以明威也"②，也是这个意思。从历时性角度来看，夏商周称法为"刑"，春秋战国称"法"，秦汉以后称"律"，"法"与"律"都是对表意的规范，"刑"才是实质，严刑峻法是为了规范行为，进行有效的统治。

以"刑"为主的法虽然存在，但是在很长时间内基本上是统治阶层内部知晓，而被法所规训的普通民众实际上并不知法的具体内容，如叔向所云，"先王议事以制，不为刑辟"（《左传·昭公六年》〈536BC〉）。孔颖达疏谓，"临事制刑，不豫设法也。法豫设，则民知争端。"③ 不公布主要是为了加强惩戒的威慑力，所谓"刑不可知、威不可测"就是这个意思。从根本上来说，统治阶层牢牢把握着符号宰制权，凸显的是统治者的权威。谭光辉在论及权力分类的时候，将其分为身体权力、物质权力和符号权力三种，身体权力是存在权，物质权力是所有权，而符号权力则是认同权，是一种被赋予的象征权，通过对权力主体的认同而发生作用。④ 统治者通过对刑法的垄断来操控符号权力，并以此建立权威，促使下层平民阶层对上层社会特权阶层主动服从并接受认同。夏、商、周之刑法莫不如此，然而到了春秋时期，郑国子产率先公布了成文法，打破了此前既定的刑法符号垄

---

① 梁启雄：《荀子简释》，北京：中华书局，1983 年版，第 309 页。
② 班固：《汉书》，北京：中华书局，1962 年版，第 1079 页。
③ 李学勤主编：《十三经注疏·春秋左传正义》，北京：北京大学出版社，1999 年版，第 1225 页。
④ 谭光辉：《身体权力、物质权力与符号权力之间的关系》，《广西师范学院学报》，2016 年第 5 期。

断局面，立刻遭到了质疑和批评，如晋国的叔向就曾写信指出，"民知有辟，则不忌于上，并有争心，以征于书，而侥幸以成之，弗可为矣。"（《左传·昭公六年》〈536BC〉）他认为刑法的符号文本公之于众，就失去了其神秘性和权威性，平民阶层就少了忌惮，打法律的擦边球，这样统治阶层管理起来就麻烦了。

然而二十三年之后，晋国也用大鼎公布了范宣子制定的刑法。这一次，儒家的孔子批评得更为直接。

> 晋其亡乎！失其度矣。夫晋国将守唐叔之所受法度，以经纬其民，卿大夫以序守之，民是以能尊其贵，贵是以能守其业。贵贱不愆，所谓度也。文公是以作执秩之官，为被庐之法，以为盟主。今弃是度也，而为刑鼎，民在鼎矣，何以尊贵？贵何业之守？贵贱无序，何以为国？且夫宣子之刑，夷之蒐也，晋国之乱制也，若之何以为法？（《左传·昭公二十九年》〈513BC〉）

此前基本上是以礼的差异性来区别意义，士大夫及以上按照次序遵守，贵贱之间秩序井然，没有差错。如今制作刑鼎，公布刑法，大家都知道了刑法的文本内容，就不再忌讳尊贵者，所以孔子极力反对，认为这是晋国灭亡的先兆。孔颖达对此做了详细的阐释，"守其旧法，民不豫知，临时制宜，轻重难测。民是以尊其贵，畏其威刑也。官有正法，民常畏威，贵是以能守其业，保禄位也。贵者执其权柄，贱者畏其威严，贵贱尊卑不愆，此乃所谓度也。"① 因为此前法不外显，只是部分人掌握，对于下层社会来说，如果犯法，则轻重不可知，因此畏其威严，而尊贵者"执其权柄"，其实就是掌握着符号的宰制权。而在身体权力、物质权力和符号权力三者之间，最为重要的也就是符号权力，如赵毅衡言，人类社会面临的大半问题皆是符号问题，对符号权的争夺也超乎于其他权力的争夺。② 中国的先哲，无论是叔向还是孔子，其实都早已意识到这个问题，并从维护统治秩序的

① 李学勤主编：《十三经注疏·春秋左传正义》，北京：北京大学出版社，1999 年版，第1513 页。
② 赵毅衡：《符号学：原理与推演》，南京：南京大学出版社，2016 年版，第7 页。

角度进行了有效思辨。对刑典符号权的掌控在孔子等先哲看来就是尊贵、守业、为国的法宝，不可轻易示人。

当然，随着宗法社会的解体，社会流通的扩大，新兴地主阶级的兴起，维护既定贵族阶层利益的礼乐符号系统已经逐渐被打破，贵族阶层对刑法符号的宰制垄断也逐渐被抛弃。到了战国时期，刑法得到更大范围的流行，各国大量颁布了刑法，如楚国的《宪令》、韩国的《刑符》、魏国的《法经》。很多刑法现在已经亡轶，根据《晋书·刑法志》（第30卷）可以看到李悝《法经》的基本名目为《盗法》《贼法》《网法》《囚法》《捕法》《杂律》《具律》。这些法其实是各种罪行的综合，以一种形式化的东西呈现出来，如"盗法"就是根据各种不同的偷盗行为综括而成的，触犯了这些罪的人要受到对应法的处罚，因此颁布的成文法其实多是当时表意规范的底线，"法律政令者，吏民规矩绳墨也"（《管子·七臣七主》）就是这个意思。各种名目的法都是对表意行为的符号抽象，其对象就是各种不同的表意行为，解释项就是对错以及由此而来的惩戒处罚，其目的就是对人的行为进行规训，以便更好地管理流动性日益增强的社会。而整个社会对成文法颁布的认同支持，如韩非认为法是"编著之图籍，设之于官府，而布之于百姓者也"（《韩非子·难三》），甚至直接指出"法莫如显"（《韩非子·难三》），这些其实反映出的是新兴地主阶级在符号权力斗争中取得的胜利。

随着法的普及，研究各种法治思想的法家也应运而生。法家可分为三晋法家和齐法家，三晋法家的代表如李悝、商鞅、韩非①，齐法家的主要思想见存于《管子》。三晋法家基本上是彻底的改革派，主张以法为主，用法治国，鼓励耕战，严明赏罚，"犯之者其诛重而必"（《商君书·奸劫弑臣》），努力打破礼乐符号系统维系的旧有贵族集团的利益，强调君主对刑法符号的宰制，凸显的是君主的绝对权威，而其他人一齐于法。这方面理论的集大成者是韩非。

韩非处于代表新兴地主阶级利益的"智法之士"和代表封建贵族利益

---

① 萧公权研究指出"法家之发源地似以晋为中心，而卫郑为附庸"，所论甚是，如李悝魏人，韩非韩人，商鞅卫人。参见萧公权：《中国政治思想史》，北京：商务印书馆，2016年版，第34页。

的"当涂之人"（《韩非子·孤愤》）激烈冲突的时期。这一时期依然是建立在礼乐符号系统之上的封建主义，统治阶层依照血缘关系进行分层，以礼乐的差异性来建构身份地位的差异性，维护其利益关系，对下层民众则是以严酷的刑罚加以控制。新兴地主阶级希望改变这种由先天血缘关系建构的社会政治系统，试图以军功等作为晋升的手段重建社会政治生态系统，推重君主，抑制公卿。君主须严格操控刑德"二柄"，对属下进行严密控制，"杀戮之谓刑，庆赏之谓德"（《韩非子·二柄》）。从权力符号三分的角度来看，前者为身体权，后者为物质权，君主须牢牢掌握这两项权力，以此形成威势，进而取得"剖符"权（《韩非子·孤愤》），即符号宰制权，有剖符权，才能选贤任能，奖优罚劣，掌控权力。在分层上，韩非主张"是非辐辏，上不与构"（《韩非子·扬权》），即所有的人无论是非对错，都必须像车轮辐辏一般围绕君王，而君王并不参与这个辐辏的结构，也就是说，君王自己不在这个符号系统之内，他居于系统之上，其他人等则严格按照系统运作要求运转，"法不阿贵，绳不挠曲"，"故明主使其群臣不游意于法之外"，"一民之轨莫如法"（《韩非子·有度》）。除了君主居于上层，其他人等一概处于法律符号系统之中，以法为行动准绳。法律符号的公布让君主不再像夏、商、周三代之时上层贵族阶层因为独断法律符号系统而形成威严，因而韩非在前人的基础之上总结出法、术、势三结合的模式，以此建立权威，获得权力认同，[①] 这一点也是与时俱进的。"术者，藏之于胸中，以偶众端，而潜御群臣者也。故法莫如显，而术不欲见。"君主操术，喜怒不形于色，隐藏表意痕迹，不让群臣揣测君主之意，赏罚不测，乃是为了建立君主威严。此前法律符号不曾公布，因而具有神秘莫测的威严，但战国以来，各国先后颁布刑法，君主威严就会打折扣，因而增加了"术"。君主运用权术（方法手段）来建立自己的"势"，明主治国必须增加"威严之势"（《韩非子·六反篇》）——权势地位，进而获得符号宰制权，使群臣百姓对君主权力服从并认同。君主治理天下，"抱法处势则治，背法去势则乱"（《韩非子·难势篇》）。但同样作为统治方法方式，"术"与法的对象也是分层的，"术"主要用来"课群臣"（《韩非子·定法篇》），不及百姓这个层面，而法则是从群臣到百姓都要遵守的。但实际操

---

① 祝东：《先秦符号思想研究》，成都：四川大学出版社，2014 年版，第 203 页。

作中也有分层，从湖北云梦睡虎地出土的《秦律》来看，从刑徒奴隶，到庶民，再到官吏，刑罚是逐层递减的，也就是说法家之"刑无等级"（《商君书·赏刑篇》）也只是理想。实际上，有学者研究指出，法家之法也是力图以法律制度维护尊卑有别的差别性社会，[①] 但是二者分层的依据是不同的，具体说来，儒家礼的分层是以宗法血缘关系为依据的，而法家法的分层是以在农战军功基础之上的爵位为准则的，前者是先天的，后者是后天的，后者意在打破以血缘关系为纽带的封建贵族特权制度，建立新的地主经济下君主专政的郡县制。

相较而言，齐法家和儒家阵营里面的荀子属于温和的调和派，他们试图调和礼法之间的冲突，援礼入法，这实际上是切实可行的方法。秦汉以后的统治阶层也是遵循这条路线发展的。

三　礼法互用：道德自律和制度规训

一般认为，礼起源于祭祀活动，《礼记·礼运》曾论及礼的起源说，"夫礼之初，始诸饮食，其燔黍捭豚，污尊而抔饮，蒉桴而土鼓，犹若可以致其敬于鬼神。"礼是用来致敬鬼神的。当礼逐渐规范化制度化之后，就成为一种具有约束力的社会规范，规训调适着人的各种表意行为。特别是在周公制礼作乐之后，礼成为社会上人们必须遵守的行为规范的总和，礼乐文化符号系统调节着人类社会的秩序，故而《荀子·王制》有云："礼义者，治之始也。"儒家的理想政治是"为政以德"，为政不可将礼与德分开，礼是外在的表意规范，德是内在的道德操守，礼治是在宗法血缘关系背景下形成的社会治理系统，以血缘关系为纽带将人连接起来，并且以血缘关系的远近为核心，通过礼的层级系统来划分确立人与人之间的亲疏尊卑关系，维护着各种名分，区分着各种不同的利益关系。当国家政治权力稳定时，礼起着严明秩序的作用，而礼崩乐坏之后，传统的礼已经不能维系社会秩序，法治思想就逐渐产生了，"人之心悍，故为之法。法出于礼，礼出于治。治、礼，道也。万物待治、礼而后定。"（《管子·枢言》）推行法治是因为礼乐已经无法有效约束人心，但是在齐法家看来，法从礼出，礼从

---

① 吴丽娱主编：《礼与中国古代社会·秦汉魏晋南北朝卷》，北京：中国社会科学出版社，2016 年版，第 146 页。

"治"出。赵守正认为"治"乃是"辞"之通假，言论、理论之谓，[1] 周瀚光等在《管子直解》中亦将"治"解释为言辞理论。[2] 这个解释是说得通的，因为无论是法还是礼，都是言辞，也就是一套规范人们表意的符号系统，是道的符号再现体，而符号不仅使万物有序，而且通过符号规约使社会秩序严明。由此可见，齐法家其实是礼法互用的。

当我们再回过头来看法家思想创生期的情况时，就更容易发现礼法互用的事实。如前文所言，子产铸刑书，晋国铸刑鼎，其法律文本的媒介皆是青铜礼器，而从《历代法典说略·西周青铜器铭文法典说略》中可以看出，无论是西周的"治地之约"与"治民之约"、土地转让的法律程序及诉讼中的"誓"，还是周王朝颁布的法令条文，以及春秋时期的"铸刑鼎"事件，[3] 这些法令法律符号文本都是借青铜礼器为媒介进行传播的。青铜礼器又称为彝器，侯外庐等《中国思想通史》（第一卷）中指出，殷器有尊、彝、鼎、爵，卜辞里也出现了这些字，但是从其中看不出礼器代表政权的概念，也看不出礼器象征专政的概念，而且殷人群饮，酒醴并非专有；到了周代，彝器才与权力联系起来了。尊、彝、鼎、爵原来仅表示盛放酒食的器皿，后来因为超越社会成员的权力逐渐集中在个人身上，便象征着神圣的政权，因而"尊爵"转化为对贵者的尊称，所谓"天之尊爵"（《孟子·公孙丑上》）就是这个意思，尊彝成为贵族专享，所以成为政权的代表符号，到周公时代被作为制度合法化。[4] 这里可以看出礼器有一个符号化的过程，即作为实用之物的器皿到作为王权象征的符号，也即从西周开始，青铜礼器已经不是一般性质日用器物，而是因其特殊的功能——体现等级制度和权力秩序而被神秘化乃至神圣化，因此"青铜礼器也就成为奴隶主阶级权力的象征"[5]。所谓"器以藏礼"，就是礼包蕴在礼器之中，礼又因为其沟通人神的特征而具有不可置疑的神圣性。而中国古代早期法令、法规等铸刻在青铜礼器上，以彝器作为媒介，其中蕴含的深意也就值得玩味了。考虑到礼器的特殊意义，无论是法令的编码者还是解码者都无法忽视这一

---

① 赵守正：《管子通解》，北京：北京经济学院出版社，1989 年版，第 165 页。
② 周瀚光等：《管子直解》，上海：复旦大学出版社，2000 年版，第 152 页。
③ 王宏治主编：《历代法典说略》，北京：北京燕山出版社，2012 年版，第 2-38 页。
④ 侯外庐等：《中国思想通史》第一卷，北京：人民出版社，1957 年版，第 15 页。
⑤ 马承源：《中国古代青铜器》，上海：上海人民出版社，2008 年版，第 29 页。

媒介本身具有的特性，而这一特性又反过来加强了附着其上的符号文本的话语权力。如赵毅衡所言，"在符号表意过程中，媒介不是中立的，媒介不是符号过程的传送环节，而是直接影响符号文本意义的解读。符号表意要达到效果，应当与适当的媒介配合。"① 作为法律符号的媒介，青铜礼器因其特殊的意义而影响了接受者对其的解读，即受众因为青铜礼器的神圣性而对符号文本更加敬畏服从。从这个角度来说，在法思想萌芽的时候，法是借助礼的规范性、神圣性来加强自身影响力的，礼法从开始就是密不可分的结合体。后世所谓"法从礼出"，不仅是说礼法同源、都具有规范秩序的意义，而且是说礼法分离的时候，法曾经是借助于礼在社会中的权威性而推行开来的。

从发展来看，三晋法家是在三家分晋的背景下形成的学术思想流派，其鼻祖李悝在魏国变法的时候，其实也是儒法并用，在政治经济上以法家思想为主，而文教还是儒家的，赵国变法也是如此。② 也就是说从法家学术思潮兴起之时，兼取儒法的互动交流就开始了，只是随着政治斗争的尖锐、统一天下的形势，当时的统治者等不了"帝道"和"王道"，需要能够立竿见影的"霸道"，③ 而"霸道"的核心即严刑峻法、奖励军功、鼓励垦荒耕织，通过发展封建地主经济，并以此为基础夺取天下。三晋法家的思想在秦地被发展到极致，故有论者指出，"秦之法制多源于三晋，然而到了战国后期，三晋已自叹不如了。"④ 这也是秦国取得事功的主要原因之一。

西陲秦国变法图强，经过几代君主的励精图治，逐渐在政治军事上取得了绝对优势，加之连年征战，人心思治，荀子、韩非先后有过一些思考和论证，最终这种大一统思想的综合在吕不韦主持的《吕氏春秋》中得到了落实。《吕氏春秋》在学术思想史上一直被视作杂家，但是其中儒家和法家思想融合的痕迹还是很重的，如李泽厚所言，"写作《吕氏春秋》的现实基础，应该是在秦国已取得巨大成就（也包括吕本人的事功）的法家传统的长久实践；但这个治国大方略中却保留了那么多儒家的思想。"⑤

以孔子为代表的儒家学术思想发展至孟子这里，由仁礼兼治转向片面

---

① 赵毅衡：《符号学：原理与推演》，南京：南京大学出版社，2016 年版，第 123-124 页。
② 杨宽：《战国史》，上海：上海人民出版社，2016 年版，第 202-209 页。
③ 司马迁：《史记》，北京：中华书局，1982 年版，第 2228 页。
④ 阎步克：《士大夫政治演生史稿》，北京：北京大学出版社，1998 年版，第 216 页。
⑤ 李泽厚：《中国古代思想史论》，北京：生活·读书·新知三联书店，2009 年版，第 142 页。

的道德自律一边，《孟子·告子上》谓，"恻隐之心，人皆有之。羞恶之心，人皆有之。恭敬之心，人皆有之。是非之心，人皆有之。恻隐之心，仁也。羞恶之心，义也。恭敬之心，礼也。是非之心，智也。仁义礼智，非由外铄我也，我固有之也，弗思耳矣。"在孟子看来，人人皆有恻隐、羞恶、恭敬、是非之心，而这四心即仁、义、礼、智，也就是说，仁、义、礼、智是先天的。如前文所言，孔子创造性地将仁注入礼中，将礼作为外在规范，但是孔子的仁却始终没有一个具体的解释项，孟子在这里直接将仁解释为"人心"（《孟子·告子上》），也就是说推行礼乐文化只需要从自己的道德良心出发即可，将曾经沟通人神的礼置换为具体的人及其具有的人性道德。但是孟子同时把在孔子那里外在的礼——规范秩序，也内化为先天的道德，这让礼的仪式容止得不到落实，成为没有能指的所指，只有内在的道德禁限，而缺乏必要的外在制度禁限。如司马谈言，先秦诸子之学皆"务为治者也"，[①] 故而在列国争雄的战国，孟子的这个理论确实显得有些"见以为迂远而阔于事情"，[②] 不够实用。这个缺陷是由荀子来弥补的。

　　荀子认为，人的自然之性，无所谓礼义，"今人之性，固无礼义，故强学而求有之也；性不知礼义，故思虑而求知之也。"（《荀子·性恶》）在荀子看来，仁、义、礼、智皆是人后天思虑学习所得，人的本性是趋利避害的，如果放任人之本性，社会就乱套了，因此需要一个"化性起伪"的过程，"是以为之起礼义、制法度、以矫饰人之性情而正之，以扰化人之性情而导之也。"（《荀子·性恶》）即用礼义来教化人们，规范人们的行为活动。这样，荀子就把孟子的先天性善拉了出来，成为后天的教化。面对贪欲和动荡，荀子提出"制礼义以分之"（《荀子·礼论》），通过礼仪制度形式，规范秩序，进而强化外在的教化规训。"礼者，政之挽也"（《荀子·大略》），"挽"即牵引，是一种外力引导，礼由内在道德自律转向外在制度禁限。"以善至者待之以礼，以不善至者待之以刑"（《荀子·王制》），即对于正面的"善至者"，以礼待之，对于负面的"不善至者"，以刑处之，礼法互补，通过两套规约系统来规范表意行为，重建秩序。荀子还进行了分层，"由士以上则必以礼乐节之，众庶百姓则必以法数制之"（《荀子·富

---

①　司马迁：《史记》，北京：中华书局，1982 年版，第 3288-3289 页。
②　司马迁：《史记》，北京：中华书局，1982 年版，第 2343 页。

国》），对于社会上层，以礼乐符号系统调节为主，对于社会下层，以刑法系统制约为主，互相补充，达到全域覆盖。非礼即法，整个社会以这两套符号系统的制约性相须为用，而以礼为深层结构控制着刑法符号系统及其解释规则，成为中国几千年封建统治秩序的元语言。汉代统治者在亲历了暴秦覆亡之后，更是深刻吸取了历史教训，其儒表法里的实质是既吸收了儒家礼乐伦理的制动价值，又对法家事功思想带来的弊病进行了不同程度的规避。

通过前文的比较分析，我们在这里再对礼乐符号系统与法律符号系统的关系、异同及意义做一简单小结。

其一，二者都是规约符号系统，可以对人的表意行为进行规范导引，具有同一性。

其二，从中国古代礼乐符号与法律符号的源流来看，礼乐符号系统对人的规训要早于法律符号系统对人的规训。

其三，礼乐符号系统注重符号分节，不同分节适用不同对象，层次性为其主要特征；法律符号学系统注重齐一，除天子帝王之外，法律符号系统适用所有人，注重整齐性，即所谓"法不阿贵，绳不挠曲"（《韩非子·有度》），"法家不别亲疏，不殊贵贱，一断于法。"[1] 当然后者也只是一种理想状态，在实际操作中法律符号系统维系的也是有等级特权的，只是没有礼乐符号系统那样明显。

其四，由礼乐符号系统生发出来的是道德自律，由法律符号系统生发出来的是制度规训，二者在社会生活中存在的作用不同。道德自律偏重于社会舆论与个体自制，制度规训则主要靠国家权力机关暴力机器来推进，因此彼时的"法治"究其实质是"君主专制与严刑峻法的结合而已"，[2] 与现代法治还是有相当之距离的。

其五，从某种程度上来说，礼是法的元语言。法的推广必须符合礼的要求。周人创造性地将德纳入权力解释系统之中，所谓为政以德，就是让道德伦理成为衡量权力是否合法的重要标准。法律制度的推行必须符合一定社会的道德伦理要求，也就是说，法的权威及解释项必须以礼为中心。

---

① 司马迁：《史记》，北京：中华书局，1982年版，第3291页。
② 阎步克：《士大夫政治演生史稿》，北京：北京大学出版社，2015年版，第148页。

实际上我们现在看到的西周时期的契约法令等都是铸刻在青铜礼器上，以此来保持法律效力。而法令制度的有效推行。如孟德斯鸠所言，需要与宗教、风俗、习惯等相适应，[1] 也就是必须符合礼乐等道德伦理方面的要求。

最后，法出于礼，并一度依托于礼而推行。在战国时期，因为特殊的历史环境，礼法分离，重法轻礼，法的变革促进了大一统局面的形成，但这种急功近利的思想也容易导致"亡也忽焉"，秦王朝的覆灭给汉初统治阶层提供了反思的材料。汉代以降，礼法并用成为首选，并被用来规范人们的表意活动。因此，礼法同源的实质是中国封建社会的动力价值与制动价值同源，而作为单一元语言的礼使得人们"按照同一种元语言来理解接受社会现实"，[2] 形成"思维共识"而不敢越雷池一步。这无疑阻滞了历史演进背后应当拥有的"持久的符号动力"，[3] 也正是中国封建社会长期停滞不前的深层原因。

第二节　法与道：社会秩序及其符号建构

道法思想和儒法一样，都属于不同学派交流融合的产物，其学术旨趣是相同的，都针对礼崩乐坏的社会政治提出了"为治"的药方。所不同的是，儒家孔孟对仁政的追求缺少必要的政治措施，最终为当时的统治者所弃，而由荀子、韩非开出的儒法思想最终在秦国生根发芽。道家的老庄一派重在因顺自然，黄老一派承接了老庄的道论思想，并将其与作为秩序规则的法进行了理论整合，最后稷下法家将其融合到政治治理的方法论体系之中，完成了道法思想的整合。这其中蕴藏的符号学思想及操作原理，值得反思。

一　老庄的自然观及其符号思想

老子是轴心时代的中国智者，根据其史官身份可知老子比后来其他先

---

① 〔法〕孟德斯鸠：《论法的精神》，张雁深译，北京：商务印书馆，1961 年版，第 7 页。
② 冯月季：《从政治化到世俗化：意识形态研究的符号学转向》，《符号与传媒》，2016 年第 2 期。
③ 赵毅衡：《符号学：原理与推演》，南京：南京大学出版社，2016 年版，第 381 页。

秦诸子能接触到更多更丰富的文献史料，史官身份的世袭制也使得他比其他诸子在文化修养上的积淀更为丰富，这些也正是老子比其他诸子能更加透彻地了解自然与社会历史演变的深层原因。老子对现存社会及其弊病的深刻洞察，使得他的哲学思想颇不同于先秦其他诸子。比如靠自学和转益多师而成才的儒家先哲孔子，其政治取向是重建礼乐系统以规范社会秩序，而老子的立场则是近乎解构，他倡导的是一种"自然""无为"的态度。老子的这种态度是与当时的社会秩序失范有着密切关系的，如孟天运所言，"只是由于社会发展偏离了人的本性，社会的一些制度、规范、价值观念的异化，使人受到了自己创造的产物的控制。才出现了私欲，出现了争斗，具有了智慧，出现了诈伪，法令滋彰，奇物滋起"①。社会制度规范也好，法令、奇物也罢，都是人类文化活动的产物，而文化又是人类符号活动的产物。人应该是文化的主人，能够支配自己的创造物，但是现实生活中却是相反的景象，"人们往往拜倒在自己的创造物之下，迷失在符号的密林里"②。这就是异化，是人与自己的符号活动的产品形成了对立，甚至遭到符号的奴役控制。《老子》的文本中充满不、无、勿、弗、毋等否定性副词，其实就是对这种异化现实的一种反驳。

> 是以圣人处无为之事，行不言之教。万物作而不辞，生而不有，为而不恃，成功不居。（第二章）
> 是以圣人欲不欲，不贵难得之货。（第六十四章）
> 圣人之道，为而不争。（第八十一章）

《老子》里所谓的"圣人"，其实也是统治者，是"明通大道而虚静无为之君的特殊称呼"。③ 圣人治国理政，应该因顺自然，而不是依照主观想法强行推行政令法规去干涉民众生活，是顺应万物的发展规律进行引导而不是横加干涉，因此作为"圣人"要能超然物外，不看重"难得之货"。黄金珠宝

---

① 孟天运：《先秦社会思想研究》，北京：人民出版社，2012 年版，第 586 页。
② 祝东：《〈道德经〉：秩序失衡之际的符号反思》，《中外文化与文论》，2015 年第 3 期，第 63~72 页。
③ 辛占军：《老子译注》，北京：中华书局，2008 年版，第 11 页。

作为"难得之货"是其"符号意义上升的缘故"①。圣人能洞穿其符号价值，进而将其解除"物化"，使之向纯然之物（金属物、石头）靠拢。同理，"不尚贤，使民不争；不贵难得之货，使民不盗；不见可欲，使民心不乱"（第三章），都是对过度符号化现实的拨乱反正，"尚贤"乃是推崇符号化的名位，"难得之货"是物品符号价值上升的结果，这些也是引起社会民心混乱的原因，所以要否定。道家的圣王是"为无为，事无事，味无味"（六十三章）的，其实就是顺其自然，无论是行为处事还是施政治国皆是如此，唯有如此，才能有最后一章"为而不争"的结果，使整个社会趋于无欲不争的景象。

除了对异化现实的否定之外，《老子》中还多用"去""绝"等带有否定性意义的动词，以示对异化现实的积极干预。

> 绝圣弃智，民利百倍；绝民弃义，民复孝慈；绝巧弃利，盗贼无有。（第十九章）
>
> 是以圣人去甚，去奢，去泰。（第二十九章）

《老子》第十九章的议题应与第十八章联系起来分析，"大道废，有仁义；智慧出，有大伪；六亲不和，有孝慈；国家昏乱，有忠臣。"（第十八章）仁义、智慧、孝慈、忠臣等符号的出现，正是大道废弃的符号表征，魏人王弼深谙此理，曾言："若六亲自和，国家自治，则孝慈、忠臣不知其所在矣。"② 如果六亲和睦、国家至治，则不存在孝慈、忠臣之名，相反，孝慈、忠臣之名的存在，正是因为社会没有孝慈、忠臣之实。这正应了一条符号学原理：意义不在场才需要符号。如赵毅衡先生所言："既然之所以需要符号，是因为缺少相关意义，那么符号越多，就越暴露出意义之阙如。"③ 本乎此，我们就容易理解第十九章的意思了，圣智、仁义等符号的出现，意味着大道的缺失，因此要复归大道，就要积极主动地弃置、断绝这些符号，也就是第二十九章所言的圣人"去甚、去奢、去泰"之行为，对此，河上公注谓，"甚谓贪淫声色，奢谓服饰饮食，泰谓宫室台榭。"④ 声

---

① 祝东：《先秦符号思想研究》，成都：四川大学出版社，2014 年版，第 122 页。
② 王弼：《王弼集校释》，楼宇烈校释，北京：中华书局，1980 年版，第 43 页。
③ 赵毅衡：《符号学：原理与推演》，南京：南京大学出版社，2016 年版，第 45 页。
④ 王卡：《老子道德经河上公章句》，北京：中华书局，1993 年版，第 119 页。

色服饰宫室之属，如果仅作意义交流和保暖居住之用，是具有使用性的人造物，但如果作为身份地位的标志，带上了其他意义，就已经符号化，"物必须在人的观照中获得意义，一旦这种观照出现，符号化就开始，物就不再停留于'前符号状态'中"。① 符号化并不可怕，可怕的是过度追求符号化，如"甚、奢、泰"，如此会挤压人类的正常生活，所以河上公又指出，"去此三者，处中和，行无为，则天下自化"。这里又引出另外一个被老子肯定的概念"自化"，即《老子》中对"自"的肯定，如自爱、自知、自胜、自化、自正、自富、自朴等。

> 道恒无名，② 侯王若能守，万物将自化……不欲以静，天下将自正。（第三十七章）
>
> 我无为，人自化；我好静，人自正；我无事，人自富；我无欲，人自朴。（第五十七章）
>
> 是以圣人自知不自见，自爱不自贵。故去彼取此。（第七十二章）

关于"道恒无名"的问题，论者曾撰文指出，这其实是一个符号表意的难题。作为万事万物变化总根源和总规律的道是不能用符号化的名来表征的，因为符号化意味着片面化，会让道失去"恒"的特征，而且万事万物一旦有名之后，也就有了区分和差异。③ 一旦名引入政治伦理领域，成为一种名分等级的时候，社会就出现了巨大的分化，这种人为分割也正是造成社会纷乱的一大源头。所以老子认为侯王如果能顺乎自然，无欲无为，不去强制分割控制，"以自然与和谐的原则来引导社会的发展和进步"，④ 那么民众将会自然而然地自我化育、生长、发展，唯有如此，社会才能趋于安定，所以老子在第五十八章会借"圣人"之口再度申述"无为""好静""无事""无欲"的好处，两相比较才会有"去彼取此"的结论。而老子的这种"不

---

① 赵毅衡：《符号学：原理与推演》，南京：南京大学出版社，2016 年版，第 35 页。
② 本章首句依帛书本校改，帛书甲乙本皆作"道恒无名"，王弼本则为"道常无为而无不为"，高明分析当以帛书本为正。参见高明：《帛书老子校注》，北京：中华书局，1996 年版，第 421-425 页。
③ 祝东：《去符号化：老子的伦理符号思想初探》，《社会科学战线》，2016 年第 8 期。
④ 刘笑敢：《老子古今：五种对勘与析评引论》，北京：中国社会科学出版社，2006 年版，第 587 页。

干涉主义"正是与当时的统治者"擅自厘定出种种标准，肆意妄为，强制推行"有关。① 所有这些归结起来，其实就是对"自然"的肯定，而老子的"自然"其实就是自然而然、顺其自然之意。

> 功成事遂，百姓谓我自然。（第十七章）

老子提倡无为，无为不是不作为。《老子》中多处提出功成身退的内容，如"功成不居"（第二章），"功成、名遂、身退，天之道也"（第九章），"功成而不有"（第三十四章），"功成不处，斯不见贤"（第七十七章），从"功成"中可知老子的思想还是"有为"的，但是不居功自傲，反而认为这是"自然如此"。"希言自然"（第二十三章）亦是如此，倡导少出政令干涉而顺其自然，因为在老子看来，"人法地，地法天，天法道，道法自然"（第二十五章），这是一条逐层取法的规则：人→地→天→道→自然。道以自然为法则，其实就是摒弃人为干预，遵从事物的客观规律，这也是道德尊贵的原因，"道之尊，德之贵，夫莫之命而常自然"（第五十一章），即顺任事物自然发展，而道家"圣人"的工作也就是"以辅万物之自然而不敢为"（第六十四章），辅助万物顺其自然而不加干涉。一如车载所言，老子的"自然"其实是"不加人为任其自然的状态，仅为《老子》全书中心思想'无为'一语的写状而已"②，可谓的论。

如果说老子从正面肯定了"自然""无为"，那么其后学庄子则从反面指出了"干涉""有为"的弊病，"故纯朴不残，孰为牺尊。白玉不毁，孰为珪璋。道德不废，安取仁义。性情不离，安用礼乐。五色不乱，孰为文采。五声不乱，孰应六律。夫残朴以为器，工匠之罪也。毁道德以行仁义，圣人之过也。"（《庄子·马蹄》）在"有为"的驱使下，产生了牺尊、珪璋、礼乐、文采、六律之属，但这些也正是以原木破坏、白玉被毁、道德被弃等为代价造成的结果，最后势必天下大乱，"及至圣人，屈折礼乐以匡正天下之形，县跂仁义以慰天下之心，而民乃始踶跂好知，争归于利，不可止也。"（《庄子·马蹄》）统治者试图以仁义为旗号，以礼乐来约束规范

---

① 陈鼓应：《老子今注今译》，北京：商务印书馆，2003年版，第283页。
② 车载：《论老子》，陈鼓应：《老子今注今译》，北京：商务印书馆，2003年版，第142页。

人们的表意行为，结果适得其反，因为"有为"的干涉违反了事物发展的本性。"屈折礼乐，呴俞仁义，以慰天下之心者，此失其常然也"（《庄子·骈拇》），就是说以礼乐仁义为标准来教化规范世人，实际上是对人的本性的伤害。在《庄子·应帝王》中还有一个深刻的比喻，南海之帝儵与北海之帝忽为中央之帝混沌"日凿一窍，七日而浑沌死"，混沌之死正是有为者强制干涉的结果，由此便不难理解《庄子》中一再重提的"因自然"（《庄子·德充符》）、"顺物自然"（《庄子·应帝王》）、"应之以自然"（《庄子·天运》）等命题。俄罗斯符号学家洛特曼将人类文化生存发展的空间视作符号域，符号域中心代表着稳定和秩序，符号域边缘则被视作混乱和无序。一般而言中心视作正项，边缘则是异项，中心与边缘是一种非对称性的对话关系，而且"对话并非形式上的，而是实质上的"，① 中心（正项）总是试图以自己的规则来规范边缘（异项）。最为关键的是，正项与异项并非绝对，而是取决于中项的偏向情况，也就是说中心之正项与边缘之异项只是一种相对的关系，是以对方为他者来建构自身的，而符号域不仅区隔了中心与边缘，同时又连接着二者，正如皮特·特洛普所言，"对话是符号域的本体特征。"② 由此看来，居于中心的统治阶层以仁义礼乐来强制规范他者并非就是正确的符合规律的。所以道家"自然""无为"的意义在于"以这样一种顺之自然的方式来对话，摒弃干涉强制主义，恢复符号域内部的发展规律"③，遵循文化空间内部的发展规律，让域际交流的自然规律来调整人与自然社会之间的关系，求得一种平和的发展。道家自然观的符号思想也是导源于此。

二　黄老的天道自然与秩序建构

作为学术流派概念的黄老屡见于《史记》之中，如司马迁认为申不害、韩非之学皆"归本于黄老"④，慎到、田骈等"皆学黄老道德之术"⑤，这其

---

① 彭佳：《对话主义本体：皮尔斯和洛特曼符号学视域中的文化标出性理论》，《符号与传媒》，2015 年第 2 期，第 202～212 页。
② 〔爱沙尼亚〕皮特·特洛普：《符号域：作为文化符号学的研究对象》，赵星植译，《符号与传媒》，2013 年第 1 期，第 161 页。
③ 祝东：《论〈老子〉的"自然"符号思想》，《河南师范大学学报》，2017 年第 4 期。
④ 司马迁：《史记》，北京：中华书局，1982 年版，第 2146 页。
⑤ 司马迁：《史记》，北京：中华书局，1982 年版，第 2347 页。

中的"黄"是指黄帝，"老"则是指老子。黄老之学的盛行发展与齐国稷下学术的发展密切相关，已为学界公论，但陈鼓应指出，"黄老思想的起源或可能早于稷下道家，但它盛行于全国各地而成为战国显学是因着稷下道家的倡导"①。任何学术思潮的产生发展皆与一定的时代背景有关，稷下学者选择黄老也与当时的历史背景密切相关。田氏篡齐之后，为了论证其权力的合理性，并为争王称霸制造舆论，将远祖追溯至黄帝处，这个郭沫若、胡家聪、王葆玹、白奚等学者已多有推论。据郭沫若《十批判书·稷下黄老学派的批判》考证，"黄帝"一名在古器物铭文中出现始于齐国《陈侯因咨敦》，其文中有云："高祖黄帝，迩嗣桓、文，朝问诸侯，合扬厥德"，黄帝在齐国的统治者这里是信史化的。② 黄帝与老子结缘，则可能与楚灭陈之后，陈国逃亡者投靠田氏，带去老子之学有关。田氏将老子"将欲夺之，必固与之"（《老子》，第三十六章）之类的学术思想应用到政治实践中，如"以大斗出贷，以小斗收"③，通过市利来收买民心，借机发展自己的势力，最后一举篡齐。田齐在战国变法图强的关键时期，为了自身的发展，开辟稷下学宫，延揽人才，一方面通过知识阶层的论辩讲学，为自己政治权力的合法性进行论证宣传；另一方面通过让知识阶层积极参政议政，力图富国强兵，"夫争天下者，必先争人"（《管子·霸言》）。对于田齐统治者而言，通过稷下学宫"争人"，其目的在于"争天下"，因而稷下学者实际上承担着学术与政治的双重功能。在这里，通过黄帝这一媒介将统治阶层要求的社会规则、禁忌系统导入理论系统之中④，道家的天道自然思想才能落实，才具有可操作性，这才是黄、老合璧而成的黄老之学的学术旨趣。

稷下学宫兼收并蓄，儒、墨、道、法不拘一格，诸家学者在稷下论辩交流，又有互相融合的趋势。这种学术胜景可用八个字概括：百家争鸣，交流融合。其融合而创新的就是黄老之学。从现存文献资料来看，列入道家的人数最多，如彭蒙、田骈、慎到之属皆是，但是这些学者在进行学术活动的时候，其现实的政治目的是相同的，也就是为田齐的政治发展服务。他们借黄帝之言，将高妙玄虚的老子之学拉回纷乱复杂的现实人间，将其

---

① 陈鼓应：《黄帝四经今注今译》，北京：商务印书馆，2007年版，第22页。
② 《郭沫若全集·历史编》第二卷，北京：人民出版社，1982年版，第155页。
③ 司马迁：《史记》，北京：中华书局，1982年版，第1883页。
④ 曹峰：《近年出土黄老思想文献研究》，北京：中国社会科学出版社，2015年版，第27页。

与作为统治者黄帝的治术熔于一炉，成为刑名法术之学。所以从稷下学者留下来的资料《管子》来看，其学术旨趣是法家的，但又不同于峻刻的三晋法家。这种融合的趋势也使得后人无法将稷下学者具体归入哪一个学术派别，如白奚所言："稷下学者们的思想体系中，都同时兼有两种或多种不同学派的思想学说，因此严格来说，他们都不是纯粹的这一派或那一派。"①在交流融合中取长补短，能最大限度地吸收别人的长处而融合创新，正是齐国稷下之学的学术特色，黄老之学就是这种学术背景下的创新。

黄、老之学结合的第一步就是将作为万物本原的道和作为世间万物秩序的法进行了整合，提出了"道生法"这一理论，"道生法。法者，引得失以绳，而明曲直者也。故执道者，生法而弗敢犯也，法立而弗敢废也。［故］能自引以绳，然后见知天下而不惑矣。"（《黄帝四经·经法》）道作为宇宙万物运行的总规律，法是人类社会行为的总原则，"道生法"意味着人类社会行为的秩序法则以道的运行规律为指导。法一旦创制生成，则成为辨别事物行为曲直的准绳，不可违犯废弛。接下来，黄老学者进一步分析了如何在道的指导下来规范秩序。

> 虚无有，秋毫成之，必有形名，形名立，则黑白之分已。故执道者之观于天下也，无执也，无处也，无为也，无私也。是故天下有事，无不自为形名声号矣。形名已立，声号已建，则无所逃迹匿正矣。（《黄帝四经·经法》）

统治者在道的指导下，可把握任何细微事物的形和名。形一般认为是事物的形体、状态等，而名则需要解释一下。《墨子·经说上》云："告以文名，举彼实也"，孙诒让《墨子间诂》谓，"此篇'之'字多误为'文'，此'文名'亦当作'之名'。'之名'犹言是名，与'彼实'文相对"。②《墨子·小取》"以名举实"亦可印证。谭戒甫《墨辩发微》谓，"盖凡物在未举之先为实，在既举之后为名"，③姜宝昌《墨经训释》引范耕研《墨

---

① 白奚：《稷下学研究：中国古代的思想自由与百家争鸣》，北京：生活·读书·新知三联书店，1998年版，第81页。
② 孙诒让：《墨子间诂》，北京：中华书局，2001年版，第338页。
③ 谭戒甫：《墨辩发微》，北京：中华书局，1964年版，第108页。

辩疏证》云："文即是名。自其出诸口者言之，则谓之名，自其箸于竹帛者言之，则谓之文。"① 由是可知，无论"之名"还是"文名"，名都是表征实的语言符号。有一事物之形必有一事物之名（符号），正好与符号学家皮尔斯"外部世界是符号意义的主要来源"的观点趋同，合乎"世界—认知—符号"这一符号学的认知模式。② 形名关系对应确立之后，作为语言符号的名的边界就是形的边界，而天下的万事万物都可以在形名对应的情况下确立自己的边界，如此逆推，把握形名符号就是把握了万事万物的秩序。作为统治阶层的"执道者"所执之道就不再是玄之又玄、不可见闻的东西，而是实实在在的可以掌控的形名。但是形名又不是强制推行的秩序系统，而是"自为形名声号"，这实际上又是对老子"道法自然"的一种回应。

黄老之学结合的第二步是将老学的自然观念注入黄帝的秩序调控规则之内，调控意味着干预，但干预有顺、逆之分，"物各［合于道者］，谓之理。理之所在，谓之［顺］。物有不合于道者，谓之失理。失理之所在，谓之逆。逆顺各自命也，则存亡兴坏可知［也］。"（《黄帝四经·经法》）合于道者为顺，反之则为逆，而顺逆又关乎"存亡兴坏"，所以《黄帝四经·经法》中明确提出了"顺治""逆治"的概念，前者是遵循自然规律，后者则是违背自然规律，顺则成之，逆则败之。《黄帝四经》中特别强调"自""顺""因"，这几个词也是其高频关键词。

> 名实相应则定，名实不相应则静。物自正也，名自命也，事自定也。（《黄帝四经·经法》）
>
> 内外皆顺，功成而不废，后不逢殃。（《黄帝四经·经法》）

名实相应则社会安定，反之则会出现纷争（"静"读为"争"），所以把名实问题捋顺了，物、名、事也就自然而然地"自正""自名""自定"，这也正是对前文所言老子贵"自"的肯定和回应。因而作为"执道者"，只需"夫并时以养民功，先德后刑，顺于天"（《黄帝四经·十大经》），顺应天时，遵循自然规律法则，也就是"因天之则"（《黄帝四经·称》），

---

① 姜宝昌：《墨经训释》，济南：齐鲁书社，2009 年版，第 35 页。
② 薛晨：《认知科学的演进及其与符号学关系的梳理》，《符号与传媒》，2015 年第 2 期。

赞助人事，如此才能"功成而不废，后不逢殃"。"因"就是因顺、顺应而不横加干扰之意，"因天时"实际上也是稷下黄老学者一再强调的内容，他们在《经法》和《十大经》中都曾论及这一主题。如陈丽桂言："所谓'因'，就是顺随外事外物以举事。它是黄老道家对《老子》守雌、反智哲学的共同转化，它构成了黄老之学的核心要素，所有的黄老学家没有不讲因术的。《管子》有静因之道，《慎子》主因循，《吕氏春秋》有贵因篇，《淮南子》尤集各家因术之大成。"[1]

因此，黄老学者在建构秩序规则的时候，通过援法入道，将道家自然和谐、尊重符号域内部发展规律的思想引入秩序调控之中，强调因顺自然，反对倒行逆施。这一方面使为道为学高妙玄虚的老学转化为实用性较强的社会治理法则，另一方面又去掉了人为粗暴干涉的弊病，兼顾了理论的科学性和实践的可操作性，这也正是稷下法家自觉接受黄老之学并将其应用到法家社会实践之中的深层原因。

三 稷下法家对自然的应用反思

梁启超在论及法家思想时曾指出，"法家起战国中叶，逮其末叶而大成，以道家之人生观为后盾，而参用儒墨两家正名核实之旨，成为一种有系统的政治学说。秦人用之以成统一之业。汉承秦规，得有四百年秩序之发展。"[2] 这里梁任公说对了一部分，即法家参考了道家的学术思想，但是秦完成统一为什么不能持久，汉代却能有四百年基业，其原因是二者所承继的法家是不相同的，梁氏这里有胡子眉毛一把抓的嫌疑。《韩非子·五蠹》篇谓，"今境内之民皆言治，藏商、管之法者家有之"，明确提出了"商法"和"管法"两大法家系统，并且流传甚广，商法其实就是以商鞅为代表的三晋法家，管法则应是见存于《管子》之中的齐法家。秦是以三晋法家为指导思想的，汉用的是以黄老思想为指导的法家，即齐法家思想，二者是不同的。

齐法家思想主要见存于《慎子》残篇及《管子》之中。如前文所言，田氏篡齐之后，为论证其权力的合法性，有意抬高与其有历史渊源的黄帝

---

① 陈丽桂：《汉代道家思想》，北京：中华书局，2015 年版，第 40 页。
② 梁启超：《先秦政治思想史》，北京：商务印书馆，2014 年版，第 184 页。

和老子，而稷下学者则是其理论旗手。在此背景之下形成的黄老之学自然成为田齐的官方学说，稷下学者也无不受此影响，《史记·孟子荀卿列传》谓，"慎到，赵人。田骈、接子，齐人。环渊，楚人。皆学黄老道德之术，因发明序其指意。故慎到著十二论，环渊著上下篇，而田骈、接子皆有所论焉。"[①] 其中明确指出慎到、环渊等稷下学者"学黄老道德之术"，一个"学"字不仅说明黄老之学为齐国官方之学，同时说明诸家学者在齐地要生存发展，必须以黄老之学作为理论指导，进而在此基础之上进行相关理论阐释，而一个"术"字则正好印证了前文黄老之学将老学发展成为偏向实践的治理法则的一面。这其中慎到就是用黄老之学阐释法家学术较早的一位，如郭沫若言："慎到、田骈的一派是把道家的理论向法理一方面发展了的。严格地说，只有这一派或慎到一人才真正是法家。"[②] 如果黄老之学为齐国起初论证权力合法性的元理论，那么齐法家学术思想则是其为争夺天下的发展性理论学说。

四库馆臣曾指出《慎子》一书"大旨欲因物理之当然，各定一法而守之，不求于法之外，亦不宽于法之中，则上下相安，可以清净而治。然法所不行，势必刑以齐之。道德之为刑名，此其转关。所以申、韩多称之也"。[③] 这里有两个重点值得注意，首先是指出慎到因任自然的思想，其次是点明慎到是道法转关的过渡人物，其学术思想兼有黄老道家和法家之特征，但现残存《慎子》"差不多都是法理论，黄老的气息比较稀薄"[④]，亦是实情。《慎子·因循》谓，"天道，因则大，化则细。因也者，因人之情也。"天道之德，如果因顺人情，则大；如果违背人情，则小。这里充分体现了慎子贵因的思想。这种思想其实有两个源头，一个是道家的自然观，另一个是齐地顺因传统。从道家自然观来看，因其实就是因顺自然之意，如许富宏所言："因……原意指顺应自然，不加干涉，也即人应该认识、尊重、服从外界变化的规律，顺应事物发展的必然趋势。"[⑤] 齐国顺因的传统，从开国理政的时候就开始了，"太公至国，修政，因其俗，简其礼，通商工

---

① 司马迁：《史记》，北京：中华书局，1982 年版，第 2347 页。
② 郭沫若：《郭沫若全集·历史编》第二卷，北京：人民出版社，1982 年版，第 167 页。
③ 纪昀：《钦定四库全书总目》，北京：中华书局，1997 年版，第 1566 页。
④ 郭沫若：《郭沫若全集·历史编》第二卷，北京：人民出版社，1982 年版，第 168 页。
⑤ 许富宏：《慎子集校集注》，北京：中华书局，2013 年版，第 26 页。

之业，便鱼盐之利，而人民多归齐，齐为大国。"① 所谓"因其俗，简其礼"，苏秉琦认为就是"保留青州古文化习俗"。② 管仲相齐的时候亦是如此，"通货积财，富国强兵，与俗同好恶"，"俗之所欲，因而予之；俗之所否，因而去之。"③ 齐国数代统治者皆因袭齐地旧俗，顺应自然风俗，而不横加干涉，因此才有其大国称号，齐地也因此"文化发达，政治开明，既富且强"。④ 人有趋利避害的本性，在慎到看来，充分利用这种本性，顺势利导，即可见成效，"故用人之自为，不用人之为我，则莫不可得而用矣。此之谓因。"（《慎子·因循》）人都有"自为"的私心，这是人的自然本性，统治者要注意引导利用这种自然之性，施之于人事，就会获得大用，这就是从风俗自然之因到政治治理之因。《荀子·非十二子》中批评慎到等人"尚法而无法……下则取从于俗"，即他将遵从社会习俗，不过度干涉，也当作因顺自然。慎到的这种思想又在《管子》诸篇中得到强化，"无为之道，因也""因也者，舍己而以物为法者也"（《管子·心术上》），所谓无为之道，以物为法，皆是因顺自然之意，要求舍弃主观强制性之干涉。

胡家聪研究指出，《管子》系稷下百家争鸣的"投影"，综合了儒家、道家、法家、名家、阴阳家等学术思想，"相互影响，互补趋同，而以法家政治思想为主导"，⑤ 可谓见解精到。《管子》融合了其他学派的学术思想，但是其目标指向却是现实政治与社会治理，而后者正是法家的主要议题。《管子》中多篇论及政治与法理，诸如《牧民》《权修》《立政》《法禁》《重令》《法法》《任法》《禁藏》等，明确提出以法为治的思想，如"行法修制"（《管子·法法》）、"法立令行"（《管子·正世》）、"法法则治"（《管子·禁藏》）。作为法家，自然注重令行禁止、刑罚惩戒，如《管子·法禁》云"法制不议，则民不相私；刑杀毋赦，则民不偷于为善"，《管子·重令》云"行令在乎严罚"，《管子·法法》谓"不牧之民，绳之外也，绳之外诛"，以上诸条皆可见出法家的严酷。但是齐法家同时综合了儒家的仁义礼教思想，"是故圣王之教民也，以仁错之，以耻使之，修其能，

---

① 司马迁：《史记》，北京：中华书局，1982 年版，第 1480 页。
② 苏秉琦：《中国文明起源新探》，北京：生活·读书·新知三联书店，2019 年版，第 53 页。
③ 司马迁：《史记》，北京：中华书局，1982 年版，第 2132 页。
④ 苏秉琦：《中国文明起源新探》，北京：生活·读书·新知三联书店，2019 年版，第 53 页。
⑤ 胡家聪：《稷下争鸣与黄老新学》，北京：中国社会科学出版社，1998 年版，第 36 页。

致其所成而止"（《管子·法禁》），这里提出的教民、以仁安民、以耻使民的思想，近于儒家"导之以德，齐之以礼，有耻且格"（《论语·为政》）的思想；所谓"修"，郭沫若等学者解释为"循"，整句意为遵循民众自身之能而让其有所成，[①] 这是符合齐法家融合儒道诸家之学的实际情况的，"循"是遵循、因循，也就是顺自然之意。

齐法家的法治思想绝不同于三晋法家纯从统治者立场出发来统一民众行为的主张，而是从民众的本性出发，顺其自然，"居民于其所乐，事之于其所利，赏之于其所善，罚之于其所恶"（《管子·禁藏》），即充分利用民"所乐""所利""所善""所恶"的自然本性来引导管理。"圉之以害，牵之以利"（《管子·禁藏》），用民众所"害"（如刑罚）来约束他们，用民众所"利"（如名位）来诱导他们，皆是先肯定人趋利避害的自然本性，然后因势利导，这是《管子》的因术，与慎到同出一辙。

在稷下法家看来，"明君"除了重因，还要知时变，"随时而变，因俗而动"（《管子·正世》），这里提出的"随时而变"即政令法规要权衡时代背景和具体的语境，这其实就是重权的思想。在《管子·五辅》中论及的德、义、礼、法、权五种辅国理政的措施中，权居其一，只知道法还不行，还需知权。权所衡量的内容即"三度"："上度之天祥，下度之地宜，中度之人顺"，就是说在采取行动之时需要考量天时、地利、人和诸方面的因素，审时度势。而"事督乎法，法出乎权，权出乎道"（《管子·心术上》），事物及行事必须以法作为检验标准，法又要经过慎重的权衡来制定，权衡的标准和依据就是道。权即是权变，语境变换则表意方法更换。而权出乎道，说明根本在于道，法家在调控秩序的时候，如果一味注重秩序的整齐性而缺少权变，则太过僵硬，让民众难以适从，甚至会引起反感和反抗，所以齐法家是因道全法，根据自然和时势采取相应的秩序规范，这一点与三晋法家有很大的不同。司马迁《史记·太史公自序》援引其父司马谈论法家之语谓其"严而少恩"，[②] 就是指出三晋法家过于严酷而缺少变通，所以学者王葆玹将三晋法家与齐法家比较之后指出，"似以秦法家最

---

① 郭沫若：《郭沫若全集·历史编》第六卷，北京：人民出版社，1984 年版，第 368 页。
② 司马迁：《史记》，北京：中华书局，1982 年版，第 3291 页。

为严厉苛刻，齐法家最为开明宽容"①，"黄老学派认为法律必须因顺民心与人情，而秦法家则看重刑法之'无情'的一面。"② 我们知道，儒家在礼的秩序之中增加了乐的因素，才能和谐统一，但是三晋法家学者"严而少恩"，缺少儒家之乐所产生的和谐润滑因素，正如日本学者谷中信一所指出的，"法，一直以来，都只是以秩序的建立和维持为目的而发挥着作用。法必须以背后的权力所具有的强制性为支撑……法家必须直面法的思想本身所带有的局限性……其缺少的决定性的东西，正是和谐这一理念。"③ 礼和法都是推求社会秩序的工具，社会要有秩序，但秩序不能太僵硬，需要弹性和张力，所以礼后面要辅之以乐。"乐合同，礼别异"，既要有差别秩序，又要和谐稳定，这是儒家社会治理的理想路径。三晋法家过于严酷，一味强调权力统治秩序，权力压倒一切，事功倾向显著。齐法家则不然，主张因道全法。所谓"道生法"，其目的就是拓展法律文本解释的张力，道家称"道法自然"，自然而然，亦为和也，如此则黄老之法与儒家之礼，都有了"和"的一面。所以秦晋法家的功利主义先取得了胜利，一统天下，但是没有"和"作为润滑剂，以致"其兴也勃焉，其亡也忽焉"。

司马谈《论六家要旨》谓，"法家不别亲疏，不殊贵贱，一断于法，则亲亲尊尊之恩绝矣。可以行一时之计，而不可长用也"，④ 这里讨论的法家实际上是以商鞅、韩非为代表的三晋法家，他们代表新兴地主阶级改革派，主张变革传统的以先天血缘关系为纽带建立起来的亲疏、贵贱社会规范系统，建立以农战军功为主的新型官僚爵位政治秩序，以法作为指导评判行动的元语言。很明显，这种制度是有缺陷的，"可以行一时之计，而不可长用"。三晋法家的事功倾向使秦国在战国纷争中能一枝独秀，夺取天下，但是"一断于法"却缺少张力，即解释元语言单一。秦始皇重用的李斯是典型的法家人物，嬴政本人"刚毅戾深，事皆决于法，刻削毋仁恩和义……于是急法，久者不赦"。⑤ 秦二世时，陈胜、吴广在大泽乡揭竿而起是因为

---

① 王葆玹：《黄老与老庄》，北京：中国人民大学出版社，2012 年版，第 6 页。
② 王葆玹：《黄老与老庄》，北京：中国人民大学出版社，2012 年版，第 2 页。
③ 〔日〕谷中信一：《先秦秦汉思想史研究》，孙佩霞译，上海古籍出版社，2015 年版，第 249 页。
④ 司马迁：《史记》，北京：中华书局，1982 年版，第 3291 页。
⑤ 司马迁：《史记》，北京：中华书局，1982 年版，第 238 页。

"失期，法皆斩"，① 促使他们冒死起义的原因就是因为秦法的严酷，"一断于法"而不考虑语境变量，② 而后者正是齐法家贵因重权所体现出来的特征。汉初统治者崇尚黄老之治，其实是对稷下法家自然符号思想运用，这是汉家开创四百年基业的关键所在，也是以稷下学者为中心的齐法家对中国文化历史的贡献。

曾有学者指出，儒家的礼和仁，"承载着两种价值目标，这就是秩序与和谐，礼是外部行为规范，仁是内部性情的原则，礼主要是强调秩序，仁主要是强调和谐。"③ 相较而言，法家给人的感觉则是僵硬冷酷的，而实际上这只是三晋法家给人的片面印象。在本节系统考察老庄道家自然符号思想及其对黄老学术思想影响的基础之上，我们已经看到在黄老学术思想影响下的齐法家，其符号秩序系统与三晋法家是不同的。其实已有学者研究指出，以《管子》为代表的齐法家思想与三晋法家有两点显著不同，其一是齐法家吸收了流行齐国的道家思想，用道家哲理论说法家政治，寻找法家形而上学的依据；其二是齐法家同时受到来自其近邻邹鲁之地儒墨思想的影响，论证了礼法并用的必要性，以此区别于阴冷的三晋法家，④ 突出了重礼乐教化的一面。然而最大的不同，应该还是齐法家对黄老学术思想的吸收，即因道全法，给严酷的法律符号系统注入"自然"的内容，增加了其文本解释项的张力；同时贵因重权也适当增加了法律符号系统中的语境变量，这是法家不同于儒家乐教理论的另外一种稳定社会秩序的方法论。

齐法家甚至将执道者纳入道法系统之中，便于在理论制度上约束君主的绝对权力，如《慎子·威德》篇谓，"故立天子以为天下，非立天下以为天子也；立国君以为国，非立国以为君也；立官长以为官，非立官以为长

---

① 司马迁：《史记》，北京：中华书局，1982 年版，第 1950 页。

② "语境变量"为英国语言学家约翰·莱昂斯（John Lyons）在《语义学》（*Semantics*）一书中对于语境与语义的关系进行探讨时提出的概念，指出语境变量对语义的产生和理解发挥重要作用，而语境变量主要有以下六种情况：1. 参与者扮演的角色（role）和地位（status）；2. 参与者所处的时空位置；3. 交际的正式程度；4. 交际得以实现的媒介（medium）；5. 交谈话题（subject-matter）以及说话者对该话题所采取的态度；6. 话题涉及范围（province）或领域（domain）。参见朱永生：《语境动态研究》，北京：北京大学出版社，2005 年版，第 13–16 页。

③ 孟天运：《先秦社会思想研究》，北京：人民出版社，2012 年版，第 354 页。

④ 白奚：《稷下学研究：中国古代的思想自由与百家争鸣》，北京：生活·读书·新知三联书店，1998 年版，第 219–220 页。

也。"天子、国君、官长，皆是为天下、诸侯国等政治治理服务的，而不是为了阿谀天子、国君才去置备的。如徐汉昌所言："明君言行皆须合法，而官吏以能授事，以事受利，上下守法，则私心不起，而怨不生，国家自然太平。"[①] 这样实际上就不是为专制君主服务，而是将君主纳入道法系统之中，让君权受到道这一符号系统的约束。以笔者愚见，后来中国知识分子的"道统"观念或多或少都会受到这个观念的影响。当然，这是另外一个话题，还有待进一步地探求。

第三节　法与名：符号的规范与行为秩序

先秦名学是中国古代独具特色的符号学思想资源，道家、儒家、墨家、名家、法家都有自己的名学思想。现代意义的名学研究，从胡适的《先秦名学史》算起，也有百余年的历程。对于当代名学研究，李先焜、翟锦程、曹峰、苟东锋等学者各有所阐释，诸家新解，胜意纷呈。然而名之精义，我们认为钱钟书《管锥编》论及《老子》中道与名、字关系时的分析尤为精当，"名皆字也，而字非皆名也，亦非即名也……曰'名'，谓字之指事称物，即'命'也……字取有意，名求传实"，[②] 字乃是为了传意，而名则是为了表实。为了准确区分名与字的功用，钱氏借用西文"truthful"与"meaningful"来拟配名与字的不同旨趣。如果勉强将道视作抽象语言，那么名则可视作具体的言语。而对西方哲学史稍有涉猎的人都知道，西方有悠久的逻各斯传统，逻各斯最初的主要意思就是语言，同时意味着言说。逻各斯意味着规律和秩序，也就是说西方哲学家很早就注意到语言世界的规范性能够落实到生活世界，并规范人类社会的秩序。而这一点，在中国先秦贤哲这里，作为终极意义和秩序的道是通过名落实下来的。从"正形名"到"正刑名"，从语言规范推广到行为秩序，这一切都是以名为中心展开的。

一　必也正名：儒家对名的解释项的扩充

如前文所言，先秦诸子都有自己的名学，那么有必要先对名做一辨析。

---

① 许富宏：《慎子集校集注》，北京：中华书局，2013 年版，第 1 页。
② 钱钟书：《管锥编》，北京：生活·读书·新知三联书店，2008 年版，第 633-634 页。

所谓名，许慎《说文解字》谓，"自命也。从口从夕。夕者，冥也。冥不相见，故以口自名。"而林义光《文源》第六卷则认为，名并非为夕而设，夕乃是象物形，名乃是口对物称名之象。由此可知名有自命和命物两个向度的解释。我们认为，无论是自命还是命物，皆从口出，要发为声音，也就是说名为语言符号。陈梦家在《中国文字学》中论及称谓事物的方法时指出三种情形，其一是用文来名物，即象形；其二是用名来名物，即借其他文的音来名物；其三是用字来名物，这实际上是形声的结合。[①] 这里实际上论及的是从形到声再到形声相益的命名事物的过程。名之初期，主要是用文来象形，一事物之文乃一事物图像之抽象，辅之以声音，才成为名，也就是说名是文与声的组合，其能指是声的部分，所指是文的部分，名是能指与所指的结合，也就是具有语言符号性质，这一点从上博楚简《恒先》"名出于言"中可以看出先哲已有认识。而随着人类认识的扩展，万物都得以名命之，也就是"黄帝正名万物"（《礼记·祭法》）的过程，其总体走向是由象形到形声的发展，其中抽象概念也逐渐形成。

但是在很长一段时间内，人类其实是难以区分名和对象之间的关系的，这个在人类学著作中也多有反映。如弗雷泽在《金枝》里指出未开化的民族对于语言和声音是不能明确区分的，他们常以为名字和它们所代表的对象之间不仅有思想概念上的联系，而且有实际的物质联系。[②] 列维-布留尔在《原始思维》中也曾指出，在初民看来，名字从来就不是无关紧要的东西，它永远要求着在它的所有者和它所产生的来源之间有一系列的联系。列维-布留尔援引荷兰学者格罗特的《中国宗教系统》里面的论述指出，中国人自古就有把名字与拥有者等同起来的倾向。[③] 这些在中国的文献典籍里面也多有佐证，如《管子·心术》谓，"名者，圣人之所以纪万物也"，《荀子·正名》谓，"名者，所以期累实也"，即认为名不仅要"纪"万物，同时要求"累实"——期会与实相符；《春秋繁露·深察名号》亦谓，"名生于真，非其真弗以为名。名者，圣人之所以真物也，名之为言真也。"苏舆指出，"先有物而后有名。象形而为字，辨声以纪物。及其繁也，多所假

---

① 陈梦家：《中国文字学》，北京：中华书局，2006 年版，第 46 页。

② 〔英〕弗雷泽：《金枝》，汪培基等译，北京：商务印书馆，2013 年版，第 405 页。

③ 〔法〕列维-布留尔：《原始思维》，丁由译，北京：商务印书馆，1981 年版，第 49-50 页。

借，原其始，皆以其真。"① 名之初始，被视为物之真，这也印证了前文所引钱钟书之言。因此在初民看来，名并非事物的符号，而是等同于事物本身，这样作为语言的名就具有一种神秘的属性，如民间故事中的美女蛇喊到了某人之名，如果被叫者答应了则会有性命之忧，《西游记》中的孙行者因应了妖怪呼唤其名而被吸到紫金红葫芦里面去了。这些内容应是名的神秘属性在文化里面的遗存，这是一种国际性的文化现象，如日本学者白川静在分析名与实体之关系时亦曾指出，在先民看来，名与其人的人格实体之间有着不可分割的关系，所以人的实名一般不轻易告诉他人，回避实名的风俗非常流行，比如在日本古代，女子也只有在认可结婚对象的时候，才会告知自己的实名，因为她们认为名指的就是实体本身，② 也就是说先民实际上是将语言符号与事物本身画上了等号，即把语言符号与事物视作同一个东西，因此有了符号崇拜。从符号学的角度而言，这实际上就是卡西尔所言的符号神话阶段的特征，"事物的意象（image）就是事物本身，事物的名字（name）也是事物本身，名、实不仅相符，而且相合。"③ 正是因为先民将符号世界等同于真实世界，所以才会出现以上人类学与文学中记录的文化现象。

但是随着人类社会的发展，特别是到了春秋战国时期，对名的认识和辨析已经逐渐理性化，如徐复观所言："名的神秘性虽在宗教中褪色或消失，却在政治上还发挥很大的作用。"④ 实际上命名的过程就是一个赋意的过程，如卡西尔所言："因为正是命名的过程改变了甚至连动物都具有的感官印象世界，使其变成了一个心理的世界、一个观念和意义的世界。"⑤ 命名之后的事物不再是纯然之物，而成为意义的对象，即名与对象的二元关系发生了变化，名不再仅仅指代对象实体，而是获得了其他的意义。从名的发生学角度来看，名与实是对应关系，但名在运用中逐渐发生了变化，其中注入了新的意义。如嵇文甫所言："每一个名都有它一定的含义，一定

① 苏舆：《春秋繁露义正》，北京：中华书局，1992 年版，第 290 页。
② 〔日〕白川静：《汉字百话》，郑威译，北京：中信出版社，2014 年版，第 17 页。
③ 叶秀山：《思·史·诗——现象学和存在哲学研究》，北京：人民出版社，1988 年版，第 18 页。
④ 徐复观：《中国思想史论集续编》，北京：九州出版社，2014 年版，第 288 页。
⑤ 〔德〕恩斯特·卡西尔：《语言与神话》，于晓等译，北京：生活·读书·新知三联书店，2017 年版，第 60-61 页。

的道理，我们常说，'顾名思义'。"① 这里通过"顾名"而所思之"义"，即名的意义问题，也即解释项，借用皮尔斯的三元符号模式即如图 4.1 所示：

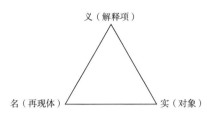

图 4.1　名的三元符号模式

名因为在文化符号系统中的解释而获得了其他的意义，这样便丰富了名的内涵，如《左传·桓公二年》（710BC）师服谓，"夫名以制义，义以出礼，礼以体政，政以正民。"这里由名到义，解释项日渐增多，功用也日渐扩大。这个在桓公六年桓公问名于申繻中亦有体现。特别是当名的解释项进入名号与名分之时，其政治伦理意义就更加丰富了。

名号是社会关系网络之中建构起来的人的身份标识，因为身份地位而获得的名号即名分，因为名号的差异性使得名分有了差异，让个体在社会关系网络中的位置一目了然。如果人们按照名号建立起来的名分来约束自己，规范自己的表意行为，那么社会秩序就趋于稳定。但是春秋战国之时，礼崩乐坏，名号与名分常常错位，这在屈原的《楚辞·卜居》里面被形容为"黄钟毁弃，瓦釜雷鸣；谗人高张，贤士无名"，贤德的君子应该获得相应的名声和名分，但实际情况却是有高名者无好实，这也是孔子所痛惜之事，"君子疾没世而名不称焉"（《论语·卫灵公》）。程树德《论语集释》引王阳明《传习录》及俞樾《群经平议》认为"称"应读去声，即"符合"之意，因春秋列国大夫多得美谥而没有相应的行事，所以"名不称"。此论应具有一定的合理性，《逸周书·谥法》谓，"谥者，行之迹也；号者，功之表也；车服者，位之章也。是以大行受大名，细行受细名；行出于己，名出于人。"古人之谥是对其一生行事之迹的总括，号是其功业的表征，与

---

① 嵇文甫：《春秋战国思想史话》，北京：北京出版社，2014 年版，第 20 页。

谥号对应的死后出殡的车驾、纹饰是其地位的标志。按照谥号法则，行事之好恶应该与其谥号对应。个人一生之行迹是自己所为，而死后的名号是别人按照其行迹追加而来的。按谥法规定，当然要让谥号之名与其行事之迹对应。因此孔子对待名的态度是，"君子名之必可言也，言之必可行也"（《论语·子路》），君子之名必有其言，其言必有其行以资对应。当然，在孔子看来，君子之名应该有其解释项，即仁作依托，"君子去仁，恶乎成名"（《论语·里仁》），君子这样的名号，是有仁德这种意义灌注其中的，否则无以为君子。

因此名在儒家学者这里，注入了政治伦理之含义，超出了其本身对应的实这个层次，获得了新的意义。这在《左传·成公二年》（589BC）孔子评仲叔于奚请曲悬、繁缨一事中表现尤为明显。

> 仲尼闻之曰"惜也，不如多与之邑。唯器与名，不可以假人，君之所司也。名以出信，信以守器，器以藏礼，礼以行义，义以生利，利以平民，政之大节也。若以假人，与人政也。政亡，则国家从之，弗可止也已"。

仲叔于奚因为助战有功，却不要封地，而要曲悬之礼器（诸侯享用之礼器），然而，按照其大夫的身份，他只能享用判悬，这虽然是僭越礼乐的行为，但也被卫国同意了，因此孔子闻之而大发议论。在孔子看来，礼器和名号是不能随便许给他人的，这些本是人主所掌握的。人主通过掌握符号宰制权而获得威严和权力，但是礼崩乐坏之后，真正能掌握的权力已经不是符号宰制权，而是通过军事政治实力来把握的权力。但是孔子看重的依然是名号，其逻辑是，名号对应的是身份（名分），名分对应的是人在社会关系网络中的地位尊卑等级，地位等级可获得相应的威信威严（权力），相应的权力又可来维护其应有之礼器，礼器的规格蕴藏的是礼的意义——尊卑等级——这就是礼的解释项。当然后面还有"义以生利，利以平民"，这些其实都是依照西周分封等级制而来，即尊贵者得高利，并以此养民。因此，其逻辑指向为名号等于政治权力，予人名号等于授人以政。因此，按照这一逻辑，调整理顺名号，即可将混乱之社会秩序进行有效调理，于是才会有子路问政于孔子的那段对话。这段对话也是孔子正名观的集中体现。

孔子认为为政先正名，但是遭到子路的嘲笑，于是孔子又进行补充诠释。在孔子看来，名分关系到权力合法性与秩序稳定性的问题，名分不正则权力的合法性存在问题，这样行事也会受到质疑阻碍，进而影响到社会秩序的稳定。如萧公权言："推孔子之意，殆以为君臣父子苟能顾名思义，各依其在社会中之名位而尽其应尽之事，用其所当用之物，则秩序井然，而后百废可举，万民相安。"① 孔子的正名，是欲将君臣政治之名与父子伦理之名纳入社会系统之中，各安其名，以名行事，进而达到秩序的稳定。曾有西方学者指出，"在一个社会内部，语言具有社会识别功能，语言符号或强化社会阶层划分或维持群体间的权力差异。"② 这或许可以对儒家"必也正名"做一注解。

二　循名责实：黄老道家形名理论的实践

儒家之正名理论到了黄老道家这边形成循名责实之学。黄老之学为法家刑名学的一大关键。《邓析子》《尹文子》《慎子》《鹖冠子》诸篇皆与形名之学的发展甚为紧密。《邓析子》在《汉书·艺文志》中被归入名家，在《四库全书总目》中被纳入法家，四库馆臣指出其旨同于申、韩、黄、老，与法家最近。③《尹文子》在《汉书·艺文志》中亦被录入名家，至总目则被转入杂家，馆臣有评，"其书本名家者流。大旨指陈治道，欲自处于虚静，而万事万物则一一综核其实。故其言出入于黄、老、申、韩之间。"④《慎子》在《汉书·艺文志》中被录入法家，至总目亦被转入杂家，"今考其书，大旨欲因物理之当然，各定一法而守之，不求于法之外，亦不宽于法之中，则上下相安，可以清净而治。然法所不行，势必刑以齐之。道德之为刑名，此其转关。所以申、韩多称之也。"⑤ 至于《鹖冠子》，本是战国晚期南方楚国黄老道家之作，"其说虽杂刑名，而大旨本原于道德，其文亦博辨宏肆。"⑥ 而 1973 年长沙马王堆汉墓出土的《经法》《十大经》《称》

---

① 萧公权：《中国政治思想史》，北京：商务印书馆，2011 年版，第 64 页。
② 转引自〔美〕拉里·A. 萨默瓦等：《跨文化传播》，闵惠泉等译，北京：中国人民大学出版社，2013 年版，第 155 页。
③ 纪昀：《钦定四库全书总目》，北京：中华书局，1997 年版，第 1315 页。
④ 纪昀：《钦定四库全书总目》，北京：中华书局，1997 年版，第 1565 页。
⑤ 纪昀：《钦定四库全书总目》，北京：中华书局，1997 年版，第 1566 页。
⑥ 纪昀：《钦定四库全书总目》，北京：中华书局，1997 年版，第 1566 页。

《道原》被学界认为是《汉书·艺文志》著录中已经失传的《黄帝四经》，为黄老之学的重要著作。

陈鼓应研究指出，道家黄老派和老庄一派的最大不同即在于其援法入道，在推崇道论之时强调形名法度的重要性，[①] 这可谓切中肯綮。所谓援法入道其实就是通过审查形名关系来确定社会秩序的学术思想方法，《黄帝四经·道法》开篇即云："道生法。法者，引得失以绳，而明曲直者也。故执道者，生法而弗敢犯也，法立而弗敢废也。"在黄老道家看来，法自道生，而执道者，即统治者或者圣人，通过制定法度来规范社会行为秩序，而法度和形名是密切联系在一起的，"虚无有，秋毫成之，必有形名。形名立，则黑白之分已。故执道者之观于天下也，无执也，无处也，无为也，无私也。是故天下有事，无不自为形名声号矣。形名已立，声号已建，则无所逃迹匿正矣。"人类是通过审形命名来区分事物的，当事物之名确定之后，名的区分就是事物之间的区分，即形名声号的建立可以使混沌的事物秩序化。推而广之，万事万物都在这种秩序中得到规范，因而执道者通过执掌形名即可掌握自然和社会秩序，这就是援法入道的基本理路，如图 4.2 所示。

图 4.2　援法入道的理论路径

道家老子认为"道生万物"，是一个从无到有的过程，生万物即万物各有其形名。黄老道家继承老子无为思想，"名自命也，事自定也"（《黄帝四经·经法》），即民众自定形名，形成秩序，执道者则据此建立法制规范，"审其形名"（《黄帝四经·经法》），调控秩序，这就是援法入道阶段。这里从名到道是认识论阶段，从法到道是实践论阶段，而名、法则是平行关

① 陈鼓应：《黄帝四经今注今译》，北京：商务印书馆，2007 年版，第 22-23 页。

系。陈鼓应将其归结为"道—形名—治理"这样一个公式，[1] 这里道可以视为形而上的意义世界；名与法则是符号系统，对应联系的是形与刑，审形定名，是认识的升华；名确定之后，巩固了相应的秩序规范，法则是行为规范的底线和边界，与之对应的是相应的刑罚和规训。

首先，从认识论的角度来看，道家通过审查形名关系来确定对事物的认识，进而达到对道的体认。《黄帝四经·经法》谓，"正、奇有位，而名形弗去。凡事无大小，物自为舍。逆顺死生，物自为名。名形已定，物自为正。"事物总有一般和特殊，但是事物之形与名总是可以考察的，因为事物无论大小，总是在一定空间之中的存在。顺逆死生都是由事物之性质决定的，故依照事物的性质即可确定事物之名，名形关系确定之后，对事物的认识就达到了目的，即可以正确处理事物。这种思想在其他黄老学术的有关文献中也可找到参证。

> 故无形者，有形之本。无声者，有声之母。循名责实，实之极也。按实定名，名之极也。参以相平，转而相成，故得之形名。（《邓析子·转辞篇》）
>
> 大道无形，称器有名。名也者，正形者也。形正由名，则名不可差。（《尹文子·大道上》）
>
> 大道不称，众有必名。[形]生于不称，则群形自得其方圆。名生于方圆，则众名得其所称也。（《尹文子·大道上》）
>
> 名者，名形者也。形者，应名者也。（《尹文子·大道上》）
>
> 有图而有名，有名而有形。（《鹖冠子·环流》）

形而上的"大道"无形、无声，因而也无名，[2] 但是它落实下来，就是有形有声之"器"。事物之名号是正确反映事物形体的，形体要得到正确的反映也要依靠名号，也就是作为符号的名，其主要作用在反映实，名和实要求相应相符。事物之形来自无名之物，但一旦被塑形之后，就同时形成

---

① 陈鼓应：《黄帝四经今注今译》，北京：商务印书馆，2007 年版，第 16 页。

② 关于道之无名的分析，可参看祝东：《去符号化：老子的伦理符号思想初探》，《社会科学战线》，2016 年第 8 期。

其各自的性状，如马之形、牛之形，自有马之性状与牛之性状，在各自性状基础之上形成马与牛之名，这种名又用来称谓具有这种性状的东西。因此考察中国之名学符号，不能仅从西方的语言符号角度考察，而必须注意到作为符号的名与其指称对象是有关联的，它们并非任意性关系。名是命名一定之形的，形是接受一定之名的，这样作为符号的名才能准确传播作为对象的实，如前文称引钱钟书之言，其旨趣是"truthful"。把握了形名关系，进而才能去体察隐藏其后的规律原理，也即体认终极的道。

其次，从社会治理的角度来看，道家通过对形名对应的强制规范，引入刑法体系，以正名来正形，也即循名责实，以此来规范社会秩序。这其实就是将形名落实到社会应用之中，是形名的实践论阶段，这在法家那里被发挥到了极致。

黄老一脉认为要处理天下万事，前提是审查其名，然后进行是非判断，"天下有事，必审其名。名□□①循名究理之所之，是必为福，非必为灾，是非有分，以法断之；虚静谨听，以法为符。审察名理终始，是谓究理。"（《黄帝四经·经法》）这中间一个重要的方法就是"循名究理"，如《黄帝四经·称》所言："有物将来，其形先之。建以其形，名以其名。"名是按照形来建构并用来反映实的，反过来，依照名可以查实而究理。陈鼓应认为"循名究理"是循名、督实、察理三概念之和，② 这三个部分其实都是在实践层面展开的，用名来察实，还要督实，察理则是推求意义，使之合于形而上的道。当名理确定之后，就可以判定事物的是非曲直，进而用相应的法度去裁决，这中间始终要以审察名理为要，即"究理"是重点。这也是黄老形名与法家刑名之学的一个区别，法家更侧重后面的法度和裁决，这一点在下一节还将深入研究。当然作为过渡的黄老道家，其理论的实践性还是非常强烈的，面对礼崩乐坏的社会现实，他们是寄希望于通过调控名的秩序来规范社会实践行为秩序的。

　　循名复一，民无乱纪。（《黄帝四经·十大经》）
　　[名] 正者治，名奇者乱。正名不奇，奇名不立。正道不殆，可后

---

① 注：方框内为引文原本缺失内容，下同。
② 陈鼓应：《黄帝四经今注今译》，北京：商务印书馆，2007 年版，第 188 页。

可始。(《黄帝四经·十大经》)

在他们看来，只要名实相符、形名合一，即合于道，则民无乱纪，社会秩序就安定了；反之，名不副实则会产生动乱，所以"循名究理"合于道至关重要，"乃可小夫，乃可国家。小夫得之以成，国家得之以宁。小国得之，以守其野。大国［得之以］并兼天下。"(《黄帝四经·十大经》)小则用于修身，大可治理天下，其实践意义不可小觑。而这中间的重点就在于理论层次的审名，"审三名以为万事□"，所谓"三名"即"一曰正名立而偃，二曰倚名法而乱，三曰强主灭而无名。三名察则事有应矣"(《黄帝四经·经法》)。正名则法度立，社会安定；倚名则形名不正，法度废弃，社会混乱；无名则直接导致国家灭亡，因此审查三名就有了社会治理的基本理论，落实下来就是社会治理。理论毕竟是为实践服务的，在实践层面主要操纵在执道者手中。

执道者在《黄帝四经》中多次出现，其本质即能够完成统一天下的雄主，"故执道者之观于天下也，必审观事之所始起，审其刑名。刑名已定，逆顺有位，死生有分，存亡兴坏有处……故能立天子，置三公，而天下化之，之谓有道。"(《黄帝四经·经法》)执道者在审核形名之后，建立了相应的秩序规范，因此才能位为天子，任免三公，教化天下，达到"有道"之境。对此，《黄帝四经·经法》篇亦有申述。

> 故执道者之观于天下，□见正道循理，能举曲直，能举终始。故能循名究理。形名出声，声实调合，祸灾废立。如影之随形，如响之随声，如衡之不藏重与轻。故唯执道能虚静公正，乃见□□，乃得名理之诚。

执道者胸怀天下，欲思使治，必当"循名究理"，依形命名，以声出名。事物之名与事物之实合则秩序趋于稳定，因此执道者必须"虚静公正"地审察形名，把握名理的实质，进而掌控社会秩序，这也是君王治理社会的工作，"循名责实，君之事也。"(《邓析子·无厚篇》) 如此则执道者为"明王""明君"，"循名责实，察法立威，是明王也。"(《邓析子·无厚篇》)"明君之督大臣，缘身而责名，缘名而责形，缘形而责实。"(《邓析子·转辞篇》）作为君王，审察形名"欲知得失，请必审名察形。形恒自定，是我愈静"（《黄帝四经·十大经》）。将老子形而上的道家思想转入可以操控的社会治理之中，这中间的核心部分是围绕可以掌控的名而进行的，这一点在《尹文子·大道下》对《老子》的阐释中表现得尤为明显，"《老子》曰：'以政治国，以奇用兵，以无事取天下。'政者，名法是也。以名法治国，万物所不能乱。奇者，权术是也；以权术用兵，万物所不能敌。"将老子之"正""奇"解释为名法与权术，这些又是君王用来掌控臣下和社会秩序的方法。有意思的是，黄老道家悄悄将执道者纳入道的系统之内，这对后来知识阶层约束君权不无启迪意义。

三　审合刑名：法家从正名到正法的理路

司马迁在《史记》中将老子、庄子、申子与韩非合传，这一分类不无深意，即在汉代学者看来，法家与道家在学术上存在较深的渊源关系，而道家最重要的黄老形名之学为法家所继承，形成刑名法术之学，进而被应用于社会秩序的整饬之中，并取得实效。

法家按照理论路径和地域关系总体上可以分为齐法家和三晋法家，齐法家学术思想主要见存于《管子》一书之中，三晋法家学术思想见存于《商君书》《韩非子》诸典籍之中。《管子》中《心术》（上、下）、《白心》和《内业》四篇，合称《管子四篇》，论形名之学尤为集中。陈鼓应等学者认为其为稷下道家之作，张舜徽等学者认为这些是古代道家阐述帝王之术的作品，"言君人南面之术"[1]。胡家聪在缜密考察《管子·心术》等作品后亦指出这些属于"因道全法"（《韩非子·大体》）的黄老学说，是以道家哲学论证法家政治。[2] 这就值得玩味了。尽管稷下学者运用了道家哲学，但是其落脚点还是在法家而不是道家，这实际上道出了道家与法家的学术渊源问题，即"法家之学本于道家"。[3] 总而言之，《管子四篇》乃介乎道家与法家之间，其为学之目标仍然是重建秩序，张岱年等学者也认为《管子》一书的主导思想为法家思想，大部分为齐法家的著作。[4]《管子》一书

① 张舜徽：《周秦道论发微》，武汉：华中师范大学出版社，2005 年版，第 209 页。
② 胡家聪：《管子新探》，北京：中国社会科学出版社，2003 年版，第 350 页。
③ 王叔岷：《先秦道法思想讲稿》，北京：中华书局，2007 年版，第 171 页。
④ 张岱年：《中国哲学史史料学》，北京：生活·读书·新知三联书店，1982 年版，第 47 页。

托名管仲，并非没有来历，如牟复礼所言："在《管子》成书之前，管仲就已经成了强权寡头政府的样板，因此他也被跟孕育法家的传统联系起来。他的政策也在很多方面开了法家的先声。"[①] 管子所创的霸道，通过强有力的军事政治实力，依托周王之名来统摄诸侯，这与后来法家的事功倾向颇为一致，所以齐法家在论证自己的治国法术之时，皆托名管子，其内在理路是有渊源的。但同时，齐法家也具有一定的民本思想，在任法的同时不废弃礼乐教化。胡家聪在比较了三晋法家和齐法家的刑罚思想之后曾指出，尽管《管子》中部分篇章也有重刑思想，但不是三晋法家那样九一开、七三开的严刑，而是提倡"随时而变，因俗而动"（《管子·正世》）；没有胶着于"以刑去刑"的酷刑思想，而是兼顾教化，是比较中肯的。

当然，齐法家最大的特征是将道家的学术思想引入社会秩序的治理之中，即将道落实到人伦日用之中，作为理论之本，如王叔岷言："法家将道家理论变为实用，为人人应守之规则。亦自可说法出于道。"[②]《管子·内业》谓，"道也者，口之所不能言也，目之所不能视也，耳之所不能听也，所以修心而正形也；人之所失以死，所得以生也；事之所失以败，所得以成也。"道虽然是不能言说、视听的，但是道的作用却无时不在，得道与否关乎人的生死、事之成败，道是形而上的，但可以落实到事物之中，"不见其形，不闻其声，而序其成，谓之道。"（《管子·内业》），抽象的道落实到事物之中即"序其成"，成就万物，使之有序。正是在这个意义上，人君要"执道"，"道也者，万物之要也。为人君者，执要而待之，则下虽有奸伪之心，不敢杀也。"（《管子·君臣上》）道被视作万物的中枢关键，所以人君要执掌道，以此来治理天下。那么这种秩序的内在理路是如何展开的呢？

首先是将道落实下来以正形名。"虚无无形谓之道，化育万物谓之德"，道虽然是玄虚的，但是经道化育的万物却是具体的。"物固有形，形固有名，名当，谓之圣人。"（《管子·心术上》）事物得道而成物，物有其形，能使形名得当的就是"圣人"，这于是引出下一个话题，即"圣人"审查形名的过程。

---

① 牟复礼：《中国思想之渊源》，王重阳译，北京：北京大学出版社，2016年版，第204-205页。

② 王叔岷：《先秦道法思想讲稿》，北京：中华书局，2007年版，第171页。

　　知其象则索其形，缘其理则知其情，索其端则知其名。(《管子·白心》)

　　以其形因为之名，此因之术也。名者，圣人之所以纪万物也。(《管子·心术上》)

　　凡物载名而来，圣人因而财（裁）之，而天下治。[名] 实不伤，不乱于天下，而天下治。(《管子·心术下》)

　　是以圣人之治也，静身以待之，物至而名自治之。正名自治之，(奇身名废) [奇名自废]。名正法备，则圣人无事。(《管子·白心》)

根据事物的象考察其形质特征，探究其事理原委，进而把握其名，这就是因形求名的过程，即"因之术"，也就是"无益无损"，不增不减，按形定名。执行这个过程的主体是"圣人"，即君王，所以后文强调名是君王用来标记万物的。万物因为有了各自的名称，也就有了界限分野，因为名的差异性才能表征事物之间的差异分界，"圣人"因此才可以据此裁断天下事物，使名实相符。如果万事万物各安其名则"天下治"。所以最后"圣人之治"便是循名责实，审合形名，如果形名正确、法度完备，则社会秩序安定。

　　其次是从正名到正法的过程。如果说圣人正形名是广义的秩序调整过程，那么从正名到正法则是具体的秩序规训，由泛论转为形名法治之专论的过程。当然这与当时社会秩序崩溃的加速有关。《管子·宙合》坦言："夫名实之相怨久矣，是故绝而无交。"圣人制名，乃是为了名实相应，以此规范事物之秩序，但是现实生活中却是名实相违、规范失序。

　　物固有形，形固有名，此言 [名] 不得过实，实不得延名。姑形以形，以形务名，督言正名，故曰圣人。不言之言，应也。应也者，以其为之人者也。执其名，务其应，所以成之，应之道也。无为之道，因也。因也者，无益无损也。以其形，因为之名，此因之术也。名者，圣人之所以纪万物也。(《管子·心术上》)

圣人按照事物的形状性质命名事物，使名实相符，让原本混沌的世界有了秩序，这是广义的形名论。接下来文章笔锋一转，提出"督言正名"，即根据言行来确定名分，转入社会伦理秩序的讨论之中。根据人的名分，推求其相应的行事，这就是"应"之道，而这个方法论的来源其实是道家之"无为"精神，即遵从事物客观实际，而不做主观判断和损益，因形命名，也就是"因之术"，因的方法就是无为。圣人因形命名来表征万物的方法应该在社会治理中得到适当的应用，"有名则治，无名则乱，治者以其名"（《管子·枢言》），用名来规定事物，使之秩序化。推求到人事之中则是，"凡人之名三：有治也者，有耻也者，有事也者，事之名二：正之，察之。五者而天下治矣。名正则治，名倚则乱，无名则死，故先王贵名。"（《管子·枢言》）作为社会系统中的人，其名分有三种：治人者、助人治理者和被人所治者，治人者可以视作正项，助人治理者相当于中项，被人所治者为异项。"中项偏向的一边，就是正常的"①，统治者之所以被视为正项正是因为有中项的支持。事的名分有两种：主事和监察，此二者其实亦是属于中项之行事，如果人和事各安其名分，则社会趋于治理，所以先王贵名，因为名的正倚有无关系到国家的治乱存亡。所以从社会治理的角度而言，正名的过程其实就是正法的过程，"衣冠不正则宾者不肃，进退无仪则政令不行"（《管子·形势》）。如陈鼓应所言，"衣冠"喻指名分等级，"进退无仪"喻指动静刑赏失去准度，也就是说前者指正名，后者指正法，② 通过正名到正法，这是稷下法家学者调整社会秩序的逻辑理路。

三晋法家事功倾向明显，奖励耕战，厉行富国强兵之策，《商君书》里《垦令》《农战》《徕民》诸篇皆是。然而，三晋法家在论及政治法度时，亦有形名思想开始显露出来，如《商君书·君臣》篇指出，"古者未有君臣上下之时，民乱而不治。是以圣人列贵贱，制爵位，立名号，以别君臣上下之义。地广，民众，万物多，故分五官而守之。民众而奸邪生，故立法制，为度量，以禁之。是故有君臣之义，五官之分，法制之禁，不可不慎也。"通过爵位、名号来区别君臣身份，划分贵贱等级，这样才能使"民众"秩序化。由于民众众多，交流扩大，因此还需要制定官职、建立法度来进行必要的社会治理。这其中的一个关键即"定名分"，由"定名分"来实现秩序规范。《商君书·定分》篇举了一个例子，一只兔子在地里跑，百

---

① 赵毅衡：《符号学：原理与推演》，南京：南京大学出版社，2016 年版，第 279 页。
② 陈鼓应：《管子四篇诠释》，北京：商务印书馆，2006 年版，第 235 页。

人竞逐，但是街市上出售的兔子却没人敢抢，原因何在？"名分已定"是为关键。这个事例在《尹文子》《慎子》中亦有载录，可见是法家的一个关注重点。我们知道，名是语言符号，是共性的，兔之名是从兔之形中抽象而来，并辅之以音而成，反映的是兔之实；分则可理解为名反映的对象的归属，归属确定了，进而确定秩序。如申小龙所言，名分"既指词义概括中对客观事物地位归属的一种区别，又指语言在社会实践中确立的一种社会秩序……分的问题，不仅是一个语言问题，且是一个世界秩序问题，归根到底，它是一个语言世界观之于人的社会实践的根本意义问题"。① 韩非通过审合刑名、严刑峻法将形名观推向了极致。

司马迁在《史记·老子韩非列传》中指出韩非"喜刑名法术之学"，② 这基本上是对韩非学术思想的总体概括，而且司马迁又将韩非的刑名之学置于其法学、术学之上，可见刑名之学在韩非学术思想中的重要地位。曾有学者指出韩非的刑名之学的基本意涵。

> "形名"又常常写作"刑名"。"刑"通"形"，是指事物的外在形态，泛指各种客观事物的实际情况。"名"就是指事物的名称。一切事物，都有"形"有"名"，"形"是"名"的实际内容，"名"是"形"的称呼。要求"形"和"名"两者相互符合的办法就是形名术。③

事物的名称与其内容需要对应，也就是符号再现体与其反映的对象必须是一种对应的映射关系。据陈奇猷等人的分析，作为政治手段的刑名之术其内容其实是很复杂的，如表 4.1 所示：

表 4.1　韩非名形映射关系

名—形	法令—行为	职位—功绩
语言—行事	赏罚—功罪	

① 申小龙：《汉语与中国文化》，上海：复旦大学出版社，2008 年版，第 133 页。
② 司马迁：《史记》，北京：中华书局，1982 年版，第 2146 页。
③ 陈奇猷、张觉：《韩非子导读》，成都：巴蜀书社，1990 年版，第 97 页。

　　法家提倡"形名参同""名正物定"（《韩非子·扬权》）、"审合刑名"（《韩非子·二柄》）、"循名而责实"（《韩非子·定法》），考察的重点在于名与形的对应，如果不对应，则会受到相应的刑罚处置，是一种具有操作性的治术。

> 　　人主将欲禁奸，则审合刑名者，言与事也。为人臣者陈而言，君以其言授之事，专以其事责其功。功当其事，事当其言，则赏。功不当其事，事不当其言，则罚。故群臣其言大而功小者则罚，非罚小功也，罚功不当名也。（《韩非子·二柄》）
>
> 　　言已应则执其契，事已增则操其符。符契之所合，赏罚之所生也。故群臣陈其言，君以其言授其事，事以责其功。功当其事，事当其言则赏。功不当其事，事不当其言则诛。（《韩非子·主道》）

　　这里韩非明确提出审合刑名的主张，也就是由君主来审查臣下言论与行事是否相合。人臣—言语—职事—功效—赏/罚，作为一种对应，语言与行动呼应，名号与职事相应，如典衣和典冠，应该对应各自的职事。君主根据其承担的对应职事考核其功效，功效作为赏罚之根据，若符合其应对的职事则赏，反之则罚。因此人臣之陈言与职事成为君主所执的"符契"，如太田方所言："契所执以责人者，符所两相合以取信者，此喻以其言授其事，以责其功也。"[1] 法家将形名引入政治管理和法律秩序之中，以此来督查臣下的行事，规范统治秩序，并以"罚""诛"作为统一秩序的后盾，因此多用刑名[2]，应与其严刑峻法的思想有关。所以有学者云："对韩非而言，'形名'问题，既是'名实'问题，又是'刑名'问题。"[3] 讨论名实属于广义的形名问题，儒家和黄老多属于此，而刑名问题，则是法家的政治治理和法律秩序的主要议题。

　　名是人类认识事物、建立区别秩序的符号系统，如卡西尔所言："事物的

---

① 太田方：《韩非子翼毳》，上海：中西书局，2014 年版，第 63 页。
② 笔者统计，《韩非子》用"形名"三例，用"刑名"五例。学者崔磊亦研究指出，在"形名"和"刑名"之间，韩非倾向于用"刑名"，"刑名"体现的是韩非的法思想。崔磊：《韩非名学与法思想研究》，北京：法律出版社，2013 年版，第 44 页。
③ 张纯、王晓波：《韩非思想的历史研究》，北京：中华书局，1986 年版，第 59 页。

界限必须首先借助于语言媒介才能得以设定，事物的轮廓必须首先借助于语言媒介才能得以规划。"① 儒家试图通过"正名"来"正实"，其中不仅有名实论思想，也有名分论思想，这种正名思想到黄老道家这里被发展成为循名责实之学。执道者通过考察形名声号来挦顺自然与社会的各种秩序关系，这是法家刑名学术的一大转变；申、韩刑名法术之学，将儒家正名论与黄老形名论进行了融合，应用于社会秩序的调控治理之中，将审合刑名作为其治理的方法论。通过考察可知，这条发展脉络其实是从语言秩序开始的，如申小龙所言："归根结蒂（底），社会秩序的根源在于它的符号化规范——语言。"② 从语言规范的形名对应到行为秩序的审合刑名，一个以名为核心的社会符号学发展模式形成了。

---

① 〔德〕恩斯特·卡西尔：《语言与神话》，于晓等译，北京：生活·读书·新知三联书店，2017 年版，第 68 页。

② 申小龙：《汉语与中国文化》，上海：复旦大学出版社，2008 年版，第 133 页。

第五章　诠易：意义生产
与传播接受

华夏初民以乐舞媚神，祈福禳灾，以卜筮问神，占测神意。前者是礼乐文明之源，后者则是大易之源。《易经》源于占卜，但其筮辞中本身包蕴着先民从历史中获取的思想智慧，《易传》则是后学对易经部分的研究阐释，最终形成《周易》这样一本讲变化义理的书。《易经》的本源在易象，易象实际上就是先民视觉思维的体现。从编码意图而言，易象以视觉意象为核心，体现的是先民以简驭繁的抽象能力，这也正是视觉极简思维的体现；从文本意图而言，易象通过视觉隐喻，来实现"文约义丰"的传播效果；从解释意图来看，图像意义的虚指不同于文字意义的实指，易象组合更增加了解释的多元性，无论是象数派还是义理派，都能从中找寻到可供阐释的思想资源。如此，《周易》才成为弥纶天地的综合性解释系统。世界本身是变动不居的，"变易"为绝对，"不易"是相对。由此而来，意义处于流动变化之中，"时"则是解易者在变动不居的"变易"之中获取的一个相对确定的意义指向。卦随时变，即意义随着语境的变化而改变。后学在研究易经时，逐渐发现并建构了《周易》之"时"这一元语言。"时"作为解释易经的符码，是易经符号文本完成意义表达的关键。而理解并掌握"时"这一元语言，对理解、把握《周易》乃至中国传统符号思想都有重要意义。

第一节　易象论：视觉思维下的言象合治观

《周易》一书包含《易经》与《易传》两大部分。一般认为，《易经》部分为上古占卜之术，成于殷周之际，而《易传》部分则是对《易经》部分的哲学阐释，为战国以降的作品。《周易》整体上由图像符号（八经卦及六十四卦卦象）与文字符号（卦辞、爻辞、系辞等）组成。无论是图像符号还是文字符号，都有较强的形象性和隐喻性，没有固定的所指，增加了解释的丰富性，所以《周易·系辞上》敢说其"冒天下之道"，也就是说《周易》囊括了世界所有的行为与法则。这其中一个重要的原因就在于整个《周易》围绕易象展开，易象首先是指阴阳二爻组合的卦象，卦象是一种象征符号，《周易·系辞下》，"是故易者，象也；象也者，像也。"也就是说，易以易象来表征事物变化之理。相应地，"易辞皆观象而系"，[①] 也就是说辞由象生，卦爻辞以卦象为中心展开，并建构意象。所以尚秉和认为"《易》之为书是以象为主"，[②] 论易如果离开象，"则易辞概无所属"。[③] 从根本上说，离开了象来谈易，则有舍本逐末的倾向，所以尚秉和坚持认为"象者，学易之本"，[④] 诚为的论。因为《周易》以象为本，四库馆臣指出其"推天道以明人事"，并进一步解说道，"易道广大，无所不包……故说《易》愈繁。"[⑤] 仅《四库全书总目》收录的《易》类著作就多达 159 部 1748 卷，并附录 8 部 12 卷，而《易》类存目也有 317 部 2400 卷（实为 318 部 2384 卷），[⑥] 而今人的易学研究著作则更是数不胜数。如此卷帙浩繁的易学阐释学作品，必定有其存在的理由。如林忠军所言："《周易》与其他古代典籍不同的是它不仅有着用于占验的古奥晦涩的文字语言，还有一套与这文辞相关的、极为严密的、变动不居的、高度抽象的符号系统，这就是《周易》成为后世易学家理解和解释的无穷源泉和永恒母体关键之所在。"[⑦] 林氏在这里点出了《周易》在后世广为传播的几个关键因素，如文字古奥神秘、结构严密、内容丰富、适于变化、高度抽象，而这些特征皆是围绕易象展开的，易象本是服务于占筮而带有抽象模糊的特征，利于解释者根据不同语境进行阐释。以下我们将以易象为中心，从符号学角度围绕编码意图、文本意图和解释意图展开分析，探析其生成传播的符号学机制。

---

① 尚秉和：《周易尚氏学》，北京：中华书局，1980 年版，第 1 页。

② 尚秉和：《周易尚氏学》，北京：中华书局，1980 年版，第 2 页。

③ 尚秉和：《周易尚氏学》，北京：中华书局，1980 年版，第 1 页。

④ 尚秉和：《周易尚氏学》，北京：中华书局，1980 年版，第 358 页。

⑤ 纪昀：《钦定四库全书总目》，北京：中华书局，1997 年版，第 3 页。

⑥ 参见纪昀：《钦定四库全书总目》，北京：中华书局，1997 年版，第 72、137 页。

⑦ 林忠军：《历代易学名著研究》，济南：齐鲁书社，2008 年版，第 1 页。

一 编码意图：观物取象，立象尽意

人类认识世界的方式，是从直觉（intuition）到知觉（perception）再到概念（conception）的渐次发展过程。当然在实际经验中，三者其实是交互在一起很难截然分开的，毕竟"知觉决不能离直觉而存在，因为我们必先觉到一件事物的形象，然后才知道它的意义。概念也决不能离知觉而存在，因为对于全体属性的知必须根据对个别事例的知"①。人类对事物的认知，先由对其个别形状性质的认识开始，逐步抽象出其本质共相的特征，然后通过概念的形式予以标识。因此在人类认知的发展过程中，对事物形象的体认是一个非常重要的阶段，这在人类学资料中亦有证明。列维-布留尔在《原始思维》一书中著录了大量原始族群的语言文化资料，如原始人的语言具有"绘声绘影"的倾向，也就是如画地描述说话人意欲表达的东西，② 这种语言能力要求他们尽量将想要表现的东西与可画的和可塑的元素结合起来。③ 某些部落和特殊人群甚至可以长时间使用手势语来交流，这种手势语又是和视觉运动联想相关的。原始人的"声音图画"亦是源自描写性的声音手势，原始思维的概念属于"心象-概念"，这是一种以画出最细微特点的画面来呈现的概念。只是随着抽象逻辑思维的发展，④ 图画才让位于真正的概念，⑤ 即图像思维让位于语言思维。这个问题在列维-斯特劳斯的《野性的思维》中有进一步的阐述，即原始思维之所以不同于科学思维的方式，乃是在于其以知觉和想象为主，紧邻着感性直观。⑥ 这些人类学的材料为我们了解人类早期思维和交流起到了重要作用。人类社会的发展虽然因地域不同而各具特色，但是早期人类社会其实还是有一些共相特征的。早期中国的文献史料中亦有先民借助图像等形象进行传播交流的传统，如《左传·宣公三年》（606BC）王孙满对楚王问时的论述。

---

① 朱光潜：《文艺心理学》，北京：生活·读书·新知三联书店，2005年版，第3页。
② 〔法〕列维-布留尔：《原始思维》，丁由译，北京：商务印书馆，1981年版，第159页。
③ 〔法〕列维-布留尔：《原始思维》，丁由译，北京：商务印书馆，1981年版，第172页。
④ 抽象思维不等于逻辑思维，抽象思维是以语言为主的思维形式，逻辑是客观规律性，逻辑思维是反映客观规律性的思维。形象思维也反映客观规律性，因此形象思维也是一种逻辑思维。参见郭沂：《郭店竹简与先秦学术思想》，上海：上海教育出版社，2001年版，第11页。
⑤ 〔法〕列维-布留尔：《原始思维》，丁由译，北京：商务印书馆，1981年版，第173-189页。
⑥ 〔法〕列维-斯特劳斯：《野性的思维》，李幼蒸译，北京：商务印书馆，1987年版，第20-21页。

> 昔夏之方有德也，远方图物，贡金九牧，铸鼎象物，百物而为之
> 备，使民知神、奸。故民入川泽山林，不逢不若。螭魅罔两，莫能逢
> 之，用能协于上下，以承天休。

这里明确指出远古先民通过图像符号来交流传播思想，如鼎上铸刻着万物之图像，这种图像与表征的对象之间应该是一种形象相似，也就是一种相似符号。人民观鼎便知万物之吉凶好坏，这正是先民以感性直观的相似符来交流的写照，同时说明鼎是最早的官方图书，官方铸鼎象物，类似唐代铸刻石经，为立官方标准。官方铸鼎象物的目的在于使民众能避开奸邪，诚如沈兼士所言："盖上古异类怪物为害于人者甚多，夏禹铸鼎以象其形，使人之入山林川泽者知所防御。彼时殆尚无文字，故只以图象示众，咸使知之。"① 关于这种图像的性质，沈兼士解释为文字画，从图画到文字本就有一个发展的过程。何九盈甚至认为"'文字'原本就是'图画'"②。相较而言，图画具体，直指对象，文字相对抽象，是对事物形象特征的抽象提取，是一种视觉选择性的表现，但汉文字本身是具有可视性的。③ 因此"铸鼎象物"之象是介于图像和文字之间的一种相似符形态，以此表意。其实这种借助相似符的图像表意形式至秦汉依然存在，如王逸的《楚辞章句》。

> 屈原放逐，忧心愁悴，彷徨山泽，经历陵陆，嗟号昊旻，仰天叹
> 息。见楚有先王之庙及公卿祠堂，图画天地山川神灵，琦玮谲诡，及
> 古贤圣怪物行事。周流罢倦，休息其下，仰见图画，因书其壁，呵而
> 问之，以泄愤懑，舒泄愁思。④

这里洪氏明确论及楚国先王之庙及公卿祠堂内的图画有各种神奇华丽怪异的图像，这个记载并非孤证。汉人王延寿《鲁灵光殿赋》亦有祖庙图像的相关记载，"图画天地，品类群生。杂物奇怪，山神海灵。写载其状，

---

① 沈兼士：《鬼字原始意义之试探》，《沈兼士学术论文集》，北京：中华书局，1986 年版，第 193 页。
② 何九盈：《汉字文化学》，北京：商务印书馆，2016 年版，第 241 页。
③ 孟华：《文字论》，济南：山东教育出版社，2008 年版，第 8 页。
④ 洪兴祖：《楚辞补注》，北京：中华书局，1983 年版，第 85 页。

托之丹青。千变万化，事各缪形。随色象类，曲得其情。"① 如果王逸的解释具有想象成分，那么其子王延寿的叙述是其周游鲁国故地亲眼所见，当非虚构。这种借助相似符的表意模式，其集大成者应该是《易经》。《左传·昭公二年》（540BC）载韩宣子适鲁，"观书于大史氏，见《易象》与《鲁春秋》"，杜预注认为《易象》为"上下经之象辞"，② 孔颖达指出，文王演易，象物为辞，因此谓之易象，彖辞和爻辞俱是如此，"其实卦下之语，亦是象物为辞，故二者俱为象也。"③ 将《易》称为《易象》，不仅是《易经》的本源在易象，也是因为其相关文字符号是以建构意象符号为主，观物取象、立象尽意，通过对意象的建构来实现编码意图。

前文已述，易卦起源于原始占筮，经过不断的发展演变形成西周的八卦以及由此发展而来的《易经》，至战国秦汉的《易传》，哲理性不断增强，经、传合并后有了今之《周易》。可见《周易》源于占筮，是先民原始思维的重要组成部分，融合了先民的形象思维和抽象思维。从《易经》到《易传》的发展，也正是视觉图像思维向语言逻辑思维过渡的重要阶段，可以说《周易》囊括了人类两大主要思维模式，而且这两种思维模式是交互融合在一起的。清人胡渭《易图明辨》明确指出，"古者有书必有图，图以佐书之所不能尽也。凡天文地理、鸟兽草木、宫室车旗、服饰器用、世系位著之类，非图则无以示隐赜之形，明古今之制。"④ 胡渭明确指出《周易》卦爻之画即其图。何九盈考证指出，早在阴阳二爻组成八卦之前的"设卦观象""画卦立象"之象就是图画。巫师将这些图像悬挂起来，载歌载舞，举行宗教祭祀仪式活动。⑤ 这些图像经过长期的推演抽象，才演绎出我们现在所知的《周易》八经卦，即"☰"（乾卦）、"☷"（坤卦）、"☳"（震卦）、"☴"（巽卦）、"☵"（坎卦）、"☲"（离卦）、"☶"（艮卦）、"☱"（兑卦）。八经卦有卦象、卦名、取象及特定的性理，如表 5.1 所示。

---

① 严可均：《全上古三代秦汉三国六朝文》，北京：中华书局，1958 年版，第 790 页。
② 李学勤主编：《十三经注疏·春秋左传正义》，北京：北京大学出版社，1999 年版，第 1172 页。
③ 李学勤主编：《十三经注疏·春秋左传正义》，北京：北京大学出版社，1999 年版，第 1173 页。
④ 胡渭：《易图明辨》，北京：九州出版社，2008 年版，第 1 页。
⑤ 何九盈：《汉字文化学》，北京：商务印书馆，2016 年版，第 249 页。

表 5.1　八经卦卦象取象的对应

卦象	卦名	取象	性理特征
☰	乾	天	健
☷	坤	地	顺
☳	震	雷	动
☴	巽	风	入
☵	坎	水	陷
☲	离	火	丽
☶	艮	山	止
☱	兑	泽	悦

　　八经卦经过排列组合共得六十四重卦。所谓"六十四卦"就是指的这六十四重卦，这样经过八卦的重卦组合之后，虽然也仅有六十四卦的卦符，但其所象征的意义就大为扩展，所谓"易简而天下之理得矣"（《周易·系辞上》）即是此意，虽然简略，但是万事万物发展变化之理尽在其中。"易简"也正符合人类社会发展早期视觉思维的简约原则，即视觉并非被动反映世界万物，正如阿恩海姆所言，积极选择是视觉的一种基本特征。[①] 在这个选择过程中，部分事物及其特征会被放大，而其他事物及其特征则会被忽略，这种选择本身与人类的生存发展密切相关。八卦所取之象正是与先民生活日用相关的事物，将这些事物突出标记，而其他物象则被忽略。

　　作为符号能指的卦象与其所指称的对象之间的相似性是一种反比例关系。关于八卦与重卦的符号性质，龚鹏程认为八卦是指事，重卦是会意，均非象形，而且每卦所指之事与所取之象又都是游移不定的，[②] 所以解释项丰富，能够囊括天地之间的一切法则，"范围天地之化而不过，曲成万物而不遗"（《周易·系辞上》）。龚氏之说有一定的道理，但失之独断。《易经》是先民经过长期的仰观俯察实践，"仰以观于天文，俯以察于地理"（《周易·系辞上》），在此基础上逐步完成的对天地万物的认知和分类。所谓"方以类聚，物以群分"（《周易·系辞上》）说的就是这个意思，毕竟人类对世界的认知是以对世界类属划分为基础的。只有通过合理的类属划分，人类有限的认知能力才能对无限丰富的客观世界进行把握，将无限多的感

---

① 〔美〕阿恩海姆：《视觉思维》，滕守尧译，北京：光明日报出版社，1986年版，第65页。
② 龚鹏程：《文化符号学导论》，北京：北京大学出版社，2005年版，第28页。

性认识转化为有限范畴内的理性认识。① 人类先有对世界的观察和思考，才有对事物属性的认识与分类，否则人类对世界的认识只能停留在一个个具体事物的基础之上。就像列维-布留尔所说，在原始社会的集体语言中几乎完全没有符合一般概念的属名，只有丰富的表示人与物的专门用语，② 这种社会形态即便到了现代也依然停留于原始社会阶段（当然，这也为我们了解人类早期社会提供了文化样本）。

所幸中国先民在这个发展过程中既保留了原始思维模式，又不断推进了抽象思维的发展，"圣人有以见天下之赜，而拟诸其形容，象其物宜，是故谓之象。"（《周易·系辞上》）这里"赜"通"啧"，意为众貌纷纭、杂乱不堪，③ 即圣人看到了天地万物的纷纭杂乱，于是通过各类符号模拟其形态容貌，以此来分类和象征这些事物，这就是象的诞生，即"观物取象"。严格来说，《周易》之象主要就是卦象，卦象实际上就是一种相似符号。皮尔斯在论及符号的相似性时曾指出，"相似符被定义为这样一种符号，它自身的品格使得它成了这种品格所指的那种符号，而这种品格是内在于符号的一种品质（quality）。"④ 皮尔斯进而依据相似性程度将其缕分为图像相似、图表相似以及比喻相似，图像相似主要基于人的直观感受；而图表相似则是"通过把自身各部分的相互关系与某物各部分之关系进行类比"，⑤ 也就是通过各部分构造之间的结构同型（structural homology）来进行类比；比喻相似是"通过另一物的一种平行关系（parallelism）进行再现，从而来再现一个再现体的再现品质"。⑥ 在皮尔斯这里，图像相似可理解为相似符号（icon），图表相似可理解为指示符号（index），而比喻相似则是规约符号（symbol，又译"象征符号"）。八卦之中，"☰"（乾卦）像天，"☷"（坤卦）像地，侧重其构造的相似之处，如天的混元一体，地的沟壑不平。"☵"（坎卦）也有图像相似之处，"坎"像水，根据徐中舒主编的《汉语古文字字形表》可知，"☵"的形象与"水"字的古文字字形极为相似，如

---

① 贾春华主编《中医学——一个隐喻的世界》，北京：人民卫生出版社，2017 年版，第 8 页。
② 〔法〕列维-布留尔：《原始思维》，丁由译，北京：商务印书馆，1981 年版，第 187 页。
③ 祝东：《诗以言志：论公共资源〈诗〉传播的符号机制与影响》，《符号与传媒》，2022 年第 2 期。
④ 〔美〕皮尔斯：《皮尔斯：论符号》，赵星植译，成都：四川大学出版社，2014 年版，第 52 页。
⑤ 〔美〕皮尔斯：《皮尔斯：论符号》，赵星植译，成都：四川大学出版社，2014 年版，第 53 页。
⑥ 〔美〕皮尔斯：《皮尔斯：论符号》，赵星植译，成都：四川大学出版社，2014 年版，第 53 页。

同箦的水作"𣲆"形。如果说同箦字形还是竖形，那么信阳楚简的水字"𣲆"，① 这个横形就更像坎卦的卦形了，其卦形本身亦颇似弯曲奔流的河水之形。这样看来，龚氏所言八卦符号为指事并不完全妥当，因为其中亦有以图像相似的象形符号。

如龚氏所言，重卦整体上确实是以会意为主，也就是通过对八卦的组合，让卦象与卦象所象征的意义形成一个新的卦象（重卦），经过叠加组合，如同汉字由"文"到"字"的发展，表意就得到了极大的扩展，"仓颉之初作书，盖依类象形，故谓之文；其后形声相益，即谓之字。文者物象之本，字者言孳乳而浸多也。"② "依类象形"主要是用单个的象形符号来表意，多是独体字；"形声相益"即形符与声符组合，这种合体字形式大大增加了汉字的表意容量。但是与拼音文字专职音符不同的是，很多汉字在充当合体字偏旁之时，兼可充当音符与意符，甚至也发挥音符与意符的作用。③ 与汉字表意相似的是，《周易》经卦的组合以会意符号居多，如"▤"（否卦，内坤外乾），乾为阳，坤为阴，"阳上升，阴下降，乃阳即在上，阴即在下，愈去愈远，故天地不交而为否。"④ 这种依据卦象组合来生成意义的重卦在《周易》中颇多，但这并不是说重卦就完全是会意符，重卦也有形象相似的相似符。如"▤"（颐卦，内震外艮），初九与上九二爻为阳符，六二到六四四爻为阴符，外实而中虚，所以名为"颐"，《彖辞》云："观颐，自求口实"，尚秉和谓"实者食也，言口含物以自养也"，⑤ 即对其卦形像"口含物"的描画；再如"▤"（噬嗑卦，内震外离），初九、九四、上九为阳爻，六二、六三、六五为阴爻，《彖辞》云："颐中有物曰噬嗑"，尚秉和指出，"有物谓四，四在颐中，故曰有物，颐上下阳，中四爻皆阴"。⑥ 前面颐卦像口形，这里噬嗑卦九四为阳爻，就像口中正在咬合一物之情形，卦象与卦名相互应和，二者之间并非完全是会意符，同时兼有相似性。也就是说，在编码过程中，卦象取象不仅有图表相似，也有图像相似，而作为语言符

---

① 徐中舒主编：《汉语古文字字形表》，北京：中华书局，2010 年版，第 419 页。

② 许慎：《说文解字》，段玉裁注，北京：中华书局，2013 年版，第 761 页。

③ 裘锡圭：《文字学概要》，北京：商务印书馆，2013 年版，第 12 页。

④ 尚秉和：《周易尚氏学》，北京：中华书局，1980 年版，第 79 页。

⑤ 尚秉和：《周易尚氏学》，北京：中华书局，1980 年版，第 135 页。

⑥ 尚秉和：《周易尚氏学》，北京：中华书局，1980 年版，第 111 页。

号的卦爻辞则更多地通过建构一种心理意象来达到皮尔斯所言的比喻相似，通过 A 达到对 B 的隐蔽表征，达到以立象来建构意象的编码目的。就编码意图而言，易象以视觉图像为中心，卦象兼有写实和写意之特征，其中写意遵循的是极简原则，体现的是先民以简驭繁的抽象思维能力，这也正是视觉极简思维的体现。在编码过程中，符号能指与指称对象的形象间的相似程度越低，其抽象性就越强，表意就越丰富。

二 文本意图：称名也小，取类也大

《周易》成书本身经历了一个漫长的过程。传说伏羲氏经过仰观俯察、远观近取创制了八卦，通过八卦来沟通神意，了解万物之情状；殷周之际文王重演，分为上下经；逮至春秋时期，孔子作《彖辞》《象辞》《文言》《序卦》等十翼。这些说法不一定可信，但是有一点是可以肯定的，即《周易》非成于一时与一人之手，而是经过世代累积、不断增益修订而成的。《汉书·艺文志》谓其"人更三圣，世历三古"，[①] 所谓"三圣"就是指伏羲、文王与孔子，此三者或许对《周易》的发展起到过重要的作用，但不可完全归功于他们，而"三古"则是指以伏羲为代表的上古、以文王为代表的中古以及以孔子为代表的下古。实际上《易传》可能是出于战国以降孔子后学之手，以儒家思想为主，同时融合了诸子百家的学术思想。《易传》既有对《易经》占筮的阐述，亦有对自然与社会的理性思考，特别是对人类社会发展规律的探讨，已上升到哲学的新高度。

秦王朝完成大一统之后，为了凝聚人心、统一思想，有了焚书坑儒之举。《汉书·艺文志》云："及秦燔书，而《易》为筮卜之事，传者不绝。汉兴，田何传之。讫于宣、元，有施、孟、梁丘、京氏列于学官，而民间有费、高二家之说。刘向以中《古文易经》校施、孟、梁丘经，或脱去'无咎''悔亡'。唯费氏经与古文同。"[②] 由此可知，《周易》因为被视为卜筮之书，才得以免于秦火。秦汉易代之后，重收图书，整理经典，汉武帝立五经博士，为今本《易》，但费直、高相所传古本《易》，未立学官，流播民间。两种版本主要区别在于书写不同，内容差别只是其一脱去"无咎"

---

① 陈国庆：《汉书艺文志注释汇编》，北京：中华书局，1983 年版，第 18 页。
② 陈国庆：《汉书艺文志注释汇编》，北京：中华书局，1983 年版，第 18—19 页。

"悔亡"。东汉后，古文经学流行，《隋书·经籍志》指出，"后汉陈元、郑
众，皆传费氏之学。马融又为其传，以授郑玄。玄作《易注》，荀爽又作
《易传》。魏代王肃、王弼，并为之注。自是费氏大兴，高氏遂衰。"① 在易
学史上，魏晋南北朝时期易学有南北两大流派，即北方的郑（玄）学与南
方的王（弼）学；隋唐时期的陆德明撰《经典释文》时推举王弼易学，"永
嘉之乱……唯郑康成、王辅嗣所注行于世，而王氏为世所重。今以王为主，
其《系辞》已下王不注，相承以韩康伯注续之，今亦用韩本。"② 其后颜师
古奉命选定五经标准读本的时候，亦是以王本为主，这些都为孔颖达奉诏
撰定《五经正义》的《周易》版本选择打下了基础。孔颖达在《周易正
义》的序中认为"唯魏世王辅嗣之《注》独冠古今"，③ 自然受到陆、颜诸
贤的影响。流传至今的十三经版《周易正义》正是在此基础上诞生的。近
年来随着考古发掘的不断深入，《周易》的文献考古材料也不断出土，如上
海古籍出版社出版的《战国楚竹书》中公布的楚简《周易》，对研究易学史
提供了重要帮助，特别是其文献版本价值值得重视。尽管其在文字上与今
本《周易》有所不同，但据学者考证，这些出土文献"无可争辩地证明了
今本仍然是《周易》各种版本中最重要的版本，其权威性并没有因为近几
年许多《周易》文本的出土而被削弱和动摇"。④ 这样，《周易》被写定之
后，即使经过了长期的传播，其文本内容也并没有太大的删改，只是历代
易学家因为时代与学术风气的差异在注解阐释之时各有所重，但这并不影
响《周易》文本自身的表意意图。

所谓文本，从符号学的角度来看就是指符号组合，任何符号表意的组
合，都可视作文本。我们知道，文本一旦确立，其本身就具有一定的独立
性。也就是说，当编码工作一旦完成，就转入文本意义的传送阶段，文本
之所以能够穿越千年，是文本一旦经发送者将意图意义植入符号组合之中
而形成，就像胎儿从母亲腹中分娩出来，获得了自身的独立性与独特意义。
尽管文本意图受到编码意图的影响，但是文本一旦独立，编码意图便由文
本意图来承担。如赵毅衡先生所言，如果文本意图体现了编码意图，那么

---

① 魏征、令狐德棻：《隋书》，北京：中华书局，1973 年版，第 912-913 页。
② 陆德明：《经典释文》，上海：上海古籍出版社，2013 年版，第 21 页。
③ 李学勤主编：《十三经注疏·周易正义》，北京：北京大学出版社，1999 年版，第 2 页。
④ 林忠军：《从战国楚简看通行本〈周易〉版本的价值》，《周易研究》，2004 年第 3 期。

文本意图就具有溯源的可能性。[①] 无论是后世的象数派还是义理派，都在追踪溯源，试图揭示《周易》的本义，即文本中蕴藏的编码意图。而《周易》作为一个完整的符号系统，其自身的文本意图主要是通过易象的类比隐喻来进行的，这种文本意图体现的也正是编码者的意图，这也正是文本意图具有多重意义的重要原因。

从文本意图上看，易象通过视觉图像来隐喻意指，实现了文约义丰的传播效果。清人章学诚曾言："然战国之文，深于比兴，即其深于取象者也。"[②] 章氏虽是论战国之文，但是这种文章比兴"深于取象"的表意模式，实际上就是源自《易经》取象表意的实践。所谓"比"自然是比喻，而"兴"，据周策纵考证，也是用喻来解释，而且有时"兴"就是喻，[③] 由此可知取象的结果主要是通过物（事）象来隐喻象征新的意义。如钱钟书在论及"近取诸身"时就曾指出，"一切物理界名词，也许都根据生理现象来……我们对于世界的认识，不过是一种比喻的，象征的，像煞有介事的诗意的认识。"[④] 实际上，《周易》文本之中，无论"近取诸身"还是"远取诸物"，都含有通过隐喻来实现认知文本的意图。所谓隐喻认知，即人类将其某一领域的经验用来说明或理解另一领域经验的认知活动，其解读过程要通过对"始源域"与"目标域"之间的特征进行"相似性比较分析而建立起一种概念联系。"[⑤] 如人体最高的地方是头，中间地方是腰，最低位置是脚部，所以人在认识山的时候，也是如此，山头——山腰——山脚。这实际上也是皮尔斯所言的图表相似，因为二者具有同型结构，所以能通过这种相同的结构性质来落实符号发送者的编码意图。编码意图一旦落实到文本意图之中，发送者的思想意义便落实在文本之中。

文本意图一旦落实，符号编码就固定下来，原先存在于主体头脑中的飘忽不定、模糊不清的意义，就随着符号编码固定下来。符号表征一旦固定，其所能表达的意义就不再像存储在大脑中的意义那么丰富多彩，也就

---

① 赵毅衡：《符号学：原理与推演》，南京：南京大学出版社，2016 年版，第 51 页。
② 章学诚：《文史通义校注》，叶瑛校注，北京：中华书局，1985 年版，第 18 页。
③ 周策纵：《古巫医与"六诗"考》，上海：上海古籍出版社，2009 年版，第 141 页。
④ 钱钟书：《中国固有的文学批评的一个特点》，周振甫、冀勤编：《钱锺书〈谈艺录〉读本》，北京：中央编译出版社，2013 年版，第 442–443 页。
⑤ 贾春华主编：《中医学——一个隐喻的世界》，北京：人民卫生出版社，2017 年版，第 2 页。

是说，文本所包含的意义实际上可能只是编码意图的一小部分，这一点在《易传》中已有阐述，"子曰：'书不尽言，言不尽意'"（《周易·系辞》上）。思想是杂多的，能用言语表述出来的只是思想的一小部分，而书契又是记载言语的，相对于言语的丰富性，书契所能记载的也是极少的一部分，这样不断地打折扣，自然"言不尽意"了。那么思想究竟能否通过文本符号来表征呢？回答是肯定的。"子曰：'圣人立象以尽意，设卦以尽情伪，系辞焉以尽其言。变而通之以尽利，鼓之舞之以尽神。'"（《周易·系辞》上）圣人通过"立象"来表达思想，用卦爻符号来象征，附上文字来推演，以此达到占测神意、沟通神人的目的。也就是说，将作为语言符号的卦爻辞与对事物运动变化规律的卦联合起来，目的在于"立象"，进而通过象来表征意义。这里，象不仅有卦象，也有语言文字符号建构出来的意象，这些实际上都可看作广义的视觉文本。凡在交流传播实践中具有象征功能的视觉对象，无论是图像文本还是由语言、文字、图像等混合要素组合成的文本，以及能够在视觉维度加以认知分析的文本，都属于视觉文本范畴。[①]易象正在于通过构筑的视觉文本来象征表达。

《周易》文本表意的丰富性正在于卦爻符号的象征性，以及卦爻辞的隐喻性。如黄寿祺等所言："六十四卦的卦形、爻形，以及相应的卦辞、爻辞，均为特定形式的'象征'：前者依赖卦爻符号的暗示，后者借助卦爻文字的描述——两者相互依存，融会贯通，共同喻示诸卦诸爻的象征义理。"[②]正是因为二者相互配合，才大大扩展了《周易》符号的文本意图。

所以，《周易·系辞》下云："其称名也小，其取类也大。其旨远，其辞文，其言曲而中，其事肆而隐。"卦名虽小，但是具有以小喻大的作用。名是与具体事物相对应的，"故视而可见者，形与色也，听而可闻者，名与声也。"（《庄子·天道》）事物的形色是可见的，声音是可听的，在观察体认之后被命名，进而通过名表征出来，即名是取其形加诸语音而来，这在本书第三章第二节已有辨析，兹不赘述。所谓"类"即对事物的综合归类，如王弼《周易略例·明象》所言"是故触类可为其象"，[③] 可见卦名是对事

① 刘涛：《视觉修辞学》，北京：北京大学出版社，2021年版，第2页。
② 黄寿祺、张善文：《周易译注》，上海：上海古籍出版社，2004年版，第21页。
③ 《王弼集校释》，楼宇烈校释，北京：中华书局，1980年版，第609页。

物分类的高度抽象。章学诚论《易》之象时亦曾指出，"物相杂而为之文，事得比而有其类。知事物名义之杂出而比处也，非文不足以达之，非类不足以通之；六艺之文，可以一言尽也。夫象斂，兴斂，例斂，官斂，风马牛之不相及也，其辞可谓文矣，其理则不过曰通于类也。故学者之要，贵乎知类。"[①] 依类象形是为文，孟华先生指出，古汉语的文本身包含视觉图画符号与语言文字符号两层含义，而且二者并未严格区分，视觉符号的文本身与传统的象符号又是相通的。[②] 从这个意义上讲，"望文生义"就不是根据字面意思做牵强附会之解释，而是可以从文的形象性中获得多重意义。文可将事物进行一定程度的抽象归类，而名则是对此类事物的概念化，概念是反映事物本质属性的。事物杂多，但作为概念的名是有限的，"其称名也，杂而不越"（《周易·系辞》下）。尽管卦爻辞中涉及的名称概念杂多，但是不相乖越，概念的确定性能够确保对事物本质特征的把握；但是名的取类确实博大丰富，如"乾，阳物也；坤，阴物也"（《周易·系辞》下），乾之名，取诸阳性事物，坤之名，取诸阴性事物，而阴阳的结合就可化生万物。八卦是对事物属性的八种总体概括，彼此相交，则会产生更多的类比意义，因此"知类"显得尤为重要。

因此，尽管《周易》文本只有六十四卦，但是卦名的有限性并不限制其取类的丰富性，其文本言近旨远、论述深刻，并形成"《易》无达占"（《春秋繁露·精华》）的多重文本意图。

三　解释意图：观象玩辞，得意忘象

文本符号所蕴含的意义，只有在符号的接收者这里才能落实下来。符号既然被认为是携带着意义的感知，就需要一个感知它的主体（接收者）。毕竟符号是符号载体与其携带意义之间的关系，符号联系着二者，只有二者的结合才是符号。符号携带的意义即文本意图，文本意图只是一个潜在的意义，它需要在接收者的解释中完成。《易传》中提出观象玩辞的主张，就是要从接收者的解释意图出发破解文本意图。

---

① 章学诚：《文史通义校注》，叶瑛校注，北京：中华书局，1985 年版，第 18 页。
② 孟华：《文字论》，济南：山东教育出版社，2008 年版，第 4-5 页。

是故君子所居而安者，易之序也。所乐而玩者，爻之辞也。是故君子居则观其象而玩其辞，动则观其变而玩其占。是以自天祐之，吉无不利。(《周易·系辞上》)

"玩"字唐明邦引《释文》"研玩"之解，将其解释为研究之意，[1] 屈万里引《列子·黄帝篇》"吾与若玩其文也久矣"，张湛注："玩，习也"。[2] 因此，"玩"为玩习、研究之意。君子平日观察卦象、研究文辞，并观察卦爻之变化，进行占卜，以求得平安吉祥。这里明显提出了一对概念，"观其象""玩其辞"，象自然是卦爻之象，辞则是卦爻之辞，卦爻之象属于图像文本，卦爻之辞属于语言符号文本，这是两种不同形式的文本，在接受者这里有不同的解释方式。

《系辞》是《易传》的重要组成部分，它不仅对《易经》的占筮原则进行了总结，还完成了《周易》从卜筮之书到哲理之书的创造性转化。在《系辞》里，我们可以在多处看到其对易象的论述。

"见乃谓之象，形乃谓之器。"(《周易·系辞》上)

"悬象著明莫大乎日月。"(《周易·系辞》上)

"天垂象，见吉凶，圣人象之。"(《周易·系辞》上)

"形而上者谓之道，形而下者谓之器。"(《周易·系辞》上)

"是故夫象，圣人有以见天下之赜，而拟诸其形容，象其物宜，是故谓之象。"(《周易·系辞》上)

"八卦成列，象在其中矣。"(《周易·系辞》下)

从《系辞》对易象的推重中可以看到，在解释《周易》符号文本的过程中，对易象结构性质的阐释是必不可少的。我们知道，制作八卦有一个远观近取的过程，"古者包牺氏之王天下也，仰则观象于天，俯则观法于地，观鸟兽之文与地之宜，近取诸身，远取诸物，于是始作八卦，以通神明之德，以类万物之情。"(《周易·系辞》下) 八卦作为意象象征万物，能"类万物之

---

① 唐明邦：《周易评注》，北京：中华书局，2009 年版，第 230 页。
② 屈万里：《读易三种》，上海：上海辞书出版社，2017 年版，第 207 页。

情"，说明作为符号的八卦与世间万物之间在性质上存在一种结构同型的关系；八卦制作的目的乃是沟通神意，"以通神明之德"，子曰："圣人立象以尽意，设卦以尽情伪，系辞焉以尽其言。变而通之以尽利，鼓之舞之以尽神。"（《周易·系辞》上）将作为语言符号的系辞与反映事物运动变化规律的卦联合起来，目的在于"立象"，进而通过象来表征意义。这里，象的含义不仅有卦象，也有语言文字符号组成的象——在接收者这里就是心象。心象是接收者主观感受之象，是卦爻符号及卦爻辞在文本解释者心中建构起来的意中之象。

　　德国符号学家卡西尔曾将符号分为逻辑（语言）符号与非逻辑符号（情感与神话等）。卡西尔的弟子苏珊·朗格在其师基础之上进一步将符号分为一般性符号与表征性符号，一般性符号为人与动物所共有，如用姿势表达一定的意义；表征性符号则是以人类独特的心灵为基础的，如语言、艺术之属，这种表征性符号又可进一步分为推理形式（如语言、数学公式）和表征形式（语言以外的一切表征形式，如艺术、仪式、神话之属）。一般而言，推理形式的符号将思维以线性的逻辑展开，具有一定的指向性和意义的相对明晰性；表征形式的符号通过非语言的形式将人类的经验形象地呈现出来，其意义的指向性相对模糊，要与接收者的场合语境结合产生特定的意义，因此表征形式的符号具有意义的多义性和丰富性特征。中国学者陈植锷在此基础上，进一步将语言的符号系统分为逻辑性与艺术性两种，并以有无情感和形象作为此二者的区别。当语词作为概念载体的时候，属于抽象的符号，依靠推论来揭示事物变化之过程；当语词作为意象载体之时，就属于具象的符号，通过形象来展现各个具体事物之间的关系；前者以语法逻辑为联结，建构的是陈述性符号系统，后者则是通过意象与意象之间的组合关系形成表现性符号系统。① 表现性符号系统具有模糊性与多义性，而陈述性符号系统因为是约定俗成的，所以更多的是约定性与稳定性，乃至强制性，"人们最初用一定的语言符号来称呼客观事物确实带有一定的强制性，个人不能任意改变语言符号或事物的名称，人们对语言符号所表示内容的理解基本上是相同的，不能任意加以解释，因为语言符号这种符号性一旦形成，这种称谓就宣告诞生，名称在一定时间内就有其确定

---

① 陈植锷：《诗歌意象论》，北京：中国社会科学出版社，1990 年版，第 48 页。

性……正是语言符号代表事物名称的相对稳定性，才使我们得以把不同的事物区别开来。"① 因此在对《周易》文本的解释过程中，观象与玩辞常是相互结合进行的，如果任由表现性符号进行易象推理，则其意义难以落实；如果只考虑陈述性符号，则会拘泥胶着于一处。

在论及编码意图时，我们曾指出始源域 A 与目标域 B 之间是一种平行关系，对 A 的认知理解有助于达成对 B 的认知理解。如"䷡"（大壮卦，内乾外震），乾为天，震为雷，故象辞云"雷在天上，大壮"，这是对整个卦象组合意义的建构，而其爻辞则更多的是在建构比喻相似。

九三：小人用壮，君子用罔，贞厉。羝羊触藩，羸其角。

九四：贞吉，悔亡。藩决不羸。壮于大舆之輹。

上六：羝羊触藩，不能退，不能遂。无攸利，艰则吉。

这里有三个爻辞涉及"羝羊触藩"这幅景象，九三爻是用强力，所以伤了羊角；九四爻是羊角结实，故而把篱笆撞坏；上六爻是羊角插入篱笆之中，进退失据。如果我们把羝羊触藩视作 A，那么生活中遇到的某种困难则是 B，通过对 A 的解释就可以达到对 B 的理解，即遇到困难一味用蛮力，自然会伤及自身，故"贞厉"；如果自身的力量够强大，如羊角够结实，自然能撞破篱笆获得自由，则会"贞吉"；如果二者之间旗鼓相当，则会处于相持阶段，就要谨慎小心对待，故"艰则吉"。因此处于类似境况的占问者，在这里通过对爻辞文字符号建构意象之理解，审时度势，自然能够在观象玩辞的过程中获得合乎理性的解释，从而使自己能够化险为夷。这里既有象又有辞，象与辞是相互配合进行的。作为语言符号系统的辞，需要经过想象与联想的转换，如王小英所言："从符号性质的差异上来讲，语言符号属于规约符号，规约符号是离散性符号，表意抽象、准确，但却难以直观、具体，即便是用一组语言符号进行造型，仍然存在着非直观的、依靠联想才能够完成的图像化。"② 只有象与辞的结合，才能直观具体地将解

① 刘书斌：《语言符号的意义——从语义学谈起》，北京师范大学硕士学位论文，1988 年，第 11 页。

② 王小英：《媒介突围：网络文学的破壁》，北京：商务印书馆国际有限公司，2022 年版，第 181 页。

释意图落到实处。而观象玩辞也是为了达到对《周易》意义的理解，所以王弼在此基础上进一步提出得意忘象的解释意图。

> 夫象者，出意者也。言者，明象者也。尽意莫若象，尽象莫若言。言生于象，故可寻言以观象；象生于意，故可寻象以观意。意以象尽，象以言著。故言者所以明象，得象而忘言；象者，所以存意，得意而忘象。犹蹄者所以在兔，得兔而忘蹄；筌者所以在鱼，得鱼而忘筌也。然则，言者，象之蹄也；象者，意之筌也。是故，存言者，非得象者也；存象者，非得意者也。象生于意而存象焉，则所存者乃非其象也；言生于象而存言焉，则所存者乃非其言也。然则，忘象者，乃得意者也；忘言者，乃得象者也。得意在忘象，得象在忘言。故立象以尽意，而象可忘也；重画以尽情，而画可忘也。①

从逻辑上来看，本段文字的内容可分为三层。第一层重在论述言象关系，这里的象，首先是指卦象，其次可以泛指一切用于表意的图像。象是用来表达意义的，而言则是《易经》中的语言文字部分，如卦辞、爻辞之属皆是，是用来表征说明卦象物象的，如上文所云的"羝羊触藩"就属于言，这一物象用来说明进退维谷之意。以象表意、以言明象，这样就有一个由言生象、假象表意的"言—象—意"的表意过程，解释意图乃在得意，因此"言—象—意"是一个递相否定的过程。第二层在于举例说明"言—象—意"三者之关系，作者实际上援引了《庄子·外物篇》，"筌者所以在鱼，得鱼而忘筌；蹄者所以在兔，得兔而忘蹄；言者所以在意，得意而忘言。"筌为捕鱼之具，蹄为捕兔之网，筌与蹄之目的在鱼、兔，得鱼、兔则筌、蹄可舍弃。同理，言语符号在于传达意义，得到了意义则言语亦可舍弃，此举意在为得出结论举例证。第三层在前两层论述的基础上得出结论：言可类比为得象之工具，象可类比为得意之工具。然而，言不是象，象不是意，此二者需要经过接受者的转换；言为象而生，象为意而设，所以得象可忘言，得意可忘象。因此从编码意图来说是立象以尽意，从解释意图而言则是得意而忘象。

___

① 王弼：《王弼集校释》，楼宇烈校释，北京：中华书局，1980年版，第609页。

西方哲学家海德格尔在论及视觉图像时曾指出，"从本质上看来，世界图像并非意指一幅关于世界的图像，而是指世界被把握为图像了。"① 虽然海氏所论是现代科技对世界图像化的进程，但在前现代社会，人类早已通过视觉思维与图像方式把握世界了。中国的易象论其实就是将世界把握为图像，同时超越了图像。从编码意图来看，作者通过仰观俯察完成对世界的取象工作，试图"立象以尽意"。就文本意图而言，无论是卦爻符号还是卦爻辞，都包蕴着对世界的图像描画。名是对事物归类取象的概念表征，一方面包含有图像之文，即作为视觉符号的文有其特殊功能，"汉字的图形性功能、隐喻性功能，能激发人的灵感、潜意识、想象力，这些均属直觉思维，非逻辑思维。弦外之音，字外之意，都是逻辑所达不到的。"② 另一方面，演化为记录语言的汉字又具有语言的逻辑符号形态。就解释意图而言，《周易》的解释者观象玩辞就是对世界的图像的整体把握，但是又超越了图像，进而寻求对图像背后意义的理解，达到得意忘象的目的。易象不仅是人类视觉思维的具体体现，同时也是人类对世界进行认知编码的符号活动。通过认知分类实践，将杂多无序的世界变成可以把握的有序世界，中国先民在易象中走出了原始思维模式、走向语言思维之途，但是又没有抛弃鲜活生动的意象思维，而是将二者有机结合，"言象合治"，③ 这也正是中国符号学思想的独特之处。

第二节　时变论：卦随时变的符号思想考释

《周易》源于占卜，这是无可争议的事实，但是它又不同于一般单纯的占筮之书，而是如论者所言，"在卜筮的形式和外壳之下，通过生活经验和精神智慧的积累，已经孕育出哲学的内容，铸造出哲学的概念和具有哲学性质的

---

① 〔德〕海德格尔：《林中路》，孙周兴译，上海：上海译文出版社，2008 年版，第 78 页。
② 何九盈：《汉字文化学》，北京：商务印书馆，2016 年版，第 111 页。
③ 近年来，王铭玉、孟华两位著名中国符号学家创造性地提出"语象合治"的符号学命题（参见王铭玉、孟华：《中国符号学发展的语象合治之路》，《当代修辞学》，2021 年第 4 期；王铭玉、孟华：《语象合治：符号学研究的第三条路径》，《中国社会科学报》，2022 年 2 月 8 日）。这一学术命题的提出受到学界广泛关注，对中国符号学研究也颇有启迪。本节没有采用"语象合治"，而用"言象合治"乃是基于易象论的实际情况，本书引文中也曾引用到先哲王弼的"意以象尽，象以言著"之论，这实际上已经提出了"言象合治"的观念，并用此解释易象论"得意"之法门，故此说明。

世界模式"。① 八卦作为对宇宙万物的分类抽象，进而排列组合，建立一个系统，象征宇宙万物，其卦爻辞多用隐喻、象征，内容较为抽象，因此在不同卜筮背景（语境）下，其解释项是多元的，"仁者见之谓之仁，智者见之谓之智"（《系辞》上），由此产生无限衍义。也正是因为如此，后学在分析钻研中往往将自己的学术思想借解易之名寓于注疏之中，结果使得易学变成一门几乎无所不包的大学问，正如四库馆臣所言："《易》道广大，无所不包，旁及天文、地理、乐律、兵法、韵学、算术，以逮方外之炉火，皆可援《易》以为说，而好异者又援以入《易》，故《易》说愈繁。"② 正是这"愈繁"之学说，使得《周易》蒙上了一层神秘的面纱。面对这一被誉为中华文化源头活水的"天书"，在当今学术背景下，该如何对其进行祛魅？论者曾经指出，"借用现代符号学理论，可以看出，《易经》其实是初民观物取象后，通过一套符号系统以简驭繁、把握世界的方式，而《易传》则是对《易经》系统的哲学阐释，其间也包含着丰富的符号思想。"③ 符号被认为是携带意义的感知，《易经》符号系统是初民在观物取象的过程逐渐加工总结而成，属于"弱编码符号"④，其符号与意义之间有较大的延宕空间，再加上《周易》本是周流变化之意，那么如何在延宕而又变动不居的情况下去把握某一意义呢？《易传》的作者们在不断的研究总结中，发现和总结了"时"这一规律，而"时"也成为把握意义的一大关键。

一　周易之"时"

"时"乃是《周易》中的一个重要观念，虽然"时"字在《易经》部分只出现一次，归妹卦九四："归妹愆期，迟归有时。"高亨《周易古经今注》研究指出，"时借为待"，⑤ 意谓婚期延误，静待佳偶，《象辞》下在解释此句时亦谓，"愆期之志，有待而行也"，即佳期延误，将待时而行，可见相时而动的观念已经蕴含其中。后学在阐释易经的时候，逐渐发现了易经中蕴藏的"时"这一重要观念。在《易传》中，"时"字出现57次之多。如表5.2统计：

---

① 刘文英：《中国哲学史》，天津：南开大学出版社，2002年版，第17页。
② 纪昀：《钦定四库全书总目》，北京：中华书局，1997年版，第3页。
③ 祝东：《先秦符号思想研究》，成都：四川大学出版社，2014年版，第16页。
④ 赵毅衡：《文学符号学》，北京：中国文联出版公司，1990年版，第34页。
⑤ 高亨：《周易古经今注》，济南：齐鲁书社，1984年版，第319页。

表 5.2 《易传》中用"时"统计

《系辞》（上、下）	《彖辞》（上、下）（注：以卦之顺序编号）	《象辞》（上、下）	《文言》	《序卦》	《说卦》	《杂卦》
1. 广大配天地，变通配四时。 2. 揲之以四以象四时。 3. 变通莫大乎四时。 4. 变通者，趣时者也。 5. 君子藏器于身，待时而动。 6. 六文相杂，唯其时物也。	01 乾卦：大明终始，六位时（a1）成，时（a2）乘六龙以御天。 04 蒙卦：蒙亨，以亨行时中也。 14 大有卦：其德刚健而文明，应乎天而时行，是以元亨。 16 豫卦：天地以顺动，故日月不过而四时（a1）不忒。随时（a2）之义大矣哉！ 17 随卦：大亨贞无咎，而天下随时（a1）。随时（a2）之义大矣哉！ 20 观卦：观天之神道，而四时不忒。 22 贲卦：观乎天文，以察时变。 27 颐卦：颐之时大矣哉。 28 大过卦：大过之时大矣哉！ 29 坎卦：险之时用大矣哉。 32 恒卦：四时变化，而能久成。 33 遯卦：刚当位而应，与时（a1）行也。遯之时（a2）义大矣哉！ 38 睽卦：睽之时用大矣哉！ 39 蹇卦：蹇之时用大矣哉！ 40 解卦：解之时大矣哉！	02 坤卦：含章可贞，以时发也。 25 无妄卦：先王以茂对时育万物。 48 井卦：旧井无禽，时舍也。 49 革卦：泽中有火，革，君子以治历明时。 60 节卦：不出门庭凶，失时极也。 63 既济卦：东邻杀牛，不如西邻之时也。	1. 故乾乾因其时而惕，虽危无咎矣。 2. 君子进德修业，欲及时也，故无咎。 3. 见龙在田，时舍也。 4. 终日乾乾，与时偕行。 5. 亢龙有悔，与时偕极。 6. 时乘六龙，以御天也。 7. 故乾乾因其时而惕，虽危无咎矣。	无	无	1. 大畜，时也。

续表

《系辞》(上、下)	《彖辞》(上、下)(注：以卦之顺序编号)	《象辞》(上、下)	《文言》	《序卦》	《说卦》	《杂卦》
	41 损卦：二簋应有时（a1），损刚益柔有时（a2）。损益盈虚，与时偕行。 42 益卦：凡益之道，与时偕行。 44 姤卦：姤之时义大矣哉！ 46 升卦：柔以时升，巽而顺，刚中而应，是以大亨。 49 革卦：天地革，而四时（a1）成。革之时（a2）大矣哉！ 52 艮卦：时（a1）止则止，时（a2）行则行，动静不失其时（a3），其道光明。 55 丰卦：日中则昃，月盈则食，天地盈虚，与时消息，而况于人乎，况于鬼神乎？ 56 旅卦：旅之时义大矣哉！ 60 节卦：天地节，而四时成。 62 小过卦：过以利贞，与时行也。		8. 夫大人者，与天地合其德，与日月合其明，与四时（a1）合其序，与鬼神合其吉凶。先天而天弗违，后天而奉天时（a2）。 9. 含万物而化光。坤道其顺乎，承天而时行。	无	无	

通过表 5.2 统计分析可知，"时"在《系辞》（上、下）中一共出现了 6 次，《象辞》（上、下）中一共出现了 34 次，《彖辞》（上、下）中一共出现了 6 次，《文言》中一共出现了 10 次，《杂卦》中出现 1 次，共计 57 次。"时"的本义为"季"，《说文》谓，"时，四时也"，引申为时间、时代、时机、合于时宜等义。综观《易传》部分，其"时"基本释义可统计如表 5.3：[①]

表 5.3 《易传》之"时"释义

季节/四季/时节	时间/时辰/时光	按时/合乎时宜	时机/时势/机会
《系辞》1、2、3 《象辞》16（a1）、20、22、32、49、60 《彖辞》25、49（a1）《文言》5、6、8（a1）、9	《象辞》17、55 《文言》1、4、7	《系辞》6 《象辞》01（a1）、01（a2）、14 《彖辞》63 《杂卦》1	《系辞》4、5 《象辞》04、14、16（a2）、27、28、29、33（a1）、33（a2）、38、39、40、41（a1）、41（a2）、41（a3）、42、44、46、49（a2）、52（a1）、52（a2）、52（a3）、56、62、《彖辞》02、48、60 《文言》2、3、8（a2）

由表 5.3 分析可知，其中表示季节、时节之义的"时"有 15 例，表示时辰、时间的有 5 例，表示时机、时势的有 31 例，表示按时、合乎时宜的有 6 例。从时间观念发生的角度来看，"人类对时间、空间的认识，正如对客观世界各种事物的认识一样，无不来自实践。"[②] 日出而作日落而息，太阳月亮的交替甚至被认为是先民时间观念萌芽的渊薮，而对四季（四时）的认识，也经过了漫长的发展历程，对春种秋收的实践，对夏生冬藏的观察，直到西周末期，华夏民族才形成了明确的四时观念。[③] 也正是因为先有四时（四季、季节、时节）这种具体的生活实践及体验，才逐渐抽象出时间（时辰、时光）这样的观念。因此我们或许可以说，四时的实践体验乃

---

① 本表释义以黄寿祺、张善文《周易译注》为主，兼以参考金景芳、吕绍纲《周易全解》及高亨《周易大传今注》。

② 刘文英：《中国古代时空观念的产生和发展》，上海：上海人民出版社，1980 年版，第 1 页。

③ 刘文英：《中国古代时空观念的产生和发展》，上海：上海人民出版社，1980 年版，第 10 页。

是时间观念的起源。在抽象出时间观念之后，人们根据生活实践的体验，逐步学会了把握时间这一规律生产生活，如春种秋收、不误农事。如果没有按照时间规律（按时、合乎时宜）进行农业生产，或者雨水没能及时下降，那么很可能会危及一个部落的生存，因此把握时机、机会或者通过占卜以求时雨乃是关乎生存的事情。如陈梦家在研究殷虚（墟）卜辞的时候，根据卜辞内容发现，殷人不但求雨，而且要求雨量充足及时，他在考察先秦其他典籍有关"时雨"载述的基础上指出，"凡此'时'字都是及时降雨之谓……卜辞的'及雨'及时而雨，'雨不时辰'即雨不适时。"① 所以说是在时间观念的基础上，进一步产生了按时、时势、时机这样的时间概念。从四时到时机，也符合语义发展从具体到抽象、从本义到引申义的发展规律。②

二　"时"用之思

根据前文分析，"时"有时间、季节之义，这两种义项的使用加起来亦有 20 次之多，那么这种"时"义又有何用呢？"时"本义是季，四时为四季。中国先民在仰观俯察之中，切身感受到自然时间的流变，并在四时循环往复中，结合人生实践（如渔猎、农耕等），逐渐形成了一种与人生经验、生活实践有关的时间概念，而这种概念也逐渐影响到了先民的表意模式，并借《周易》传达出来。循环往复、周而复始的观念便是受到这种季节轮回产生的时间观念的影响。所以《系辞》上说，"广大配天地，变通配四时，阴阳之义配日月。"乾坤世界广大无垠，变通寓于其中，如春天万物

---

① 陈梦家：《殷虚卜辞综述》，北京：中华书局，1988 年版，第 525 页。

② 学者刘桓《古代文字研究续编》（载《内蒙古大学学报》，1980 年第 4 期）通过研究《粹》499、《京都》1812 等甲骨文献所载字符之字形，推测出"时"字，其形为会意，表示测量日影。此"时"训为"现在"，为当时的时间，认为殷商时期古人已经产生抽象的时间概念，而《说文》日部之"时，四时也"，非字之本义。因为《说文》古文多是战国时文字，容易讹变。然而作者举出的卜辞中的时辰专名，诸如中日、日、旦、昏、朝、暮等，却又不是抽象的时间观念。根据文字形义分析可知它们都是具象的时间体验，其论证本身存在矛盾。笔者认为《说文》依据的古文尽管多为战国时文字，但并不能肯定其释义一定就是后出的，如古文字学家唐兰指出的，小篆以前的文字，虽然有许多变革，但是从小篆里面还是可以看到很多象形、象意的痕迹，与古文字还是同一个系统（唐兰：《古文字学导论》，济南：齐鲁书社，1981 年版，第 312 页）。而且刘桓这种论断也不符合语义由具体到抽象的发展规律。虽然殷商古文字中出现类似日晷测量时间的"时"，但是这个抽象的时间应是在具象的时间观念发展起来之后才产生的。

萌生，夏天草长莺飞，秋天硕果累累，冬天白雪皑皑，这些变化皆寓于四时轮回之中，而太阳、月亮的运行亦可与阴阳属性相配，也就是说中国的先民是通过具体的生活情态与人生实践进入时间这样一种意识之中的。所以丰卦象辞才有云："日中则昃，月盈则食，天地盈虚，与时消息，而况于人乎，况于鬼神乎？"在日月盈虚之中，把握时间变化、事物消长之理，进而根据天人一体的观念指出，无论鬼神，都适用于此理。这种体悟时间的方式，使中国的先民在面对时间这一人类无法突破的宿命时，保持了一种通达的态度，既没有悲观绝望，也没有盲目乐观，而是在忧患之中寄予希望。"否"极"泰"来也好，"既济""未济"也罢，其实都是在这种"时"观影响下借《周易》传递出来的与"时"为用的思想。故而大有卦象辞有云："应乎天而时行，是以元亨"，顺应自然变易规律，按时行事，与时为用，自然会"济民行，以明失得之报"（《系辞》上）。本乎此，我们也就容易理解为何《象辞》之中对"时义""时用"之感叹赞美达 12次之多。

我们知道，《周易》源于占卜，以预测未来、判断吉凶为其主要目的。那么象征八种基本自然质料的八经卦及其排列组合的六十四卦符号系统是如何来占断人事的？这其中用到一个重要的逻辑方法就是类比推理。类比推理被西方学者认为是中国哲学论辩的中心议题。在 A 像 B 的前提之下，"适合于 A 的演绎，也会适合于讨论 B。如果 A 和 B 在很多方面相似，那么它们在其他方面也会相似，这在归纳上是有道理的。因此，类比论证是一种有价值的推理形式，哪怕它并非一种可靠的证明形式。"[1] 前辈学者在总结《易经》的时候，其实已经将这一特点提炼出来，"刚柔相推，变在其中矣"（《系辞》下），事物在刚（如乾）和柔（如坤）之间运动激荡，会产生相应的变化。A 与 B 为同类，适用于 A 的，自然也适用于 B。而 A 与 B之间的可靠性是如何确定的呢？有学者研究指出其中的依据是中国文化中固有的天人一体的观念，它已经固化在民族思维之中，成为思考问题的前提和不证自明的出发点，这个类推的起点正是西方人难以理解的地方。[2]

---

① 〔美〕罗伯特·C. 所罗门：《哲学导论》，陈高华译，北京：世界图书出版公司，2012 年版，第 28 页。

② 吴克峰：《易学逻辑研究》，北京：人民出版社，2005 年版，第 63 页。

然而，天人一体仅是类推的前提，那么如何确保类推的正确性呢？这就涉及与"时"为用这一主题了。这里的"时"不是时间之时，而是时间性这一概念。对于中国文化里面的时间性，李清良做了如下界定。

> 在中国文化中，所谓时间性或者说"时"，是指"时机""时势""时候""时运""机会""境遇"等。这些概念都是从不同的角度表述着时间性。时者，事之会也。换言之，时间性乃是特定事件承担者与发生特定事件所需条件之总和。[①]

结合《易传》之"时"的释义分析，我们可以看出"时机"与"合乎时宜"的释义都包蕴在时间性这一概念之中。这样的"时"共有 37 例，其比例可谓高矣，由此亦可看出先民对时间性这一概念的重视。也就是说，与"时"为用，其中用的准确与否，与时间性相关，即与事情发生的"所需条件之总和"的相似、重合程度有关。作为占卜的与"时"为用，其实就是把将来那个不可预知的事情与已经知道结果之事所发生的时机、时势、境遇等进行比较，进而预测未知之事。这个可以举例说明，如《系辞》下对解卦的分析。

> 《易》曰："公用射隼于高墉之上，获之，无不利。"子曰："隼者，禽也；弓矢者，器也；射之者，人也。君子藏器于身，待时而动，何不利之有？动而不括，是以出而有获，语成器而动者也。"

王公贵族藏器于身，在鹙鹰飞过之时，一箭射中，故而有"获"。推而广之，占卜战争，准备充足的武器（藏器于身），待敌人到来，抓住时机，一战获胜；占卜商旅，准备充足的货物（藏器于身），等待市场需求旺盛之时，一举发卖，可获大利。可见无论是行猎还是商旅、征战，只要"动静不失其时"（《艮卦·彖辞》），即合乎时宜，就会"其道光明"，即都可能会产生"获之，无不利"的效用。从《周易》发生学即占筮的角度来看，"时"之用主要是对时间性的考察，然而《周易》最终走出了占筮这一神秘

---

① 李清良：《中国阐释学》，长沙：湖南师范大学出版社，2001 年版，第 163 页。

之圈而走向哲学领域，下面就从符号学的维度进行分析。

三 因"时"诠意

如上文言，中国先民在仰观俯察之中通过对自然变化的感受实践建立了自己的时间观，并在此基础之上用《周易》这套符号系统将其传达出来。在"时"中占断未来，指导行动，以便让表意行为尽量符合事物的发展趋势与规律。然而，也正如前文所言，事物是不断变化的，如《序卦》所言，"物不可以终否""物不可以终尽剥""物不可以终过"，事物不可能一成不变，变化是绝对的，不变是相对的，那么面对这变动不居的易，可否能得出一个相对稳定的意义？这个问题也要回到易学元语言"时"上来。

所谓元语言，即符码的集合，"符号常常以集团的方式起作用。讨论解释的问题，往往称为元语言问题，而不称为'符码问题'。元语言是理解任何符号文本必不可少的，任何符号表意行为，只要被当作意义传播，就都必须有相应的元语言来提供解释的符码。意义的存在条件，就是可以用另一种符号体系（例如另一种语言）解释。元语言是文本完成意义表达的关键"[1]。《易经》部分，经过卦象、卦辞、爻辞、断辞的组合，形成一个系统，这个系统具有揭示规律、预测吉凶、占卜祸福的作用。占筮者在占筮的时候得出卦象，并依照卦爻辞对此卦进行解释、预测，而这个解释必须要有相应的元语言来进行转换，传达出所占之卦的意义。

我们知道，空间位置的变化发展是在时间的流变之中完成的。先民在论及易理随空间位置变化而变化之时，同时注意到了时间变化带来的影响，因为"意义在时间和空间中会发生变化"[2]。如蒙卦云："'亨'，以亨行时中也。"这里其实就是将"时"与"中"并行合用在一起了，既符合其空间位置，也适合特定时机。而实际上，任何意义的确定，必定有一个具体的时间和空间的交集。《周易》是讲变化的书，事物随着时间空间的变化而变化，这就是"变易"，变易是永恒的、绝对的；相对的是"不易"，不易即在特定时空交集下的那个状态。

---

① 胡易容、赵毅衡：《符号学-传媒学词典》，南京：南京大学出版社，2012 年版，第 253-254 页。

② 〔英〕丹尼·卡瓦拉罗：《文化理论关键词》，张卫东、张生、赵顺宏译，南京：江苏人民出版社，2006 年版，第 26 页。

只有在相对"不易"的情景下，我们才可能把握事物的性质。因此，所谓"时"，是指易卦所处的时位背景。如李清良所言："在中国文化中，时间性即是'时'。'时者，事之会也'，时间性就是发生特定事件所需条件之总和，这些条件本身即具体的事件。'时'即是'境'，意义事件发生之'时'即语境，'时'论与语境论完全对应。"[1] "时"不仅在《周易》中，而且在整个中国文化中，都是呈现意义、理解意义的必要条件。如果没有"时"，也就没有语境，那么意义就不能得到确定。根据这个特定的时机背景可以确定某一阶段的特定意义，预测事件的发展态势。实际上，基本上每一卦六爻的变化都可以视作事物在特定背景时间中的意义，并且兆示其将要发展变化的规律。所以王弼在总结易学规律的时候提出了卦随时变这一论点。

> 夫卦者，时也；爻者，适时之变者也。时有否泰，故用有行藏；卦有小大，故辞有险易。一时之制，可反而用也；一时之吉，可反而凶也。故卦以反对，而爻亦皆变……故名其卦，则吉凶从其类；存其时，则动静应其用。寻名以观其吉凶，举时以观其动静，则一体之变，由斯见矣……吉凶有时，不可犯也；动静有适，不可过也。犯时之忌，罪不在大；失其所适，过不在深……观爻思变，变斯尽矣。[2]

《易经》六十四卦，每一卦基本上都象征着某一事物、现象、义理在一定背景下的产生、变化、发展的基本规律，伴随卦义而存在的这种背景就称为"时"。因而，六十四卦可以象征六十四种大的语境，而三百八十四爻则是在这个大语境下的各个发展阶段的变易规律与趋势。以符号学的角度而言，这其实就是一个符用学的问题。"符用学研究符号行为在什么样的实际环境条件下，在符号信息发送者与接收者什么样的关系中如何释义，会产生什么样的效果。"[3]《易经》部分讲的虽然是抽象的道理，但是其表现形式为拟物取象，实际上是用实际环境条件下的象来喻示抽象的义理，再由

---

① 李清良：《中国阐释学》，长沙：湖南师范大学出版社，2001年版，第3页。
② 王弼：《王弼集校释》，楼宇烈校释，北京：中华书局，1980年版，第604页。
③ 赵毅衡：《文学符号学》，北京：中国文联出版公司，1990年版，第71—72页。

观象者得意而忘象。而该如何释象？按照《易传》的义例，依据"时"来释象是常见之策。如上文统计，《易传》中，用"时"达57项之多。"时"是解释易象的一种基本元语言。

如《周易·文言》云："九三曰'君子终日乾乾，夕惕若厉，无咎'，何谓也？子曰：'君子进德修业。忠信所以进德也。修辞立其诚，所以居业也。知至至之，可与言几也。知终终之，可与存义也。是故居上位而不骄，在下位而不忧，故乾乾因其时而惕，虽危无咎矣。'"此处借孔子之言，谈乾卦九三爻辞之意，认为君子进德修业、修辞立诚，知道自己的目标并且努力进取，因此可以与其探讨事物的发展变化之征兆、状态和规律等。这样的人能够居上位而不骄，居下位不忧愁，所以"乾乾因其时而惕，虽危无咎矣"，随时保持警惕，因而无害。由此可见，正是因为君子能够考察客观规律变化之理，能够依照"时"行事，在不同的语境下因时而动，才有"无咎"之果。

又如《周易·系辞》下云："《易》之为书也，原始要终，以为质也。六爻相杂，唯其时物也。"唐人孔颖达疏曰："物，事也。一卦之中，六爻交相杂错，唯各会其时，唯各举其事。"[①] 孔氏在此还举出了屯卦初九、九二两爻之"时"与事，意在说明"时"与事乃是不可分割的，特定的时间必定有特定的事物与之对应。这一方面肯定了"不易"的相对性，即"不易"其实是在特定时间下实物性状的一种呈现；另一方面又揭示出要观象得义，必须将事物还原至一定的语境之中，在特定的语境下考察其意义。

判断事物的发展变化是否符合"时"的规律，有两大点，即趋时和失时。一般而言，趋时是吉兆，失时为凶兆。《周易·系辞》下云："变通者，趣时者也。"趣时即趋时，孔颖达指出，事物的变通，乃是趋向于当时时势的需要[②]。如《蒙·象辞》，"《蒙》'亨'，以亨行，时中也。"因为适时而且处于中位，故而"亨"。又如《益·象辞》，"凡益之道，与时偕行"。高亨注解时指出，"益贵乎应时。天地对于万物，应时而益之。人对于人，亦宜应时而益之。"[③]

---

① 李学勤主编：《十三经注疏·周易正义》，北京：北京大学出版社，1999年版，第316页。
② 李学勤主编：《十三经注疏·周易正义》，北京：北京大学出版社，1999年版，第295页。
③ 高亨：《周易大传今注》，北京：清华大学出版社，2010年版，第272页。

对"时"论述最为集中的体现在《损·彖辞》之中，"二簋可用享。二簋应有时，损刚益柔有时。损益盈虚，与时偕行。"这里有具体而抽象地论述"时"的问题。先从具体的享祀角度出发，指出"二簋"亦可用于享祀①，"二簋"乃是至约之礼，但是亦可用于享祀，这就需要应乎"时"。再如唐人孔颖达指出的"惟在损时应时行之，非时不可也"②，欲损必须看准时候，时机得当，当损则可损，当不可损则不可损，总之，以"时"为准。接下来，以抽象的"刚""柔"为例，指出"损刚益柔有时"，"刚"为健为多为有余，"柔"为顺为少为不足，损刚益柔，即是将有余之"刚"损之，以益不足之"柔"。然而不管是损还是益，都必须依乎"时"，当损时才能损，当益时才能益，如果不合时宜，则不能随便损益，这里其实是将前面具体的享祀损益进行了一度的抽象，进入"损刚益柔"这样更有普遍意义的损益之中。最后，《彖辞》进而指出"损益盈虚，与时偕行"，不管是损是益，是盈是虚，都必须与"时"保持一致。从刚柔到盈虚，由一度抽象到二度抽象，其化及领域更为普遍，如金景芳等所言："损益之外又言及盈虚，实际上是把损益应当有时的问题由人事方面扩展到自然界。前云'有时'，此云'与时偕行'，意在指出损益盈虚有时既是主体应遵循的准则，也是客体自身存在的客观规律。至此，'时'的问题就具有了最一般性的意义。"③ 从具体逐渐至抽象，从人事规律扩展到自然规律，这也符合仰观俯察、远观近取的取象规律。总而言之，事物的意义、损益盈虚的状况、发展变化规律等，都必须依"时"而行。设卦者将"时"隐藏于卦爻之中，需要解卦者如同剥笋般逐层分剥，展示出其内在规律。

西方哲学家胡塞尔在《逻辑研究》第二卷中研究指出，"当某些事态确实可以作为其他一些本身是从这些事态中推导出的事态的指号而被人运用时，它们在思维意识中并非作为逻辑理由而服务于人，而是借助于一种联系，这种联系来源于以往的现时证明，或者是来源于这样一种学习，即抱

---

① 魏人王弼指出："二簋，质薄之器也。行损以信，虽二簋而可用享。"（见《王弼集校释》，北京：中华书局，1980 年版，第 422 页。）意即"二簋"是一种很薄的礼，虽然享祀时损去了很多繁文缛节之礼，但是必要的礼仪还是保持了，故而仅二簋也可用享。

② 李学勤主编：《十三经注疏·周易正义》，北京：北京大学出版社，1999 年版，第 172 页。

③ 金景芳、吕绍纲：《周易全解》，上海：上海古籍出版社，2005 年版，第 325 页。

着相信权威的态度在各种心理体验或心境的信念之中进行的学习。"① 这个结论或许可以借来解释《周易》符号的生成与发展，即业已发生的事物/事态在意向性作用下成为意义对象，因为其多用隐喻象征，故而可以拥有多种符号意义。对于早期占筮者而言，以前某一语境下发生的事态，被他们记录下来，成为一套符号系统。在联系思维下②适用于 A（以往发生经验过的事物），在语境相同或近似时，就可以适用于 B（心理学上的联系），或者说在时间性相同的情况下，发生过 A 事物，很可能也会产生 B 事物。对于《易经》初创者来说，这是"现时证明"了的，对于后期习卦者而言，他们是抱着相信权威（《易经》文本）的态度来学习、使用的，而在使用过程中，必须要有一套元语言作为解释的符码。《周易》之"时"正是后学解释这套符号系统的元语言之一，它对我们认识《周易》，了解中国的时间性文化都有重要意义。

---

① 〔德〕埃德蒙德·胡塞尔：《逻辑研究》，倪梁康译，北京：商务印书馆，2015 年版，第 335 页。
② 在胡塞尔的《逻辑研究》中，"联系"一词在 A 版中为"经验-心理学的联系"，这个更适合用来解释占筮这一问题。参见〔德〕埃德蒙德·胡塞尔：《逻辑研究》，倪梁康译，北京：商务印书馆，2015 年版，第 335 页注释部分。

第六章　说文：中国的符号诗学议题

在中国古代，文是一个含义甚广的字，如章炳麟《文学总略》言："盖君臣、朝廷、尊卑、贵贱之序，车舆、衣服、宫室、饮食、嫁娶、丧祭之分，谓之文。"① 广义之文涉及政治、生活、伦理等诸多方面的议题，与礼的关系尤为密切。本章所论之文则是文学之文，"文学者，以有文字著于竹帛，故谓之文；论其法式，谓之文学"，② 这是章氏对文学的界定。他将著于竹帛的"法式"命名为文学，这种文学观也是远大于现代意义的文学观的，这也是我们论文学时应注意的差异性问题。从文字的起源及文、人二字的关系来看，人类能够有意识地创制使用符号乃是人之为人的关键，作为沟通人神的文字符号则是文字的重要来源。从天地之文到文字之文，人类社会实现了第二次传媒突变。质与文相对，指代质地、本质。孔子将这对概念引入礼学之中，以文与质来指代礼容与礼义，文质彬彬实则是作为符号动物的人要调和好此二者的关系，使礼的表达面与内容面和谐共荣。礼是中国先民生活与存在的方式，渗透在人们的物质与精神生活之中。将礼的文质观引入文学审美领域，就是文采与内容的关系问题，但"文质论文"始于礼乐伦理，礼乐文化又是人的本质的体现，所以"文质论文"往往又返归到"文质论人"之中，其实质是人类表意规律的符号再现。这种对人类符号表意规律的反思调适活动，正是当今伦理符号学着力的主要方面。《诗》是流通于周代社会的公共符号资源，"诗以言志"是先秦贵族阶层借用流通于上层社会公共资源的《诗》来隐喻其主体意志的交流活动，因此赋诗言志本身就隐含着"立象以尽意"的符号表达原理。儒道两家对设象

① 程千帆：《文论十笺》，武汉：武汉大学出版社，2008 年版，第 3 页。
② 程千帆：《文论十笺》，武汉：武汉大学出版社，2008 年版，第 3 页。

表意的总体见解是相同的，但因为学术旨趣不同，最终分途，儒家指向伦理，而道家却转向审美，儒道两家理论的互相激荡则成为推动中国古代文化前进的元语言，这对中国古典文艺的创作与批评皆产生了深远影响。文化问题究其实质就是意义生产传播与解释的问题，道家在对道与言的体察反思中看到了言对道在传释中的不可靠性，因此关注如何言说的问题。寓言、重言与卮言是庄子提出的三种言说方式，这"三言"也是形成《庄子》一书文学性的重要方面。以索绪尔的两分法来看，"三言"在符号层面拉开了能指文本与所指意义之间的距离，以象喻性文本增加所指的容量。从皮尔斯的三分法来看，《庄子》文本作为表达层面的"再现体"，因"三言"表达而带来奇特想象、产生陌生化效果，将读者注意力吸引到《庄子》文本本身，使得文本获得了自身的分量和意义，这就是俄国形式主义文论所言的"诗性"，即文学性的体现。

第一节 文质论：文学的伦理符号学向度

文与质被认为是中国文艺美学上的原范畴，如刘若愚所言，"'文'与'质'之相对重要性的争议由来已久；自孔子的时候就一直争论不休"。[①] 诚然，自先秦以至今日，这个问题或者其延伸议题，如内容和形式的关系问题等，一直还在论争调和之中。曾有学者预言，21 世纪的文学理论要健康发展，"必然要努力探求'形式'和'意义'的统一，微观和宏观的统一"，[②] 这其实就是文与质关系问题的延续。为何文与质的关系问题从古至今论说不断？它们又是如何影响到文学艺术之发展与演进的？这值得探析。符号学是探讨人类表意规律之学，文学艺术的特质其实就是用符号来表达意义，符号学的特点就是善于对人文学术话语的表达和形成机制进行分析，因此，从符号学角度来探讨文质关系未尝不是一个可取之策。本章试图从这个角度做一探讨，聊作抛砖。

---

① 刘若愚：《中国文学理论》，南京：江苏教育出版社，2006 年版，第 27 页。
② 王丽明：《译者前言与致谢》，《新批评之后》，南京：南京大学出版社，2017 年版，第 8 页。

一　说文析质：语义溯源与分析

欲论文与质，需要对此二字的起源及意义做一辨析，以便能够从根本上把握此二字的意义及流变。先来说文字，《说文》认为文乃是"错画也。象交文。凡文之属皆从文"。根据甲骨文字形可知，文之初字确实交错为文，徐中舒主编的《甲骨文字典》分列了一期、三期、五期的文字之字形，指出文字"象正立之人形，胸部有刻画之纹饰，故以文身之纹为文"，① 即认为文乃是象征正立人形胸部的纹饰。从字形角度分析，此说基本可取。古文字学家李孝定根据文、大的甲骨文之形，推测文、大为人字之异构，其始皆像正面人形，后来人字侧写专指人，而大、文表人之义遂废，大后来转化为大小之义可能是约定俗成的结果，而文成为错画文身之义大概也是后来之事。文与人之音亦近似，其同源关系颇值得玩味。虽然李氏最后亦坦言这只是一种推测、没有找到佐证，② 但是他的这一推测还是颇有启发意义的。文之初生乃是一种符号，如张汉良就曾直言所谓文其实可以"逆向解释为摹拟性的像似符号运作"③，依此而来的文化自然也与符号密不可分，所以赵毅衡曾经深刻指出，"中国的'文化'概念，一开始就与符号不可分割"④。

刘若愚考察汉语文字时指出其有"记号——样式——文饰——文化——学问——著作——文学"诸意义⑤。西方哲学家卡西尔认为人的文化形式都是符号形式，因此人是符号的动物。因为能够创制运用符号，人才成为人，这个在人类学中是可以印证的，如动物兽皮有花纹，这是自然形成的，而古人有断发文身的习俗，如《庄子·逍遥游》有云："越人断发文身"；《史记·周本纪》记载古公长子太伯、虞仲让贤，"乃二人亡如荆蛮，文身断发，以让季历"⑥；《史记·越王勾践世家》记载越人"文身断发"⑦；《礼记·王制》记载"东方曰夷，被发文身"；《淮南子·原道》篇中记有九嶷

① 徐中舒主编：《甲骨文字典》，成都：四川辞书出版社，2014 年版，第 996 页。
② 李圃：《古文字诂林》第八册，上海：上海教育出版社，2003 年版，第 71 页。
③ 张汉良：《符号与修辞》，台北：书林出版有限公司，2018 年版，第 22 页。
④ 赵毅衡：《文化：社会符号表意活动的集合》，《社会科学战线》，2016 年第 8 期。
⑤ 刘若愚：《中国文学理论》，南京：江苏教育出版社，2006 年版，第 24 页。
⑥ 司马迁：《史记》，北京：中华书局，1982 年版，第 115 页。
⑦ 司马迁：《史记》，北京：中华书局，1982 年版，第 1739 页。

山之南的民众"被发文身"。文身是人造符号，具有相关的象征意义和审美意义，这是其区别于动物皮毛花纹（自然进化生成）之处，也是人与动物之别。

《周易·系辞》上云："《易》与天地准，故能弥纶天地之道。仰以观于天文，俯以察于地理，是故知幽明之故。"我们知道，易是"圣人设卦观象"的结果，易能够周备天地之道，正是仰观天文、俯察地理的结果。孔颖达谓"天有悬象而成文章，故称文也。地有山川原隰，各有条理，故称理也"。① 天文与地理对举，实际上是指天地之纹理色彩等。人生天地之间，乃万物之灵，仰观俯察之际，以天地自然之文为美，法象乎天地，所以《甲骨文字典》释文为美，是有其道理的。当然早期人类将这种取法于天地之文纹饰在身上，除了追求美之外，肯定还有自然崇拜等其他人类学方面的意义。

当作为自然现象的文进入人类意向世界并被模塑的时候，文就转化为文饰这种带有人文性质的东西。文的进一步抽象是文字，而八卦则被认为是汉字的原型②，《周易·系辞》下云："古者包牺氏之王天下也，仰则观象于天，俯则观法于地，观鸟兽之文与地之宜，近取诸身，远取诸物，于是始作八卦，以通神明之德，以类万物之情。"伏羲创制八卦，观象于天、观法于地，远取诸物、近取诸身，通仰观俯察、远观近取，最终创制了这套符号系统，而这套符号系统可能是最早的文字原型。从文字起源的角度来看，亦有学者认为文字起源于人神沟通的需要，文字的使用者只是少数帝王巫史，③ 如苏美尔

---

① 李学勤主编：《十三经注疏·周易正义》，北京：北京大学出版社，1999 年版，第 266 页。

② 刘若愚：《中国文学理论》，南京：江苏教育出版社，2006 年版，第 23 页。

③ 冯时：《中国古文字学概论》，北京：中国社会科学出版社，2016 年版，第 12 页。童恩正研究指出，"文字的起源是与占卜和巫术有关的。"（参见童恩正：《中国古代的巫》，《中国社会科学》，1995 年第 5 期，第 190 页。）李泽厚也认为汉字并非一个符号，而是一个符号系统；汉字的"存在理由"也并非为了保存语言，而是"集体（氏族、部落的上层巫师们）用来进行统治的整套系统的符号工具"，文字具有"沟通天地鬼神的巫术功能"。（参见李泽厚：《由巫到礼 释礼归仁》，北京：生活·读书·新知三联书店，2015 年版，第 159-161 页。）何九盈直接指出，"'文字'是巫术仪式的重要组成部分，是巫师与精灵世界、神话世界取得'联系'的一种象征。"（参见何九盈：《汉字文化学》，北京：商务印书馆，2016 年版，第 242 页。）张光直在《中国古代王的兴起与城邦的形成》一文中亦认为现有的中国最早文字多与占卜、祭祀有关，三代文字的使用场合亦与宗教巫术相关，被限制在统治者的小圈子内，而文字与占卜的密切结合，体现的也是巫师对知识的独占。（参见张光直：《中国考古学论文集》，北京：生活·读书·新知三联书店，1999 年版，第 394 页。）

人楔形文字、古埃及人圣书字都带有巫术性质，① 中国迄今发现最早的正规文字甲骨文也都跟巫史占卜有关。甲骨文的绝大部分内容都是关于占卜的记录，甲骨文也被认为是巫史占卜的产物。除此之外，中国先民创造的古彝文、纳西文、水书也是带有巫术性质的文字，而原始文字的相形性特点也正是服务于自身具有巫术性质的活动，巫师等神职人员作为早期象形文字的承载者，在近年亦为学界所关注②，其深层原理即弗雷泽所说的相似率。考古学家张光直亦认为古代中国文字（至少某些文字）可能来源于象征符号，即生者通过文字与祖先沟通，文字书写者也因此具有得天独厚的权力。③

　　文字通过占卜形式实现沟通人神的目的，是极少数巫史人员的创造，而八卦符号的功能亦是如此，这也有一个历史流传的明证。随着人类记录语言的要求提高，造字造词法的创造逐渐变为记录语言的符号。从天地之文到文字之文，这是真正的人类历史的开始，这也被赵毅衡视作第二次传媒的突变，自此，"人就不再是'符号动物'，而变成了'符号学动物'。"④从天地自然之文到人类文字之文，是有其内在发展脉络而不是凭空虚撰的。许慎《说文解字序》有云："仓颉之初作书，盖依类象形，故谓之文。其后形声相益，即谓之字。文者，物象之本；字者，言孳乳而浸多也。"所谓依类象形，是按照人类对事物认识的分类，用抽象的图像描画事物的形象，如牛马之属，此谓之文，而字则是形声相益的产物。古文字学家陈梦家对此亦有所阐释，他在《中国文字学》中指出文字的基本类型有三种，而称谓事物的方法也有三种："（1）用'文'来名物，如'虎'字像虎形而读作虎；（2）用'名'来名物，就是假借别个'文'的音来名物，如用武器的'我'来名自己的'我'；（3）用'字'来名物，如'江'字用水类工声来名大江的江，从水是'以事为名'，工声是取譬相成；用'字'来名物

---

① 如扬·阿斯曼就曾指出，早期象形文字主要用在与神有关的神圣空间里，比如古代埃及人称象形文字为记录神的话语的文字。（参见〔德〕扬·阿斯曼：《文化记忆》，金寿福、黄晓晨译，北京：北京大学出版社，2015 年版，第 180 页。）

② 参见李泽厚：《新版中国古代思想史论》，天津：天津社会科学院出版社，2008 年版，第 270 页；王小盾：《经典之前的中国智慧》，北京：北京大学出版社，2016 年版，第 276 页。

③ 张光直：《艺术、神话与祭祀》，刘静、乌鲁木加甫译，北京：北京出版社，2016 年版，第 83—84 页。

④ 赵毅衡：《第三次突变：符号学必须拥抱新传媒时代》，《天津外国语大学学报》，2016 年第 6 期。

实际上是（1）（2）两种的合用。"① 可见文是以观象摹形为主，名是借他文之音，而字则是兼文与音，并且孳乳新义。也就是说，文是对事物之实的图像抽象。古人认为名乃实之表，是说名是实的符号表征，而象则是偏重于思维与想象的产物，《韩非子·解老》谓，"人希见生象也，而得死象之骨，案其图以想其生也，故诸人之所以意想者皆谓之'象'也。"② 因为比较少见到象，只见到死象之骨架（现存符号形态），想象生象之形态（活象的形态与意义）。因此，这个想象的象是人类根据已有符号于意识之中建构的图像世界。易传中文、象对举，如《周易·系辞》上谓，"通其变，遂成天下之文；极其数，遂定天下之象。"天地之文乃是事物错综变化而成，《周易·系辞》下谓"物相杂，故曰文"也是这个意思。而象是通过蓍数推演变化而来，是一种依据蓍数符号来进行抽象思维和意识再现的体现，具有实在符号与抽象思维符号的双重特征。

当文作为有意识的文饰并产生美感这一意义的时候，其对应的词则是质。《说文》谓，"以物相赘。从贝从所"，段注指出，"质赘双声。以物相赘，如春秋交质子是也。引伸其义为朴也、地也。如有质有文是。"③ 质是作为与文相对的词提出的。《国语·晋语四》中记载晋文公与胥臣讨论教育问题，胥臣认为蘧蒢、戚施、僬侥、侏儒、矇瞍等本身有缺陷者在某些方面难以为用，进而指出，"质将善而贤良赞之，则济可竢。若有违质，教将不入，其何善之为。"如果本质是好的，加以教导，则有成效，如果本质不好，教育也无济于事，难以使之为善。这样，质就成为指代质地、本质的意思，胥臣最后得出"胡为？文益其质"的结论，④ 也就是文饰能使美的质更加美好，譬诸教育，则是"因体能质而利之者也"，根据受教者内在的本质性能因势利导，如让盲者演奏音乐，让耳聋者掌管烧火，因才利导。这里虽然主要讨论的是教育的性能，但是却引出了对文与质关系的探讨，从中我们也可看出在春秋时期，文质关系已经被纳入人们的研究范围，文已

---

① 陈梦家：《中国文字学》，北京：中华书局，2006 年版，第 46 页。
② 殷商卜辞中尚有卜问狩猎大象的内容，由此可知殷商时期狩猎的内地尚有大象生活栖息。大概后来随着气候的变化，大象南迁了，江北等地就难得见到大象了。参见〔日〕白川静：《汉字百话》，郑威译，北京：中信出版社，2014 年版，第 98 页。
③ 段玉裁：《说文解字注》，北京：中华书局，2013 年版，第 284 页。
④ 诸多学者断句为"胡为文，益其质"，本处断句参考徐元诰：《国语集解》，北京：中华书局，2002 年版，第 362 页。

经有文饰修饰之意，而质则是质地、本质的意思。

至《论语》之中，文、质对举就更为普遍了。

> 子曰："君子义以为质，礼以行之，孙以出之，信以成之。君子哉！"（《论语·卫灵公》）
>
> 棘子成曰："君子质而已矣，何以文为？"（《论语·颜渊》）

据杨伯峻《论语译注》附录《论语词典》统计，《论语》中出现质字八次，为本质、内容之意。[①] 在孔子看来，君子以义为质（本质、根本），义通过礼来实践，如此说来，礼就成为义之文。《论语·宪问》中子路问怎样才算德才兼备之人，孔子对曰："若臧武仲之知，公绰之不欲，卞庄子之勇，冉求之艺，文之以礼乐，亦可以为成人矣。""成人"有知、廉、勇、艺等好的品质，还要"文之以礼乐"，由此可知，礼乐乃是孔子之文。而卫国大夫棘子成认为君子本质美好就够了，何必需要文（儒家倡导的礼乐、仪节之属）。这又引出了关于文质关系的深层探讨。

二 文质彬彬：礼乐表意之调和

如前文所述，文从天地自然进入人类世界，成为人化之文、人文之文，人则由自然之动物变成符号之动物，文之演化发展伴随着人之进化发展，文与质之关系，其实是文与人之关系。春秋战国时期，如何调和文质关系已经是诸子百家的公共议题，这其中又以儒道两家为最。

率先对文质关系进行反思批判的是道家的老子。《道德经》第十九章有云："绝圣弃智，民利百倍。绝仁弃义，民复孝慈；绝巧弃利，盗贼无有。此三者，为文不足，故令有所属：见素抱朴，少私寡欲。"老子这里连用了三组"绝""弃"，是基于春秋时期礼崩乐坏的社会现实而言的。西周自周公创下礼乐制度，礼乐治国成为其政治模式，从符号学的角度来看，"'礼治'的核心是将人与人的关系纳入一定的系统之中，在这个系统之中，人与人之间因为'礼'的差别而具有不同的意义"。[②] 在政治稳定时，礼乐系

---

① 杨伯峻：《论语译注》，北京：中华书局，1980 年版，第 304 页。
② 祝东：《礼与乐：儒家符号思想的伦理进路》，《贵州社会科学》，2017 年第 8 期。

统分层清晰，能将各个阶层按照既定秩序进行分类，将不同阶层的人纳入其对应秩序系统之中进行规训。但春秋战国之际，礼乐系统趋于崩溃，不能再有效规范社会秩序，反而成为统治者用以捞取个人利益的工具，"彼窃钩者诛，窃国者为诸侯；诸侯之门而仁义存焉"（《庄子·胠箧》），礼乐仁义成为统治者维护私利的凶器。因为社会道德衰败，仁义沦为假仁假义，如学者所言："'仁'是'义'的基础，'礼'则因'义'而成。相对于'义'，作为规范或仪则的'礼'更容易与'仁'脱节，成为僵化的教条或虚伪的形式。"① 在老子看来，要恢复人类秩序的自然和谐、返回道家倡导的大道，则莫如绝弃这些作为空洞能指的礼乐文饰，"大道废，有仁义；智慧出，有大伪；六亲不和，有孝慈；国家昏乱，有忠臣"（第十八章），即仁义符号概念的出现是大道废弃的标志，奸伪出现是因为智慧机巧使然，孝慈、忠臣之名的出现，也是因为相关意义的缺失使然。宋人林希逸云："大道行，则仁义在其中，仁义之名立，道渐离矣。"② 也就是说，符号在场，意义缺失，意义不在场才需要符号，本乎此，才可以理解老子"为文不足"之义。老子视文为巧饰，所以要求"见素抱朴"，素为未染之丝，朴为未雕之原木，素朴是本、是质。整个社会注重的是礼乐名声，而老子则看透了这种文饰背后的虚伪，因此倡导返回素朴之质，因为文（礼乐之属）业已沦为一种伪饰。这在儒家学者那里也有探讨，子夏云："小人之过也必文"（《论语·子张》），小人有过，通过文饰来极力掩盖，即文也成为一种饰非的东西，小人害怕其过失影响自己的名利，故而文饰之，其文在而其行非（不符合礼仪法度），文与质皆不相应。那么文质该如何调适呢？儒家孔子给出了经典回答：

> 《论语·雍也》子曰："质胜文则野，文胜质则史，文质彬彬，然后君子。"

陈鼓应云："孔子重'文'，老子重'质'，这是两种对立的思想。"③

---

① 陈徽：《老子新校释译——以新近出土诸简、帛本为基础》，上海：上海古籍出版社，2017年版，第111页。

② 林希逸：《老子鬳斋口义》，上海：华东师范大学出版社，2010年版，第20页。

③ 陈鼓应：《老子注译及评介》，北京：中华书局，1984年版，第139页。

他认为老子能够穿透上层社会的虚文并指陈其弊，因而由文返质，这是实情，然而认为孔子重文，并认为文质对立，未免有失偏颇。孔子确实有重文的一面，《论语·八佾》中子贡打算去掉鲁国每月初一告祭祖庙的活羊，孔子说"赐也！尔爱其羊，我爱其礼"。礼之文是通过礼器之属（如羊）来体现的，礼之义又通过礼之文体现出来，《论语·阳货》中孔子曾经指出，"礼云礼云，玉帛云乎哉？乐云乐云，钟鼓云乎哉？"孔子内心其实很清楚，礼并不是钟鼓玉帛之属，但是礼又离不开钟鼓玉帛。"意义必须用符号才能表达，符号的用途是表达意义"。① 祭祀之羊也好，钟鼓玉帛也罢，都是礼之文，其目的是表达礼义（质），如果没有礼之文，礼之义亦无所附丽。这就像索绪尔在讲语言符号的能指与所指时所说的不能分割的"两面实体"，② 孔子不去祭祀之羊，是因为祭祀之义需要通过祭祀之羊（礼之文）来表达，但孔子也清楚这只羊不是祭祀之义（如敬爱）本身，因为孔子清楚礼非玉帛的道理。接下来，就是要处理好礼容（文）与礼义（质）的关系。这个讲清楚了，我们再回到前面的引文上来。程树德《论语集释》引何晏集解、包咸注曰："野如野人，言鄙略也。史者，文多而质少。彬彬，文质相半之貌。"③ 如果质胜文会显得粗鄙，文多质少才是史的写法。"对君王的言、行，史官虽有秉笔直书之责，然因或讳或微，亦当以文饰，此即为'文'。若文过其实，即曰'史'。"④《仪礼·聘礼》云："辞多则史，少则不达。"后世将注重修饰文字的人称作史匠，亦是其证。如前文所言，文是礼容，质是礼义，文质之关系是"彬彬"，相半和洽，"彬彬，犹班班，物相杂而适均之貌"。⑤《论语·述而》中，孔子以四个方面教导学生，即"文、行、忠、信"，其中，文、行为礼容，即文；忠、信是礼义，即质，君子有忠信之质，再辅之以文行之文，调和均衡，才可能是文质彬彬的"君子"，此实为以礼成人之道。

　　在文质先后的关系问题上，孔子是先质后文的。孔子与子夏讨论《诗

①　赵毅衡：《关于认知符号学的思考：人文还是科学？》，《符号与传媒》，2015 年第 2 期。
②　索绪尔：《普通语言学教程》，刘丽译，北京：中国社会科学出版社，2009 年版，第 80 页。
③　程树德：《论语集释》，北京：中华书局，1990 年版，第 517 页。
④　陈徽：《老子新校释译——以新近出土诸简、帛本为基础》，上海：上海古籍出版社，2017 年版，第 115 页。
⑤　程树德：《论语集释》，北京：中华书局，1990 年版，第 517 页。

经·卫风·硕人》中的诗句时提出"绘事后素"之论（《论语·八佾》），这是一个比喻，指洁白的质地（质）上的"绘事"之文更加美好，所以子夏有"礼后乎"之对，即在仁（质）上辅之以礼乐文饰（文），就更加美好。而孔子论诗三百，一句"思无邪"（《论语·为政》），表达还是以质为先，这也直接影响到中国文论的伦理本位。但儒家并非不重文。《论语·颜渊》中棘子成认为君子有美好的本质即可，无须礼容仪节等形式来修饰，遭到子贡的反驳，"惜乎，夫子之说君子也。驷不及舌。文犹质也；质犹文也。虎豹之鞟犹犬羊之鞟。"《论语集释》引《论语后录》谓子贡此处所言亦是出于对孔子"文质彬彬，然后君子"的呼应。在子贡看来，文亦是质，质亦是文，二者其实是不可分割的，所有的质（礼义）必须待文（礼容）来表达，如赵毅衡言："没有不承载意义的符号，也没有无须符号承载的意义。"① 接下来，子贡还举了一个例子，"虎豹之鞟犹犬羊之鞟"，礼如同虎豹之上的花纹，如果去掉这些文饰，二者就难以区别。子贡意在强调礼文的重要性，但是其例证又将异质混为同质，其实也有不妥之处。盖儒家之文是适用于士人及以上阶层的，所谓"礼不下庶人"（《礼记·曲礼》）说的就是这个意思。礼容的分层，区隔的是不同的身份等级，即礼文的不同表征身份地位之别，而身份地位也需要这些文饰来表征区隔。无论是丧葬祭祀还是衣物用度，自士人至天子皆有礼容等差，这些礼容之文表征的就是礼义的不同，此在三礼之中多有阐释，如《礼记·礼器》有云："先王之立礼也，有本有文。忠信，礼之本也；义理，礼之文也。无本不立，无文不行。"这里明确指出礼有本质和文饰之别，礼的本质精神（仁）是其本，礼的仪式规矩是其文，如王文锦所言："没有基本精神礼就不能成立，没有仪式规矩礼就不能实行。"② 一言以概之，文与质相须为用，不可分割。韩非曾言："礼为情貌者也，文为质饰者也。"（《韩非子·解老》）事物的内容与形式是相互统一、相互依存的，而文质论析中浸润的礼乐精神则为其在后来文学理论批评中应用打下了深厚的伦理烙印。

三 文质辨洽：文质说规训文运

先秦文质论虽然论的不是文，但是其中蕴藏着转化为文学理论的因子。

---

① 赵毅衡：《意义理论，符号现象学，哲学符号学》，《符号与传媒》，2017 年第 2 期。
② 王文锦：《礼记译解》，北京：中华书局，2001 年版，第 310 页。

文质关系关涉着艺术表达中内容与形式的关系，如叶朗所言，"历代的美学家、文学家、艺术家，在艺术内容和形式的关系问题上，多数都主张内容和形式的统一，即'质'和'文'的统一"，[①] 这一关系逐渐在后世为文论家所揭橥。战国末期的屈原是率先将文质关系转化为内外关系的人，其《九章·怀沙》谓，"文质疏内兮，众不知余之异采。"文现之于外，质蕴藏于内，但是此时疏通了，只是不为俗众所知罢了。战国末期兼并战争不断，荀子之后，学术式微；秦王朝一统天下，然"其兴也勃焉，其亡也忽焉"；接着楚汉战争，刘邦建汉。汉初很长一段时间，学术界主要在反思秦亡教训，为汉代的长治久安总结经验，陆贾、贾谊等是这个时候颇有建树的思想家，然而其思考的重心尚未及文学领域。待到汉武帝大一统、汉赋这一文学体式得到充分发展之后，理论界开始思考文学领域中文与质的关系，如西汉扬雄在《太玄·玄莹》明确将文质关系作为文学理论来探讨，"是故文以见乎质，辞以睹乎情，观其施辞，则其心之所欲者见焉。"这里扬雄明确指出文是表现质的，而文就是辞，质是情，通过考察作者之辞可了解其所要表达的意思，如果辞是符号，那么"所欲者"就是意义，后者是通过前者来表达的。《太玄·玄掜》也明确指出，"文为藻饰"，所以有学者在总结扬雄的文质关系说之后指出，在扬雄这里，"文与质的关系就具有了一定形式与内容关系的意义"。[②] 任何内容都要用一定的形式表达出来，一段缠绵悱恻的爱情故事（内容），其形式可以是诗词，也可以是戏曲，还可以是小说。形式是为了表达内容的，形式由符号组成文本，符号是用来表达意义的，这样的话，我们就可以建立一个类比图，如图 6.1 所示。

文	质
辞	情
形式	内容
符号	意义

图 6.1　文质关系类比

---

① 叶朗：《中国美学史大纲》，上海：上海人民出版社，1985 年版，第 47 页。

② 束景南、郝永：《论扬雄文学思想之"文质相副"说》，《文艺理论研究》，2007 年第 4 期。

当中国文学发展到六朝时期，已经演变得富艳精工，不再像初级阶段那样质朴浑厚，文学领域的文质关系亟待全面总结反思。西晋陆机《文赋》谓，"理扶质以立干，文垂条而结繁"，文章构思（理）以质（内容）为主干，"文"之"垂条而结繁"即"以文传意"，① 文与质要做到"碑披文以相质"，也就是文质能够相得益彰。

南朝梁刘勰《文心雕龙》多次论及文质关系，文质关系论至此确立。

> 唯陈寿《三志》，文质辨洽，荀、张比之于迁、固，非妄誉也。（《文心雕龙·史传》）
>
> 研味《孝》《老》，则知文质附乎性情；详览《庄》《韩》，则见华实过乎淫侈……文采所以饰言，而辩丽本于情性。（《文心雕龙·情采》）

在刘勰看来，陈寿的《三国志》文质和润，荀勖、张华可比之于司马迁和班固的史传作品。"时人称其善叙事，有良史之才"（《晋书·陈寿传》），可见刘氏之言不虚。《晋书·陈寿传》中范頵等上表谓陈寿的《三国志》"虽文艳不若相如，而质直过之"，这里的文显然是指《三国志》的文采，而质则是其内容。刘勰这里的文与质也是对陈寿作品文采与内容的品评。而《情采》篇中的文质一般认为是偏义复词，偏于文辞形式。② 文质对应的是性情，文采之华美主要是为了修饰情性，也就是说，在文质之间，还是以质为先，"故情者，文之经，辞者，理之纬"，质为经为主，文为纬为辅，在文学创作中，先确定创作的内容，然后以一定的形式表现，以文采修饰。实际上，在《情采》篇中还有一段探讨文质并被广泛援引的内容，"夫水性虚而沦漪结，木体实而花萼振，文附质也。虎豹无文，则鞟同犬羊；犀兕有皮，而色资丹漆；质待文也。"作者以水之花纹和木之花朵这种自然现象为例，来说明文质关系。这段文字与前文所引子贡之言颇为相似，但实质不同。诚然，刘勰文质之论来源于子贡，但是子贡文质之论讨论的是儒家礼乐和君子人格之关系，而刘勰则着意于文学艺术的内容与形式之

---

① 周伟民、萧华荣：《〈文赋〉〈诗品〉注译》，郑州：中州古籍出版社，1985 年版，第 34 页。

② 陆侃如、牟世金：《文心雕龙译注》，济南：齐鲁书社，1995 年版，第 403 页。

关系。此外，刘勰所说的"文附质""质待文"与子贡之论亦有不同。在刘勰看来，文质是辩证统一的关系，二者相互依存，不可分割，如周勋初所言："内容与形式乃是每一个具体事物内部对立而又互为依存的两个方面。'文附质'，所以'质'占主导地位；'质待文'，后者也不是可有可无的部分，'质'必须通过'文'才能表现。"① 以质为主，这里刘勰继承了儒家以质为先的道德传统，但又超出了儒家伦理本位观。他看到了质文相待、不可分离的关系，即任何内容的表达必须经由一定的文本形式，文本由符号构成，符号用来表达意义，意义必须经由符号才能表达。

然而"文质论文"毕竟胎始于礼乐伦理，所以刘勰在对文质溯源的时候，往往还是回到了这个起点，如《才略》中纵论先秦至魏晋的作家时，认为春秋战国时期的随会、赵衰等人之文还是礼乐之文，体现的是一种伦理本位。在论及荀子时指出，"荀况学宗，而象物名赋，文质相称，固巨儒之情也。"（《文心雕龙·才略》）可见，这时他又回到文采与内容的角度，指出荀子《赋篇》文质相称，堪称大儒，而最后一句又归位于伦理本位立场之上，这种文质论的观念一直影响到后世的文学理论与批评。如明人胡应麟《诗薮·内编》（卷二）论文质关系谓，"汉人诗，质中有文，文中有质，浑然天成，绝无痕迹，所以冠绝古今。魏人赡而不俳，华而不弱，然文与质离矣。晋与宋，文盛而质衰；齐与梁，文胜而质灭；陈、隋无论其质，即文无足论者。"这是从文质关系角度纵论汉魏以迄陈隋诗歌内容与形式关系问题。明清之际王夫之《尚书引义·毕命》篇谓，"盖离于质者非文，而离于文者无质也"，充分肯定了文质互为依傍的关系，特别是后一句，点出质必须依附于一定之文而存在这一事实，"集文以成质，则天下因文以达质，而礼、乐、刑、政之用以章"，② 这回归的是儒家礼乐道德伦理本位。

清人叶燮《原诗·外篇（上）》论诗之文质以水为喻，以水之空明为质，辅之以江湖池沼，而后生水之文——波澜为美，"由是言之，之数者皆必有质焉以为之先者。彼诗家之体格、声调、苍老、波澜，为规则，为能事，固然矣；然必其人具有诗之性情、诗之才调、诗之胸怀、诗之见解以为其质。如赋形之有骨焉，而以诸法傅而出之；犹素之受绘，有所受之地，而后可一一

---

① 周勋初：《文心雕龙解析》，南京：凤凰出版社，2015 年版，第 524 页。
② 王夫之：《尚书引义》，北京：中华书局，1976 年版，第 177 页。

增加焉。故体格、声调、苍老、波澜，不可谓为文也，有待于质焉，则不得不谓之文也。"这将诗人性情、才调、人品、道德等视作质，将诗歌之艺术风格特征视作文，文有待于质而成，文质论多少又回到了其原初的论人之中，由人内在之德化诸外在之文，也就是说文质论始终没有远离其初始的伦理符号维度，毕竟，文质论"初不为文，而是为人而发"①。文质论还衍生出一些新的概念谱系。曾有学者指出与古代文质论对应的理论范畴还有情采论、形神论，以及意与言、理与辞等，② 皆与文质论相关，而言志说、缘情说亦是文质说的发展，情志调和的实质也是文质辨洽，以此来规范文学之发展，而文学之发展，又是人自身发展的符号再现。

在中国文化传统之中，文与质不仅是艺术作品形式与内容的关系，其产生之初就被打上了深厚的人文意识烙印，特别是作为礼乐的文，具有深厚的道德意蕴。当文发展到文学这一阶段时，文学之形式还是要为质（道德伦理教化）服务，文质之辩不能忽视其中蕴含的道德因素。中国文艺美学思想之发展，在奠基之初就已经理下了伦理的种子。文与质具有内容与形式关系的理论内涵，这种形式与内容的统一其实是美与善的统一，"艺术的形式应该是'美'的，而内容则应该是'善'的"。③ 文、质互动的过程促进了中国文学的发展，其深层语言则是艺术形式和道德伦理。我们甚至可以说，具体到中国古代文学理论批评领域，文质论是中国文学发展的动力元语言。两汉辞赋重文，魏晋文学尚质，六朝文学又返归尚文，以盛藻繁文著称，借用太史公的话就是，"一质一文，终始之变也"。④ 至唐代则两者调和，出现了"文质彬彬"的唐诗这一中国诗歌史上的高峰。王运熙在论及文质关系时指出，古人"当他们不满于文坛风气过于丽靡时，便强调'质'的方面；而当文风过于质朴时，又有人出来强调'文'的方面"，⑤ 文与质可以视作两套文学批评语言，二者相互冲突又相互调和，不断促进文学艺术的发展。而文质论毕竟胎始于儒家礼乐的文质之辩，礼乐文化又是中国传统文化的核心，是中

① 敏泽：《中国美学思想史（第 1 册）》北京：中国社会科学出版社，2014 年版，第 124 页。
② 吴建民：《古代"文质"论的三层内涵及"人"学之影响》，《徐州教育学院学报》，2004 年第 2 期。
③ 叶朗：《中国美学史大纲》，上海：上海人民出版社，1985 年版，第 46 页。
④ 司马迁：《史记》，北京：中华书局，1982 年版，第 1442 页。
⑤ 王运熙：《中国文学批评史上的文质论》，《中国古代文论管窥》，上海：上海古籍出版社，2014 年版，第 51-52 页。

国先民生活与存在的方式，反映的是人的本质，所以文质论的实质是人类自身表意规律嬗变的符号表征。对文学的符号活动进行反思，使之回归到人类符号活动的价值论维度，是对人类表意活动的不断规范、调适与反思的过程，这与当今正在兴起的伦理符号学是有很高的契合性的。而当我们以现代学术理论去诠释文质论，建构中国特色的文艺理论的时候，要注意到理论建构之中可能存在的割裂与遮蔽。只有充分注意到中国特色的文艺思想源于礼乐伦理文化的这一背景，才能对这种中国特色的"形式—内容"批评理论做出较为合适的评价。

第二节　诗与志：意义表达的符号学机制

言意关系问题其实就是符号与意义的关系问题。所有的意义都需经由符号而传递，没有不经过符号来传递的意义，这一论点赵毅衡先生在多篇论文中曾反复申述，因为符号学就是意义学，而人类又生活在一个由各种符号系统建构的意义世界里面，追寻意义就是人之为人的本质。在所有的表意符号系统中，语言又是最大的一套符号系统，语言符号和意义的关系自然也最受关注，中国先哲很早就对这一议题进行了思辨。诗歌是一种语言的艺术，诗学的问题自然是一种语言学的问题，语言学又是符号学研究的重头戏，因此诗学问题特别是诗歌的言意问题自然是符号学关注的议题。较早从现代符号学角度反思这一问题的是韩经太先生，其《中国诗学与传统文化精神》已经注意到诗学与语言学、符号学的关系，但是作者也曾直言其兴趣"并非替传统的诗歌语言研究寻找一种时髦的符号学的表述方式"，而是从语义学的角度去把握中国古典诗歌语言与文化的关系。[①] 韩氏运用了语义学的理论方法，但是没有用符号学的理论术语进行文本阐释。率先从符号学角度界定"诗言志"的是冯若春博士，她在其《"他者"的眼光》一著中指出，"诗言志"可以理解为一个符号学问题，即符号（言）与意义（志）的关系问题。[②] 随着中国符号学研究本土化进程的加速，人们已经逐渐摆脱了对符号学认识的局限，因为作为术语的符号学虽然是舶来的，

① 韩经太：《中国诗学与传统文化精神》，成都：四川人民出版社，1990年版，第93-94页。
② 冯若春：《"他者"的眼光》，成都：巴蜀书社，2008年版，第59页。

但是用符号建构意义、分享意义的过程却是无问西东的。因此，符号学为我们打开了一个重新审视传统文化的视角，亦可用来管窥中国先哲如何思考符号与意义之关系，从而探寻具有中国特色的表意方式与思维特征。这对理解具有中国特色的传统文化思想以及意义理论等都有重要意义。

一 "诗以言志"与"言不尽意"：符号表意功能的矛盾

论及言意关系自然得从中国诗学的开山纲领"诗言志"开始。

> 帝曰："夔！命汝典乐，教胄子，直而温，宽而栗，刚而无虐，简而无傲。诗言志，歌永言，声依永，律和声。八音克谐，无相夺伦，神人以和。"夔曰："於！予击石拊石，百兽率舞。"（《尚书·尧典》）

这里记述了帝舜命夔以乐来教导子弟，是为乐教，更为重要的是，这里明确提出"诗言志"这一中国诗学的元命题。较早对这一诗学议题进行探讨的现代学者是朱自清，其《诗言志辨》对这一命题进行了详细的考订。但朱氏也很清醒地注意到这则材料的真实性问题，援引了顾颉刚等学者的辨伪材料，认为《尧典》最早也是战国时期的书籍，"诗言志"也许是从"诗以言志"中简化而来，也许二者彼此独立①，并没有捋清二者之间的先后关系。从后来出土的文献材料来看，古史辨派确实存在疑古太过的情况。但从文字学的角度来看，诸多学者也都注意到甲骨文与金文中并无"诗"字这一事实，那么《尚书·尧典》记载虞舜时代提出"诗言志"这一命题就要大打折扣，但这并不是否定这一诗学命题的真实性，而是认为其提出的时间还有待确定。

继朱自清《诗言志辨》之后，王文生的《诗言志释》是近年将这一研究推向纵深的又一重要著作。王氏通过对礼乐先后关系的考辨推断"诗言志"提出的时间上限不会早于西周之初，而下限也不会迟至春秋之后，进而结合"神人以和"与《诗经》内容断定"诗言志"这一文学纲领应当产生于西周中期，即公元前9世纪中叶周厉王时期。② 王氏考证精审，言之有

---

① 朱自清：《诗言志辨》，上海：华东师范大学出版社，1996年版，第1—2页。
② 王文生：《诗言志释》，北京：生活·读书·新知三联书店，2012年版，第1—42页。

据，将朱氏时代模棱两可的观点进一步坐实。笔者认为这一论断是可取的，对此我们还可以从诗与礼的关系进行补充论证。西周建立的礼乐制度，在经过了周公、成王、康王、昭王等数代统治者的增删损益之后，到周穆王时期才逐渐完备，而周穆王在位时间大概在公元前10世纪中叶。与政治秩序的建构相伴的是辟雍礼乐的盛行。这个时期也正是诗篇与乐章、舞乐的创作时期，与此同时，西周王室政治秩序安定，官职世袭制度确立，西周形成大一统的格局。① 礼乐制度建成之时也就是西周政治文化建设完备之时，而礼乐与诗是相互统一的，即诗的发展史与周礼是相伴始终的。一部分诗是应礼的需要而制作，还有一部分是在礼的规范下的创作，属于礼的实践，"《诗》的形成即礼的成熟"。② 与此相应，诗的衰亡也就是礼崩乐坏之时，即孟子所云"王者之迹熄而《诗》亡，《诗》亡然后《春秋》作"（《孟子·离娄章句下》）。二世三王（共王、懿王、孝王）之时，承礼乐文化建设之制度保障，贵族社会得以兴盛，此时的《诗》篇以祭祀诗、礼仪诗为主，而夷王、厉王之时，随着王朝内部矛盾的加剧和礼乐的崩坏，社会诗、政治诗流行。③《国语·周语》及《史记·周本纪》等史料皆记载邵公谏厉王之事，其"使公卿至于列士献诗"，属于"献诗以风"。④ 献诗讽谏所体现的正是王文生所言的"对天的权威由崇拜、动摇而坠落，以及人民对自己的力量由觉醒、发展而肯定"的过程，⑤ 因此作为"神人以和"背景下提出的"诗言志"当是在公元前9世纪中叶。

相较而言，公元前6世纪中叶的"诗以言志"的诗学思想则是对"诗言志"的继承和发展。但二者的内涵有所不同。如前文所言，所谓诗亡即礼乐逐渐崩坏的过程，伴随礼乐崩坏的是诸侯势力的兴起，诸侯及士大夫在外交场合的赋诗与西周前中期的赋诗用诗有所不同。《左传·襄公二十七年》（546BC）记载赵孟子于宋参加弭兵之盟后返还，路过郑国时，郑伯携子展、伯有等七子以迎。赵孟子曰："七子从君，以宠武也。请皆赋，以卒君贶，武亦以观七子之志"，于是七子各赋诗，赵孟子亦进行点评。宴飨活

① 〔日〕白川静：《西周史略》，袁林、徐喜辰译，西安：三秦出版社，1992年版，第67-74页。
② 姚小鸥：《诗经三颂与先秦礼乐文化》，北京：北京广播学院出版社，2000年版，第5页。
③ 白川静：《西周史略》，袁林、徐喜辰译，西安：三秦出版社，1992年版，第95页。
④ 徐元诰：《国语集解》，北京：中华书局，2002年版，第11页。
⑤ 王文生：《诗言志释》，北京：生活·读书·新知三联书店，2012年版，第37页。

动结束后，赵文子对叔向曰："伯有将为戮矣。诗以言志，志诬其上，而公怨之，以为宾荣，其能久乎。幸而后亡。"这里不仅记述了春秋时期赋诗用诗的实况，而且明确地提出了"诗以言志"的观点。"以"者，用也，如果说"诗言志"还是一个体用不分的诗学概念，那么"诗以言志"则明确提出了诗的功用问题。而且"诗言志"与"诗以言志"之"志"有所不同。王文生业已研究指出，"诗言志"之"志"是以情为中心，并非以"知"或"意"为中心的精神活动①，即"诗言志"阶段主要是以"美圣德之形容"（《毛诗序》）的颂诗为主，表达对祖先神灵的赞美之情，而"诗以言志"之"志"则更偏重于借助诗表达"知"与"意"，将"诗"作为一种知识系统和公共资源来使用。据学者统计，仅《左传》记载的引诗、赋诗就有 256 条，其中引诗有 180 多条②，正是在频繁的社会活动中不断引证，诗的经典地位与价值权威才逐渐在这种社会实践性质的传播过程中得以确立。如陈来所言，经典的性质并非来自文本本身，而是取决于其在某一文化共同体中实际被使用、被对待的角色和作用。③ 以此来看，诗实际上是一种具有社会实践性质的公共资源，并非文人士大夫案头阅读的篇什。"《周官》《仪礼》《礼记》《左传》《国语》等古籍所载西周至春秋时的贵族政治活动是处处离不开诗的：西周时凡是大型公共性活动都必定有一定的仪式，凡有仪式，必有乐舞伴随，有乐舞就必有诗歌。到了春秋之时，贵族们在正式的外交、交际场合都要赋诗明志，诗于是又变为一种独特的交往语言。"④也就是说，诗无论是在西周还是春秋时期，都是作为公共资源在使用，只是使用的场合、用途存在着差异。西周主要是在宗庙祭祀等大型公共活动中用诗来表达对祖先神灵的赞美之情，春秋时期则主要是在诸侯国之间的外交场合通过赋诗来隐喻某种政治思想或意图。

---

① 王文生：《诗言志释》，北京：生活·读书·新知三联书店，2012 年版，第 51 页。
② 陈来：《古代思想文化的世界》，北京：生活·读书·新知三联书店，2009 年版，第 209 页。
③ 陈来：《古代思想文化的世界》，北京：生活·读书·新知三联书店，2009 年版，第 216 页。
④ 李春青：《诗与意识形态：西周至两汉诗歌功能的演变与中国诗学观念的生成》，北京：北京大学出版社，2005 年版，第 55 页。

现在所见的《诗经》传本，多无特定的署名作者，而"赋诗言志"则是取其中的诗句，特别是《雅》部分的诗①，通过断章取义来传达赋诗者的"情志"，如卢蒲癸言："赋《诗》断章，余取所求焉"（《左传·襄公二十八年》〈545BC〉)，赋诗者断章取义，为己所用。就像上文所论的郑国七子各赋诗以言其志，通过赋诗来表达自己之"意"。诗的时代是"有诗无诗人"，没有"作者"这一意义权威的限制，所以赋诗者可以广泛采用。孔子教育儿子时说"不学《诗》，无以言"（《论语·季氏》)，正说明赋诗言志是当时贵族阶层重要的交流形式。这种赋诗的形式使得诗的属性从西周前期的群体之"情"逐渐变为赋诗者的个体之"意"——赋诗者"根据情境而自选诗经的诗句来表达意愿"。② 如《左传·襄公二十七年》（546BC）还记载，"叔孙与庆封食，不敬。为赋《相鼠》，亦不知也。"叔孙氏赋《相鼠》诗，其实是在指责庆封"无仪""无礼"，其表意形式并非直接责骂，而是通过赋诗的形式，选用《诗经》中既定的诗句，来传递自己的情志，可惜的是庆封不懂，所以意义传递没有实现。又如《左传·僖公二十三年》（637BC）记载，重耳流亡到秦国，渴望得到秦穆公的政治援助。

> 公子赋《河水》，公赋《六月》。赵衰曰："重耳拜赐。"公子降，拜，稽首，公降一级而辞焉。衰曰："君称所以佐天子者命重耳，重耳敢不拜！"

重耳所赋《河水》为《诗·小雅》中的《沔水》，篇首即云："沔彼流水，朝宗于海"，重耳取河水朝宗向海来表达对秦国的敬意。秦穆公赋《六月》为《诗·小雅》之篇名，是歌颂尹吉甫辅佐周宣王北伐获胜之诗，秦穆公取此乃是为了勉励重耳辅佐周天子建立功业，言外之意是愿意伸出援手，所以赵衰让重耳拜谢。这是一个典型的赋诗言志的外交活动，其过程如下。

赋诗者→诗句→解诗者

取用公共资源【诗】　　发送【符号】　　接收【断章所取之意】

---

① 毛振华：《〈左传〉赋诗研究》，郑州大学硕士学位论文，2005 年，第 1 页。
② 陈来：《春秋礼乐文化的解体和转型》，《中国文化研究》，2002 年第 3 期。

　　具体到"诗以言志"语境之中，"志"当是指某种隐在的思想和意义，这种思想意义并非直接表达，而是委托他言（《诗》句）间接表达。作为公共资源的诗是语辞符号，在特定场合的语境中，被赋予了特殊的意义，解诗者则根据其共有的语境来揣测赋诗者所要表达的意义。如李青春所言："所有'诗三百'作品，无论其创作本意如何，一旦被纳入礼乐文化系统就承担起特殊的官方意识形态功能，而不再是具有个性和情感的言说。"① 诗是流通于社会的公共符号资源，而蕴藏在赋诗主体心中尚未发露的主体情意，就是"志"。"志"依托公共话语资源诗的文本表达出来，而表达主体的情意，就是"诗以言志"。因此"志"是心灵意义的符号，诗是这种心灵符号的物质符号载体，而"以言"就是符号使用过程。甲骨文中言、告、舌三字同出一源，像仰置之铃，下像铃身，上像铃舌，② 言字是个铎舌震动发音的象形，正是这一意义的形象化诠释。赋诗主体的意愿通过借用《诗》的文本符号形式传达出来，属于"志以发言"（《左传·襄公二十七年》〈546BC〉），"志"属于欲表达之对象，"言"则是诗表现出来的符号形态。在春秋时代，赋诗言志、听诗观志，业已成为当时上层社会的普遍观念和文化习俗，③ 如前文所引孔子教导儿子时就曾明确提出"不学《诗》，无以言"（《论语·季氏》）的观点；《汉书·艺文志》亦认为"古者诸侯卿大夫交接邻国，以微言相感，当揖让之时，必称《诗》以谕其志，盖以别贤不肖而观盛衰焉"。④ 诗与礼是相须为用的，礼崩乐坏其实也是诗的陨落，"王者之迹熄而《诗》亡"（《孟子·离娄下》），就是这个意思。美国符号学家莫里斯曾指出，符号学研究兴趣高涨的时期一般是在普遍的社会变革期，因为这种时期新旧意义之间出现断裂，符号开始丧失其明晰性与说服力。东方的孔子时期和西方的希腊衰落时期皆是如此。也就是说，当符号不能好好为人服务的时候，人们就开始思考符号与意义的关系问题了。⑤ 儒道两家正是在这一背景下对言意关系展开思辨的。

---

① 李春青：《趣味的历史》，北京：生活·读书·新知三联书店，2014 年版，第 133 页。
② 参见徐中舒主编：《甲骨文字典》，成都：四川辞书出版社，2014 年版，第 85—86、221—222 页。
③ 张苗：《语言的困境与突围——文学的言意关系研究》，北京：中国社会科学出版社，2010 年版，第 62 页。
④ 陈国庆：《汉书艺文志注释汇编》，北京：中华书局，1983 年版，第 183 页。
⑤ 〔美〕莫里斯：《开放的自我》，定扬译，上海：上海人民出版社，2010 年版，第 41 页。

　　道家对这一问题的思索更为宏阔，在言意关系问题上提出"言不尽意"的观点。《老子》第一章谓，"道可道，非常道；名可名，非常名"，第五十六章谓，"知者不言，言者不知"，皆着眼于道与言之关系。普遍永恒的道自然不能为名言所区隔，因为言是有"畛"有"封"的（《庄子·齐物论》），而道是超越了殊相的总体规律，因此具体的名言无法把握形而上的道。庄子在道与言的关系上受到了老子的影响，《庄子·秋水》云："可以言论者，物之粗也；可以意致者，物之精也。言之所不能论，意之所不能致者，不期精粗焉。"庄子认为言是不能达道的，如《庄子·知北游》所云："彼至则不论，论则不至。明见无值，辩不若默。道不可闻，闻不若塞。此之谓大得。"言论并不能达到道之境界，反之，真正达到道的境界者是不可言论的，因此庄子选择的是沉默，也就是不言。那么庄子是否就因此否定了言本身呢？其实不然。

　　庄子由道与言的关系看到的是言的局限性。《庄子·天道》中有个"轮扁斫轮"的寓言，木工轮扁认为斫轮"有数存焉其间"，但是"口不能言"，故而不能通过语言晓谕其子。这个寓言就是为了解说这一段文字，"世之所贵道者书也，书不过语，语有贵也。语之所贵者意也，意有所随。意之所随者，不可以言传也，而世因贵言而传书。"无论是作为文字记录符号的"书"还是语言符号的"语"，其实都是传递意义的符号形式，"语之所贵"正在于"意之所随"，意义寄寓在语言之中。这种符号所负载的意义才是"所贵者"，意在言外，需要接收者领会，但是世俗之人往往注目于语言本身，以及记录语言的典籍文献，这在庄子看来就是"为其贵非其贵也"，是接收者之弊。语言是人与外部世界沟通的桥梁，即"人—语言—外部世界"，但语言符号同时也存在着某种遮蔽作用，这是语言自身之弊。如人用语言来认识世界，但人的嗅觉没有狗灵敏，很多感觉并不能用语言表达，因此并不能说语言使人类眼中的外界变得更清晰。学者曹慕樊指出，乌龟本是感觉十分迟钝的生物，但在江边居住的龟，能准确地把卵产在来年江水最高水位以上，而人类的水文学家却未必能这样准确地测定来年的水位。老鼠和蛇能够在人类完全不知道地震的情况下预先逃避地震，人类的感觉却对三级以下地震完全没有知觉，即人是有限之物，凭感官只能认识相对有限的世界。[①] 人类感觉器官因语言

---

　　① 曹慕樊：《庄子新义》，重庆：重庆出版社，2005 年版，第 7 页。

的隔离而退化，[1] 而语言对感觉的描摹往往又不能完全到位，存在诸多缺憾，轮扁之子不能"受之于臣"的原因也在此。语言并不能完全传达人类经验世界的东西，更何况人类经验世界与外界还有隔膜，由此层层相隔，以语言为追求真理世界的鹄的，如缘木求鱼。这也是道家"言不尽意"的深层原因。而如何应对这一问题，先哲依然在思考。

二 "拟物取象"与"立象尽意"：意义表达的象征隐喻

人是追求意义的动物，意义经由符号而传递，语言又是最大的符号系统。但是如上文所言，儒道两家都不同程度体认到言意之间的矛盾，而解决这种矛盾的方法，则源于对"大道之源"《易经》的阐释。《易经》作为中华文化的源头活水，被后世学者在进行理论思考时不断回望，以期从中找到理论依归。"拟物取象"与"立象尽意"就是先哲从《易经》中阐发出来的理论资源，在言与意之间加入了象，使之圆转自如。而在此之前，道家的老子已经注意到象与意之关系，"道之为物，惟恍惟惚。惚兮恍兮，其中有象"（《老子》第二十一章），"执大象，天下往。"（《老子》第三十五章）尽管道不可言，但是道中有象，可以通过象间接去把握具有终极意义的道，这已开启了以象达意的先河。

《周易·系辞》上中借孔子之言道出了言意之间的矛盾及解决办法，即"立象以尽意"。

> 子曰："书不尽言，言不尽意。"然则圣人之意，其不可见乎？子曰："圣人立象以尽意，设卦以尽情伪，系辞焉以尽其言。变而通之以尽利，鼓之舞之以尽神。"

---

[1] 人类的语言是一种抽象的逻辑思维体系，能够通过词汇明确大量的事物，这与依靠记忆和知觉的原始逻辑思维是不同的。布留尔在列举了大量人类学例证的基础上，指出原始先民的知觉和记忆能力所能达到的高度是惊人的，他们能感知、记忆微小的细节，但是对抽象的逻辑推理毫无兴趣。人类的逻辑思维是借助概念的运算来进行分类的，而概念又是确定种和类的分析综合的结果，分析与综合乃是按照对事物不断增长的一般性来安排的，这种概念分类与原始思维借助互渗律来感知和想象是不相同的。"概念和抽象思维的进步，使得早先用于表现比较具体的思维描写材料减缩了。"这说明随着人类抽象逻辑思维的提升，人类的记忆和感知能力是在下降的。参见列维-布留尔：《原始思维》，丁由译，北京：商务印书馆，1981年版，第112-148、193页。

　　这里所言的"书"就是文字，而"言"则是语言，"意"就是思想。文字不能完全记录语言，语言亦不可完全发露意义，如《正义》所言："书所以记言，言有繁碎，或楚夏不同，有言无字，虽欲书录，不可尽竭于其言，故云'书不尽言'也。'言不尽意'者，意有深邃委曲，非言可写，是言不尽意也。"[1] 也正因为如此，才有圣人"立象以尽意"之举，在言与意之间加了一个象，于是"言之不能尽者，象能显之"[2]。那么何谓象？庞朴研究指出，象介于形而下的有形之物与形而上的道之间，可以通过想象而得到，如"三头六臂"的哪吒，象的具体表现形式主要有两种，即寓言和图形，"立象以尽意"主要就是通过寓言和图形来"尽意"的。[3]

　　于《周易》而言，象是通过卦爻之辞与卦爻之象来进行的。卦爻之辞主要就是寓言，如《周易·大壮》上六爻辞"羝羊触藩，不能退，不能遂"，羝羊之角挂在藩篱之上，前进不得，后退不能，比喻进退维谷的处境。而卦爻之象则是通过仰观俯察的取象过程而逐渐生成的。《周易·系辞》下有云："古者包牺氏之王天下也，仰则观象于天，俯则观法于地，观鸟兽之文与地之宜，近取诸身，远取诸物，于是始作八卦，以通神明之德，以类万物之情。"这就是"圣人设卦观象"的过程，通过观察物象以创制卦形。卦形创设又是一个远观近取的复杂过程，如"近取诸身"，孔疏谓"若耳目鼻口之属是也"[4]，如"噬嗑"卦，《周易·彖辞》谓"颐中有物，曰'噬嗑'"，其卦形如图 6.2 所示：

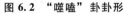

图 6.2　"噬嗑"卦卦形　　　　图 6.3　"鼎"卦卦形

---

① 李学勤主编：《十三经注疏·周易正义》，北京：北京大学出版社，1999 年版，第 291 页。
② 尚秉和：《周易尚氏学》，北京：中华书局，1980 年版，第 304 页。
③ 庞朴：《中国文化十一讲》，北京：中华书局，2008 年版，第 73-74 页。
④ 李学勤主编：《十三经注疏·周易正义》，北京：北京大学出版社，1999 年版，第 298 页。

整个卦的外形取象于人的口腔，初九、上九两个阳爻像下唇、上唇，六二、六三像下齿，六五像上齿，九四阳爻像口中待咬断之物，只有用力咬断口中之物，上下始能合之，所以余敦康认为这是一个"象征性的比喻"，[1] 并非实象。至于"远取诸物"，如"鼎"卦，其卦形如图 6.3 所示，其取象则如其卦名为大鼎，"初六阴爻像鼎足，九二、九三、九四中间三根阳爻像鼎腹，六五阴爻像鼎耳，上九阳爻像横贯鼎耳的铉。"[2] 远观近取大抵如此，对此笔者曾于《先秦符号思想研究》中多有阐发[3]，兹不赘言。

以上是就"拟物取象"的分析。为什么"拟物取象"之后，意义就扩充而丰富了呢？或者说"立象"为何能"尽意"呢？这个问题还得申述几句。依旧以上文"鼎"卦为例，"鼎"卦下巽（☴）上离（☲），巽为木，离为火，木下而生火，火处上，这又是象征以鼎烹饪，这就是第二层象征；鼎为煮食之礼器，"圣人亨以享上帝，而大亨以养圣贤"（《周易·鼎·象辞》），这是第三层象征。这样逐层象征，意义不断扩充丰富，如图 6.4 所示。

图 6.4 "拟物取象"与意义增殖

传说中的包牺氏就是伏羲，他创制八卦图像这种富有创造性的发明是通过仰观俯察的形式逐步完成的。

> "是故夫象，圣人有以见天下之赜，而拟诸其形容，象其物宜，是故谓之象。"（《周易·系辞》上）
> "见乃谓之象，形乃谓之器。"（《周易·系辞》上）

---

[1] 余敦康：《周易现代解读》，北京：中华书局，2016 年版，第 116 页。
[2] 余敦康：《周易现代解读》，北京：中华书局，2016 年版，第 249 页。
[3] 祝东：《先秦符号思想研究》，成都：四川大学出版社，2014 年版，第 20-32 页。

如伏羲这样的"圣人"，通过观天下之"赜"，进而"诸其形容，象其物宜"。而"赜"，《正义》认为是"幽深难见"之意，[1] 朱熹认为是"杂乱"之意，[2] "赜"字《说文》未收，《广雅·释言》《集韵·麦韵》皆认为"赜"通"啧"。《左传·定公四年》（506BC）卫大夫子行敬子有云"会同难，啧有烦言，莫之治也"，意谓诸侯会盟难得其宜，争论不休，无人能治。论者多依《说文》训"啧"为大声，马叙伦认为啧啧之声细微，疑"啧"当训为众声，并援引他典，证明"啧"非微至义，而当为众多之义[3]，由此"啧有烦言"则是众声杂乱、争论不休之意。《荀子·正名》谓，"故愚者之言，芴然而粗，啧然而不类"，对此论者多注意到此句与"君子之言，涉然而精，俛然而类"相对，"类"是有区别、有条理之意，"啧"应当是杂乱没有条理之意，由此可见"啧"通"赜"，皆众貌纷纭、杂乱不堪。本乎此，就可以理解"圣人有以见天下之赜"，其意当是圣人见天下万物杂乱纷繁，所以才观象设卦，找出杂乱背后的类属区别，用卦爻之象代之，[4] 使之由繁转简。如龚鹏程言，观象并不是原物复现，而是自觉地通过抽象能力寻找、提取物象的特点或性质，让物象对人形成意义，即"取象"。这个活动本身是一种创造性活动，[5] 因此卦象是一种本质直观，而非抽象概念，所以，有论者指出，"易学的符号体系作为一种认识的工具，既能把握现象中的本质，又能把握本质中的现象，表现了一种认识的深化。"[6] 从其观象设卦本身而言，就已经加入了主体的创造，同时又不胶着拘泥于象之本身，成为一种具有普遍性的隐喻或象征，其解释的容量就大为增强。

《周易》的《易经》部分，已基本被证实为周初的作品，而《易传》部分亦非一时一人之作，只是主要成书时间一般被认为是春秋、战国时期，是诸子（特别是儒道两家）对《易经》的哲学发挥。《易传》也充分关注

---

[1] 李学勤主编：《十三经注疏·周易正义》，北京：北京大学出版社，1999年版，第274页。
[2] 朱熹：《周易本义》，上海：上海古籍出版社，1987年版，第59页。
[3] 李玲璞主编：《古文字诂林》第二册，上海：上海教育出版社，2000年版，第123页。
[4] 高亨指出，"是故夫象"中"夫"当作"爻"，因形似而误，下文爻、象分释，亦可证之。参见高亨：《周易大传今注》，北京：清华大学出版社，2010年版，第408页。
[5] 龚鹏程：《文化符号学导论》，北京：北京大学出版社，2005年版，第27页。
[6] 余敦康：《周易现代解读》，北京：中华书局，2016年版，第328-329页。

到言意关系的问题。今人陈鼓应注意到道家与《易传》的思想渊源，研究指出《易传》的主要篇章属于道家学派的作品。[1] 无论是儒家的"诗以言志"还是道家的"言不尽意"，都在实践与理论上不同程度地注意到言意之间的矛盾，后者又在解释《易经》的过程中充分注意到易象的作用，"是故《易》者，象也；象也者，像也"（《周易·系辞》下）。《易》由卦象组成，而卦象又是对天地万物的摹拟取象，以形象来表征事物的本质特征，同时卦辞、爻辞等又是对卦象符号的补充解释，既有相似符，又有规约符，二者相须为用。钱钟书谓"故《易》之拟象不即，指示意义之符（sign）也"，[2] 可谓充分注意到易象"立象尽意"的表意功能。

三 "辞达而已"与"得意忘言"：儒道分野及其深层原因

先秦诸子百家论说皆有其现实的针对性，司马谈《论六家要旨》云："夫阴阳、儒、墨、名、法、道德，此务为治者也，直所从言之异路，有省不省耳。"[3] 所谓"务为治者"即面对礼崩乐坏的社会现实，提出解决"周文疲弊"的社会问题。具体而言，儒家面对当时的社会问题提出的是一种建设性的理念，希望通过正名复礼重建秩序[4]；而道家看到的则是自周公制礼作乐以降，礼乐名分的等级区分以及由此而来的僭礼求名的乱象，因此以"无名之朴"作为应对，是一种解构的立场。[5] 面对言意关系问题，儒道两家尽管皆认可"立象尽意"的传统，但是因为各自所持立场不同，在"尽意"中又产生了不同的分野。

在儒家学者看来，文辞重在达意。《论语·卫灵公》中，子曰："辞达而已矣"，即倡导文辞以达意为要。如前文所云，赋诗言志是外交活动，通过援引诗句，以一种"寓言"的方式间接表达赋诗主体的情志，孔子此处的"辞"亦是指这种外交言辞，对此清人钱大昕已有辨析。

---

① 陈鼓应：《北京商务印书馆修订重排版序》，载《易传与道家思想》，北京：商务印书馆，2007 年版，第 1 页。
② 钱钟书：《管锥编》第一册，北京：生活·读书·新知三联书店，2008 年版，第 20 页。
③ 司马迁：《史记》，北京：中华书局，1982 年版，第 3289 页。
④ 祝东：《复礼与正名：孔子思想的一个符号学视角》，《孔子研究》，2018 年第 6 期。
⑤ 祝东：《去符号化：老子的伦理符号思想初探》，《社会科学战线》，2016 年第 8 期。

问："辞达而已矣"，此"辞"何所指？

曰：三代之世，诸侯以邦交为重，《论语》"使于四方，不辱君令"，则称之；"使于四方，不能专对"，则讥之。此辞即专对之辞也。①

儒家倡导质实，反对虚华，如孔子认为"文胜质则史"（《论语·雍也》）。史官会对君王的不当言行讳饰之，可能会文过其实，即孔子所言之"史"，《仪礼·聘礼》云"辞多则史，少则不达"亦其证。因此，"辞达"是儒家对言意关系的根本要求，在这一前提之下，儒家是反对花言巧语的，因为在孔子看来"巧言乱德"（《论语·卫灵公》），即巧言是不仁的表现，此《论语》中多次论及。

子曰："巧言令色，鲜矣仁。"（《论语·学而》，《论语·阳货》）

子曰："巧言令色，足恭，左丘明耻之，丘亦耻之。匿怨而友其人，左丘明耻之，丘亦耻之。"（《论语·公冶长》）

孔子反对巧言令色的虚伪，因为仁者是表里如一的。这里同时涉及另外一个问题，即儒家的修辞态度问题。《左传·襄公二十五年》（548BC）引孔子之言云："《志》有之：'言以足志，文以足言'。不言，谁知其志？言之无文，行而不远。晋为伯，郑入陈，非文辞不为功。慎辞也。"这段文字常为研究儒家修辞观的学者援引。所谓"志"，就是主体内心的情意，"在心为志，发言为诗，情动于中而形于言"（《毛诗序》），就是说，情意通过诗句符号来表达。而"足"为"犹成也"②，即语言是能达成情意的，修辞则会使表达充实。包蕴于内心的情志需要经由语言符号外化，这是第一步。语言符号的即时性特征决定了其在当时不能跨越时空进行传播，因此需要有文字的记录，有"文"的修饰，才可能传之久远。孔子这话也有其历史语境，即郑国攻入陈国而获成功，后又遭到晋国质问，郑国子产逐条应对，赵文子认为"其辞顺"，于是接受了郑国奉献的战利品。郑国因为

① 钱大昕：《潜研堂集》卷九《答问六》，上海：上海古籍出版社，2009 年版，第 126 页。
② 李学勤主编：《十三经注疏·春秋左传正义》，北京：北京大学出版社，1999 年版，第 1024 页。

"辞顺"而赢得了军政外交的主动权，但孔子"慎辞"的总结对此还是有所保留的。毕竟郑国偷袭陈国，恃强凌弱，受到晋国的质问，是因为子产的辩辞才得以化解大国的责问；此外在《孔子家语·屈节解》中孔子对子贡游说诸侯之事进行评论，认为这属于"美言伤信"之举（这一点颇同于道家《老子》第八十一章的"信言不美，美言不信"），因此提倡"慎言"。孔子提倡"辞欲巧"的前提是"情欲信"（《礼记·表记》），他反对"情疏而貌亲"的虚情假意。《逸周书·官人解》（此篇亦见于儒家典籍《大戴礼记》，名为《文王官人》）中引儒家推崇的先圣文王之言曰："华废而诬，巧言令色，皆以无为有者也。"盖巧言令色者以无为有，虚而不实，这是儒家所反对的。《逸周书汇校集注》引丁宗洛之言曰："此篇在本书则为传习，在《大戴礼》则为抄撮。"① 不论其先后如何，我们至少可以窥见儒家学者对虚辞巧言的一贯反对态度，而主张表达的形式"辞巧"要与内容"情性"和谐统一，言语表达要回到"辞达"的根本要求上来。

道家学者提倡"得意忘言"。如前文所言，道家在道与言的关系论辩中体察到言意之间的矛盾，认识到言不尽意的缺憾，并在意与象的关系中找到了弥补的方法，即"立象尽意"。而"立象尽意"又是源于对语言符号系统的反思。在道家学者看来，"道法自然"，但语言符号却是一种人为的对世界的割裂，用语言符号系统表征的世界不是浑然天成的世界，自然而然的世界如同"混沌"，但人造符号却将混沌割裂得七零八落，让世界不再是"自然"如此的。

> 天下皆知美之为美，斯恶已。皆知善之为善，斯不善已。故有无相生，难易相成，长短相形，高下相倾，音声相和，前后相随。是以圣人处无为之事，行不言之教。（《老子》第二章）

浑沦的世界，本无善恶美丑，当这些符号出现的时候，世界已经被割裂，如"五色令人目盲，五音令人耳聋，五味令人口爽"（《老子》第十二章）。自然的世界被人为地割裂，道不复存，"故大制不割"，割就是人类通

---

① 黄怀信等：《逸周书汇校集注》，上海：上海古籍出版社，2007年版，第757页。

过符号系统对"自然"浑朴之境的破坏。所以道家提出"处无为之事，行不言之教"的主张，因为"有言"与"有为"都是对浑美之道的破坏。道是"忽恍"的，是"无状之状，无物之象"（《老子》第十四章），因为有形之物乃是形而下的器，并非形而上的道，道是超越有形之物的。尽管如此，道还是存在的，"孔德之容，惟道是从。道之为物，惟恍惟惚。惚兮恍兮，其中有象；恍兮惚兮，其中有物。"（《老子》第二十一章）所以道不能凭感官来觉察。人能感觉到的是道的表征：象。故《老子》第三十五章有"执大象"之说，奚侗有云："大象，道也。道本无'象'，强云'大象'。四十一章所谓'大象无形'也。"① 因此道家在言与道之间插入了象，言不能明道，但是可以通过象体道，象成为沟通言与道的中介，求道可通过明象来间接获取。庞朴先生曾经指出，象其实有两种主要的表现形式，即寓言和图形，以此来"立象尽意"。② 如八卦符号就是一种用图像建立的象，卦爻辞中则多是通过寓言设象，因为寓言不仅是言，"更主要地在于它是象"。③ 接受者则是观象查意，因此钱钟书云："是故《易》之象，义理寄宿之蘧庐也。"④ 蘧庐的典故出自《庄子·天运》："仁义，先王之蘧庐也，止可以一宿而不可久处。"郭象注蘧庐"犹传舍也"，⑤ 蘧庐指古代驿传中供人休息的房子，犹今言之旅馆，不是最终归宿。但是欲得道之精义，又必须借助于象，因为意义必须经过符号才能传达。

　　通过象可以获取道的精义。如果体验到道的精义，那么言也好，象也罢，皆可抛弃。晋人王弼《周易略例·明像》云："忘象者，乃得意者也；忘言者，乃得象者也。得意在忘象，得象在忘言。"⑥ 言语符号建构了象，象又是用来表征道的精义的。这就是"得意忘言""得意忘象"的理论根源。道家的庄子一脉深谙此理，《庄子·外物》云："荃者所以在鱼，得鱼而忘荃。蹄者所以在兔，得兔而忘蹄。言者所以在意，得意而忘言。"所以

① 奚侗：《老子集解》，《老子注三种》，合肥：黄山书社，2014 年版，第 103 页。
② 庞朴：《中国文化十一讲》，北京：中华书局，2008 年版，第 74 页。
③ 庞朴：《原象》，《庞朴文集》卷四，济南：山东大学出版社，2005 年版，第 226 页。
④ 钱钟书：《管锥编》，北京：生活·读书·新知三联书店，2008 年版，第 23 页。
⑤ 郭庆藩：《庄子集释》，北京：中华书局，2004 年版，第 519 页。
⑥ 王弼：《周易略例》，《王弼集校释》，楼宇烈校释，北京：中华书局，1980 年版，第 609 页。

《庄子》文本不断运用寓言、重言和卮言来建构自己的象喻系统，如庖丁解牛、涸辙之鲋、佝偻承蜩、井底之蛙、混沌开窍、鲁侯养鸟、邯郸学步、东施效颦、触蛮之战等，不胜枚举。有人统计《庄子》书中的寓言达192则之多，①"寓言十九"（《庄子·寓言》）亦非虚语。《庄子》一书之所以借助诸多寓言，也正是因为道家学者体验到了言不尽意的弊病，故而通过寓言设象，来点拨启发读者，使读者去领悟言外之意。

当然，读者不能拘泥于《庄子》的寓言文字本身，而应该穿透寓言去寻找其欲表达的深层意思。就像前文所举"轮扁斫轮"的寓言，庄子借桓公与轮扁的对话，意欲表达的乃是道的不可言传这一特征，因为抽象无形的道一旦被符号化就意味着被片面化，"符号载体只是与接收相关的可感品质之片面化集合"。② 片面化即失去了道的普遍抽象的特征，这或许才是庄子想通过此寓言表达的深层意思。这个意思是通过设象立意传递出来的，所以读者不能拘泥于这个文字符号本身，而要"得意忘言"，究其根源则是因为道家认为言会支离道的完整性，辞采会遮蔽人们求道的视野。于是庄子才有了"吾安得忘言之人而与之言哉"（《庄子·外物》）的慨叹，而道家在"尽意"之后立刻建议"忘言"，也是道家与儒家害怕巧言害仁的深层差别。

从"诗言志"到"诗以言志"，先民对作为贵族社会公共符号资源的诗由重情转向达意，让诗逐渐转化成为言志传意的重要符号载体。通过梳理考察可知，诗以言志就是先秦礼仪、外交等场合通过赋诗来间接表达主体情志的活动，并非作者自己作诗直陈己意，而是依托既有诗句"断章取义"，通过双方已有共享意义经验背景的交流（理想情形是，赋诗言志的双方能够拥有此种经验意义背景），通过剥离创作本身及语境的诗句来隐喻某种主体情意。如李壮鹰所言："春秋时人们对于《诗》的文本，只是'赋诗言志'，即'悬置'它的原意，只把它作为一种隐喻自己思想的语言载体来使用。"③ 如果把这里的诗句看作某种符号隐喻，那么某种程度上来说赋诗

① 叶程义：《庄子寓言研究》，台北：文史哲出版社，2004年版，第4页。
② 赵毅衡：《符号学：原理与推演》，南京：南京大学出版社，2016年版，第37页。
③ 李壮鹰：《逸园丛录》，济南：齐鲁书社，2005年版，第59页。

言志其实就已经包含着"立象尽意"的意蕴。儒道两家深谙传统礼学，也各自体察出诗以言志与言不尽意的矛盾，故而有依托易学"立象尽意"的理论阐发，在言意之间插入了象。象与言的结合，对"尽意"起到了很大的推动作用。然而，由于儒道两家价值取向不同，儒家在尽意之时转向"辞达而已矣"，尽力规避因为"辞巧"而产生的"美言伤信"之举，"辞达"归根结底是一种伦理本位；道家则是倡导"得意而忘言"，希望人们破除对语言文字本身的执念，转而关注言外之意，其逻辑指向审美。此二者对中国传统文化精神产生了深远的影响。儒道互补，成为推动中国传统社会发展的动力元语言之一。

第三节 寓言论：庄子表意符号编码形式

自古以来，论哲学，人们常常老、庄并举；谈文学，人们往往又庄、骚并称。郑振铎说庄子的书"为后来文学者所最喜悦"[1]，闻一多甚至认为《庄子》的文学价值不只是在文辞上，他的哲学也与寻常的那种峻刻的、料峭的、皱着眉头思索的哲学不一样，"他的思想本身便是一首绝妙的诗"[2]。庄学史上分析庄子哲学的著作可谓汗牛充栋，而对其文学性的分析也不乏其人，如林希逸的《庄子鬳斋口义》、胡文英的《庄子独见》、林云铭的《庄子因》、宣颖的《南华经解》、陆树芝的《庄子雪》、刘凤苞的《南华雪心编》等，其中散见着对《庄子》炼字用句、谋篇布局等语文符号方面的分析，纵是吉光片羽也弥足珍贵。《庄子》不仅是一部哲学的典籍，也是文学上的经典之作。不论是讨论先秦哲学史还是文学史，都绕不开《庄子》。也许有人会说，这是当时文史哲不分家的缘故。但是，既然那时文史哲不分家，为什么很少有人将同是论理的《墨子》《公孙龙子》当作文学作品，而把《庄子》视作文学作品？其文学性究竟在哪里？我们认为这些都与《庄子》采用寓言这种言说的编码方式有莫大的关系。

---

① 郑振铎：《插图本中国文学史》，北京：人民文学出版社，1957年版，第74页。
② 闻一多：《周易与庄子研究》，成都：巴蜀书社，2003年版，第78页。

一　庄子的主要言说方式

司马迁在《史记·老庄申韩列传》中曾评价庄子的作品，称"其著书十余万言，大抵率寓言也"，① 明确肯定寓言为庄子写作的主要方式。纵观先秦诸子，用寓言说理的不止庄子一家，《尹文子》《孟子》《韩非子》等皆曾运用寓言说理，然而不可否认的是，还是《庄子》中的寓言最多、给人的印象最深。关于《庄子》的寓言，在《庄子·寓言》篇中有明确的表述。

> 寓言十九，重言十七，卮言日出，和以天倪。寓言十九，藉外论之。亲父不为其子媒。亲父誉之，不若非其父者也；非吾之罪也，人之罪也。与己同则应，不与己同则反；同于己为是之，异于己为非之。重言十七，所以已言也，是为耆艾。年先矣，而无经纬本末以期年耆者，是非先也。人而无以先人，无人道也；人而无人道，是之谓陈人。卮言日出，和以天倪，因以曼衍，所以穷年。不言则齐，齐与言不齐，言与齐不齐也，故曰无言。言无言，终身言，未尝不言。终身不言，未尝不言。

以上我们大段地引述了《庄子》的文本，是因为这里揭示出《庄子》的言说方式，如阮毓崧指出的，"此篇开首四语，是隐将一部著书之法，标列于此。庄子仙才，就全部言之，其天机固自峥嵘浩荡也，独怪此处及《天下》篇，既两标寓言、重言、卮言诸说，明明将全旨揭破，而学者犹多不悟。"② 阮毓崧认为"寓言十九，重言十七，卮言日出，和以天倪"四语乃是全书著书行文之方法，惜之颖悟者少。而且这段文字还对庄子为何选择这样的言说方式进行了剖析，让我们不仅知其然，也知其所以然。

所谓寓言，郭象认为就是"寄之他人"之言。成玄英对此有进一步阐发，"寓，寄也。世人愚迷，妄为猜忌，闻道己说，则起嫌疑，寄之他人，

---

① 司马迁：《史记》，北京：中华书局，1982 年版，第 2143 页。
② 阮毓崧：《庄子集注》，台北：广文书局，1972 年版，第 445 页。

则十言而信九矣。故鸿蒙、云将、肩吾、连叔之类，皆寓言耳。"① 寓言乃是别有寄托之言，属于"藉外论之"，藉为凭借、依靠之意，也就是借他人之口言之。为何要采用这种方式呢？庄子有其分析。庄子先是举了一个生活常例，譬如父亲一般不给自己的儿子做媒，为什么呢？毕竟是你自己的儿子，你怎么说都有王婆卖瓜的嫌疑。自己夸奖自己的儿子一百遍，不如让外人夸奖你的儿子一遍，毕竟后者更容易让人相信，"亲父誉之，不若非其父者也"。同理，在生活中，当别人的观点与我们相同时，我们一般就会认为对而赞同它，与我们的观点相左时，我们往往不认同。当然这里的寓言与现在作为文体的寓言是不同的。有学者据《庄子》一书"言"字用法的统计分析指出，此处的寓言乃是"寓诸言"的省文，但是《庄子》里面又确实存在诸多的寓言故事。因此《庄子》这里的寓言其实是一个很宽泛的概念，其外延不仅包含寓言故事，也可以是人物对话，甚至一个字、一个词都可以是寓言，如"天籁""玄珠"等皆是。②

所谓重言，有人认为是重述前人之言，也有人认为是借受世人尊重者之言，我们认为后者较为可取。如郭象认为重言是"世之所重"者之言，成玄英也认为如此，"重言，长老乡间尊重者也。老人之言，犹十信其七也。"③ 重言乃是借用耆艾之言。用社会一般人的眼光来看，古人、名人之言的影响力和说服力比常人自然要大得多，这个就是春秋时期叔向所言的"君子之言，信而有征"（《左传·昭公八年》〈534BC〉）。言说中征引耆艾之言会使人更加信服，重言在新的语境之中会成为意义之源。于是庄子借用他们之口来说自己的观点，即借用古人名人之名号，来发庄子之所欲与之所言。这也是庄子论说的一个巧妙的策略，如在文中经常借用孔子及其门人之口来宣扬自己的哲学，最为典型的莫过于《大宗师》中让孔子、颜回师徒演绎庄子"坐忘"的境界。儒家本来是推遵礼乐仁义的，但是在庄子的笔下，孔子与其弟子偏偏成为忘记仁义、摒弃礼乐的角色，达到"坐忘"的境界，连孔丘本人也"请从而后"（《大宗师》）。既然儒家学者都"认同宣传"庄子之学，那么其价值意义自然不可估量。重言从表达方式上

---

① 郭象：《庄子注疏》，成玄英疏，北京：中华书局，2011 年版，第 494 页。
② 孙克强、耿纪平主编：《庄子文学研究》，北京：中国文联出版社，2009 年版，第 123-125 页。
③ 郭象：《庄子注疏》，成玄英疏，北京：中华书局，2011 年版，第 494 页。

来讲，主要是借用名人、古人之言，其实也属于"藉外论之"，仍是寓言之属。

所谓卮言，据学者考证，其实就是"作者直接出面表明观点和倾向的言论"①。客观世界与自然之理本来是没有分歧和争议的，但是加上了人的主观见解之后，便出现了争议，"有自也而可，有自也而不可；有自也而然，有自也而不然。恶乎然？然于然。恶乎不然？不然于不然。恶乎可？可于可。恶乎不可？不可于不可。"（《寓言》）人们各自依据自己的"理"，于是有了然与不然、对与不对的分歧，因而在庄子看来，"物固有所然，物固有所可，无物不然，无物不可。非卮言日出，和以天倪，孰得其久！万物皆种也，以不同形相禅，始卒若环，莫得其伦，是谓天均。天均者，天倪也。"（《寓言》）事物的形成发展有其各自的规律道理，没有什么事物是本来不该这样，或者应该那样，因此要"卮言日出，和以天倪"，所谓"日出"就是与时为用，安时而处顺，与时消息；"天均者，天倪也"，天倪就是天均，郭象注、成玄英疏皆认为"均"乃是"均齐""齐等"之意②，也就是齐同物论——顺应自然规律的变化，如此才能够流传长久。

纵观《庄子》一书，寓言十之九，重言十之七，当然这里有重合的部分，"《庄子》书中，往往寓言里有重言，重言里也有寓言，是交互错综的，因此寓言的成分即便占了全书的十分之九，仍无害于重言的占十分之七。"③实际上前面我们已经说过，重言从表达形式而言，也属于寓言之一种。寓言、重言、卮言其层级关系有两种情况：其一，寓言、重言乃是表达形式，而卮言乃是要表达的内容；其二，有人认为"寓言十九，重言十七"等为理论上的大略说法，而实际运用中，此三者乃是浑然一体的，所以三者皆是寓言，如前引文中司马迁《史记》之观点。还有人认为寓言、重言、卮言之属皆是卮言，如王夫之《庄子解》所云："寓言重言与非寓非重者，一也，皆卮言也，皆天倪也。"④《庄子新释》云："要知道庄子全书，无一不是卮言，寓言重言，都在卮言中包含着，所以说是'三位一体'。"⑤ 《庄

---

① 孙克强、耿纪平主编：《庄子文学研究》，北京：中国文联出版社，2009 年版，第 132 页。
② 郭象：《庄子注疏》，成玄英疏，北京：中华书局，2011 年版，第 497 页。
③ 张默生：《庄子新释》，济南：齐鲁书社，1993 年版，第 17 页。
④ 王夫之：《老子衍·庄子通·庄子解》，北京：中华书局，2009 年版，第 322 页。
⑤ 张默生：《庄子新释》，济南：齐鲁书社，1993 年版，第 16 页。

子》一书用寓言、重言和卮言相结合的表现手法，把深奥的哲理思想寓于生动的形象之中，悬象示意，言有尽而意无穷。

二 寓言表达的符号编码

不论寓言、重言还是卮言，从作用上看，都是作为表达形式使用的，其目的是传达庄子的学术思想（内容层面）。凡是用于意义表达的领域都可纳入符号学研究视域，因为符号就是用来表达意义的，任何意义必须经由符号才能表达。

庄子在《天道》篇讲了一个"轮扁斫轮"的寓言。斫轮之人以己为例，指出斫轮之术，只能意会，不能言传，因为语言不能准确有效地传达出意义，所以他的斫轮技艺不能传给其儿子。由是观之，桓公所读之书，只是古人的语言文字，但是这些语言文字并没有真正传达出古之圣人的思想，所以桓公所读为古人之糟粕。庄子借此寓言，意在说明语言文字并不能有效传达人类的思想，也就是说语言符号系统内部的能指并不能准确传达出思想意义。由此可见庄子对言意关系是持有一种怀疑态度的，他并不认为言能达意，"道不可言，言而非也"（《庄子·知北游》）。既然言不尽意、道不可言，但是为什么还要用"三言"来传意呢？个中原因其实庄子也有过解释，"荃者所以在鱼，得鱼而忘荃。蹄者所以在兔，得兔而忘蹄。言者所以在意，得意而忘言。"（《庄子·外物》）看到这句话我们很容易联想起易学符号思想中的"立象尽意""得意忘象"之论。事实上二者确有相似之处，《周易》不断取象，《庄子》反复寓言，皆是害怕读者拘泥于一象、一言而把言说者之意坐实，所以此二者皆极尽变化之能事，目的就是要打开接收者的视界和思路。于《庄子》而言，正像其后学指出的①，"芴漠无形，变化无常，死与生与，天地并与，神明往与！芒乎何之，忽乎何适，万物毕罗，莫足以归，古之道术有在于是者。庄周闻其风而悦之，以谬悠之说，荒唐之言，无端崖之辞，时恣纵而不傥，不以觭见之也。以天下为沉浊，不可与庄语，以卮言为曼衍，以重言为真，以寓言为广。独与天地精神往来而不敖倪于万物，不谴是非，以与世俗处。"（《天下》）古来之道术认为天

---

① 据崔大华考证，《天下》篇应属于庄子后学所作，其写成当在《庄子》诸篇之后。参见崔大华：《庄学研究》，北京：人民出版社，1992年版，第97-103页。

地之初寂寞无形，万物化育之后，变化无常，是死是生，与天地造化相同，来来去去，芒芒昧昧，恍恍惚惚，它无所不包又无处可依。但是这个道一旦诉诸语言，就不是原来的那个道了，如王夫之所言："则一落语言文字，而早已与道不相肖。故于此发明其终日言未尝言之旨，使人不泥其迹。"[①] 其落脚点在于使人"不泥其迹"，不要拘泥于《庄子》一书的语言文字之迹，而要去观照思考其背后所欲传达的意旨，这才是最重要的。

正是因为庄子别具一格的言说方式才造成了其独特的文风、奇妙的寓言想象和幽深玄远的寄意。如《逍遥游》中的大鹏，《齐物论》中的人籁、地籁、天籁，《养生主》中的右师，《人间世》中的栎社树，《德充符》中的兀者王骀、申徒嘉、叔山无趾，《大宗师》中的子祀、子舆、子犁、子来，莫不奇诡玄妙。而《天运》中的丑女效颦，《秋水》中的坎井之蛙，《徐无鬼》里面的匠石运斤，《列御寇》中的舐痔得车，都成为人们耳熟能详的故事。特别是《人间世》中的支离疏，他奇形怪状，"颐隐于脐，肩高于顶，会撮指天，五管在上，两髀为胁。"他的两腮贴近肚脐，肩膀比头顶还高，发髻直指天空，脊椎骨高出头顶之上，大腿靠着两肋骨，这个读来令人毛骨悚然的形象不禁让人为庄子的奇特想象击节。如果按照一般的眼光来看，这是个无用的废人。但是实际上呢？"上征武士，则支离攘臂而游于其间；上有大役，则支离以有常疾不受功；上与病者粟，则受三钟与十束薪。夫支离其形者，犹足以养其身，终其天年，又况支离其德者乎！"不论征兵还是徭役，支离疏皆因为身体残疾而免于征战劳苦；当国家赈济穷苦病痛之人时，支离疏则往往因其畸形而优先得到补助。他靠着畸形养活了自己，活到寿终正寝；相反，那些看起来健壮有用的人，在征战的时候，常常沦为炮灰，成了战争的牺牲品。如郭象所言："有用则与彼为功"[②]，"与彼为功"就是成就了别人的功业，一如唐人曹松所言"一将功成万骨枯"（《己亥岁二首》其一）的人生体验。世人常以他者眼光中的"有用"来确立自我的价值，"我"的价值实际上是以"他人"的取舍为衡量标准，并没有考虑到自我的价值与意义。庄子看穿了其中的不合理，于是得出了这样的结论，"山木自寇也，膏火自煎也。桂可食，故伐之；漆可用，故割

---

① 王夫之：《老子衍·庄子通·庄子解》，北京：中华书局，2009 年版，第 320 页。
② 郭象：《庄子注疏》，成玄英疏，北京：中华书局，2011 年版，第 101 页。

之。人皆知有用之用，而莫知无用之用也。"（《庄子·人间世》）他用这样一种寓言的形式将其揭示出来，比《老子》第十一章关于有无之用的探讨自然更为形象生动。当然，庄子时常是以一连串的寓言来反复寄予其意的，与支离疏相连的寓言还有商丘的不材之木，因为不材，故能成其大；而宋国荆氏的楸、柏、桑木之属，皆因为其材而早早受到斧斤之伐；而白额之牛、仰鼻之猪及有痔疮的人，都因为有缺陷而免于在祭祀时作为祭品被投到河里。世之所短，成为其谋生之长；世之所长，反而成为戕害自身的利器，庄子的见解可谓独到而深刻。庄子正是将这样抽象的道理寓于活生生的形象描绘之中，使寓言故事形象成为某种理念或意味的象征。

赵毅衡先生在《文学符号学》中曾经论及强编码符号与弱编码符号这两个概念，强编码符号的意义基本上就是所指，而弱编码符号的意义则不止停留在所指上，它不仅有外延意义，还有内涵意义。一般而言，强编码符号多存在于实用的或科学的符号系统中，弱编码符号多存在于文学或艺术的符号系统中[1]。也就是说，如果作为符号的文本直指意义，中间没有延宕和有意的遮蔽，那么这种符号文本一般属于报告、说明之属，相反，如果能指与所指之间有间隔、延宕，读者需要通过思索揣摩而后得知，这就是文学、艺术。作为一种艺术符号，"诗的文本与意义之间缺乏距离，是浅薄的诗。艺术是理解的缓刑，是从感知中艰难地寻找识别，从识别中寻找理解，这个过程越费力越让人满意，哪怕最后找不到理解，这个寻找过程本身，而不是理解的结果，就让人乐在其中。"[2] 这也许就是艺术品的魅力，也正是艺术符号与实用性符号的最大差别。所以人们喜欢将《庄子》作为文学作品来看，并将其归属于弱编码符号系统。《庄子》一书的文学性首先表现在它以三言传意的言说方式，拉开了表达面与内容面之间的距离，使其文本本身表现为一种"有意味的形式"[3]，造成了意义的延宕。所以千百年来，庄子不仅受到了哲学家的青睐，也被文学家所热爱。相反，像《墨子》这样"意显而语质"（《文心雕龙·诸子》）的作品自然不会被文学家所青睐。

---

① 赵毅衡：《文学符号学》，北京：中国文联出版公司，1990 年版，第 34-35 页。
② 赵毅衡：《符号学：原理与推演》，南京：南京大学出版社，2016 年版，第 170 页。
③ 〔美〕苏珊·朗格：《情感与形式》，刘大基等译，北京：中国社会科学出版社，1986 年版，第 42 页。

三 庄子文章的诗性特征

当索绪尔在欧洲讲述他的能指、所指两分符号构造时，皮尔斯则在美国提出了再现体、对象和解释项的三分符号构造。这突破了闭锁的能指、所指两分构造，使符号表意过程在理论上永无终结，发展出"无限衍义"①，对理解艺术符号大有裨益，因为艺术符号往往跳过了对象，将再现体面对解释项。作为语言艺术的文学，其再现体即符号文本，已经不再只有传达意义的实用功能，而因为自身的创造性及可能性具有美的功能，如池上嘉彦所言："语言不是运载既已形成的内容的媒介，它作为自身产生新意义的主体而运转的认识——这种认识产生出的东西，就是现代意义上的'诗学'（poetics）。"② 也就是说，诗的或者艺术的符号文本，其特性是将再现体自身作为产生意义的东西。诗性或艺术性亦由此而来。

同样是语言表达，有的语言被誉为诗的语言，有的语言则被认为是散文的语言，甚至口水话。按照俄国形式主义文论家的观点，人类一切言语活动存在着各自不同的目的，进而影响到语言的使用方法规则。语言活动可以分为诗歌语与散文语，或者说诗性语言与日常语言两大块。在诗性语言中，语言作为交流手段的功能退居其次，其构词因素，即语词本身获得了独立的价值。丹尼·卡瓦拉罗在论及诗歌和散文的区别时指出，"在散文中，能指屈从于所指的利益，也就是说，它更多地关注它所要传达的言语和信息的内容，而不是言语形式和表达信息的方式。相反，诗歌把能指置于突出的位置，十分强调词语的外形和声音，并把它们作为唤起意义的手段，而不是让它们屈服于所代表的概念之下。"③ 诗歌文本将读者的注意力吸引到符号本身，并以此作为唤起意义的手段，而不是简单地用概念直陈其义，这样凸显的就是诗的功能，即将读者的注意力引向符号文本本身，使文本本身成为主导。雅各布森认为诗的功能是语言艺术的主要和关键功能，"这样一种功能，通过提高符号的具体性和可触知性（形象性）而加深

① 赵毅衡：《回到皮尔斯》，《符号与传媒》，2014 年第 2 期。
② 〔日〕池上嘉彦：《诗学与文化符号学》，林璋译，南京：译林出版社，1998 年版，第 1 页。
③ 〔英〕丹尼·卡瓦拉罗：《文化理论关键词》，张卫东等译，南京：江苏人民出版社，2006 年版，第 23 页。

了符号同客观物体之间的基本的分裂。"① 而广义的诗的功能不仅研究诗歌，更研究诗歌以外的诗的功能。《庄子》的言说方式，正是通过"三言"的形式将读者吸引到其符号文本本身，并由此展开其文学性。

《庄子》在用"三言"阐述其义理时，其"诗性"表现有二。其一，寓言重用比喻对符号所述对象进行具体的、夸张化的展示，以拉大其与日常生活中此类符号所指事物的距离，强调此符号所指对象的特异之处，由此造成陌生化的效果，增加感受的难度，延长理解感受的过程。庄子寓言中所用的比喻，与一般情况下的比喻运用有明显的不同。一般比喻仅在强调喻体与喻旨之间的相似之处，如"忽如一夜春风来，千树万树梨花开"，而庄子运用的比喻，强调喻体和喻旨的相似之处是为了进一步证明自己所言"普通名词"的所指并不是通常意义上的所指，而是一个"专有的""普通名词"，是以比喻的方式来突出自己所言之不同，其比喻中包裹的是"奇特的想象"。所以，庄子寓言的表达方式实际上大大增加了感知的难度，将注意力拉向语言表述本身。如《逍遥游》篇，开篇便言鲲、鹏之大，皆不知其几千里，"其翼若垂天之云"，如清人刘凤苞言："破空而来，为'逍遥游'三字立竿见影，摆脱一切理障语，烟波万状，几莫测其端倪，所谓汪洋自恣以适己也。"② 所谓"理障语"即日常经验所及的语言，而这正是庄子要力图摆脱的困境。鲲、鹏之大，超乎人的想象，取得的就是一种陌生化的效果，如清人林云铭言："只见云气空濛，往返纸上，顷刻之间，顿成异观。"③《人间世》中的栎社树，"其大蔽数千牛，絜之百围，其高临山十仞而后有枝，其可以为舟者旁十数。"这棵树大得可以遮蔽数千头牛，其直径有上百尺那么长，甚至可以造数十艘船，真是超出了人们的想象。而南伯子綦在商丘见到的大木，"结驷千乘，隐将芘其所藾。"在这棵树下即使结集数千辆四匹马拉的马车，它的树荫也能够把它们全部遮蔽起来。《外物》篇中的任公子用巨大的鱼钩钓鱼，竟然用五十头牛作为鱼饵，当他钓到大鱼时造成的巨大动静"白波若山，海水震荡，声侔鬼神，惮赫千里"，读来令人视界大开。这种奇特的想象，非同一般的夸张，使得《庄子》文

---

① 赵毅衡：《符号学文学论文集》，天津：百花文艺出版社，2004 年版，第 180 页。
② 刘凤苞：《南华雪心编》，北京：中华书局，2013 年版，第 1 页。
③ 林云铭：《庄子因》，上海：华东师范大学出版社，2011 年版，第 10 页。

本本身就成为引人注目的焦点。再如藐姑射之山上的神人"肌肤若冰雪，绰约若处子"，瑰丽的想象，贴切的语言，读来真如有神仙立于面前，韵味悠长。

其二，卮言讲究语言符号文本本身在声韵、节奏上的整饬性，但不同于《老子》的是，《庄子》的卮言，除了符号文本在声韵、节奏变化较多，追求整齐的同时又使之不过于单一之外，语气上还有诸多变化，形成了符号文本形式上的复杂多变特征。因此，与《老子》相比，《庄子》并不便于记诵，因其声音上的重复度不高，但却造成其汪洋恣肆的特色，即便是诵读时也必须注意它符号文本本身的诸多变化与不同，方能明白其所说。这就又将注意力拉向了符号文本的形式层面，构成其"文学性"的来源，借用索绪尔的语言符号学概念来说，读者不仅要注意所指，也要注意能指，因为能指本身也是意义之源，如《齐物论》中论及的"地籁"。

> 夫大块噫气，其名为风。是唯无作，作则万窍怒呺。而独不闻之翏翏乎？山陵之畏佳，大木百围之窍穴，似鼻，似口，似耳，似枅，似圈，似臼，似洼者，似污者；激者，謞者，叱者，吸者，叫者，譹者，宎者，咬者，前者唱于而随者唱喁。泠风则小和，飘风则大和，厉风济则众窍为虚。而独不见之调调，之（刁刁）刀刀乎？

这段极力描写风声的不同，因山林高低、窍穴大小、风势风力的不同，风声会随之变化万端。宋人林希逸曾云："诗是有声画，谓其写难状之景也。何曾见画得个声出！自激者至咬者八字，八声也；于与喁，又是相和之声也。天地间无形无影之风，可闻而不可见之声，却就笔头上画得出。"① 这里充分肯定了《庄子》对地籁的描写，认为其不仅是一首富有画意、可以吟赏的诗歌，而且将风、声这些无形无影的东西实体化，变得可以让人感知。宋人王应麟引王安中读《庄子》之言曰："《庄子》之言风，其辞若与风俱鸣于众窍，掩卷而坐，犹觉寥寥之逼耳。"② 这其实就是对林希逸评说的一个旁证。若非作者细心观察，怎能有如此形象动人的描写？

---

① 林希逸：《庄子鬳斋口义》，北京：中华书局，1997年版，第15页。
② 王应麟：《困学纪闻》，上海：上海古籍出版社，2008年版，第1233页。

如清人宣颖所言："初读之拉杂崩腾，如万马奔趋，洪涛汹涌，既读之希微杳冥，如秋空夜静，四顾悄然。"[1] 刘凤苞《南华雪心编》分析最后"之"字谓，"用之字递下，势渐微也。"[2] 成善楷在综括前贤分析的基础之上，指出"刀刀""刁刁"皆为"刁刁"的坏字，"调调""刁刁"疑为"刁刁调调"的倒装，也就是说"而独不见之刁刁，之调调乎"与上文"而独不闻之寥寥乎"句法相同，"调"与"寥"韵，"不仅声韵之美，而且调调刁刁写见，寥寥写闻，词义配合，也很允当。"[3] 无论是语义的对称还是声韵的协调都极为精细，皆体现《庄子》在符号表达层面给人带来如同诗歌一般的感受，具有节奏美和韵律美。又如《齐物论》的"庄周梦蝶"一段，语言更是如同诗歌一样优美。我们知道，中国的诗文学导源于乐，诗、乐、舞原本是三位一体的，诗与乐、舞相谐，自然要有韵律节奏等方面的要求。诗乐分离之后，此前通过乐谱表现出来的韵律转化到语言文字上，对文字文本本身的韵律节奏提出了更高的要求。佛教东来后，梵文佛经的转读及汉语四声的发现等，让晋宋时期的理论家开始了对文学性的探求，也就是对文/笔关系的探讨，如沈约、刘勰等提出，"以为无韵者笔也，有韵者文也"[4]，文讲求的是"音律调韵"[5]，以此论之，《庄子》自然属文。

　　学者方珊指出，诗性语言主要就是使语言诗化、艺术化的一种言语活动，狭义的用法专指诗歌用语，而广义的用法则泛指一切文艺活动的语言[6]。本乎此，当人们将文本作为文艺作品进行分析时，其实就是考察诗性语言本身。《秋水》篇起笔便云："秋水时至，百川灌河。泾流之大，两涘渚崖之间，不辩牛马。"读来如同散文诗一般流畅自然，刘凤苞《南华雪心编》引明人唐顺之之言曰："起四字便知非数百语所能尽，非辩论之博不足以尽之。"[7] 可见其语言本身高度凝练。而接下来河伯与海神的对话，更见

---

① 宣颖：《南华经解》，《续修四库全书》第957册，上海：上海古籍出版社，2002年版，第425页。
② 刘凤苞：《南华雪心编》，北京：中华书局，2013年版，第22页。
③ 成善楷：《庄子笺记》，成都：巴蜀书社，2010年版，第14页。
④ 范文澜：《文心雕龙校注》，北京：人民出版社，1958年版，第655页。
⑤ 沈约：《宋书·谢灵运传论》，李壮鹰主编：《中华古文论释林·魏晋南北朝卷》，北京：北京大学出版社，2011年版，第147页。
⑥ 方珊：《形式主义文论》，济南：山东教育出版社，1999年版，第78页。
⑦ 刘凤苞：《南华雪心编》，北京：中华书局，2013年版，第360页。

庄子奇幻的想象。"井蛙不可以语于海者，拘于虚也。夏虫不可以语于冰者，笃于时也。曲士不可以语于道者，束于教也。"虽是在探讨抽象的哲理，但是这段文本本身也是对称工整，读来抑扬顿挫，给人一种形式上的美感，而艺术性正是寓于有意味的形式之中。

与墨子的沉滞、孟子的显露等文风不同，《庄子》的文笔被认为"使用丰富的字汇，倒装重叠的句法，奇怪的字眼，巧妙的寓言，使他的文字，格外灵活，格外新奇，格外有力量"。① 这是文学史上对《庄子》符号文本较为全面的一次剖析，指出了庄子在用语和修辞上的特征，借用广大的言论、放任的辞句来寄言其悠远的思想学说，以卮言、重言、寓言来寄语思想。也正是因为这种言说方式，才造成了其书汪洋磅礴的风貌气势，"其书虽瑰玮而连犿无伤也。其辞虽参差而諔诡可观。"（《天下》）这里不仅指出了《庄子》一书旨趣高远的特征，更强调了其"辞"的观赏性。成玄英疏曰："参差者，或虚或实，不一其言也。諔诡，犹滑稽也。虽寓言托事，时代参差，而諔诡滑稽，甚可观阅也。"② 其辞句参差不齐，其道理千变万化，婉转无穷，并且大有可观。依照雅各布森的观点，文学科学的对象不是文学，而是文学性，也就是使一部作品成为文学作品的东西。《庄子》一书注重表达技巧，语言奇诡，而人们在观照这类文本时，注意力也易于转向表达本身，使得"表达在一定程度上具有本体价值"。③ 这也正好可以与雅各布森的语言交流六功能图相参发，即当传达以信息（message）本身作为主导时，其对应的是诗的功能（poetic）④，将读者引向再现体本身，通过音韵节奏、句法修辞等引人注目，其本身获得的价值即文学性，或者诗性。

庄子的时代本是百家争鸣、处士横议之时，语言符号与意义之间的关系问题，以及名辩问题等本就是当时的学术热点，道家的庄子及其后学对此亦有深刻的思考，"可以言论者，物之粗也；可以意致者，物之精也。言之所不能论，意之所不能察者，不期粗精焉。"（《庄子·秋水》）人类终极意义的道，用语言符号本身是难以把握的。在本书中我们已经指出形与名是

---

① 刘大杰：《中国文学发展史》，天津：百花文艺出版社，2007 年版，第 39 页。
② 郭庆藩：《庄子集释》，北京：中华书局，2004 年版，第 1101 页。
③ 〔俄〕维克托·什克洛夫斯基等：《俄国形式主义文论选》，方珊等译，北京：生活·读书·新知三联书店，1989 年版，第 83 页。
④ 赵毅衡：《符号学文学论文集》，天津：百花文艺出版社，2004 年版，第 175-182 页。

对应的，有形有名，但是"道隐无名"（《老子》第四十一章），道一旦符号化就意味着片面化，就无法完成对道的言说。为了解决这一难题，庄子采用了"三言"的表达模式。但历史似乎同庄子开了个玩笑，他的本意是要人们不拘泥于他的语言符号本身，而是通过有形的符号形式体味终极意义的道。因而他的文本汪洋恣肆，千变万化，反复申述，为的是使读者打开"理障"视界的束缚，不落言筌。庄子的语词及其构造的文本并不仅仅是一个工具，尽管他在文中反复倡导"得意忘言"。人们在阅读《庄子》的过程中，在获取语词符号自身的意义之外，同时关注了这种"好像浸透着情感、心境或供它表现的其它（他）具有生命力的经验"的有意味的表现性形式，[①] 这使得《庄子》文本本身进化为艺术符号，而不仅仅是一种推理性符号。寓言的言说方式，以及作为情感意象的寓言本身，正是《庄子》本身艺术化的深层原因。

---

① 〔美〕苏珊·朗格：《艺术问题》，滕守尧、朱疆源译，北京：中国社会科学出版社，1983年版，第128-129页。

结　语

中国符号学理论关键概念的梳理研究是当今中国文化符号学研究的前沿领域，也是国际符号学界关注的中国学术热点议题之一。符号学是集中处理意义生产、传播、解释、反馈诸环节的学科。意义必须经由符号来表达，广义的符号学即意义学。作为方法论的符号学本身具有极强的跨学科研究特征，意义理论研究强调的是意义的呈现方式和理论形态。本书认为中国符号学理论的呈现方式就是先民的各种文化实践形式，如礼乐、占筮活动，其理论形态就是在传承过程中形成的关键概念。关键概念作为显在的符号形式，是对意义实践的提升抽象，因此从关键概念入手探析中国符号学思想切实可行。中国符号学关键概念的研究为把握中华民族的符号学思想遗产、理解中国思想文化与文艺思想等均可提供理论参考。因此，本书以中国符号学思想关键词为核心，以核心概念范畴，如名、礼、道、指等为研究重心进行比较研究，并以此为基础，集中探讨中国先哲关于文化、象征、礼仪、名言、秩序等领域中涉及的符号与意义关系的议题，及其在不断诠释中发展演进的情况。中国符号学研究的发展，一个重要动力就是对传统意义理论关键概念、范畴的推演和发展。而理解和把握中国符号学关键概念对于理解中国思想文化与文学艺术也将大有帮助，同时有利于促进中国传统符号学思想理论的现代转换，推动中外符号学理论的对话与交流。

本书在网络新媒体传播造成符号泛滥与意义断裂的时代背景下，以西方符号学作为参照，在中西文化交相互视下，在中国古代学术思想文献史料中钩沉、抽绎其中包蕴的或先民在文化实践中业已展开的符号学思想与方法，从"释礼""原道""辩名""论法""诠易""说文"六个维度的比较阐释入手，进入先民的文化实践与理论思辨活动之中，探析中国的文化符号学传统，进而从意义的生产、表达机制中探析中华民族的思维方式、文化特征与传播思想。研究指出，如果将礼视作先秦符号学思想元语言，那么道则是符号的终极意义，名是可以操作的通达意义的符号形式，法则在礼崩乐坏语境下提供了重建秩序的可能，易的符号机制为我们提供了先民的意义生产与传播实践的具体形式，文的演进深刻打上了伦理烙印，儒道两家对文与意的不同态度开启了中国符号传播的不同模式。本选题对中华文化典籍中蕴藏的符号学思想进行现代解读，在促进中华优秀传统文化创造性转化的同时，以中国的符号学实践及这种实践中产生的新的理论形态与独特价值来改造和丰富国际符号学研究，并在一定程度上拓展了中国的文化与传播思想史研究。

作为方法论的符号学本身具有极强的跨学科研究特征，意义理论研究强调的是意义的呈现方式和理论形态。本书认为中国符号学理论的呈现方式就是先民的各种文化实践形式，如礼乐、占筮活动，其理论形态就是在传承过程中形成的关键概念。中国符号学关键概念的研究对把握中华民族的符号学思想遗产、理解中国思想文化与文艺思想等均可提供理论参考。因此本书选择从文化符号学的角度研究中国符号学关键概念。人类的一切活动皆是文化演进的历史过程，文化被视作一个社会所有意义活动的总集合。符号学关注的核心领域就是人类文化，故而从文化的角度进入符号学能确保视野开阔，对意义理论的观照也能比较扎实。本书主要从中国先民礼、道、名、法、易、文六个关键词的文化活动维度切入，进行宏观与微观相结合的剖析，寻找其中符号活动背后的表意规律。主要内容总结如下。

释礼部分。考察礼制的符号操作机制，并研究指出在礼崩乐坏的春秋时期，文化与意义脱节引起先秦智者对符号与意义关系的思考，让先民从自发运用符号转入符号学自觉阶段；在礼制语境下具体比较礼与乐、礼与仁等关键概念，探析其意义机制、传播境遇及深层原因。

原道部分。主要探讨道家对符号与意义关系的思考，提出道家的“自然论”从根本上说乃是一种去符号化的思想；通过道与名的比较，能够窥见道家的伦理符号学思想及其悖论——道家之道本身面对着一个符号表意难题，即道无所不包，但又无法自我言说，道的意义须用符号表达，但符号化又使道片面化。

辩名部分。辩名是先秦诸子共同的议题，名的稳定性是意义平稳交流的前提，而名的差异性是产生意义的关键；儒家的正名论是用传统意识形态规范新的事物，而名辩论则从发展的角度审核名实问题，部分论题已经超出政治伦理领域，与当今的符号现象学亦有可对比研究解读之处。

论法部分。指出法源于礼，法家用术重势在于重建符号宰制权，道法一系在符号秩序中增加了语境变量，名法之学则开启了一条由名的符号规范开始的社会符号学发展模式。

诠易部分。指出观象论为世界的认知及意义的创生提供了基础，意象论对思维的符号表意特征进行了思辨；意义处于流动变化之中，"时"为流动中的意义提供了相对稳定的意义指向。

说文部分。指出人类有意识地创制使用符号乃是人之为人的关键。儒家在符号与意义之间采取了积极的态度，认为诗的符号形式可以完成主体的意义实践，而道家则持一种消极立场，因此对意义传释采取了一种隐喻的方式，这对当今隐喻的认知符号研究也颇具启示意义。

当今国内外符号学界已经充分关注到中国符号学思想理论的独特学术价值，并从语言学及逻辑学角度切入研究中国典籍文献，比较其与西方语言学哲学源头的不同，显示出中国意义理论相关研究正在迅速发展。但总体来看，目前的研究基础理论建构不足；对礼学、道学、法学、易学以及文学修辞等关注不足；在理论视角上，缺乏对索绪尔语言符号学理论传统和皮尔斯符号学理论传统的深度融合，以及对文化符号学及人类学的观照。这些不足之处也正是本书在学术创新上的基本着力点。具体而言，本书以符号学为理论方法，结合中国符号学理论的发生、发展语境，在跨学科的背景下，从一个个具体个案研究入手，深入地探讨中国符号学关键概念及其特有的符号学思想。本书在关键概念的比较中展开，力图揭示中国符号学理论概念的不同意涵，以此推进中国符号思想史研究走向深入，并促进不同文化中关键符号学概念的互相阐发与交流传播，回应全面复兴中华优秀传统文化的时代使命，在学术创新上主要体现在以下几个方面。

第一，扩展了意义理论研究论域。意义理论并非现代西方学术的专利。实际上，追求意义是人类社会发展的共同动力，中国先民在礼崩乐坏的语境下逐渐发现了文化象征与其表意内容脱节的问题，并在此基础上对符号与意义的关系问题展开了有效思辨。无论是礼、法问题，还是名、道议题，皆以意义机制的阐发为中心，突破了传统先秦符号思想研究的语言符号学与逻辑符号学领域，极大地拓展了意义理论的研究历史范围，对中华优秀传统文化的创新发展也有相当的贡献。

第二，深化了中国符号学思想史研究。任何一门学科的建立都伴随着原本沉睡的学术史的苏醒与拓展，中国符号学思想史亦如是。近年中国传统符号思想史研究趋热，关于《周易》、名家学术、古代文字、艺术等方面的符号学思想研究成为热门。本成果避开宏观梳理与理论建构，而以具体的概念为线索，索隐钩沉，在概念的比较中探析中国符号学关键概念，尤为注重同一概念在不同参照语境中的不同意义，如儒家的礼在仁及法的不同参照中，其符号思想就各不相同。这样就避免了概论式的笼统介绍，而是在每一个具体的概念生成发展及相应语境中深入把握其符号思想史意义。

第三，创新性地揭示了以礼制消解为中心而发展起来的中国符号思想史演进的意义机制。人类自发运用符号进行意义活动是与人类社会的诞生同步的，因此自发的符号活动要远远早于对符号问题的探讨及符号学的诞生；只有当人类自发的符号活动发展到一定的阶段之后，人类对符号问题本身及符号与意义的关系展开思辨的时候，符号学问题才宣告诞生，这样人类就从自发的符号运用阶段过渡到符号学自觉的阶段。本书以释礼开篇，指出礼制的崩坏导致符号与意义关系的脱节，成为中国符号学自觉的开始，而原道、辩名、论法诸意义理论议题，实则都是围绕礼制的崩坏而引起的思辨，包括在重构秩序基础上引发的对语言符号、文化符号与哲学符号方面的思考。

第四，全面拓展意义理论研究的研究材料范围。本书结合中国符号学理论的表现形态，特别是融入表意实践中的隐在意义理论思想，突破了传统研究中只注重显在的名辩理论材料，而通过深耕礼、法、道、易的意义实践文献材料，钩沉、抽绎其中包蕴的或在文化实践中业已展开的符号实践，进而在意义的生产、表达机制中探析其深层的意义理论思想，在材料创新上取得了较大的进步。

综上，本书从意义理论本体论、发展史及演变机制等不同维度对中国符号学理论思想进行了研究，在理论上以符号学为方法论为中国传统文化提供了具有新意的解释，拓展了材料范围，试图打破文史哲诸领域的界限，建立跨学科的意义理论，具有较强的创新价值。

当然，限于个人学识以及精力，本书对博大精深的中国文化符号学研究仅是尝鼎一脔，还有诸多议题没能深入展开，有嗣来哲继续推进。限于人个学力，部分内容的研究或许还存在不够严谨乃至失漏之处，亦望请读者诸君批评指正。

参考文献

（一）著作类

Charles S. Hardwick，*Semiotic and Significs*：*The Correspondence between Charles S. Peirce and Victoria Lady Welby*，Bloomington and London：Indiana University Press，1977.

Charles S. Peirce，*Colletced Papers of Charles Sanders Peirce*，Cambridge Mass，Harvard Univ. Press，1933−1958.

Marcel Danesi，*The Quest for Meaning*：*A Guide to Semiotic Theory and Practice*，Toronto：University of Toronto Press，2007.

Per Aage Brandt，*Cognitive Semiotics*：*Signs，Mind And Meaning*，London：Bloomsbury Academic，2020.

Susan Petrilli，*Signifying and Understanding*：*Reading the Works of Victoria Welby and the Signific Movement*，Berlin：De Gruyter Mouton，2009.

Thomas C. Daddesio，*On Minds and Symbols*：*The Relevance of Cognitive Science for Semiotics*，Berlin，New York：De Gruyter Mouton ，1995.

Yuri M. Lotman，*Universe of the Mind*：*A Semiotic Theory of Culture*，London，New York：L. B. Tuaris & Co. Ltd，1990.

〔爱沙尼亚〕卡莱维·库尔、瑞因·马格纳斯：《生命符号学：塔尔图的进路》，彭佳、汤黎等译，成都：四川大学出版社，2014 年版。

〔奥地利〕维特根斯坦：《逻辑哲学论》，陈启伟译，北京：商务印书馆，2014 年版。

〔奥地利〕维特根斯坦：《哲学研究》，李步楼译，北京：商务印书馆，1996 年版。

〔德〕埃德蒙德·胡塞尔：《逻辑研究》，倪梁康译，北京：商务印书馆，2015 年版。

〔德〕海德格尔：《林中路》，孙周兴译，上海：上海译文出版社，2008年版。

〔德〕胡塞尔：《胡塞尔选集》，倪梁康编选，上海：上海三联书店，1997 年版。

〔德〕恩斯特·卡西尔：《人论》，甘阳译，上海：上海译文出版社，1985 年版。

〔德〕恩斯特·卡西尔：《语言与神话》，于晓等译，北京：生活·读书·新知三联书店，2017 年版。

〔德〕扬·阿斯曼：《文化记忆》，金寿福、黄晓晨译，北京：北京大学出版社，2015 年版。

〔俄〕维克托·什克洛夫斯基等：《俄国形式主义文论选》，方珊等译，北京：生活·读书·新知三联书店，1989 年版。

〔法〕爱弥儿·涂尔干、马塞尔·莫斯：《原始分类》，汲喆译，北京：商务印书馆，2012 年版。

〔法〕列维－布留尔：《原始思维》，丁由译，北京：商务印书馆，1981年版。

〔法〕列维－斯特劳斯：《野性的思维》，李幼蒸译，北京：商务印书馆，1987 年版。

〔法〕罗兰·巴尔特：《符号学原理》，王东亮等译，北京：生活·读书·新知三联书店，1999 年版。

〔法〕孟德斯鸠：《论法的精神》，张雁深译，北京：商务印书馆，1961年版。

〔美〕阿恩海姆：《视觉思维》，滕守尧译，北京：光明日报出版社，1986 年版。

〔美〕弗兰克·伦特里奇亚：《新批评之后》，王丽明等译，南京：南京大学出版社，2017 年版。

〔美〕赫伯特·芬格莱特：《孔子：即凡而圣》，彭国翔、张华译，南京：江苏人民出版社，2010 年版。

〔美〕科尼利斯·瓦尔：《皮尔士》，郝长墀译，北京：中华书局，2014年版。

〔美〕拉里·A. 萨默瓦等：《跨文化传播》，闵惠泉等译，北京：中国人民大学出版社，2013 年版。

〔美〕莱利斯·A. 怀特：《文化科学——人和文明的研究》，曹锦清译，杭州：浙江人民出版社，1988 年版。

〔美〕罗伯特·C. 所罗门：《哲学导论》，陈高华译，北京：世界图书出版公司，2012 年版。

〔美〕莫里斯：《开放的自我》，定扬译，上海：上海人民出版社，2010 年版。

〔美〕莫里斯：《指号、语言和行为》，罗兰、周易译，上海：上海人民出版社，2011 年版。

〔美〕牟复礼：《中国思想之渊源》，王重阳译，北京：北京大学出版社，2016 年版。

〔美〕皮尔斯：《皮尔斯：论符号》，赵星植译，成都：四川大学出版社，2014 年版。

〔美〕苏珊·朗格：《艺术问题》，滕守尧、朱疆源译，北京：中国社会科学出版社，1983 年版。

〔美〕苏珊·朗格：《情感与形式》，刘大基等译，北京：中国社会科学出版社，1986 年版。

〔美〕西比奥克、德尼西：《意义的形式：建模系统理论与符号学分析》，余红兵译，成都：四川大学出版社，2016 年版。

〔美〕约翰·迪利：《符号学基础》，张祖健译，北京：中国人民大学出版社，2012 年版。

〔日〕白川静：《汉字百话》，郑威译，北京：中信出版社，2014 年版。

〔日〕白川静：《西周史略》，袁林、徐喜辰译，西安：三秦出版社，1992 年版。

〔日〕池上嘉彦：《符号学入门》，张晓云译，北京：国际文化出版公司，1985 年版。

〔日〕池上嘉彦：《诗学与文化符号学》，林璋译，南京：译林出版社，1998 年版。

〔日〕谷中信一：《先秦秦汉思想史研究》，孙佩霞译，上海：上海古籍出版社，2015 年版。

〔瑞士〕索绪尔:《普通语言学教程》,高名凯译,北京:商务印书馆,1980年版。

〔瑞士〕索绪尔:《普通语言学教程》,刘丽译,北京:中国社会科学出版社,2009年版。

〔新加坡〕赖蕴慧:《中国哲学导论》,刘梁剑译,北京:世界图书出版公司,2013年版。

〔英〕丹尼·卡瓦拉罗:《文化理论关键词》,张卫东等译,南京:江苏人民出版社,2006年版。

〔英〕弗雷泽:《金枝》,汪培基等译,北京:商务印书馆,2013年版。

〔英〕利奇:《语义学》,李瑞华等译,上海:上海外语教育出版社,1987年版。

〔英〕马克·J. 史密斯:《文化:再造社会科学》,张美川译,长春:吉林人民出版社,2005年版。

白奚:《稷下学研究:中国古代的思想自由与百家争鸣》,北京:生活·读书·新知三联书店,1998年版。

班固:《汉书》,北京:中华书局,1962年版。

北京大学哲学系外国哲学史研究室编《古希腊罗马哲学》,北京:生活·读书·新知三联书店,1957年版。

蔡方鹿:《中华道统思想发展史》,成都:四川人民出版社,2003年版。

曹峰:《近年出土黄老思想文献研究》,北京:中国社会科学出版社,2015年版。

曹峰:《中国古代"名"的政治思想研究》,上海:上海古籍出版社,2017年版。

曹慕樊:《庄子新义》,重庆:重庆出版社,2005年版。

曾祥云、刘志生:《中国名学:以符号学的观点看》,福州:海风出版社,2000年版。

陈伯君:《阮籍集校注》,北京:中华书局,2012年版。

陈高傭:《公孙龙子·邓析子·尹文子今解》,北京:商务印书馆,2017年版。

陈高傭:《墨辩今解》,北京:商务印书馆,2016年版。

陈鼓应、白奚:《老子评传》,南京:南京大学出版社,2001年版。

陈鼓应：《管子四篇诠释》，北京：商务印书馆，2006 年版。

陈鼓应：《黄帝四经今注今译》，北京：商务印书馆，2007 年版。

陈鼓应：《老子今注今译》，北京：商务印书馆，2003 年版。

陈鼓应：《老子注译及评介》，北京：中华书局，1984 年版。

陈鼓应：《易传与道家思想》，北京：商务印书馆，2007 年版。

陈国庆：《汉书艺文志注释汇编》，北京：中华书局，1983 年版。

陈徽：《老子新校释译——以新近出土诸简、帛本为基础》，上海：上海古籍出版社，2017 年版。

陈来：《从思想世界到历史世界》，北京：北京大学出版社，2016 年版。

陈来：《古代思想文化的世界》，北京：生活·读书·新知三联书店，2009 年版。

陈来：《孔子·孟子·荀子：先秦儒学讲稿》，北京：生活·读书·新知三联书店，2017 年版。

陈来：《宋元明哲学史教程》，北京：生活·读书·新知三联书店，2010 年版。

陈丽桂：《汉代道家思想》，北京：中华书局，2015 年版。

陈梦家：《殷虚卜辞综述》，北京：中华书局，1988 年版。

陈梦家：《中国文字学》，北京：中华书局，2006 年版。

陈平原：《中国小说叙事模式的转变》，北京：北京大学出版社，2003 年版。

陈奇猷、张觉：《韩非子导读》，成都：巴蜀书社，1990 年版。

陈戍国：《先秦礼制研究》，长沙：湖南教育出版社，1991 年版。

陈宪猷：《公孙龙子求真》，北京：中华书局，1990 年版。

陈植锷：《诗歌意象论》，北京：中国社会科学出版社，1990 年版。

成善楷：《庄子笺记》，成都：巴蜀书社，2010 年版。

程树德：《论语集释》，北京：中华书局，1990 年版。

崔大华：《庄学研究》，北京：人民出版社，1992 年版。

崔磊：《韩非名学与法思想研究》，北京：法律出版社，2013 年版。

邓尔麟：《钱穆与七房桥世界》，蓝桦译，北京：社会科学文献出版社，1995 年版。

邓晓芒：《哲学起步》，北京：商务印书馆，2017 年版。

董英哲：《先秦名家四子研究》，上海：上海古籍出版社，2014 年版。

段玉裁：《说文解字注》，北京：中华书局，2013 年版。

范文澜：《文心雕龙校注》，北京：人民出版社，1958 年版。

范文澜：《中国通史简编》第一册，北京：人民出版社，1964 年版。

范应元：《老子道德经古本集注》，上海：华东师范大学出版社，2010 年版。

方珊：《形式主义文论》，济南：山东教育出版社，1999 年版。

冯若春：《"他者"的眼光》，成都：巴蜀书社，2008 年版。

冯时：《中国古文字学概论》，北京：中国社会科学出版社，2016 年版。

冯友兰：《中国哲学史》，上海：华东师范大学出版社，2011 年版。

高崇文：《古礼足征：礼制文化的考古学研究》，上海：上海古籍出版社，2017 年版。

高亨：《周易大传今注》，北京：清华大学出版社，2010 年版。

高明：《帛书老子校注》，北京：中华书局，1996 年版。

龚鹏程：《文化符号学导论》，北京：北京大学出版社，2005 年版。

关健英：《先秦秦汉德治法治关系思想研究》，北京：人民出版社，2011 年版。

郭宝钧：《商周铜器群综合研究》，北京：文物出版社，1981 年版。

郭梨华：《王弼之自然与名教》，台北：文津出版社，1995 年版。

郭沫若：《郭沫若全集·历史编》第一卷，北京：人民出版社，1982 年版。

郭沫若：《郭沫若全集·历史编》第二卷，北京：人民出版社，1982 年版。

郭沫若：《郭沫若全集·历史编》第六卷，北京：人民出版社，1984 年版。

郭齐勇、吴根友：《诸子学通论》，北京：商务印书馆，2015 年版。

郭庆藩：《庄子集释》，北京：中华书局，2004 年版。

郭象：《庄子注疏》，成玄英疏，北京：中华书局，2011 年版。

郭沂：《郭店竹简与先秦学术思想》，上海：上海教育出版社，2001 年版。

郭湛波：《先秦辩学史》，上海，上海古籍出版社，2015 年版。

韩经太：《中国诗学与传统文化精神》，成都：四川人民出版社，1990年版。

郝长墀：《政治与人：先秦政治哲学的三个维度》，北京：中国政法大学出版社，2012年版。

何炳棣：《何炳棣思想制度史论》，台北：联经出版事业股份有限公司，2013年版。

何九盈：《汉字文化学》，北京：商务印书馆，2016年版。

何宁：《淮南子集释》，北京：中华书局，1998年版。

洪兴祖：《楚辞补注》，北京：中华书局，1983年版。

侯外庐等：《中国思想通史》第一卷，北京：人民出版社，1957年版。

胡家聪：《管子新探》，北京：中国社会科学出版社，2003年版。

胡家聪：《稷下争鸣与黄老新学》，北京：中国社会科学出版社，1998年版。

胡适：《先秦名学史》，合肥：安徽教育出版社，2006年版。

胡适：《中国哲学史大纲》，长沙：岳麓书社，2010年版。

胡渭：《易图明辨》，北京：九州出版社，2008年版。

胡亚敏：《西方文论关键词与当代中国》，北京：中国社会科学出版社，2015年版。

胡易容、赵毅衡：《符号学–传媒学词典》，南京：南京大学出版社，2012年版。

黄华新、陈宗明：《符号学导论》，郑州：河南人民出版社，2004年版。

黄怀信等：《逸周书汇校集注》，上海：上海古籍出版社，2007年版。

黄俊杰：《中国人的宇宙观》，合肥：黄山书社，2012年版。

黄敏：《维特根斯坦的〈逻辑哲学论〉——文本疏义》，上海：华东师范大学出版社，2010年版。

黄寿祺、张善文：《周易译注》，上海：上海古籍出版社，2004年版。

黄益飞：《西周金文礼制研究》，北京：中国社会科学出版社，2019年版。

嵇文甫：《春秋战国思想史话》，北京：北京出版社，2014年版。

纪昀：《钦定四库全书总目》，北京：中华书局，1997年版。

贾春华主编：《中医学——一个隐喻的世界》，北京：人民卫生出版社，2017年版。

姜宝昌：《墨经训释》，济南：齐鲁书社，2009年版。

焦循：《孟子正义》，北京：中华书局，1987年版。

金景芳、吕绍纲：《周易全解》，上海：上海古籍出版社，2005年版。

金景芳：《古史论集》，济南：齐鲁书社，1981年版。

李春青：《趣味的历史》，北京：生活·读书·新知三联书店，2014年版。

李春青：《诗与意识形态：西周至两汉诗歌功能的演变与中国诗学观念的生成》，北京：北京大学出版社，2005年版。

李清良：《中国阐释学》，长沙：湖南师范大学出版社，2001年版。

李先焜：《语言、符号、逻辑》，武汉：湖北教育出版社，2006年版。

李学勤主编：《十三经注疏》，北京：北京大学出版社，1999年版。

李泽厚：《新版中国古代思想史论》，天津：天津社会科学院出版社，2008年版。

李泽厚：《中国古代思想史论》，北京：生活·读书·新知三联书店，2009年版。

李壮鹰：《逸园丛录》，济南：齐鲁书社，2005年版。

李壮鹰主编：《中华古文论释林·魏晋南北朝卷》，北京：北京大学出版社，2011年版。

梁启超：《先秦政治思想史》，北京：商务印书馆，2014年版。

梁启雄：《荀子简释》，北京：中华书局，1983年版。

梁漱溟：《中国文化要义》，上海：上海人民出版社，2011年版。

梁颐：《理解媒介环境学》，北京：北京大学出版社，2020年版。

林希逸：《老子鬳斋口义》，上海：华东师范大学出版社，2010年版。

林信华：《社会符号学》，上海：东方出版中心，2011年版。

林云铭：《庄子因》，上海：华东师范大学出版社，2011年版。

林忠军：《历代易学名著研究》，济南：齐鲁书社，2008年版。

刘宝楠：《论语正义》，北京：中华书局，1990年版。

刘大杰：《中国文学发展史》，天津：百花文艺出版社，2007年版。

刘丰：《先秦礼学思想与社会的整合》，北京：中国人民大学出版社，2003年版。

刘凤苞：《南华雪心编》，北京：中华书局，2013年版。

刘禾：《跨语际实践——文学，民族文化与被译介的现代性（中国，1900—1937）》，宋伟杰等译，北京：生活·读书·新知三联书店，2002 年版。

刘全志：《先秦诸子文献的形成》，北京：中华书局，2016 年版。

刘若愚：《中国文学理论》，南京：江苏教育出版社，2006 年版。

刘师培：《古政原始论》，《刘师培全集》第 2 册，北京：中共中央党校出版社，1997 年版。

刘涛：《视觉修辞学》，北京：北京大学出版社，2021 年版。

刘文英：《中国古代时空观念的产生和发展》，上海：上海人民出版社，1980 年版。

刘文英：《中国哲学史》，天津：南开大学出版社，2002 年版。

刘熙：《释名疏证补》，毕沅疏证，王先谦补，北京：中华书局，2008 年版。

刘翔：《中国传统价值观诠释学》，上海：华东师范大学出版社，2010 年版。

刘向：《战国策笺证》，范祥雍笺证，上海：上海古籍出版社，2006 年版。

刘笑敢：《老子古今：五种对勘与析评引论》，北京：中国社会科学出版社，2006 年版。

刘源：《商周祭祖礼研究》，北京：商务印书馆，2004 年版。

柳存仁：《道家与道术——和风堂文集续编》，上海：上海古籍出版社，1999 年版。

陆德明：《经典释文》，上海：上海古籍出版社，2013 年版。

陆侃如、牟世金：《文心雕龙译注》，济南：齐鲁书社，1995 年版。

吕思勉：《经子解题》，上海：华东师范大学出版社，1995 年版。

马承源：《中国古代青铜器》，上海：上海人民出版社，2008 年版。

马通伯：《韩昌黎文集校注》，上海：古典文学出版社，1957 年版。

蒙培元：《理学范畴系统》，北京：人民出版社，1989 年版。

孟华：《文字论》，济南：山东教育出版社，2008 年版。

孟天运：《先秦社会思想研究》，北京：人民出版社，2012 年版。

敏泽：《中国美学思想史》第 1 册，北京：中国社会科学出版社，2014 年版。

牟钟鉴：《〈吕氏春秋〉与〈淮南子〉思想研究》，北京：人民出版社，2013 年版。

牟宗三：《中国哲学十九讲》，长春：吉林出版集团有限责任公司，2010 年版。

庞慧：《〈吕氏春秋〉对社会秩序的理解与建构》，北京：中国社会科学出版社，2009 年版。

庞朴：《公孙龙子研究》，北京：中华书局，1979 年版。

庞朴：《庞朴文集》卷四，济南：山东大学出版社，2005 年版。

庞朴：《中国文化十一讲》，北京：中华书局，2008 年版。

钱大昕：《潜研堂集》，上海：上海古籍出版社，2009 年版。

钱穆：《国史新论》，北京：生活·读书·新知三联书店，2012 年版。

钱穆：《黄帝》，北京：生活·读书·新知三联书店，2012 年版。

钱穆：《孔子传》，北京：生活·读书·新知三联书店，2012 年版。

钱穆：《论语新解》，北京：生活·读书·新知三联书店，2012 年版。

钱穆：《中国思想史》，北京：九州出版社，2011 年版。

钱钟书：《管锥编》，北京：生活·读书·新知三联书店，2008 年版。

裘锡圭：《文字学概要》，北京：商务印书馆，2013 年版。

屈万里：《读易三种》，上海：上海辞书出版社，2017 年版。

饶宗颐：《梵学集》，上海：上海古籍出版社，1993 年版。

任继愈：《中国哲学发展史》，北京：人民出版社，1983 年版。

阮籍：《阮籍集校注》，陈伯君校注，北京：中华书局，2012 年版。

阮毓崧：《庄子集注》，台北：广文书局，1972 年版。

尚秉和：《周易尚氏学》，北京：中华书局，1980 年版。

申小龙：《汉语与中国文化》，上海：复旦大学出版社，2008 年版。

沈兼士：《沈兼士学术论文集》，北京：中华书局，1986 年版。

沈文倬：《菿闇文存》，北京：商务印书馆，2006 年版。

沈玉成、刘宁：《春秋左传学史稿》，南京：江苏古籍出版社，1992 年版。

释德清：《道德经解》，上海：华东师范大学出版社，2009 年版。

司马迁：《史记》，北京：中华书局，1982 年版。

宋寿昌：《中西音乐发达概况》，太原：山西人民出版社，2014 年版。

宋镇豪、刘源：《甲骨学殷商史研究》，福州：福建人民出版社，2006年版。

苏秉琦：《中国文明起源新探》，北京：生活·读书·新知三联书店，2019年版。

苏舆：《春秋繁露义正》，北京：中华书局，1992年版。

苏辙：《道德真经注》，上海：华东师范大学出版社，2010年版。

孙克强、耿纪平：《庄子文学研究》，北京：中国文联出版社，2009年版。

孙钦善：《论语新注》，北京：中华书局，2018年版。

孙希旦：《礼记集解》，北京：中华书局，1989年版。

孙诒让：《墨子间诂》，北京：中华书局，2001年版。

谭家健、孙中原：《墨子今注今译》，北京：商务印书馆，2009年版。

谭戒甫：《公孙龙子形名发微》，北京：中华书局，1963年版。

谭戒甫：《墨辩发微》，北京：中华书局，1964年版。

唐明邦：《周易评注》，北京：中华书局，2009年版。

童书业：《春秋左传研究》，上海：上海人民出版社，1980年版。

屠友祥：《言境释四章》，上海：上海古籍出版社，2011年版。

汪春泓：《史汉研究》，上海：上海古籍出版社，2014年版。

汪胤：《理念之后：作为情感主义和快乐主义的皮尔士哲学》，上海：上海人民出版社，2008年版。

汪涌豪：《中国文学批评范畴及体系》，上海：复旦大学出版社，2017年版。

汪涌豪：《中国文学批评范畴十五讲》，上海：华东师范大学出版社，2010年版。

王葆玹：《黄老与老庄》，北京：中国人民大学出版社，2012年版。

王弼：《王弼集校释》，楼宇烈校释，北京：中华书局，1980年版。

王充：《论衡校注》，张宗祥校注，上海：上海古籍出版社，2013年版。

王夫之：《老子衍·庄子通·庄子解》，北京：中华书局，2009年版。

王夫之：《尚书引义》，北京：中华书局，1976年版。

王光祈：《王光祈文集·音乐卷上》，成都：巴蜀书社，2009年版。

王贵民：《先秦文化史》，上海：上海人民出版社，2013年版。

王国维：《观堂集林》，石家庄：河北教育出版社，2001 年版。

王宏治主编：《历代法典说略》，北京：北京燕山出版社，2012 年版。

王卡：《老子道德经河上公章句》，北京：中华书局，1993 年版。

王利器：《新语校注》，北京：中华书局，2012 年版。

王利器：《盐铁论校注》，北京：中华书局，1992 年版。

王慎行：《古文字与殷周文明》，西安：陕西人民教育出版社，1992 年版。

王叔岷：《先秦道法思想讲稿》，北京：中华书局，2007 年版。

王炜民：《中国古代礼俗》，北京：商务印书馆，1997 年版。

王文锦：《礼记译解》，北京：中华书局，2001 年版。

王文生：《诗言志释》，北京：生活·读书·新知三联书店，2012 年版。

王先谦：《荀子集解》，北京：中华书局，1988 年版。

王小盾：《经典之前的中国智慧》，北京：北京大学出版社，2016 年版。

王小英：《媒介突围：网络文学的破壁》，北京：商务印书馆国际有限公司，2022 年版。

王孝鱼：《老子衍疏证》，北京：中华书局，2014 年版。

王亚南：《中国官僚政治研究》，北京：中国社会科学出版社，1981 年版。

王应麟：《困学纪闻》，上海：上海古籍出版社，2008 年版。

王运熙：《望海楼笔记》，上海：上海古籍出版社，2014 年版。

王运熙：《中国古代文论管窥》，上海：上海古籍出版社，2014 年版。

魏征、令狐德棻：《隋书》，北京：中华书局，1973 年版。

温公颐：《先秦逻辑史》，上海：上海人民出版社，1983 年版。

闻一多：《周易与庄子研究》，成都：巴蜀书社，2003 年版。

吴澄：《道德真经注》，上海：华东师范大学出版社，2010 年版。

吴克峰：《易学逻辑研究》，北京：人民出版社，2005 年版。

吴丽娱主编：《礼与中国古代社会·秦汉魏晋南北朝卷》，北京：中国社会科学出版社，2016 年版。

吴龙辉：《原始儒家考述》，北京：中国社会科学出版社，1996 年版。

吴毓江：《墨子校注》，北京：中华书局，2006 年版。

吴钊等：《中国古代音乐论选辑》，北京：人民音乐出版社，2011 年版。

伍非百：《中国古名家言》，成都：四川大学出版社，2009 年版。

夏商周断代工程专家组：《夏商周断代工程 1996—2000 年阶段成果报告：简本》，北京：世界图书出版公司北京公司，2000 年版。

萧公权：《中国政治思想史》，北京：商务印书馆，2011 年版。

辛占军：《老子译注》，北京：中华书局，2008 年版。

邢兆良：《墨子评传》，南京：南京大学出版社，1993 年版。

徐复观：《中国人性史论·先秦篇》，北京：九州出版社，2014 年版。

徐复观：《中国思想史论集续编》，北京：九州出版社，2014 年版。

徐复观：《中国艺术精神》，桂林：广西师范大学出版社，2007 年版。

徐锴：《说文解字系传》，北京：中华书局，1987 年版。

徐元诰：《国语集解》，北京：中华书局，2002 年版。

徐中舒主编：《汉语古文字字形表》，北京：中华书局，2010 年版。

徐中舒主编：《甲骨文字典》，成都：四川辞书出版社，2014 年版。

许富宏：《慎子集校集注》，北京：中华书局，2013 年版。

许维遹：《韩诗外传集释》，北京：中华书局，1980 年版。

许维遹：《吕氏春秋集释》，北京：中华书局，2009 年版。

许倬云：《西周史》，北京：生活·读书·新知三联书店，2012 年版。

宣颖：《南华经解》，《续修四库全书》第 957 册，上海：上海古籍出版社，2002 年版。

荀况：《荀子校释》，王天海校释，上海：上海古籍出版社，2005 年版。

严可均：《全上古三代秦汉三国六朝文》，北京：中华书局，1958 年版。

严遵：《老子指归校笺》，樊波成校笺，上海：上海古籍出版社，2013 年版。

阎步克：《士大夫政治演生史稿》，北京：北京大学出版社，2015 年版。

杨伯峻：《春秋左传注》，北京：中华书局，1990 年版。

杨伯峻：《列子集释》，北京：中华书局，1979 年版。

杨国荣：《中国哲学二十讲》，北京：中华书局，2015 年版。

杨华：《先秦礼乐文化》，武汉：湖北教育出版社，1997 年版。

杨宽：《古史新探》，上海：上海人民出版社，2016 年版。

杨宽：《西周史》，上海：上海人民出版社，2016 年版。

杨宽：《战国史》，上海：上海人民出版社，2016 年版。

杨荫浏：《中国古代音乐史稿》，北京：人民音乐出版社，1981 年版。

幺峻洲：《孟子说解》，济南：齐鲁书社，2006 年版。

姚鼐、奚侗、马其昶：《老子注三种》，合肥：黄山书社，2014 年版。

姚小鸥：《诗经三颂与先秦礼乐文化》，北京：北京广播学院出版社，2000 年版。

叶程义：《庄子寓言研究》，台北：文史哲出版社，2004 年版。

叶朗：《中国美学史大纲》，上海：上海人民出版社，1985 年版。

叶适：《习学记言序目》，北京：中华书局，1977 年版。

叶舒宪：《中国神话哲学》，北京：中国社会科学出版社，1992 年版。

叶维廉：《道家美学与西方文化》，北京：北京大学出版社，2002 年版。

叶维廉：《中国诗学》，北京：人民文学出版社，2006 年版。

叶秀山：《思·史·诗——现象学和存在哲学研究》，北京：人民出版社，1988 年版。

余敦康：《周易现代解读》，北京：中华书局，2016 年版。

余英时：《士与中国文化》，上海：上海人民出版社，2003 年版。

詹剑峰：《老子其人其书及其道论》，武汉：湖北人民出版社，1982 年版。

詹鄞鑫：《神灵与祭祀——中国传统宗教综论》，南京：江苏古籍出版社，1992 年版。

张纯、王晓波：《韩非思想的历史研究》，北京：中华书局，1986 年版。

张纯一：《晏子春秋校注》，北京：中华书局，2014 年版。

张岱年：《中国古典哲学概念范畴要论》，北京：中华书局，2017 年版。

张岱年：《中国哲学大辞典》，上海：上海辞书出版社，2014 年版。

张岱年：《中国哲学大纲》，北京：中国社会科学出版社，1982 年版。

张岱年：《中国哲学史史料学》，北京：生活·读书·新知三联书店，1982 年版。

张光直：《艺术、神话与祭祀》，刘静、乌鲁木加甫译，北京：北京出版社，2016 年版。

张海明：《经与纬的交结——中国古代文艺学范畴论要》，昆明：云南人民出版社，1994 年版。

张海燕：《文化符号诗学引论》，北京：人民出版社，2014 年版。

张汉良：《符号与修辞》，台北：书林出版有限公司，2018 年版。

张默生：《庄子新释》，济南：齐鲁书社，1993 年版。

张双棣等：《吕氏春秋译注》，北京：北京大学出版社，2011 年版。

张舜徽：《清人笔记条辨》，武汉：华中师范大学出版社，2004 年版。

张舜徽：《周秦道论发微》，武汉：华中师范大学出版社，2005 年版。

张再林：《作为身体哲学的中国古代哲学》，北京：中国书籍出版社，2018 年版。

张茁：《语言的困境与突围——文学的言意关系研究》，北京：中国社会科学出版社，2010 年版。

章启群：《论魏晋自然观》，合肥：安徽教育出版社，2013 年版。

章学诚：《文史通义校注》，叶瑛校注，北京：中华书局，1985 年版。

赵守正：《管子通解》，北京：北京经济学院出版社，1989 年版。

赵一凡主编：《西方文论关键词》，北京：外语教学与研究出版社，2006 年版。

赵毅衡：《符号学：原理与推演》，南京：南京大学出版社，2016 年版。

赵毅衡：《符号学文学论文集》，天津：百花文艺出版社，2004 年版。

赵毅衡：《文学符号学》，北京：中国文联出版公司，1990 年版。

赵毅衡：《形式之谜》，上海：复旦大学出版社，2016 年版。

赵毅衡：《意不尽言——文学的形式－文化论》，南京：南京大学出版社，2009 年版。

赵毅衡：《哲学符号学：意义世界的形成》，成都：四川大学出版社，2017 年版。

郑振铎：《插图本中国文学史》，北京：人民文学出版社，1957 年版。

周策纵：《古巫医与"六诗"考》，上海：上海古籍出版社，2009 年版。

周瀚光等：《管子直解》，上海：复旦大学出版社，2000 年版。

周伟民、萧华荣：《〈文赋〉〈诗品〉注译》，郑州：中州古籍出版社，1985 年版。

周勋初：《文心雕龙解析》，南京：凤凰出版社，2015 年版。

周云之：《名辩学论》，沈阳：辽宁教育出版社，1996 年版。

朱光潜：《文艺心理学》，北京：生活·读书·新知三联书店，2005

年版。

朱谦之：《老子校释》，北京：中华书局，1984 年版。

朱前鸿：《先秦名家四子研究》，北京：中央编译出版社，2005 年版。

朱熹：《诗集传》，北京：中华书局，2017 年版。

朱熹：《四书章句集注》，北京：中华书局，1983 年版。

朱熹：《周易本义》，上海：上海古籍出版社，1987 年版。

朱永生：《语境动态研究》，北京：北京大学出版社，2005 年版。

朱自清：《诗言志辨》，上海：华东师范大学出版社，1996 年版。

祝东：《先秦符号思想研究》，成都：四川大学出版社，2014 年版。

邹衡：《夏商周考古学论文集》，北京：文物出版社，1980 年版。

（二）论文类

〔爱沙尼亚〕皮特·特洛普：《符号域：作为文化符号学的研究对象》，赵星植译，《符号与传媒》，2013 年第 1 期。

蔡秀枝、彭佳：《符号学与空间理论的遇合：蔡秀枝教授访谈》，《符号与传媒》，2012 年第 2 期。

陈来：《春秋礼乐文化的解体和转型》，《中国文化研究》，2002 年第 3 期。

陈来：《王弼及魏晋玄学的"有""无"范畴》，《哲学研究》，1986 年第 8 期。

董明来：《在现象学视域内对符号真值的分析——与赵毅衡老师商榷》，《符号与传媒》，2012 年第 2 期。

冯月季：《从政治化到世俗化：意识形态研究的符号学转向》，《符号与传媒》，2016 年第 1 期。

高炜：《龙山时代的礼制》，《庆祝苏秉琦考古五十五年论文集》，北京：文物出版社，1989 年版。

葛兆光：《道统、系谱与历史——关于中国思想史脉络的来源与确立》，《文史哲》，2006 年第 3 期。

胡绳生、余卫国：《〈指物论〉：文化史上第一篇符号学论文》，《宝鸡师院学报》（哲学社会科学版），1988 年第 3 期。

金克木：《谈符号学》，《读书》，1983 年第 5 期。

李葆嘉：《先秦名论：认知-思辨论和伦理-权术论》，《南京师范大学文学院学报》，2010 年第 2 期。

林忠军：《从战国楚简看通行本〈周易〉版本的价值》，《周易研究》，2004 年第 3 期。

刘书斌：《语言符号的意义——从语义学谈起》，北京师范大学硕士学位论文，1988 年，第 11 页。

刘笑敢：《〈老子〉"以无事取天下"考》，《汉学研究》（台北），2000 年第 1 期。

刘雨：《西周金文中的祭祖礼》，《考古学报》，1989 年第 4 期。

刘正国：《"樂"之本义与祖灵（葫芦）崇拜》，《交响（西安音乐学院学报）》，2011 年第 4 期。

刘宗堂：《〈指物论〉与指号学》，《哲学研究》，1989 年第 12 期。

毛振华：《〈左传〉赋诗研究》，郑州大学硕士学位论文，2005 年。

庞光华：《〈释名〉书后》，《古籍研究》，2003 年第 2 期。

彭佳、蒋诗萍：《自然文本：概念、功能和符号学维度》，《河南师范大学学报》，2014 年第 4 期。

彭佳：《对话主义本体：皮尔斯和洛特曼符号学视域中的文化标出性理论》，《符号与传媒》，2015 年第 2 期。

钱钟书：《中国固有的文学批评的一个特点》，周振甫、冀勤编：《钱锺书〈谈艺录〉读本》，北京：中央编译出版社，2013 年版。

束景南、郝永：《论扬雄文学思想之"文质相副"说》，《文艺理论研究》，2007 年第 4 期。

苏智：《文化建构与传承中的〈周易〉符号模塑》，《东吴学术》，2017 年第 3 期。

谭光辉：《身体权力、物质权力与符号权力之间的关系》，《广西师范学院学报》，2016 年第 5 期。

汤一介：《论中国传统哲学范畴体系的诸问题》，《中国社会科学》，1981 年第 5 期。

唐兰：《老子时代新考》，罗根泽《古史辨》第六册，上海：上海古籍出版社，1982 年版，第 614 页。

唐小林：《符号媒介论》，《符号与传媒》，2015 年第 2 期。

屠友祥、祝东:《符号学问题答问》,《法国哲学研究》,2018 年第 2 辑。

王俊花:《〈声无哀乐论〉与皮尔斯现象学》,《符号与传媒》,2015 年第 1 期。

王铭玉、王双燕:《〈符号学思想论〉之说论》,《当代修辞学》,2019 年第 1 期。

王小英、祝东:《全球化语境下的伦理符号学研究进路——以中国先秦典籍为中心》,《中国比较文学》,2018 年第 3 期。

王煦华:《〈指物论〉诠释》,《中华文史论丛》,1979 年第 2 期。

吴建民:《古代"文质"论的三层内涵及"人"学之影响》,《徐州教育学院学报》,2004 年第 2 期。

谢谦:《儒教:中国历代王朝的国家宗教》,《传统文化与现代化》,1996 年第 5 期。

薛晨:《认知科学的演进及其与符号学关系的梳理》,《符号与传媒》,2015 年第 2 期。

袁杰雄:《符号学视角下的非物质文化遗产的保护探析:以文山州马关县苗族芦笙舞蹈为例》,《符号与传媒》,2015 年第 1 期。

张玉能、张弓:《新实践美学的生活美学建构》,《陕西师范大学学报》,2020 年第 4 期。

赵星植:《论话语分析与符号学研究》,《符号与传媒》,2017 年第 2 期。

赵毅衡:《第三次突变:符号学必须拥抱新传媒时代》,《天津外国语大学学报》,2016 年第 6 期。

赵毅衡:《符号与物:"人的世界"是如何构成的》,《南京社会科学》,2011 年第 2 期。

赵毅衡:《关于认知符号学的思考:人文还是科学?》,《符号与传媒》,2015 年第 2 期。

赵毅衡:《回到皮尔斯》,《符号与传媒》,2014 年第 2 期。

赵毅衡:《论区隔:意义活动的前提》,《西北大学学报》,2015 年第 2 期。

赵毅衡:《文化:社会符号表意活动的集合》,《社会科学战线》,2016

年第 8 期。

赵毅衡：《意义理论，符号现象学，哲学符号学》，《符号与传媒》，2017 年第 1 期。

赵毅衡：《中国符号学六十年》，《四川大学学报》，2012 年第 1 期。

周劲松：《苏珊·佩特丽莉及其开辟和倡导的伦理符号学》，《符号与传媒》，2012 年第 5 辑。

后 记

　　本书的写作前后跨越了十来个年头，不敢说是十年磨一剑，但这个过程确实见证了我的学术之路。我本是中国古典文学专业出身，因为内子王小英是赵毅衡先生比较文学方向的博士弟子，继承了赵老师在符号学与叙述学研究上的理论兴趣，我们经常一起相互讨论修改论文，就这样我也开始接触符号学方面的研究。2010年秋，赵毅衡老师召集师友编写《符号学-传媒学词典》的时候，我因为有古典文学的学术背景，就主动参与编写其中有关中国古代符号学思想史的词条，撰写了两万多字的有关先秦符号学方面的词条内容，并得到赵毅衡老师的肯定和鼓励，这大大激发了我对中国符号学思想史研究的兴趣。2011年，唐小林老师与我合编《符号学诸领域》，我因此得以集中研读中国符号学思想史研究的大量文献，对这个领域有了一个更为宏观的总体把握，为后来从事相关研究开拓了学术视野。这些年，我先后出版了《先秦符号思想研究》、《中国古代符号思想史论》（合著）、《早期中国符号学思想与伦理转向》等著作，并得到了学界同仁的肯定与好评，也更加坚定了我从事相关研究的决心。

　　在研究中我一直在思考中国符号学思想史的体系问题。中国古代符号学思想是否有其理论体系？按照西方的观点，我们民族传统的理论缺少系统性，无论是哲学、美学还是伦理学、文学理论等莫不如此。像《文心雕龙》这种体大思精的著作少之又少，更多的思想史料散见在一些注疏、笔记、诗话、序跋等文献里面，后者虽是片言只语，却也灵光四射，确实弥足珍贵。而我们要反思的是，这些看似散乱的文献史料中，是否具有引领性的元议题？如果有的话，那么把这些散见在各处的文献收集起来，进行比勘分析，或许就可以窥见我们民族理论体系的一些潜在脉络。其实，近些年来，在中国古典文学与中国哲学史等领域，已有一些学者开山采铜，并做出了卓有建树的研究。中国符号学思想研究是否也有相关的理论体系呢？回答是肯定的，比如对名、礼、道、法、文等议题的持续关注与探讨，历代学者皆有参与。当我们把这些散见于各类不同文献中的材料聚拢来看的时候，其体系的思想特征就会逐渐凸显出来。

本着这一思考，我开始筹划从关键词的角度对中国文化符号学的体系做一个梳理研究，并以此作为对当年参与编写《符号学-传媒学词典》的一个回应。毕竟《符号学-传媒学词典》是一部囊括中外符号学研究的综合性词典，对中国的符号学研究并不能给予很多篇幅，而且我在编撰时囿于个人学识，有些词条写得也不够深刻系统。基于以上考虑，这十余年来我从中国文化符号学重要概念范畴出发，一条一条地追踪溯源、比较分析，最终完成这样一部书稿。其中诸多内容都曾以论文形式在期刊上发表过，并受到一定的关注，这也时刻鞭策我继续努力完成这部书稿。

在符号学研究上，一路承蒙赵毅衡老师、张汉良老师、孟华老师、王铭玉老师、唐小林老师、卢德平老师、屠友祥老师、胡易容老师等诸多学界师友的指导、帮助，让我受益良多；暨南大学新闻与传播学院符号修辞学研究团队的刘涛、彭佳、李红等诸位老师，与我在学术上切磋辩难，在工作与生活上亦多有帮助与鼓励；内子王小英教授，温良贤惠，多年来不辞辛苦，为支撑我们的小家费尽心力，以沫相濡之情，非一个谢字能表达。人生中得遇良师、益友，何其幸也！

本书得到暨南大学中华文化港澳台及海外传承传播协同创新中心2022年招标重点项目资金的支持，特此感谢协同创新中心及暨南大学新闻与传播学院、文学院诸位领导同事的支持和鼓励，帮我完成一桩夙愿。

祝 东

2022年7月30日于暨南大学

图书在版编目（CIP）数据

中国文化符号学关键词 / 祝东著. -- 北京：社会
科学文献出版社，2023.10（2024.8 重印）
　　ISBN 978-7-5228-2082-8

　　Ⅰ.①中… Ⅱ.①祝… Ⅲ.①中华文化-符号学-研
究 Ⅳ.①K203

　　中国国家版本馆 CIP 数据核字（2023）第 124462 号

中国文化符号学关键词

著　　者 / 祝　东

出 版 人 / 冀祥德
责任编辑 / 张建中
责任印制 / 王京美

出　　　版 / 社会科学文献出版社·文化传媒分社（010）59367004
　　　　　　 地址：北京市北三环中路甲 29 号院华龙大厦　邮编：100029
　　　　　　 网址：www.ssap.com.cn
发　　　行 / 社会科学文献出版社（010）59367028
印　　　装 / 唐山玺诚印务有限公司

规　　　格 / 开 本：787mm × 1092mm　1/16
　　　　　　 印 张：18.75　字 数：305 千字
版　　　次 / 2023 年 10 月第 1 版　2024 年 8 月第 2 次印刷
书　　　号 / ISBN 978-7-5228-2082-8
定　　　价 / 98.00 元